Políticas Públicas Regionais
Experiências locais em Mato Grosso

Cleci Gzerbieluckas - José Roberto Rambo
Raimundo França - Telmo Dinelli Estevinho
Sandro Benedito Sguarezi
Organizadores

Cleci Gzerbieluckas
José Roberto Rambo
Raimundo França
Telmo Dinelli Estevinho
Sandro Benedito Sguarezi

(Organizadores)

POLÍTICAS PÚBLICAS REGIONAIS:
experiências locais em Mato Grosso

Editora CRV
Curitiba – Brasil
2020

Copyright © da Editora CRV Ltda.
Editor-chefe: Railson Moura
Diagramação e Capa: Diagramadores e Designers CRV
Imagem da Capa: Freepik.com
Revisão: Analista de Escrita e Arte CRV

DADOS INTERNACIONAIS DE CATALOGAÇÃO NA PUBLICAÇÃO (CIP)
CATALOGAÇÃO NA FONTE
Bibliotecária responsável: Luzenira Alves dos Santos CRB9/1506

P762

    Políticas públicas regionais: experiências locais em Mato Grosso / Cleci Gzerbieluckas, José Roberto Rambo, Raimundo França, Telmo Dinelli Estevinho, Sandro Benedito Sguarezi (organizadores) – Curitiba : CRV, 2020.
    320 p.

    Bibliografia
    ISBN Digital 978-65-5578-846-4
    ISBN Físico 978-65-5578-832-7
    DOI 10.24824/978655578832.7

    1. Ciência política 2. Políticas públicas 3. Avaliação de políticas públicas – governo I. Gzerbieluckas, Cleci. org. II. Rambo, José Roberto. org. III. França, Raimundo. org. IV. Estevinho, Telmo Dinelli. org. V. Sguarezi, Sandro Benedito. org. VI. Título VII. Série.

CDU 35(81)   CDD 350.98172

Índice para catálogo sistemático
1. Políticas públicas – Mato Grosso 350.98172

ESTA OBRA TAMBÉM ENCONTRA-SE DISPONÍVEL
EM FORMATO DIGITAL.
CONHEÇA E BAIXE NOSSO APLICATIVO!

2020
Foi feito o depósito legal conf. Lei 10.994 de 14/12/2004
Proibida a reprodução parcial ou total desta obra sem autorização da Editora CRV
Todos os direitos desta edição reservados pela: Editora CRV
Tel.: (41) 3039-6418 - E-mail: sac@editoracrv.com.br
Conheça os nossos lançamentos: www.editoracrv.com.br

Conselho Editorial:

Aldira Guimarães Duarte Domínguez (UNB)
Andréia da Silva Quintanilha Sousa (UNIR/UFRN)
Anselmo Alencar Colares (UFOPA)
Antônio Pereira Gaio Júnior (UFRRJ)
Carlos Alberto Vilar Estêvão (UMINHO – PT)
Carlos Federico Dominguez Avila (Unieuro)
Carmen Tereza Velanga (UNIR)
Celso Conti (UFSCar)
Cesar Gerónimo Tello (Univer .Nacional Três de Febrero – Argentina)
Eduardo Fernandes Barbosa (UFMG)
Elione Maria Nogueira Diogenes (UFAL)
Elizeu Clementino de Souza (UNEB)
Élsio José Corá (UFFS)
Fernando Antônio Gonçalves Alcoforado (IPB)
Francisco Carlos Duarte (PUC-PR)
Gloria Fariñas León (Universidade de La Havana – Cuba)
Guillermo Arias Beatón (Universidade de La Havana – Cuba)
Helmuth Krüger (UCP)
Jailson Alves dos Santos (UFRJ)
João Adalberto Campato Junior (UNESP)
Josania Portela (UFPI)
Leonel Severo Rocha (UNISINOS)
Lídia de Oliveira Xavier (UNIEURO)
Lourdes Helena da Silva (UFV)
Marcelo Paixão (UFRJ e UTexas – US)
Maria Cristina dos Santos Bezerra (UFSCar)
Maria de Lourdes Pinto de Almeida (UNOESC)
Maria Lília Imbiriba Sousa Colares (UFOPA)
Paulo Romualdo Hernandes (UNIFAL-MG)
Renato Francisco dos Santos Paula (UFG)
Rodrigo Pratte-Santos (UFES)
Sérgio Nunes de Jesus (IFRO)
Simone Rodrigues Pinto (UNB)
Solange Helena Ximenes-Rocha (UFOPA)
Sydione Santos (UEPG)
Tadeu Oliver Gonçalves (UFPA)
Tania Suely Azevedo Brasileiro (UFOPA)

Comitê Científico:

André Luis de Carvalho (UFRRJ)
Angelo Aparecido Priori (UEM)
Arnaldo Oliveira Souza Júnior (UFPI)
Carlos Ugo Santander Joo (UFG)
Dagmar Manieri (UFT)
Edison Bariani (FCLAR)
Elizeu de Miranda Corrêa (PUC/SP)
Fauston Negreiros (UFPI)
Fernando Antonio Gonçalves Alcoforado (Universitat de Barcelona, UB, Espanha)
Giovani José da Silva (UNIFAP)
José de Ribamar Sousa Pereira (Exército Brasileiro/Ministério da Defesa)
Kelly Cristina de Souza Prudencio (UFPR)
Liv Rebecca Sovik (UFRJ)
Marcelo Paixão (UFRJ e UTexas – US)
Marcos Aurelio Guedes de Oliveira (UFPE)
Maria Schirley Luft (UFRR)
Mauro Guilherme Pinheiro Koury (UFPB)
Renato Jose Pinto Ortiz (UNICAMP)
Ricardo Ferreira Freitas (UERJ)
Rubens Elias da Silva (UFOPA)
Sergio Augusto Soares Mattos (UFRB)
Silvia Maria Favero Arend (UDESC)
Sonia Maria Ferreira Koehler (UNISAL)
Suyanne Tolentino de Souza (PUC-PR)

Este livro passou por avaliação e aprovação às cegas de dois ou mais pareceristas *ad hoc*.

SUMÁRIO

PREFÁCIO 11
Francisco Xavier Freire Rodrigues

INTRODUÇÃO 15

POLÍTICAS PÚBLICAS NO BRASIL E SEUS DESAFIOS ENQUANTO CAMPO DE ESTUDO E DE AÇÃO: breves considerações ... 17
Raimundo França
Sandro Benedito Sguarezi
José Roberto Rambo
Ana Cristina Peron Domingues
Rodrigo Henrique Pinheiro
Ângela Nascimento
Claudia Farias Pezzini
Sônia Aparecida Beato Ximenes de Melo

O PROTAGONISMO DO PODER JUDICIÁRIO NAS POLÍTICAS PÚBLICAS: a tendência da judicialização no estado democrático de direito 23
Sheila Daiane Conti Cunha
Raimundo França

ESTADO PATER: uma discussão entre a ciência política e a psicanálise 37
Cláudia Farias Pezzini
Raimundo França

PERCEPÇÕES DE ENFERMEIROS DA ATENÇÃO BÁSICA SOBRE CONTROLE SOCIAL 55
Akeisa Dieli Ribeiro Dalla Vechia
Josué Souza Gleriano
Raimundo França
Rômulo Cézar Ribeiro da Silva

PANORAMA DA PRODUÇÃO DA ATENÇÃO PRIMÁRIA À SAÚDE NAS CIDADES MAIS POPULOSAS DO ESTADO DE MATO GROSSO: uma descrição do período de 2010-2015 67
Alexandre Pereira de Andrade
Raimundo França
Josué Souza Gleriano

ALOCAÇÃO DOS RECURSOS FINANCEIROS PÚBLICOS MUNICIPAIS NAS ÁREAS DE EDUCAÇÃO E SAÚDE: o caso da região de planejamento VIII – Tangará da Serra, MT 103
Rodrigo Henrique Pinheiro
Raimundo França
Josué Souza Gleriano

ANÁLISE SOBRE A PRÁTICA DO CONSELHO MUNICIPAL DE SAÚDE NO MUNICÍPIO DE TANGARÁ DA SERRA, MT EM RELAÇÃO AO FUNDO MUNICIPAL DE SAÚDE 135
Ângela Nascimento
Waleska Malvina Piovan Martinazzo
Raimundo França
Anderson Gheller Froehlich

A VIOLÊNCIA CONTRA A MULHER: uma análise do município de Tangará da Serra, Mato Grosso 155
Wanderlúcia Cardoso
Raimundo França
Vagner Nascimento

A PRISÃO, E DEPOIS? A OMISSÃO DO ESTADO E DA SOCIEDADE NA PROMOÇÃO DE POLÍTICAS PÚBLICAS DE REINTEGRAÇÃO SOCIAL 179
Danielly Brunelly Santos Casti
Raimundo França
Francisco Xavier Freire Rodrigues

A EFICÁCIA DAS OSCIPS ENQUANTO FERRAMENTA DO TERCEIRO SETOR NA EXECUÇÃO DAS POLÍTICAS PÚBLICAS 203
Aparecida Maria Vieira
Waleska Malvina Piovan Martinazzo

LEI ROUANET: a banalização da política de incentivo à cultura? 233
Suelen de Alencar e Silva
Raimundo França
Everton Almeida Barbosa
Regiane Cristina Custódio

AGRICULTURA FAMILIAR: evolução e desafios no município de
Nobres, MT, 2008 a 2018 253
Ana Cristina Peron Domingues
Paulus Vinicius da Silva
Walmilso Castorino de Campos
Eduardo Luiz Jordão

FEIRAS LIVRES NO MUNICÍPIO DE DIAMANTINO,
MATO GROSSO: perfil e percepção dos feirantes acerca da atividade 277
Ana Cristina Peron Domingues
Marinalva Pereira dos Santos
Paulus Vinicius da Silva
Amanda Joyce Teixeira

ÍNDICE REMISSIVO 305

SOBRE OS AUTORES 313

PREFÁCIO

Francisco Xavier Freire Rodrigues

Um livro com lugar marcado na história dos estudos sobre Políticas Públicas em Mato Grosso e no Brasil. Estou me referindo ao livro *Políticas Públicas Regionais: Experiências locais em Mato Grosso*. Trata-se de uma obra seminal que reúne estudos e pesquisas acerca das Políticas Públicas em Mato Grosso, tendo uma diversidade de campos empíricos, tais como o protagonismo do poder judiciário, controle social na Saúde, a saúde primária na saúde, alocação de recursos financeiros na educação e na saúde, conselhos municipais de saúde, violência contra a mulher, prisão e reintegração social, OSCIPs e Terceiro Setor, Lei Rouanet e incentivo à cultura, agricultura familiar e Feiras Livres.

Os capítulos que constituem/compõem o livro são assinados por especialistas na área das políticas públicas, pesquisadores e profissionais de diferentes campos da gestão publica municipal, estadual e federal. Portanto, além do profundo conhecimento, os autores são personagens importantes que atuam nos âmbitos das políticas públicas voltadas agricultura familiar, gestão pública, governança, saúde, educação, segurança pública, gênero e assistência social. O conhecimento aqui apresentado é certamente fundamentado em experiências práticas de gestão, além obviamente da sofisticada sustentação teórico-metodológica.

Com maestria, os autores, oriundos de diversas áreas do conhecimento: Administração, Agronomia, Ciência Política, Contabilidade, Direito, Enfermagem, Psicologia, Serviço Social e Sociologia, premia o leitor com um conjunto de trabalhos sobre o campo teórico e empírico das Políticas Públicas no estado de Mato Grosso, especialmente a partir da realidade concreta do Médio-Norte Mato-grossense.

No capítulo intitulado "Políticas Públicas no Brasil e seus desafios enquanto campo de estudo e de ação: breves considerações", o leitor encontrará uma breve, porém consistente, abordagem acerca da formação do campo de estudos das Políticas Públicas, suas interfaces com a Ciência Política e com as demais áreas das Ciências Sociais e das Ciências Sociais Aplicadas. Cabe ressaltar o crescimento desse campo de estudo nas últimas três décadas, no cenário acadêmico e fora dele, e o processo de autonomização dessa área do saber.

O livro oferece uma rica abordagem sobre "O protagonismo do poder judiciário nas políticas públicas: a tendência da judicialização no Estado democrático de direto". Neste capítulo, aborda-se a importância do papel desempenhado pelo Poder Judiciário no processo de formulação e execução das políticas públicas, cuja discussão é de grande importância para toda a sociedade. Reconhece-se que o Poder Judiciário possui legitimidade assegurada para atuar no processo de elaboração e implementação das políticas públicas.

Uma importante contribuição do livro encontra-se no capítulo "Estado Pater: uma discussão entre a Ciência Política e a Psicanálise". Trata-se de uma abordagem inovadora acerca do Estado e sua função de poder social a partir da psicanálise. Utilizando o método hermenêutico dialético, a pesquisa pauta-se em uma discussão transdisciplinar, construindo diálogo entre a Ciência Política e a Psicanálise. O desafio teórico assumido é caminhar pela formação do aparelho psíquico fundamentada pela função paterna, atrelada à análise da civilização e da cultura na tentativa de responder se o Estado pode ser, em um dado momento, inconscientemente, representante dessa função paterna no âmbito social.

Investigar o conhecimento, o processo de participação, as dificuldades encontradas por enfermeiros para o incentivo a mobilização popular, é objetivo do capítulo intitulado "Percepções de enfermeiros da atenção básica sobre controle social". O resultado do estudo revela que os enfermeiros possuem razoável entendimento sobre os conceitos de controle social e reconhecem a importância da participação da população na gestão do sistema único de saúde (SUS).

No capítulo "Panorama da produção da atenção primária à saúde nas cidades mais populosas do estado de Mato Grosso: uma descrição do período de 2010-2015", o leitor encontrará elementos que permitem entender a ação de uma política pública são macro diretrizes de um governo que deve estruturar medidas em níveis estratégicos, intermediário e operacional (SECCHI, 2013) na busca de universalidade de acesso a bens e consumos de uma sociedade. Os resultados do estudo revelam melhorias em alguns indicadores selecionados, mas também limitações que podem ser por conta da fragilidade dos dados. Destaca que o uso de SIS é a opção para análise em macro espaço com dados públicos já compilados, porém intensificar capacitações na estrutura tecnológica é importante para se ter uma melhor fundamentação para análise.

Em "Alocação de recursos financeiros públicos municipais nas áreas de educação e saúde: o caso da região do planejamento VIII – Tangará da Serra, MT", o leitor identificará dados sobre os níveis de investimentos dos onze municípios pertencentes à região político-administrativa de Tangará da Serra, MT quanto aos limites mínimos a serem investidos nas áreas de educação e saúde durante os exercícios financeiros de 2012 e 2013. A partir de um estudo rigoroso do ponto de vista metodológico e baseado em sofisticado aporte teórico, constata-se que os níveis de investimento em educação e saúde paralelo aos resultados dos indicadores de desempenho analisados na pesquisa, mostra que o volume de recursos direcionados pelos municípios e conforme o ano são tão distintos quanto as características econômicas, populacionais e territoriais. Os municípios adotam diferentes estratégias ao investir nos sistemas de educação e de saúde e que requer compreensão na voz desses atores para ampliar o escopo da pesquisa.

O capitulo "Análise sobre a prática do conselho municipal de saúde no município de Tangará da Serra, MT em relação ao fundo municipal de saúde" trata do Conselho Municipal de Saúde (CMS) do município de Tangará da Serra, MT, com o intuito de demonstrar se o fundo municipal de saúde é gerido e acompanhado pelo seu respectivo conselho, e se as decisões sobre a gestão do fundo municipal de saúde são tomadas em conjunto com o conselho municipal de saúde.

Uma profunda e rigorosa a análise das políticas públicas de atendimento às mulheres em situação de violência no Município de Tangará da Serra/MT pode ser encontrada no capítulo "A violência contra a mulher: uma análise do município de Tangará da Serra, Mato Grosso". O estudo utiliza dados do Ministério Público Estadual de Mato Grosso, Ministério das Mulheres, da Igualdade Racial e dos Direitos Humanos, Secretaria Nacional de Enfrentamento à Violência contra as Mulheres, Secretaria de Estado Justiça e Direitos Humanos, Conselho Municipal dos Direitos da Mulher, para tratar das políticas públicas voltadas às mulheres vítimas de violência doméstica e familiar de Tangará da Serra.

A questão da omissão do Estado perante os Egressos do Sistema Penitenciário diante do direito às Políticas de assistência aos Egressos, é o tema central do capítulo "A prisão, e depois? A omissão do Estado e da sociedade na promoção de políticas públicas de reintegração social". A partir de uma análise rigorosa, o estudo revela que são previstos na legislação a responsabilidade do Estado em prestar auxílio aos Egressos do Sistema Penitenciário, na tentativa de reintegrá-lo na sociedade, evitando que reincida na criminalidade. Aponta que mesmo com previsão legal o Estado por vezes é omisso.

A problemática do Terceiro Setor na implementação de políticas públicas é objeto de análise do capítulo "A eficácia das OSCIPs enquanto ferramenta do terceiro setor na execução das políticas públicas". O estudo pauta-se na seguinte questão: Será que as OSCIPs são eficientes enquanto ferramenta do Terceiro Setor na execução das políticas públicas? Para responder a questão, os autores do estudo apresentaram, detalhadamente, o contexto histórico e sociológico em que surgem teorias do sistema econômico do estado capitalista e suas políticas sociais numa dinâmica entre o estado neoliberal e do bem estar, analisaram as OSCIPs e seu papel nas ações do Terceiro Setor, destacando as vantagens e desvantagens das OSCIPs nas políticas públicas executadas pelo Terceiro Setor.

O capitulo intitulado "Lei Rouanet: a banalização da política de incentiva à cultura?" trata das políticas públicas voltadas para o campo cultural. O estudo procurou, através de uma de uma análise de revisão, evidenciar as nuances da banalização da Lei de Incentivo à Cultura no Brasil tendo como base empírica duas reportagens divulgada em veículos de grande circulação nacional: "Lei Rouanet: prós e contra e a certeza de que precisa mudar" do Jornal e site Zero Hora e "Três polêmicas sobre a Lei Rouanet, alvo de operação da PF" divulgada no site da BBC Brasil.

O livro desvenda em minudências ao processo de evolução da agricultura familiar em Nobres/MT. Este é o tema central do capítulo "Agricultura familiar: evolução e desafios no município de Nobres, MT, 2008 a 2018". Trata-se de um estudo desenvolvido com os produtores da agricultura familiar do município de Nobres, estado de Mato Grosso. Revela a relevância social e econômica da agricultura familiar, um valioso segmento para o desenvolvimento do país. Mostra que são aproximadamente 40 milhões de agricultores familiares, o que representa 84% dos estabelecimentos rurais, responsáveis pela produção de mais de 70% do alimento que vai à mesa do brasileiro, sendo uma garantia da segurança alimentar no Brasil. Uma constatação que merece ser destacada é a existência de um número de produtores mais jovens que veem assumindo a gestão das propriedades rurais, ou seja, está havendo um processo de sucessão familiar, mesmo que gradual.

O último capítulo desse belo e instigante livro é "Feiras livres no município de Diamantino, Mato Grosso: perfil e percepção dos feirantes acerca da atividade". O texto apresenta resultados de uma investigação sobre as feiras livres do município de Diamantino, MT na percepção dos seus sujeitos participantes, a partir da compreensão do processo histórico da constituição das feiras livres no município. Apresenta a descrição do perfil dos feirantes e da percepção acerca de sua atividade, com foco nos temas das condições de trabalho, da estrutura e organização, grupo de produtos comercializados, da fiscalização e apoio externo.

Convidamos o leitor a se deliciar com a leitura deste livro, na certeza de que terão uma visão ampliada sobre as políticas públicas em Mato Grosso.

Francisco Xavier Freire Rodrigues
Cuiabá/MT, 20 de agosto de 2020.

INTRODUÇÃO

O livro ***Políticas Públicas e Experiências Locais em Mato Grosso*** reúne trabalhos desenvolvidos no âmbito do Grupo de Pesquisa: Constitucionalismos, Democracias e Políticas Públicas (CONDEPPU) – CNPq/UNEMAT, a partir dos Projetos de Pesquisas: Pacto Federativo e Seus Impactos para Mato Grosso; O Conselho de Gestão Regional e Controle Social – PPSUS-CNPq/MS e da Pós-graduação Lato Sensu em Política Públicas executados no âmbito do referido grupo entre 2015 e 2018.

As abordagens temáticas mantêm forte articulação *interdisciplinar*, partindo de métodos diversos, presentes nas áreas de conhecimento (Da Sociologia, da Política, da Enfermagem, da Psicologia, do Direito, da Administração, da Contabilidade, do Serviço Social e da Agronomia) e, também, tão característica na própria área de Políticas Públicas. Deste modo, os leitores deparar-se-ão com um leque de trabalho de áreas como: segurança, saúde, educação, gênero, assistência, agricultura familiar, gestão e governo, como foco privilegiado em experiências locais no âmbito da região do Médio-Norte Mato-grossense.

O intuito de congregar estes trabalhos no formato de livro é de dar maior publicidade às experiências de Políticas Públicas que ocorrem nas regiões periféricas, mais especialmente estender/interagir, a partir das análises dos autores/pesquisadores com os decisores públicos *(Policy Maker)*, para que estes possam dar maior eficiência e eficácia aos trabalhos desenvolvidos em suas localidades.

Além disso, fortalecer o estudo das Políticas Públicas em suas diversas espécies enquanto área estratégica dos governos e da sociedade, propiciando a escolhas de Políticas Públicas de maior impacto social e melhor utilização dos recursos públicos.

A obra está organizada em quatro áreas temáticas:

- ***Políticas Públicas e Estado/governo*** – neste tópico congregam-se os trabalhos cujo debate envolve o papel do governo, competências e limites;
- ***Saúde, Educação, Cultura*** – neste(s) eixos estão compilados os trabalhos que refletem a aplicação dos recursos públicos nestas áreas na microrregião do Médio-norte mato-grossense, bem como quanto à atuação do(s) Conselho(s) de Saúde no controle da aplicação dos recursos da saúde no município de Tangará da Serra, Mato Grosso;
- ***Assistência e Segurança*** – neste eixo são discutidos o papel do terceiro setor quanto a efetividade e competência na execução de

Políticas Públicas, a oferta de políticas públicas de políticas de ressocialização ao reeducando, assim como a Política Públicas de enfrentamento da Violência Contra a Mulher;
- *Agricultura Familiar* – na última área temática são apresentados trabalhos de natureza aplicada junto aos agricultores familiares do município de Diamantino, Mato Grosso.

Em síntese, os leitores, os tomadores de políticas públicas *(policy-taker)* e os fazedores de políticas públicas *(policy-makers)* terão a sua disposição resultados de análises de pesquisas primárias sobre uma diversidade de Políticas Públicas aplicadas às realidades locais, que podem vir a ser instrumentos para o aperfeiçoamento das próprias políticas públicas existentes, bem como a construção de novas políticas e novas abordagens.

POLÍTICAS PÚBLICAS NO BRASIL E SEUS DESAFIOS ENQUANTO CAMPO DE ESTUDO E DE AÇÃO: breves considerações

Raimundo França
Sandro Benedito Sguarezi
José Roberto Rambo
Ana Cristina Peron Domingues
Rodrigo Henrique Pinheiro
Ângela Nascimento
Claudia Farias Pezzini
Sônia Aparecida Beato Ximenes de Melo

"Uma política pública é uma diretriz elaborada para enfrentar um problema público".
(SECCI, 2016, p. 2)

Este ensaio tem por objetivo primordial situar o leitor/pesquisador no universo de estudo das Políticas Públicas, isto é, como estas surgem como uma das principais subárea de conhecimento da Ciência Política, tornando-se, para muitos dos pesquisadores, uma área própria de estudo. Nele, estão realçados os principais movimentos que dão sentido a formação do campo de estudo e aplicação das Políticas Públicas no Brasil.

No Brasil, o campo de estudo das Políticas Públicas teve, nas últimas três décadas, crescimento vertiginoso no cenário acadêmico e fora dele, constituindo-se, com isso, em área quase que autônoma como um novo campo de saber. Embora, este não seja um entendimento consensual, haja vista seu caráter interdisciplinar/multidisciplinar por natureza. Afinal, as Políticas Públicas enquanto área é constituída e formada a partir da sua interação com a Ciência Política, a Sociologia, a Economia, a História, a Estatística e, modernamente, com intenso diálogo com áreas diversas como as engenharias, as ciências ambientais, a Psicologia e o Direito etc.

De todo modo, quando nos reportamos à transição e o crescimento do interesse pelas Políticas Públicas no Brasil nas últimas décadas, saltam-nos aos olhos três fenômenos importantes e intrínsecos entre si: o primeiro, os estudos em torno das políticas sociais; o segundo sobre as mudanças no Estado, a partir de finais da década de 1980 e início da década de 1990 até os nossos dias; e, o terceiro, as "transformação" da sociedade no Brasil.

Os primeiros estudos que se detiveram, ainda que de forma incipiente, a olhar para políticas públicas enquanto área de saber no Brasil foram os realizados em torno da agenda das políticas sociais sob a ótica do *Welfare State*, isto é, do Estado de Bem-Estar social, ainda que não possamos dizer que tenha havido um Estado de bem social no Brasil. Afinal, entre 1930 e 1980, guardadas as proporções e seus diferentes contextos, isto é, o período pós-1930, é quando o Estado brasileiro foi o principal ator de políticas públicas com viés social, a exemplo, das políticas de cunho trabalhista implementadas por Getúlio Vargas; e, durante o regime militar (1964 à 1985), em que houve adoção de políticas com perfil desenvolvimentista, mas autoritária, a exemplo, das políticas de habitação e/ou mesmo à de "ocupação" da Amazônia.

A respeito da emergência dos estudos das políticas públicas no Brasil terem, em grande medida, relação com a análise das políticas sociais, existe uma vasta literatura sobre o tema, especialmente os trabalhos desenvolvidos pelo Núcleo de estudo de Políticas Públicas da Unicamp (NEPP), como os desenvolvidos por Sónia Miriam Driabe, em seu *Welfare State no Brasil – características e perspectivas*.

No segundo caso, tratam-se das mudanças no/do Estado brasileiro que convencionou-se, entre os politólogos e outros estudiosos da área, a denominar de Reforma do Estado ou modernização do Estado brasileiro, o que efetivamente não deixa de ser verdadeiro, pois entrava em vigor na agenda política do País, a Sagrada Carta de 1988, também conhecida por Constituição Cidadã, que imputava ao Estado brasileiro políticas públicas amplas até então desconhecidas de qualquer proteção constitucional efetiva.

A Constituição de 1988 atribuiu ações efetivas ao Estado sobre diversas Agendas de Políticas Públicas como, por exemplo, as políticas sociais, previdenciárias, habitacionais, de saúde, ambientais, de reforma agrária, econômicas, fiscais, tributárias etc. Em outras palavras, a Magna Carta de 1988 apontava para experiências e responsabilidades estatais ainda não experimentadas no Brasil sob o viés da democracia, centrada no conceito mais amplo de cidadania ativa, com fulcro na concepção, em certa medida, de idealização de um novo País.

As mudanças trazidas à luz do novo ambiente constitucional criou certa euforia quanto às possibilidades de mudanças estruturais no universo da histórica desigualdade brasileira, pois impunha ou exigia do e do Estado a adoção de políticas públicas que permitissem a acesso e garantias aos direitos universais de primeiro ordem, como à vida, à liberdade, à propriedade e, por conseguinte, à educação, à saúde, à cultura, ao trabalho e outros mais.

Não obstante ao caráter inovador e "revolucionário". Afinal, no Brasil, qualquer tipo de acesso estrutural dos de baixo, pode-se dizer que se trata historicamente de um ato revolucionário, posto que a mobilidade social no Brasil é amorfa, isto é, quase que inexistente, de modo que ter acesso à direitos de primeiro ordem é algo inusitado no Brasil, especialmente se estes vierem sob os efeitos de políticas públicas de Estado.

O alargamento do papel do Estado brasileiro para garantia da cidadania plena (ativa e passiva), a partir de 1988 exigia um Estado com *modus operandi* inovador, muito diferente do novelo clientelista e patrimonial do Estado até então, quando o Estado e governos eram praticamente um reflexo de si mesmo. Logo, quem estivesse à frente do Estado determinava, praticamente a transmissão das suas vontades ao aparelho do Estado (Governo), impondo políticas claramente personalistas e populistas. Com a Constituição de 1988, de certa forma, esta concepção de Estado esmaece aos poucos, embora ainda haja reflexos de seu legado. Não se pode esquecer que, a partir de 1988, a máquina estatal (o aparelho do Estado) passa por um processo intenso de profissionalização, pois que o acesso majoritariamente aos empregos públicos dá-se via concursos públicos, com graus cada vez maior de competências e habilidades.

Deste modo, a década de 1980, mais especialmente o seu final, apontava no horizonte à necessidade de governos, cada vez mais, diferente dos outros quatro séculos anteriores e com uma grande indagação: como tornar efetivo os direitos substanciais da Magna Carta de 1988, posto que o Estado passava a ter a responsabilidade, mas se lhes faltavam os instrumentos e os recursos?

O primeiro dilema já não era tão simples, pois, ao mesmo tempo que, eram ampliados os direitos na esfera política, o Estado brasileiro sentia os efeitos das crises políticas e econômicas da década de 1980, também conhecida, no campo econômico, como Década Perdida, o que, em grande medida, impunha ao Estado brasileiro limitações na efetivação das matérias consagradas no Texto Pátrio de 1988.

Apesar disso, nas três décadas seguintes, a começar pela década de 1990, iniciou-se no âmbito na sociedade e do Estado brasileiro um debate amplo, especialmente em finais do Governo Itamar Franco (1993/1994), quanto à necessidade de reformas do aparelho de Estado, procurando dar-lhe maior eficiência e efetividade. O maior exemplo disto ocorreu no primeiro governo de Fernando Henrique Cardoso (1995-1998), com a reforma administrativa, capitaneada pelo ministro Bresser Pereira, tendo como centralidade o ajuste da capacidade do Estado aos anseios da gestão administrativa do governo, sob o prisma de um viés gerencial, que tomou feição de remédio para todos os males do Estado e, ao que parece, permanece até hoje no imaginário social de que falta ao aparelho estatal capacidade gerencial e não falta de recursos. Não me deterei a este tema, embora muito estimulante, pois nosso foco neste ensaio é outro, e entrar nesta seara, inevitavelmente, levar-nos-ia a adentrar num território que dá base à discussão da Reforma do Estado no Brasil na década de 1990, ancorada pela pressão da agenda neoliberal.

Em certa medida, a reforma gerencial proposta pelo governo FHC trouxe à baila o processo de desconcentração e descentralização do aparelho do Ente Federal para os demais aparelhos nas esferas regionais, estados e locais (municípios) já anunciadas na própria Constituição de 1988, quando esta já previra à necessidade de regulação de inúmeras políticas (Saúde, Educação, Assistência, Segurança e tantas outras).

É importante destacar que neste período, embora tenha havido a promoção de políticas públicas, estas ocorreram de forma residual, isto é, com pouca amplitude, posto que o número de demandatários era bem maior do que do que a capacidade de atendimento. Além disso, os instrumentos para o acesso e próprio controle das políticas eram rarefeitos.

Retomando o encadeamento do raciocínio sobre a emergência da Políticas Públicas nas décadas seguintes, isto é, a primeira e segunda décadas do Século XX, verifica-se uma guinada mais expansiva das políticas públicas sociais no âmbito do acesso aos bens primários, bem como ao acesso às políticas inclusivas na órbita educacional, de assistências, alimentar e de diversidades, com maior participação do Estado em seu financiamento e condução, a exemplo do que ocorrera com reformulação de programas como Bolsa Escola, criado no governo Fernando Henrique Cardoso, transformado em Bolsa Família no primeiro governo Lula (2003-2006), Programa Universidade para Todos (ProUni), ampliação do Programa de Financiamento Estudantil (FIES), Programa Fome e Zero e tanto outros, continuados em maior ou menor proporção nos governos Dilma Rousseff (2010-2014) e Michel Temer (2014-2016).

O terceiro ponto deste ensaio, como anunciamos no início, trata-se das transformações da sociedade brasileira ao longo dos últimos 30 anos e seus reflexos nas e para as políticas públicas de um modo geral. Nunca é demais lembrar que, embora o Brasil tenha passada de um país rural, a partir de 1950, vai ser somente em finais da década de 1970 e, especialmente na década de 1980 que o País transformar-se-á definitivamente em um país com feições urbanas, tendo a maioria de sua população vindo a residir na cidade, especialmente nos grandes centros urbanos.

Ao processo de urbanização abrupto porque passara o País, não só novas demandas de políticas públicas eram necessárias, mas a própria noção de cidadania era repensada, num duplo efeito: ampliação da participação política e demanda sociais que efetivamente dessem conta das novas agendas por parte do Estado brasileiro, num cenário de uma sociedade historicamente desigual e diversa (ambiental, social, cultura e territorialmente).

É nesse cenário que o campo das Políticas Públicas emerge no Brasil, isto é, por um lado, analisando as ações do Estado/Governos enquanto construção e execução de Políticas Públicas e, de outro, analisando as transformações da Estado/sociedade brasileira, especialmente enquanto condutor/gestor das micro e macro Políticas Públicas, num contexto em que são inúmeras as variáveis que fazem com que uma política pública logre êxito ou não, por exemplo, os aspectos sociais, econômicos, políticos, culturais entre outros.

Contemporaneamente, termos como *policy-maker, policy taker, policy network, think tanks,* agenda pública, programas, projetos, institucionalismo, incrementalismo, entre tantos outros, fazem parte da linguagem pública dos diferentes atores políticos e agentes públicos. Além do mais, no Brasil, tem crescido de forma vertiginosa o número de institutos, de grupos de pesquisas, graduações, programas de *lato* e *stricto* sensu com foco no estudo das políticas públicas, fortalecendo-a como área de saber.

Por fim, se, por um lado, um dos grandes desafios dos estudos das Políticas Públicas é conseguir sair dos ambientes acadêmicos e se colocar mais próximo aos outros setores da sociedade e do Estado, levando à cabo uma aplicação mais concreta dos seus resultados, promovendo maior eficácia e eficiente aos governos. Por outro, o campo de estudo das políticas públicas ainda é um terreno bastante complexo e amplo para ser explorado, especialmente na compreensão efetiva do ciclo da Política (policy-cycle).

Eis o grande desafio.

# O PROTAGONISMO DO PODER JUDICIÁRIO NAS POLÍTICAS PÚBLICAS: a tendência da judicialização no estado democrático de direito

Sheila Daiane Conti Cunha
Raimundo França

"A política não deveria ser a arte de dominar, mas sim a arte de fazer justiça".
(Aristóteles)

Introdução

O propósito deste artigo é demonstrar o importe e crescente papel desempenhado pelo Poder Judiciário no processo de elaboração e implementação das políticas públicas, cuja discussão é de grande importância para toda a sociedade.

O presente trabalho teve como recorte metodológico a pesquisa de tipo bibliográfica, onde se fez a seleção em bases de dados como o sítio *Scielo* (base de dados que reúnem as principais publicações qualificadas da América Latina) e sistematização de obras e documentos que abordam diretamente à temática central proposta no trabalho.

Para melhor compreensão do tema proposto, apresento no primeiro capítulo um breve relato do surgimento dos direitos fundamentais, para demonstrar com maior clareza o fundamento das políticas públicas.

Os direitos fundamentais de primeira geração surgiram durante o Estado liberal, com o objetivo de colocar limites a atuação Estatal. No entanto, com o decorrer do tempo, percebeu-se que aqueles direitos não lhes garantiam uma vida digna, pois garantiam apenas a liberdade individual, surgindo, assim, no século XX, os direitos de segunda geração, que passaram a assegurar também a igualdade formal entre os indivíduos.

Com o advento dos direitos fundamentais de segunda geração, passou-se a exigir uma conduta positiva do Estado para a concretização desses direitos, por meio de ações e programas, ou seja, por meio de implementação de políticas públicas.

Assim, a elaboração e implementação das políticas públicas são funções típicas dos Poderes Legislativo e Executivo, contudo, diante da inércia ou atuação deficitária desses Órgãos, tem-se admitido a intervenção do Poder Judiciário nesse processo.

Esse questão é tratada no segundo capítulo no qual se discorre acerca da superação da rígida teoria da separação dos poderes e o crescente protagonismo do Poder Judiciário frente às políticas públicas, reconhecendo a possibilidade do Poder Judiciário intervir sempre que os poderes executivo e legislativo deixem de atuar em prol dos fins buscados pelo Estado.

No capítulo seguinte é dado continuidade à discussão travada no tópico anterior, contudo, apresentando maiores fundamentos acerca da legitimidade do Poder Judiciário para intervir no processo de elaboração e implementação das políticas públicas, dando ensejo a tão comentada "judicialização" das políticas públicas.

É ainda demonstrado que essa legitimação advém da Constituição Federal de 1988 que conferiu ao Poder Judiciário a proteção dos direitos fundamentais, sendo, portanto, uma atuação legitima.

Por fim, no último capítulo é apresentado o conceito do mínimo existencial, ou seja, os direitos que o Estado minimamente deve garantir aos indivíduos para lhe garantir uma vida digna, não podendo tais direitos ser suprimidos, mesmo diante da alegação da reserva do possível.

As políticas públicas e os direitos fundamentais

Para melhor compreensão do que são políticas públicas e seu fundamento, é necessário, ainda que brevemente, retomar a origem e evolução dos direitos fundamentais.

Os primeiros direitos fundamentais[1], também denominados de direitos de primeira geração, tiveram sua origem durante o Estado Liberal, período em que se mostrou necessária a imposição de limites à atuação estatal, nascendo, então os direitos ligados à liberdade civil e política. Tais direitos exigiam a abstenção do Estado e não uma prestação positiva para sua concretização, por isso ficaram conhecidos como *direitos negativos* (PAULO; ALEXANDRINO, 2010, p. 94).

Com a conquista dos direitos de primeira geração começou-se a perceber que somente essas garantias ligadas a liberdade individual não se mostravam suficientes para propiciar ao cidadão uma vida digna (ROCHA, 2012, p. 13).

Surge então, no século XX, durante a transição do Estado Liberal para o Estado Social, a segunda geração dos direitos fundamentais (direitos sociais,

---

1 Segundo Paulo e Alexandrino (2010, p. 98): "São exemplos de direitos fundamentais de primeira dimensão o direito à vida, à liberdade, à propriedade, à liberdade de expressão, à participação política e religiosa, à inviolabilidade de domicílio, a liberdade de reunião, entre outros".

econômicos e culturais), que tinham como principal fundamento a busca da igualdade material entre os indivíduos, já que os direitos de primeira geração asseguravam apenas a igualdade formal. A partir de então passou-se a exigir a atuação positiva do Estado para garantir o bem-estar do cidadão (PAULO; ALEXANDRINO, 2010, p. 94-98).

Conforme explica Grinover (2010, p. 11):

> A transição entre o Estado liberal e o Estado social promove alteração substancial na concepção do Estado e de suas finalidades. Nesse quadro, o Estado existe para atender ao bem comum e, consequentemente, satisfazer direitos fundamentais e, em última análise, garantir a igualdade material entre os componentes do corpo social. Surge a segunda geração de direitos fundamentais – a dos direitos econômico sociais –, complementar à dos direitos de liberdade. Agora, ao dever de abstenção do Estado substitui-se seu dever a um *dare, facere, praestare*, por intermédio de uma atuação positiva, que realmente permita a fruição dos direitos de liberdade da primeira geração, assim como dos novos direitos.

Passa-se, então, a ser necessário que o Estado implemente ações e programas que assegurem a efetividade dos direitos fundamentais, sendo este o principal fundamento das políticas públicas (SANTOS, 2016, p. 300).

Assim, políticas públicas são ações e programas a serem implementados pelo Estado para o fim de assegurar aos cidadãos a fruição dos direitos fundamentais. Barcelos (2005, p. 90) arremata que:

> Nesse contexto, compete à Administração Pública efetivar os comandos gerais contidos na ordem jurídica e, para isso, cabe-lhe implementar ações e programas dos mais diferentes tipos, garantir a prestação de determinados serviços etc. Esse conjunto de atividades pode ser identificado como 'políticas públicas'. É fácil perceber que apenas por meio das políticas públicas o Estado poderá, de forma sistemática e abrangente, realizar os fins previstos na Constituição (e muitas vezes detalhados pelo legislador), sobretudo no que diz respeito aos direitos fundamentais que dependam de ações para sua promoção.

Portanto, para se garantir a fruição dos direitos fundamentais prestacionais é necessária a intervenção estatal por meio de políticas públicas, que devem sempre atender aos fins almejados pelo constituinte.

A superação da rígida teoria da separação dos poderes e o crescente protagonismo do Poder Judiciário frente às políticas públicas

Na perspectiva da teoria da separação dos Poderes, a realização das políticas públicas é função destinada aos Poderes Legislativo e Executivo, competindo ao primeiro sua elaboração e ao segundo a implementação (SMANIO, 2015, p. 187).

Acerca da separação dos poderes do Estado, Moraes (2004, p. 382) ensina que:

> A divisão segundo o critério funcional é a célebre "separação de Poderes", que consiste em distinguir três funções estatais, quais sejam, legislação, administração e jurisdição, que devem ser atribuídas a três órgãos autônomos entre si, que as exercerão com exclusividade, foi esboçada pela primeira vez por Aristóteles, na obra *"Política"*, detalhada, posteriormente, por John Locke, no *Segundo tratado do governo civil*, que também reconheceu três funções distintas, entre elas a executiva, consistente em aplicar a força pública no interno, para assegurar a ordem e o direito, e a federativa, consistente em manter relações com outros Estados, especialmente por meio de alianças. E, finalmente, consagrada na obra de *Montesquieu, O espírito das leis*, a quem devemos a divisão e distribuição clássicas, tornando-se princípio fundamental da organização política liberal e transformando-se em dogma pelo art. 16 da Declaração Francesa dos Direitos do Homem e do Cidadão, de 1789, e é prevista no art. 2º da nossa Constituição Federal.

A teoria de separação dos Poderes de Poderes de Montesquieu surgiu para se evitar que todo o poder se concentrasse nas mãos do soberano, dividindo, assim as funções do Estado entre três órgãos independentes (Executivo, Legislativo e Judiciário). Essa divisão rígida das funções estatais foi sendo aos poucos flexibilizada, onde cada um dos Poderes acaba exercendo além de sua função típica, também, em caráter acessório, as funções dos outros Poderes (função atípica), ao invés de atuar apenas cada um de forma isolada (PAULO; ALEXANDRINO, 2010, p. 412-413).

Com a flexibilização da teoria da separação dos Poderes, tornou-se necessária a adoção de mecanismos que assegurassem o controle recíproco entre os órgãos, denominado pela doutrina americana como *checks and balances:*

> Esse mecanismo visa a garantir o equilíbrio e a harmonia entre os poderes, por meio do estabelecimento de controles recíprocos, insto é, mediante a previsão de interferências legítimas de um poder sobre o outro, nos limites admitidos na Constituição. Não se trata de subordinação de um poder a outro, mas sim de mecanismos limitadores específicos impostos pela própria Constituição, de forma a propiciar o equilíbrio necessário à realização do bem estar da coletividade e indispensável para evitar o arbítrio e o desmando de um poder em detrimento do outro (PAULO; ALEXANDRINO, 2010, p. 414).

Na dicção do artigo 2º da Constituição Federal, os Poderes não devem ser somente independentes, mas também harmônicos, ensejando a possibilidade do controle e intervenção dos demais Poderes, sempre na busca de se concretizar os objetivos fundamentais do Estado (GRINOVER, 2010, p. 17).

Assim, enquanto verdadeiro guardião da Constituição Federal, o Poder Judiciário tem adentrado na seara das questões públicas, avocando para si responsabilidades no processo de transformação social, voltado na busca da efetivação dos direitos fundamentais, em especial, os direitos sociais. Nas palavras de Aguiar (2007, p. 145) *apud* Cappelletti (1993), o Poder Judiciário se torna um terceiro gigante perante os três poderes:

> [...] Na sociedade contemporânea ele se torna um "terceiro gigante" no quadro dos Três Poderes (CAPPELLETTI, 1993), contrariando a supremacia do legislativo e do executivo largamente teorizada, entre outros, por Locke e também reconhecida na obra de Montesquieu, para quem o poder judiciário, despido de força, seria "de certo modo nulo" [...].

Contudo, o Poder Judiciário nem sempre teve esteve em evidência em relação aos demais Poderes. Brasil Junior (2010, p. 99) explica que no século XIX, durante o Estado Liberal, foi o Poder Legislativo quem teve papel de destaque, pois era visto como: "*o único órgão capaz de reconhecer e estabelecer comportamentos sociais, éticos ou políticos*".

Já no Estado Social, foi o Poder Executivo que esteve à frente dos demais Poderes. Nesse período os direitos e garantias foram ampliados, surgindo os direitos fundamentais de segunda geração, o que exigiu do Estado a adoção de medidas para a promoção desses direitos, no entanto, devido a situações políticas e sociais, o Estado não conseguiu dar efetividade a esses direitos, levando os cidadãos a baterem na porta do Poder Judiciário, fato que levou a necessidade de se ampliar a atuação do Órgão Jurisdicional, para garantir a todos o direito ao acesso à justiça (BRASIL JUNIOR, 2010, p. 99).

Posteriormente, no período de crise do Estado Social, Brasil Junior (2010, p. 99) relata que a: "[...] *atuação do Judiciário ganha particular relevo, em face da falta de capacidade estatal para assegurar todos os direitos assistenciais do Estado-Providência*".

> Essa situação subsiste até os dias atuais e ainda com maior intensidade, pois cada vez é mais comum os cidadãos baterem à porta do Poder Judiciário na busca de implementação de políticas públicas, "*denotando um processo nominado pelos cientistas políticos contemporâneos pelo termo judicialização da política*" (BARBOSA; FERNANDEZ, 2015, p. 151).

Judicialização da política pública: legitimidade do poder judiciário

O conceito de judicialização, de acordo com Vieira, Camargo e Silva (2009, p. 1), pode ser apresentado em diferentes dimensões:

> A judicialização é um fenômeno bastante complexo e possui diferentes dimensões. De um ponto de vista institucional, a judicialização da política define-se como um processo de transferência decisória dos Poderes Executivo e Legislativo para os magistrados e tribunais, que passam, dentre outros temas controversos, a revisar e implementar políticas públicas e rever as regras do jogo democrático. A partir de um enfoque mais sociológico, a judicialização das relações sociais ressalta o surgimento do Judiciário como uma "alternativa para a resolução de conflitos coletivos, para a agregação do tecido social e mesmo para a adjudicação da cidadania". Por último, segundo uma perspectiva lógico-argumentativa, a judicialização também significa a difusão das formas de argumentação e decisão tipicamente jurídicas para fóruns políticos, institucionais ou não, representando, assim, a completa domesticação da política e das relações sociais pela "linguagem dos direitos" e, sobretudo, pelo discurso constitucional.

Para Barroso (2009, p. 3-4) a judicialização da política pública no Brasil se deve a três causas: primeiro à redemocratização do país advinda com a promulgação da Constituição Federal de 1988, que ampliou as garantias do Poder Judiciário, fortalecendo e expandindo suas funções, transformando-o em um *"verdadeiro poder político"*; segundo à abrangência de matérias pela Constituição que antes eram decididas em processo político e pelo legislativo; e terceiro ao controle de constitucionalidade conferido ao Judiciário.

Já em uma visão mais crítica, Rocha (2012, p. 13) entende que a judicialização da política pública é resultado da atuação deficitária dos Poderes Legislativo e Executivo na implementação das políticas públicas, que acaba levando a descrença da sociedade em relação aos referidos Órgãos e, consequentemente, provocando a maior procura pelo Poder Judiciário para a concretização dos direitos constitucionalmente garantidos.

Inevitavelmente essa situação colocará em conflito dois importantes valores, essenciais ao funcionamento do sistema constitucional. De um lado a concepção de que a democracia deve estar sob o domínio dos eleitos e do outro a necessidade de se preservar a supremacia da Constituição Federal, mesmo que se oponha aos Poderes Executivo e Legislativo (GARCIA, 2008, p. 63).

Assim, muito embora os integrantes do Poder Judiciário não tenham sido eleitos pelo povo, eles possuem legitimidade para atuar em situações em que estariam reservadas ao Legislativo e ao Executivo, afinal, democracia não se resume a governo de maioria, além do que: "[...] *a democracia não repele, ao contrário, reclama a atuação do Judiciário nesse campo* [...]" (CLÈVE, 2003, p. 6).

Para Barroso (2008, p. 96): "[...] *O Judiciário deverá intervir sempre que um direito fundamental – ou infraconstitucional – estiver sendo descumprido, especialmente se vulnerado o mínimo existencial de qualquer pessoa* [...]".

Logo, o Poder Judiciário tem o dever de proteger os direitos fundamentais tanto para não ser violados, como para serem efetivamente prestados, podendo intervir tanto no processo de elaboração quanto de implementação das políticas públicas. Não se trata de uma "*distorção institucional*", mas sim uma atuação legítima e constitucional (VERBICARO, 2008, p. 391).

Deste modo, havendo omissão injustificada ou conduta desarrazoada do Legislativo e Executivo e que não atendam aos fins buscados pelo Estado, compete ao Poder Judiciário intervir de forma ativa na implementação das políticas públicas para garantir a aplicabilidade dos direitos fundamentais (CUNHA JÚNIOR, 2004, p. 353).

Neste aspecto, Bicca (2013, p. 132) entende que o Poder Judiciário deve ter sua atuação pautada em situação devidamente comprovadas de efetiva violação dos direitos fundamentais, frisando que: "[...] *o julgador deve constatar tais problemas, pautado em bases sólidas e fundamentar sua decisão de forma racional, não se baseando apenas em princípios abstratos e genéricos como, por exemplo, o princípio da dignidade da pessoa humana*".

Fatala (2014, p. 274) também entende que somente é legítimo o controle do Judiciário em relação ao Executivo e Legislativo quando restar comprovada a omissão ou atuação deficitária desses Poderes e quando o Judiciário for provocado a intervir.

A reserva do possível e o mínimo existencial

Para a concretização dos direitos fundamentais, em especial aqueles que exigem a atuação positiva do Estado, é necessária a existência de recursos públicos para sua implementação, contudo, o orçamento é limitado o que impossibilita o atendimento de todos os anseios da sociedade, conforme esclarece Rocha (2012, p. 4):

> Então, os direitos sociais clamados pela sociedade exigem uma atuação intensa por parte do Estado, através de prestações positivas, de implantação sempre onerosa. Diante da necessidade e o volume dessas prestações crescentes a cada dia, visando o bem-estar social, surge o problema inescapável da escassez de recursos.

Então, devido à escassez de recursos, a denominada "reserva do possível" tem sido cada vez mais invocada como forma de eximir o Estado do cumprimento dos direitos fundamentais garantidos. (MÂNICA, 2008, p. 99).

No entanto, Clève (2003, p. 8) salienta que a reserva do possível não pode ser aplicada de forma automática no direito brasileiro:

> [...] No que se refere à reserva do possível, concebida na experiência constitucional alemã, importa estudá-la com os cuidados devidos, inclusive porque ela não pode ser transposta, de modo automático, para a realidade brasileira. Com efeito, aqui, não se trata, para o Estado, já, de conceder o mais, mas, antes, de cumprir, ainda, com o mínimo. Ou seja, é evidente que a efetivação dos direitos sociais só ocorrerá à luz das coordenadas sociais e econômicas do espaço-tempo. Mas a reserva do possível não pode, num país como o nosso, especialmente em relação ao mínimo existencial, ser compreendida como uma cláusula obstaculizadora, mas, antes, como uma cláusula que imponha cuidado, prudência e responsabilidade no campo da atividade judicial.

Assim, a reserva do possível não pode ser utilizada para justificar o descumprimento dos direitos fundamentais, principalmente quando se referir ao mínimo existencial. (ARENHART, 2009, p. 17).

O mínimo existencial diz respeito a garantias mínimas necessárias para a existência humana, consideradas indispensáveis para uma vida digna. Para Clève (2003, p. 8):

> [...] O conceito do mínimo existencial, do mínimo necessário e indispensável, do mínimo último, aponta para uma obrigação mínima do poder público, desde logo sindicável, tudo para evitar que o ser humano perca sua condição de humanidade, possibilidade sempre presente quando o cidadão, por falta de emprego, de saúde, de previdência, de educação, de lazer, de assistência, vê confiscados seus desejos, vê combalida sua vontade, vê destruída sua autonomia, resultando num ente perdido no cipoal das contingências, que fica à mercê das forças terríveis do destino. Os direitos sociais, o princípio da dignidade humana, o princípio da socialidade (dedutível da Constituição Federal de 1988 que quer erigir um Estado democrático de direito) autorizam a compreensão do mínimo existencial como obrigação estatal a cumprir e, pois, como responsabilidade dos poderes públicos [...].

Barcellos defende três categorias de direitos que devem obrigatoriamente compor o conceito de mínimo existencial, quais sejam: *"educação fundamental, saúde mínima e assistência aos desamparados"*, e ainda arremata que:

> Vale notar, à guisa de conclusão, que esses três direitos – ensino fundamental, saúde mínima e assistência aos desamparados – não foram escolhidos

aleatoriamente. A primeira razão para a escolha foi, evidentemente, que a própria Constituição trata deles de forma específica. Nada obstante, os três pontos se justificam logicamente. A saúde mínima se relaciona de forma muito próxima com o direito à vida, sendo dela quase indissociável. A educação fundamental é pressuposto essencial na formação de cidadãos capazes de participar de uma democracia, bem como na capacitação mínima para o trabalho. Negá-la a quem quer que seja significa alijar o indivíduo da participação democrática bem como condená-lo quase certamente à miséria. A assistência aos desamparados é o recurso último para impedir que alguém ultrapasse a linha da miséria absoluta e da indignidade. (BARCELLOS, 2000, p. 186).

Portanto, por ser considerado garantias mínimas necessárias para a existência do indivíduo, o mínimo existencial não se sujeita a reserva do possível. Nesse sentido o Supremo Tribunal tem decido:

> RECURSO EXTRAORDINÁRIO COM AGRAVO (LEI Nº 12.322/2010) MANUTENÇÃO DE REDE DE ASSISTÊNCIA À SAÚDE DA CRIANÇA E DO ADOLESCENTE DEVER ESTATAL RESULTANTE DE NORMA CONSTITUCIONAL – CONFIGURAÇÃO, NO CASO, DE TÍPICA HIPÓTESE DE OMISSÃO INCONSTITUCIONAL IMPUTÁVEL AO MUNICÍPIO – DESRESPEITO À CONSTITUIÇÃO PROVOCADO POR INÉRCIA ESTATAL (RTJ 183/818-819) – COMPORTAMENTO QUE TRANSGRIDE A AUTORIDADE DA LEI FUNDAMENTAL DA REPÚBLICA (RTJ 185/794-796) – **A QUESTÃO DA RESERVA DO POSSÍVEL: RECONHECIMENTO DE SUA INAPLICABILIDADE, SEMPRE QUE A INVOCAÇÃO DESSA CLÁUSULA PUDER COMPROMETER O NÚCLEO BÁSICO QUE QUALIFICA O MÍNIMO EXISTENCIAL (RTJ 200/191-197)** – O PAPEL DO PODER JUDICIÁRIO NA IMPLEMENTAÇÃO DE POLÍTICAS PÚBLICAS INSTITUÍDAS PELA CONSTITUIÇÃO E NÃO EFETIVADAS PELO PODER PÚBLICO – A FÓRMULA DA RESERVA DO POSSÍVEL NA PERSPECTIVA DA TEORIA DOS CUSTOS DOS DIREITOS: **IMPOSSIBILIDADE DE SUA INVOCAÇÃO PARA LEGITIMAR O INJUSTO INADIMPLEMENTO DE DEVERES ESTATAIS DE PRESTAÇÃO CONSTITUCIONALMENTE IMPOSTOS AO PODER PÚBLICO – A TEORIA DA "RESTRIÇÃO DAS RESTRIÇÕES" (OU DA "LIMITAÇÃO DAS LIMITAÇÕES") – CARÁTER COGENTE E VINCULANTE DAS NORMAS CONSTITUCIONAIS, INCLUSIVE DAQUELAS DE CONTEÚDO PROGRAMÁTICO, QUE VEICULAM DIRETRIZES DE POLÍTICAS PÚBLICAS, ESPECIALMENTE NA ÁREA DA SAÚDE (CF, ARTS. 6º, 196 E 197)** – A QUESTÃO DAS "ESCOLHAS TRÁGICAS" – A COLMATAÇÃO DE OMISSÕES INCONSTITUCIONAIS COMO NECESSIDADE INSTITUCIONAL

> FUNDADA EM COMPORTAMENTO AFIRMATIVO DOS JUÍZES E TRIBUNAIS E DE QUE RESULTA UMA POSITIVA CRIAÇÃO JURISPRUDENCIAL DO DIREITO – CONTROLE JURISDICIONAL DE LEGITIMIDADE DA OMISSÃO DO PODER PÚBLICO: ATIVIDADE DE FISCALIZAÇÃO JUDICIAL QUE SE JUSTIFICA PELA NECESSIDADE DE OBSERVÂNCIA DE CERTOS PARÂMETROS CONSTITUCIONAIS **(PROIBIÇÃO DE RETROCESSO SOCIAL, PROTEÇÃO AO MÍNIMO EXISTENCIAL, VEDAÇÃO DA PROTEÇÃO INSUFICIENTE E PROIBIÇÃO DE EXCESSO)** – DOUTRINA – PRECEDENTES DO SUPREMO TRIBUNAL FEDERAL EM TEMA DE IMPLEMENTAÇÃO DE POLÍTICAS PÚBLICAS DELINEADAS NA CONSTITUIÇÃO DA REPÚBLICA (RTJ 174/687 – RTJ 175/1212-1213 – RTJ 199/1219-1220) – EXISTÊNCIA, NO CASO EM EXAME, DE RELEVANTE INTERESSE SOCIAL – RECURSO DE AGRAVO IMPROVIDO. (STF. Segunda Turma. ARE 745745 MG. Relator: Celso de Melo. Julgamento: 2 dez. 2014. Publicação: 19 dez. 2014)[2]. [grifo nosso].

Ademais, salienta-se que a simples alegação de ausência de recursos financeiros pelo Estado não é suficiente para acolher a tese da reserva do possível. É necessário que haja efetiva comprovação:

> A reserva do possível traduzida como insuficiência de recursos, também denominada reserva do financeiramente possível, portanto, tem aptidão de afastar a intervenção do Poder Judiciário na efetivação de direitos fundamentais apenas na hipótese de comprovação de ausência de recursos orçamentários suficientes para tanto. Tal viés da teoria da reserva do possível é importante e deve ser entendido como objetivo o direito à economia, no sentido de que as necessidades – mesmo aquelas relacionadas aos direitos sociais – são limitadas e os recursos são escassos. Esse postulado, fundamento da ciência econômica, deve ser levado em conta tanto na definição das políticas públicas quando na decisão judicial no caso concreto. Entretanto, nesta última hipóteses, a insuficiência de recursos deve ser comprovada (MÂNICA, 2008, p. 102).

Rocha (2012. p. 11) também salienta que a aceitação irrestrita da alegação de escassez de recursos, ora compreendida como reserva do possível, *"[...] pode tornar a efetividade dos direitos sociais em simples utopia [...]"* e ainda contribuir para que o Estado aloque de forma indiscriminada os recursos públicos, sem se ater a necessidade de priorizar os gastos para o atendimento dos direitos fundamentais sociais.

A inobservância pelo Poder Público quanto ao mínimo existencial, ainda que invocada a reserva do possível, legitima o Poder Judiciário a intervir no

---

2   No mesmo sentido: ARE 639337 SP (STF), AI 598212 PR (STF), ARE 698258 SP (STF).

campo das políticas públicas, para o fim de garantir a aplicabilidade do direito fundamental violado, conforme asseveram Rocha e Arenhart:

> A limitação econômico-financeira do Estado não é intransponível, devendo este priorizar a distribuição dos recursos (evitando inclusive gastos desnecessários) visando garantir efetividade aos direitos fundamentais, notadamente aos direitos sociais, proporcionando pelo menos condições materiais mínimas de existência, sob pena de legitimar a atuação interventiva do Poder Judiciário em prol da dignidade da pessoa humana, possibilitando a interferência de tal Poder na implementação de políticas públicas, controlando as omissões estatais. (ROCHA, 2012, p. 7).

Sempre, pois, será possível o controle judicial das políticas públicas – mesmo diante da reserva do possível – quando se tratar de garantir direitos fundamentais mínimos. Idêntica posição se pode exigir do Poder Judiciário, à toda evidência, quando o argumento da "reserva do possível" não encontrar respaldo concreto, ou seja, quando o Estado dele se valha apenas para deixar de garantir interesse relevante. Verificada a ausência de qualquer limitação financeira, ou a aplicação de recursos públicos em finalidade evidentemente menos importante do que aquela a ser protegida, cumpre afastar o limite ora estudado, sendo imponível a prestação para o Estado. (ARENHART, 2009, p. 17).

Para concluir, GRINOVER (2010, p. 24) salienta que uma vez comprovada a insuficiência de recursos e ausência de previsão orçamentária para a implementação de políticas públicas, o Poder Judiciário poderá determinar que o Poder Público inclua na próxima proposta orçamentária, verbas necessárias para a satisfação do direito fundamental, bem como determinar a aplicação da verba para o cumprimento da obrigação.

Considerações finais

Conclui-se, pelas leituras bibliográficas realizadas, que o Poder Judiciário possui legitimidade constitucionalmente assegurada para atuar no processo de elaboração e implementação das políticas públicas, sempre que os Poderes Legislativo e Executivo deixarem de cumprir suas funções típicas.

Mais do que legitimidade, o Poder Judiciário tem o dever de atuar sempre que a atuação deficitária dos demais Poderes vier a comprometer a eficácia dos direitos constitucionalmente assegurados, principalmente os relacionados ao mínimo existencial, mesmo quando houver alegação da reserva do possível.

Ademais, constatou-se ainda que o protagonismo do Poder Judiciário frente as políticas públicas têm sido cada vez maior, pois o cidadão tem frequentemente, senão diariamente, acionado o Judiciário na buscar da efetivação de seus direitos negados por seus representantes eleitos.

REFERÊNCIAS

AGUIAR, Thais Florêncio de. A judicialização da política ou o rearranjo da democracia liberal. **Revista de Ciências Sociais**. ISSN 1982-4807, n. 2, 2007. Disponível em: http://revistas.pucsp.br/index.php/pontoevirgula/article/view/14305/10454. Acesso em: 17 maio 2015.

ARENHART, Sérgio Cruz. As ações coletivas e o controle das políticas públicas pelo Poder Judiciário. **Revista Eletrônica do Ministério Público**, ano I, n. 1, 2009. Disponível em: http://www.prrj.mpf.mp.br/custoslegis/revista_2009/2009/aprovados/2009a_Tut_Col_Arenhart%2001.pdf. Acesso em: 6 jan. 2017.

BARBOSA, Luís Felipe Andrade; FERNANDEZ, Michelle. Políticas públicas sociais no Brasil: estudos sobre o papel do Judiciário na promoção de direitos de cidadania. **Revista Cidadania e Direitos Humanos** (ISSN 2447-1399), v. 1, n. 1, p. 140-164, 2015. Disponível em: http://repositorio.asces.edu.br/bitstream/123456789/85/1/luis%20felipe.pdf. Acesso em: 10 maio 2016.

BARCELLOS, Ana Paula de. Normatividade dos princípios e o princípio da dignidade da pessoa humana na Constituição de 1988. **Revista de direito administrativo,** v. 221, p. 159-188, 2000. http://bibliotecadigital.fgv.br/ojs/index.php/rda/article/view/47588/45167. Acesso em: 5 jan. 2017.

BARCELLOS, Ana Paula de. Neoconstitucionalismo, direitos fundamentais e controle das políticas públicas. **Revista de direito administrativo**, v. 240, p. 83-105, 2005. Disponível em: http://bibliotecadigital.fgv.br/ojs/index.php/rda/article/view/43620/44697. Acesso em: 3 jan. 2017.

BARROSO, Luís Roberto. Da falta de efetividade à judicialização excessiva: direito à saúde, fornecimento gratuito de medicamentos e parâmetros para a atuação judicial. **Revista da Procuradoria-Geral do Estado**, p. 89, 2008. Disponível em: http://repositorio.furg.br/bitstream/handle/1/3464/La%20Inalienabilidad%20de%20los%20Derechos%20Humanos.%20An%C3%A1lisis%20Sistem%C3%A1tico%20sobre%20el%20conocido%20caso%20del%20lanzamiento%20de%20enanos.pdf?sequence=1#page=89. Acesso em: 10 maio 2016.

BARROSO, Luís Roberto. Judicialização, ativismo judicial e legitimidade democrática. **Anuário ibero-americano de justicia constitucional**, n. 13, p. 17-32, 2009. Disponível em: http://www.e-publicacoes.uerj.br/index.php/synthesis/article/view/7433. Acesso em: 15 maio 2016.

BICCA, Carolina Scherer. Judicialização da política e ativismo judicial. **Revista de Direito Brasileira**, v. 2, n. 2, p. 121-139, 2013. Disponível: http://www.rdb.org.br/ojs/index.php/rdb/article/view/75. Acesso em: 15 maio 2015.

BRASIL. **Constituição da República Federativa do Brasil de 1988**. Disponível em: http://www.planalto.gov.br/ccivil_03/constituicao/constituicaocompilado.htm. Acesso em: 15 maio 2015.

BRASIL. **Supremo Tribunal Federal**. Disponível em: http://www.stf.jus.br/portal/principal/principal.asp. Acesso em: 5 jan. 2017.

BRASIL JÚNIOR, Samuel Meira. Os limites funcionais do poder judiciário na teoria sistêmica e a judicialização das políticas públicas. **Revista de Direitos e Garantias Fundamentais**, n. 7, 2010.

CLÈVE, Clémerson Merlin. A eficácia dos direitos fundamentais sociais. **Revista Crítica Jurídica,** n. 22, p. 17-29, 2003. Disponível em: http://s3.amazonaws.com/academia.edu.documents/37449268/A_eficacia_dos_direitos_fundamentais_sociais.pdf?AWSAccessKeyId=AKIAJ56TQJRTWSMTNPEA&Expires=1483464985&Signature=fjRbCF4XrqFyydy7kqAL3rUSl7A%3D&response-content-disposition=inline%3B%20filename%3DA_eficacia_dos_direitos_fundamentais_soc.pdf. Acesso em: 3 jan. 2017.

CUNHA JÚNIOR, Dirley da. **Controle judicial das omissões do poder público**. São Paulo: Saraiva, 2004.

FATALA, Lucas Rogerio Sella. A (im)possibilidade de controle jurisdicional nas políticas públicas pertinentes ao direito fundamental à educação. **De Jure – revista jurídica do Ministério Público do Estado de Minas Gerias**, Belo Horizonte: Diretoria de Produção Editorial, v. 13, n. 23, 2014.

GARCIA, Emerson. Princípio da separação dos poderes: os órgãos jurisdicionais e a concreção dos direitos sociais. **De jure: revista jurídica do Ministério Público do Estado de Minas Gerais**, 2008. Disponível em: https://aplicacao.mpmg.mp.br/xmlui/bitstream/handle/123456789/175/principio%20da%20separa%C3%A7ao%20poderes_Garcia.pdf?sequence=1. Acesso em: 26 dez. 2016.

GRINOVER, Ada Pellegrini. O controle das políticas públicas pelo Poder Judiciário. **Revista do Curso de Direito**, v. 7, n. 7, p. 9-37, 2010. Disponível em: O controle das políticas públicas pelo Poder Judiciário. https://www.metodista.br/revistas/revistas-ims/index.php/RFD/article/view/1964/1969. Acesso em: 14 maio 2015.

MÂNICA, Fernando Borges. Teoria da reserva do possível: direitos fundamentais a prestações e a intervenção do Poder Judiciário na implementação de políticas públicas. **Caderno da Escola de Direito e Relações Internacionais da UniBrasil**. v.1, n. 8, 2008. Disponível em: http://revistas.facbrasil.edu.br/cadernosdireito/index.php/direito/article/view/694/650. Acesso em: 5 jan. 2017.

MORAES, Alexandre de. **Direito constitucional**. 15. ed. São Paulo: Atlas, 2004.

PAULO, Vicente; ALEXANDRINO, Marcelo. **Direito constitucional descomplicado**. 5. ed., rev. e ampl. Rio de Janeiro: Forense, 2010.

ROCHA, Eduardo Braga. A implementação de políticas públicas pelo Poder Judiciário. *In:* Âmbito Jurídico, Rio Grande, v. 15, n. 98, mar. 2012. Disponível em: http://www.ambito-juridico.com.br/site/index.php/www.inverbis.com.br?n_link=revista_artigos_leitura&artigo_id=11266&revista_caderno=9. Acesso em: 18 maio 2015.

SANTOS, Sandra Ávila dos. Políticas públicas no estado democrático de direito: uma análise da legitimidade dos conselhos gestores e da judicialização das políticas públicas. **Revista Justiça do Direito**, v. 30, n. 2, p. 298-311, 2016. Disponível em: http://www.seer.upf.br/index.php/rjd/article/view/6049. Acesso em: 19 dez. 2016.

SMANIO, Gianpaolo Poggio. Judiciário e políticas públicas: análise sobre a separação dos poderes no estado social e a efetivação dos direitos fundamentais aos presos. **Cadernos de Direito**, v. 7, n. 13, 2015. Disponível em: http://www.faculdadedamas.edu.br/revistas/index.php/cihjur/article/viewArticle/449. Acesso em: 10 maio 2016.

VERBICARO, Loiane Prado. Um estudo sobre as condições facilitadoras da judicialização da política no Brasil: a study about the conditions that make it possible. **Rev. direito GV** [online]. 2008, v. 4, n. 2, p. 389-406. ISSN 1808-2432. Disponível em: http://www.scielo.br/pdf/rdgv/v4n2/a03v4n2.pdf. Acesso em: 14 maio 2015.

VIEIRA, José Ribas; CAMARGO, Margarida Maria Lacombe; SILVA, Alexandre Garrido da. O Supremo Tribunal Federal como arquiteto institucional: a judicialização da política e o ativismo judicial. **Versus: Revista de Ciências Sociais Aplicadas do CCJE**, v. 2, 2009. Disponível em: https://scholar.google.com.br/scholar?hl=pt-BR&q=O+SUPREMO+TRIBUNAL+FEDERAL+COMO+ARQUITETO+INSTITUCIONAL%3A+A+JUDICIALIZA%C3%87%C3%83O+-DA+POL%C3%8DTICA+E+O+ATIVISMO+JUDICIAL&btnG=&lr=. Acesso em: 10 maio 2016.

ESTADO PATER: uma discussão entre a ciência política e a psicanálise

Cláudia Farias Pezzini
Raimundo França

Introdução

Durante muito tempo o Estado foi interesse exclusivo de especialistas como filósofos, juristas e sociólogos. Teorias jurídicas foram reformuladas, ampliando a compreensão de Estado de direito[3], por exemplo, para Estado social[4]; expandindo conceitos e tornando cogente a correlação entre Política, Governo, Estado e Sociedade. O primeiro anuído de planos e ações, o segundo transitório, o terceiro permanente e a sociedade imperiosa a todos estes. Apesar disso, muitas questões com relação a função, necessidade e atuação de cada um são alvos de fortuitos debates.

Vemos nessa construção a ligação das instituições governamentais e do próprio Estado com o poder, poder político, e porque não dizer um poder legítimo sobre a sociedade. Mas o que determina esse poder e qual o seu limite? Poderíamos pensar que a própria lei, quando oriunda do povo, pressupõe aceitação da maioria e com isso garantias de segurança social. Todavia, toda lei é justa e deve ser obedecida? Há inúmeros exemplos questionáveis quanto a sua efetividade, justiça e eficácia. Portanto, a função do Estado não pode limitar-se a garantia da lei e de seu cumprimento.

Este artigo propõe pensar algumas considerações conceituais sobre o Estado e sua função de poder social a partir da psicanálise. Através do método hermenêutico dialético, o estudo pauta-se numa discussão transdisciplinar provocando diálogo entre a Ciência Política e a Psicanálise. O desafio teórico

---

3   "[...] a locução Estado de Direito foi cunhada na Alemanha: é o Rechtsstaat. Aparece num livro de Welcker, publicado em 1813, no qual se distinguem três tipos de governo: despotismo, teocracia e Rechtsstaat. Igualmente foi na Alemanha que se desenvolveu, no plano filosófico e teórico, a doutrina do Estado de Direito. Nas pegadas de Kant, Von Mohl e mais tarde Stahl lhe deram a feição definitiva." (FERREIRA FILHO, 2004).
4   Segundo Garcia Pelayo (1996), o termo Estado do Bem-Estar Social ("Welfare State") ou Estado Social tornou-se usual a partir da Segunda Guerra Mundial para designar um sistema político-econômico no qual a promoção da segurança, do bem-estar social e econômico é responsabilidade do Estado. Esse modelo diverge do Estado Liberal, ou Estado de direito com foco no cumprimento de garantir a paz social dos indivíduos livres e iguais enquanto no modelo do Bem-Estar, cabe ao Estado uma intervenção efetiva em diversos setores econômicos, sociais e culturais, no sentido de construir uma comunidade solidária, na qual cabe ao poder público a tarefa de promover a incorporação dos grupos sociais aos benefícios da sociedade contemporânea (MORAIS, 2002).

é caminhar pela formação do aparelho psíquico fundamentada pela função paterna, atrelada à análise da civilização e da cultura na tentativa de responder se o Estado pode ser, em algum momento, inconscientemente, representante dessa função paterna no âmbito social.

A ciência política, responsável em abordar o tema com mais veemência, é uma ciência relativamente jovem e seus limites ainda não são consensualmente definidos. Entretanto, é possível encontrar um ponto fundamental na discussão sobre o Estado pautado na noção de poder. A ele cabe ser o responsável em revelar o objetivo da atividade política, que tem como papel principal conquistar e manter o poder, em torno de interesses sociais. Quanto ao método, possui procedimentos próprios, mas também utiliza os de outras ciências. (DUVERGER, 1976; MAAR, 1997).

A psicanálise surge através da prática clínica aliada as construções teóricas do médico neurologista austríaco Sigmund Freud, marcada pela descoberta do inconsciente e sustentada pela formulação do funcionamento do aparelho psíquico. O avanço conceitual e o alcance científico dessa teoria formam um campo vasto de pesquisa para além da clínica e a consolidação de conceitos cruciais são bases fundamentais para conduzir um diálogo transdisciplinar. (FREUD, p. 1925).

Este artigo tem como propósito discutir o papel do Estado na sociedade a partir de uma leitura psicanalítica. Para isso, foi utilizada a metodologia qualitativa, baseada no estudo hermenêutico dialético de interpretação. As etapas foram divididas em duas: Etapa 1) a) descrição e análise dos mitos freudianos com foco na questão da construção da lei, da ordem e da cultura civilizatória; b) compreensão da função paterna e a necessidade do líder no campo social e Etapa 2) c) análise da composição e organização de grupos; d) necessidade do Estado enquanto agente de poder, autoridade e lei; e) organização psicológica da política e sua ligação com o Estado.

Portanto, através do diálogo de conceitos centrais de obras clássicas desses dois campos, numa proposta inabitual e desafiadora, propomos construir os fundamentos da constituição psíquica até a origem da civilização por meio do uso dos mitos, visando compreender a estruturação do sujeito e as demandas sociais. A relevância do estudo trata de compreender o Estado sob uma perspectiva psicológica e considerar aspectos psíquicos inconscientes e ignorados dos debates políticos, bem como alvitrar as implicações sociais nas ações do Estado no quadro político moderno.

Do individual ao social: a história contada por meio dos mitos

Segundo a tradição estruturalista, o mito comporta uma condição socrática com perguntas diferentes sem resposta cartesiana, por vezes insolúveis, que criam uma lógica própria como uma "máscara do conjunto de possíveis".

A psicanálise, essencialmente com a análise de Sigmund Freud, reconstruiu os mitos retomando-os como método de estudo, alvitrando ser possível contribuir com uma construção teórico científica da constituição psíquica do sujeito (DUNKER, 2017; AZOUBEL NETO, 1993).

Seguindo essa análise, obtemos uma possibilidade de construção coesa sobre a formação mental do homem, a compreensão dos vínculos sociais, a ressignificação da história da civilização até a criação das instituições de poder, reguladoras sociais. Nessa conjuntura, os Mitos de Narciso, Édipo e de Totem e Tabu irão implicar na base da construção teórica proposta para a compreensão do grupo, da Lei, do líder e da função do Estado.

Do mito narciso ao nascimento do eu (ego)

Freud utiliza o mito do Narciso para caracterizar um dos conceitos metapsicológicos[5] fundamentais da psicanálise. Existem inúmeras reinterpretações, assim como algumas alterações e divergências nas narrativas, contudo, o cerne da história é utilizado para estruturar um modelo clínico da constituição do Eu (ego). O conceito sofre várias modificações durante a obra freudiana e parece ser o cerne da teoria lacaniana.

Filho da ninfa Liríope e do rei Cefiso, na Fócida, Narciso era um jovem de uma beleza cintilante, insensível, considerado egoísta e indiferente. Ao ir matar a sede numa fonte de água, se apaixona pelo seu rosto refletido como num espelho. Sem poder atingi-lo, incapaz de se afastar dele, esqueceu-se de beber e de comer, ganhou raiz à beira daquela fonte e transformou-se, pouco a pouco, na flor que tem o seu nome. Em suma, Narciso, jovem dotado de beleza singular, apaixonou-se pela própria imagem e ficou a contemplá-la até morrer (SCHMIDT, 1985).

Freud abordou a temática em diversas passagens de sua obra, entendido primeiramente como uma fase do desenvolvimento infantil e posteriormente como um elemento constitutivo da subjetividade. Basicamente, o autor desenvolve o conceito de narcisismo tomando como referência as observações sobre a esquizofrenia, a vida mental das crianças e dos povos primitivos para descrever a constituição da noção de eu/ego/sujeito.

Enquanto fases constitutivas, compreende-se o narcisismo primário e secundário. O primeiro refere-se a uma projeção extremamente necessária referente a herança do ideal (narcísico) dos pais. A criança passa a ocupar

---

[5] Metapsicologia pode ser entendida como uma forma de: "[...] designar a psicologia por ele fundada, considerada na sua dimensão mais teórica. A metapsicologia elabora um conjunto de modelos conceituais mais ou menos distantes da experiência, tais como a ficção de um aparelho psíquico dividido em instâncias, a teoria das pulsões, o processo do recalque, etc." (LAPLANCHE; PONTALIS, 2001, p. 284)

um lugar daquilo que ficou perdido na vida deles e é projetado no filho. Já o secundário, continua centrado no bebê, mas resultaria no retorno da imagem do eu através da identificação com a imagem dos objetos externos, quando a criança se sente objeto do outro e forma seu ideal de eu para agradá-lo (FREUD, 1914; LAPLANCHE E PONTALIS, 1992).

Jacques Lacan relendo Freud, apresenta sua tese, no XVI Congresso Internacional de Psicanálise em Zurique, dando uma atenção especial a formação do eu, baseada no *Estágio do Espelho*. O autor destaca a diferença do homem e do animal, principalmente no que concerne à estruturação libidinal a partir da relação com o objeto/outro. Sendo o primeiro objeto externo aquele que faz função materna, de acolhimento, cuidado e diálogo, que dá significação ao bebê, tendo influência como um espelho que devolve uma imagem a criança e proporciona a formação gradativa do eu, do seu mundo interno, incluindo fantasias (LACAN, 1949).

Essa fase inicial é formada pelo autoerotismo, prazer em si mesmo, e pelo prazer de ser o ideal do outro, isto é, um dos nossos primeiros esforços é se sentir amado e agradar o outro. As fases do desenvolvimento posterior vão se dando através dos retalhos da organização do gozo dos orifícios, de partes do corpo conforme essa relação se desenlaça. O bebê acolhe, recolhe e internaliza cada olhar, som, gesto, traço no seu corpo pelo contato com a mãe (JERUSALINSKY, 2004).

Assim, a característica inicial de todo ser humano é a completa dependência dessa figura (materna), não só para sobreviver, mas a fim de que se constitua emocional e psiquicamente, sendo amado primeiro para depois amar. No entanto, o que garante que essa relação não se torne uma relação alienada numa dependência desequilibrada, ou até incapacitante? E mais, até que ponto essa demanda de amor influencia as relações posteriores e determina escolhas sociais?

O mito edipiano: construindo os limites e possibilidades da subjetividade

Para construir o conceito de Complexo de Édipo, Freud utilizou-se da mitologia grega, mais especificamente do teatro, escrito por Sófocles, o chamado "Édipo Rei". As variações da narrativa do mito também não mudam o sentido central e não contradizem o núcleo trágico marcado pelo amor e ódio familiar. Basicamente, a análise do mito compreende a clínica da histeria e a estruturação do desejo. (DUNKER, 2017)

Édipo é um herói lendário que tem sua história iniciada com a advertência de um oráculo ao rei, seu pai, morreria pelas suas mãos. Como medida de precaução o filho é entregue a estrangeiros. Édipo já adulto, indo até Delfos, mata Laio, ignorando ser seu pai. Na estrada de Tebas encontra a Esfinge, um monstro que devastava a região e o mata, sendo aclamado rei. Recebe como esposa Jocasta, a viúva de Laio, sua própria mãe, cumprindo-se o oráculo (CHEVALIER, GHEERBRANT, 1998).

Este é modelo da relação estabelecida entre a criança e as figuras parentais, na medida em que delibera a complexidade da estruturação da sexualidade, do aparelho psíquico e dos conflitos internos emergentes. A primeira relação amorosa estabelecida com a figura materna necessita de uma intervenção para que se estabeleça estrutura emocional e organização sexual. Assim, é próprio da função paterna desenlaçar pela rivalidade e agressividade a separação entre eu (bebê) e o outro (mãe) para inserir a criança num estado de incompletude, proporcionando amadurecimento psíquico e inserção na *linguagem* (FREUD, 1924).

A relação do pai dar-se-á pelo medo da castração e pela culpa, cerceada da ambivalência de amor e ódio. Em suma, a mãe é impedida de responder todas as demandas do bebê narcísico para que ele possa buscar na formulação de desejos mais elaborados, na comunicação e em novas experiências uma singularidade baseada na falta a partir do corte dessa relação simbiótica. Nesse sentido, esse mito é a reprodução de uma ética regulador das relações humanas, incluindo as relações políticas (DUNKER, 2017; NASIO, 1997).

Em suma, temos duas funções fundamentais ao desenvolvimento subjetivo, a mãe organizadora do narcisismo e a função paterna como condição sine qua non para todo ser humano social. Assim, o Complexo de Édipo trata da necessidade e do amor estabelecido com a figura que faz função materna, ligado ao Complexo de Castração que trata da função paterna como papel primordial na estruturação do sujeito, na configuração do desejo, incentivando a criança (por elaboração simbólica) a não ser mais único representante do ideal parental.

A solução do conflito, da rivalidade e disputa pode tomar um caminho muito mais agradável, através do amor e da identificação. Será justamente essa privação promovida pelo pai (simbólico), com todas as consequências emocionais inconscientes que permitirá ao filho introjetar todas as outras formas de interdição, compreender e respeitar as leis e lidar com a angústia da impossibilidade da realização dos desejos. Portanto, não é apenas uma função de separação, mas o estabelecimento de uma nova relação promissora, uma gama de possibilidades subjetivas e uma ampliação da compreensão da realidade que permite um rompimento fundamental à vida emocional e social do sujeito. (LACAN, 1956-1957)

É justamente essa complexa formação subjetiva que serve de base para compreender o deslizamento do individual para as formações coletivas. Entretanto, o que garante que a função paterna seja efetiva a ponto de impulsionar o sujeito a ser social? Como compreender a ruptura do núcleo familiar para além dessas figuras parentais, chegando à formação de uma sociedade ampla com regras próprias e culturas estabelecidas? E mais, a nível social poderíamos erigir um representante paterno capaz de realizar as mesmas funções?

Mito da horda primitiva: origem da civilização

A análise do mito da Horda Primitiva é tratada por Freud com muita estima em um de seus últimos ensaios teóricos. Esta análise, depois de consolidada a teoria com foco clínico, procura diminuir a distância entre outros campos científicos como a Antropologia, Sociologia, Psicologia Social. No prefácio da tradução italiana, o autor inclusive destaca que a obra representa uma primeira tentativa de aplicar o ponto de vista e as descobertas da psicanálise a alguns problemas não solucionados da psicologia social (FREUD, 1913).

O estudo do homem primitivo e sua vida mental apresentam um ponto chave, a ligação entre a formação do psiquismo com as construções sociais, assim como a origem dos totens e com a constituição infantil. Boa parte de nossas crenças, rituais sociais e símbolos são resquícios da infância e indicam "um retrato bem conservado" de um primitivo estágio de desenvolvimento do sujeito, a exemplo da constituição das instituições sociais, da religião, da moralidade e civilização.

O mito da horda trata da união dos irmãos para matar o pai, que goza de todos prazeres tornando-os exclusivos, inclusive as mulheres do clã. Ao efetuarem o homicídio e devorarem o pai, como canibais, num ato de introjetar seu "poder" a culpa recai sobre eles e o pai, agora simbolizado, torna-se mais forte e respeitado moralmente. A partir disso os irmãos unem-se e estabelecem uma aceitação de uma autoridade, honrando o legado do pai. (FREUD,1913).

Historicamente a construção da autoridade culmina na figura do "pai". Pai simbólico, por isso não lido antropologicamente, mas entendido como Lei e não enquanto personagem, nem tão pouco reduzido a regra. Tabus e as leis totêmicas primitivas são como mecanismos fundamentais de proibição ao incesto diante da qual a sociedade se organizou, blindando os impulsos originais demandando outros vínculos afetivos. Esse circuito alegórico, foi aprimorado na figura do pai, principalmente através da lei do incesto, que proíbe a realização livre dos impulsos sexuais permitindo a irmandade, a afetividade entre os indivíduos e a ascensão da civilização pautada na introjeção simbólica dessa interdição (DUNKER, 2017).

Dessa forma, desde a origem dos povos primitivos vemos no processo de "humanização" a necessidade da repressão dos impulsos mais primitivos em prol do aprimoramento de desejos sociável. Tanto do ponto de vista singular, como da formação social aparece a figura de autoridade como necessária, como sustentação da civilização. E mais, além de constitutiva deve ser permanente, na medida em que o desejo de a violar persiste no inconsciente (FREUD, 1913).

De tal modo, o pai assume vários lugares na mesma função, inicialmente terrível faz função castradora, separa a mãe/ objeto da criança, realizando uma intervenção baseada inicialmente na rivalidade, ódio e medo. Como essa função promove subjetividade e amadurecimento psíquico, o pai terrível, mas também forte, poderoso, passa a ser amoroso, honrado e digno de ser copiado. Da mesma forma, o nascimento da cultura se dá pelo domínio da sexualidade e da agressividade constitutiva, que pressupõe conter o narciso para poder viver no clã social. Mas como essa relação com o pai da horda, um grupo familiar pequeno é reeditada nas relações sociais e culturais?

O que os mitos, em especial o Édipo e o do Totem e Tabu expressam são questões universais e fundantes sociais, pautadas no recalcamento de dois desejos constitutivos, o desejo de incesto e o de matar o pai. O que torna inegável a importância do pai e a preservação da sua função, enquanto lugar de liderança que une o grupo e forma a cultura. Garantir o lugar do líder estaria ligado a manutenção da autopreservação do grupo (ROUDINESCO, 2003). Nesse sentido, é possível pensar que essa necessidade da função paterna garante automaticamente um lugar de liderança em todas as relações de grupo?

Considerações sobre o líder: a necessidade da função paterna garante a liderança?

Se a relação com o líder do grupo reedita a relação da criança com as figuras de autoridade na primeira infância, os afetos dispensados a ele também serão similares a afeição e a rivalidade destinada ao representante paterno. Logo, a relação do grupo social com os governantes inclui um elemento inconsciente fundado inicialmente na hostilidade, o que nos leva a compreender que as relações estabelecidas nesse contexto não serão livres de conflito, tão pouco pautadas numa aceitação automática (FREUD, 1913).

O ódio sentido em relação ao pai, devido ao ciúme da mãe, torna-se admiração como solução viável ao conflito, não sem deixar marcas e desejos reprimidos, transmitidos a um substituto. A ambivalência é base dessa relação, que torna o pai adorado num dia e odiado no outro. Assim, o complexo de Édipo é responsável pelo núcleo de toda neurose, mas também do cerne social. Sem essa figura de chefe a desordem social permearia um limiar crônico e a catástrofe seria permanente (POMMIER, 1989).

Um mecanismo para reforçar o poder e a autoridade passa pela necessidade da punição e da correção. O sentimento de culpa, proibição e punição dialogam reforçando a função paterna nesse sistema de construção de valores e vínculos sociais. Portanto, a culpa pelo assassinato do pai também pressupõe a estruturação de um sistema de punição, na medida que é através da desobediência por parte de algum dos membros do clã que uma consequência avalizada pela maioria se interpõe (FREUD, 1913).

A fonte da proibição está relacionada aos desejos primitivos inconscientes que precisam, em nome da civilização, serem contidos. Assim como o recalque (interno), a punição (externa) também é estrutural e imprescindível. Um grupo de pessoas condicionadas a estas tendências, sem refreamento, já seria suficiente para comprometer substancialmente a sociedade. Consequentemente, a punição seria a parceira mais coerente do processo de recalcamento necessário a manutenção do que fora construído simbolicamente, na medida em que coíbe a repetição do ato proibido, sobretudo pelos outros membros do grupo, evitando ações que comprometeriam o social (FREUD, 1913; FREUD, 1927).

Se ligado ao poder, encontra-se a representação de força, potência e autoridade o Estado pode ser definido como a expressão de poder soberano, como a criação e aplicação do direito num território e para um povo, sendo o território o limite dessa aplicação. A forma de exercer o poder pode variar e priorizar algum aspecto em detrimento de outro, assim como a justificativa do uso da força física, intelectual ou outras. Gradativamente a questão do Estado extrapolou o ambiente jurídico, prevalecendo-se nos últimos anos a partir de uma visão sistêmica, que autêntica a ligação entre o conjunto das instituições políticas e o sistema social. A primeira dando respostas as demandas da segunda (BOBBIO, 2003).

Dessa forma, com relação ao poder e a função do Estado é possível observar dois pontos importantes. O primeiro é que o controle social e manutenção de uma certa ordem, do mesmo modo que o estabelecimento de regras, punições, coerção e ações de liderança necessariamente precisa estarem garantidas por um agente externo. Segundo, diante da linha tênue na relação de líder e seus liderados, o lugar simbólico está garantido, mas o amor e admiração e o reconhecimento de uma autoridade personificada não.

Entretanto, somente a punição seria capaz de manter o grupo unido, haja vista que o recalque nunca é eficaz a ponto de controlar os impulsos que levaram a morte do pai? Independente da veracidade desse ato primitivo, a psicanálise afirma que o simples impulso hostil contra o pai, a mera existência de uma fantasia de morte, já seriam suficientes para repercutir essa organização social, valores morais e normas. Porém, a punição não institucionalizaria a escravidão em nome da governabilidade? Sabemos que a função paterna não pode ser reduzida a punição ou proibição e nos propomos avança na compreensão da sua influência no grupo.

Psicologia das massas: o que mantem o grupo?

Através do conceito de identificação, ou seja, os irmãos se reconhecem no mesmo "lugar simbólico" ao mesmo tempo que elegem um líder para gozar do que lhes é impedido identificando-se com ele, é possível compreender o que promove vínculo social a ponto de tornar-se a massa homogênea e unir o grupo. Temos aí um contraponto interessante, a necessidade e o caráter positivo da função paterna que une os irmãos e promove aceitação das leis e o caráter negativo que pode tornar a massa ingênua, facilmente manipulada (FREUD, 1923).

Essa massificação é explicada pela necessidade de um "senhor", de um líder, pautadas pelo imperativo inconsciente de submissão e obediência, intrínsecas aos sujeitos. O pai é fundamental, mas também pode estabelecer uma relação problemática e alienante. É através do processo de identificação que verificamos uma projeção do ideal (ideal de eu) que a criança tinha formulado na infância, ser por todo grupo transferido ao líder. Esse mecanismo psíquico pressupõe uma forma de realização, inclusive dos desejos mais primitivos de poder, autoridade e gozo pleno, através da representação do líder escolhido.

Os indivíduos se unem e se reconstroem através do grupo, visando justamente burlar os mecanismos de recalcamento dos seus desejos. Sob a perspectiva de esclarecer a manutenção da massa e examinar o que alimenta a perpetuação do indivíduo dissolvido nela a ponto de ter fragmentada ou posta em cheque sua própria personalidade e seus desejos, Freud chama atenção as mudanças profundas do sujeito quando inserido numa constituição grupal que pode tornar seus integrantes completamente influenciáveis e emburrecidos, como sob efeito hipnótico.

Isso quer dizer que inconscientemente uma via de realização do desejo que nunca é recalcado com eficácia se dá pela força do líder, e, portanto, como em efeito cascata, quanto mais forte e poderoso o líder mais (pela via do imaginário) realizada a massa. O líder como instância superegoica formada pela representação paterna passa a ser o ideal da massa substituindo no indivíduo a necessidade de realização pulsional plena e real pelo gozo do próprio líder como representante do ideal de Eu (LACAN, 1992)

Deparamo-nos com um grande perigo do indivíduo na massa, o de anular radicalmente seu ego e passar a responder ao ego do líder em detrimento de um ideal social. Essa dinâmica pode ser facilmente observada ao longo da história pelas manipulações da massa a ponto de produzir catástrofes sociais e terríveis consequências. O que nos alerta para, diante da necessidade de um líder, a possibilidade de consolidar movimentos políticos e ideologias imperativas, nas mãos de personalidades astutas que possam ir contra seus membros e contra a própria sociedade.

De modo geral, as afirmações concernem na semelhança entre os processos civilizatórios e o desenvolvimento da libidinal do indivíduo. Isso é, a formação superegoica de um suposto início da civilização tem origem semelhante à do superego de um sujeito a partir da vivência dos Complexos estruturais. O mal estar da cultura denunciado por Freud, representa a disposição do ser humano de se afastar dos antepassados animais, reagindo de forma coletiva, cristalizando aquilo com que nos protege da ameaça oriunda das fontes de sofrimento, numa equação simples: evitar sofrimento em nome de um ideal ilusório de felicidade plena.

Quanto a hipótese de que o Estado na contemporaneidade possa ser o órgão máximo como representante paterno ganha consistência não só pelo uso da lei e da capacidade regulatória, mas também como canalizador de uma representação organizada, coletiva, dessa demanda insaciável de direito, felicidade e garantia de proteção. A ele seria direcionado a prospecção de uma felicidade representante da esperança (infantil) de que todas as soluções dos problemas sociais e do sofrimento oriundo dessa organização sejam solucionadas pelo Estado (POMMIER, 1989).

Da necessidade ao lugar: qual a função do estado?

Pautados na necessidade do "pai", a ilusão projetada pela civilização em algo que irá resolver seus complexos psíquicos e seu vazio constitutivo, enquanto regulador social é peremptória. Se no começo do processo civilizatório, a coerção precisava ser externa, via lei totêmica envolvendo proibições e tabus, posteriormente é internalizada pelo sujeito que a aceita moralmente. Quanto mais forte e efetivo esse processo menor a necessidade posterior de coerção externa vai demandar.

Essa função do pai marcada no cerne da civilização é tão intensa e imprescindível que Freud chega a afirmar que a proteção de um pai é uma das necessidades da infância mais intensas. Todavia, o Estado enquanto instituição legisladora, reguladora, com função de coerção e punição, não impede a discrepância, discordância e desacordos quanto a forma de governar. A história nos mostra que a compreensão da necessidade e a existência de um representante paterno não é o suficiente para promover concordância social, nem tão pouco aceitação e identificação automática.

Freud no texto "Considerações atuais sobre a guerra e a morte" (1915), faz mais alguns apontamentos destacando alguns papéis do Estado. Inundado no desgosto e refletindo as feridas da guerra desse período, tece duras críticas, numa referência clara ao Estado bélico alemão do qual teve de fugir. Reitera o seu caráter de poder, acrescido de enganador intencional, monopolizador, injusto e astucioso, mas sobretudo, afirma que ele é mais ou menos o representante do povo através dos governos que o conduzem (FREUD, 1915, p.161).

Dada a sua necessidade, o questionamento da sua função é extremamente pertinente. No latim Estado denota *status* que significa estar firme. A primeira vez que a expressão aparece é na obra "O Príncipe" de Maquiavel, (1513), usada pelos italianos, ligada ao nome de uma cidade independente, e provavelmente de uso comum no meio do autor. Ampliado nos séculos XVI e XVII, também foi usado como grandes propriedades rurais, cujos proprietários tinham poder jurisdicional. Alguns autores só o consideram, a partir do século XVII, quando passa a ser utilizado como sociedade política.

A questão da função do Estado está muito mais ligada a opção teórica escolhida, independentemente de sua origem. Apesar da discussão e discordância teórica desde o início dessa construção, indiscutivelmente é possível afirmar que sociedade e Estado atuam juntos, e mesmo distintos estão sempre interligados, interdependentes da complexidade do contexto social. A dualidade Estado e sociedade pressupõe intrinsecamente o conceito de Política. Ela deve agir legislando sobre o que devemos e o que não devemos fazer, tendo como objetivo maior o bem humano, sendo justamente esta a finalidade principal do Estado (ARISTÓTELES, 1973; BOBBIO, 2003; DALLARI, 2003).

Aristóteles, há mais de 2.300 anos, afirma que Estado é sinônimo de sociedade, sociedade política e que o homem é naturalmente um ser político, pois só consegue se desenvolver plenamente na *Pólis*, na cidade, na vida social. Segundo ele, assim como vimos em Freud, autoridade, poder e sociedade também iniciam na família. O pequeno agrupamento de casas, formam a aldeia e vão compondo a sociedade e as cidades, submetidas a um governo real. Uma organização necessária para conservar a existência, pois sem ela encerraria na destruição de suas qualidades morais, tornando-se o mais impiedoso e selvagem dos animais, baseado nos instintos primitivos de sexo e gula (ARISTÓTELES, 2002).

A tríade Estado, família e sociedade é um ponto central nessa discussão. Sendo a primeira tão proeminente para Aristóteles que afirmar que o Estado é mais importante que a família. Ele tem prioridade sobre o indivíduo, fazendo parte do instinto natural do homem que não consegue se desenvolver de forma autossuficiente. Portanto, o Estado como sociedade política, é primeiro objeto a que se propôs a natureza social. O todo existe necessariamente antes da parte, na medida em que as sociedades domésticas e os indivíduos a que pertencem são as partes integrantes da cidade e estão subordinados ao corpo inteiro, se separadas são inúteis e quando partes separadas não sobrevivem.

Com nitidez, observamos uma das finalidades da política construída sob a responsável de promover uma maneira de viver que leve a felicidade social. Vemos assim, a política considerada como conhecimento científico e o governo como a forma de aplicação prática dessa construção, visando o mesmo fim. Para isso, os que governam o Estado, estariam em melhor condições de dispensar os recursos, o dinheiro arrecadado para as despesas públicas e as despesas domésticas devendo conhecer os melhores recursos de administrar as riquezas, da natureza e do comércio.

Se Freud, observa que o cerne da civilização traz um desejo comum, a demanda de felicidade, Aristóteles defende que as virtudes morais vão fazer toda a diferença nessa busca. O Estado não deve ter como finalidade o acúmulo de bens, mas a busca da felicidade dos seus membros através da manutenção das virtudes prudência, coragem, justiça, entre outras, principalmente a honestidade. Com efeito, se o Estado tem o dever do bem comum e como encontramos na prática tantos modelos divergentes? Portanto, haveria um governo, um pai, ou uma política de governo ideal, capaz de promover a felicidade de toda sociedade? (ARISTÓTELES, 2002; FREUD, 1930).

O perfil governamental e consequentemente as ações políticas vão estar inevitavelmente ligadas aos interesses e ao caráter daquele que ocupa o lugar do pai, motivado consciente ou inconscientemente com a felicidade do grupo ou com outros interesses. A necessidade do pai da horda, institucionalizada hoje pela representação do Estado não suprime a variedade de perfis do líder que governa, ou seja, um só órgão regulador social pode ser conduzido por vários tipos de líderes: tirano, egoísta, amável, afetuoso etc., assim como conduzir estruturas políticas de poder distintas.

Seguindo essa digressão, uma das representações de poder e autoridade seria o acesso a questão financeira do grupo e a capacidade de decisão sobre os recursos. Psicologicamente para se estabelecer no imaginário social, terá como primeira função instaurar um tributo, como forma de "nacionalizar o pai". Isso implica ao grupo aceitar oficialmente a dívida que cada sujeito tem com ele no processo que subjetiviza, que socializa, que dá sentido à vida por meios da sua função que ao castrar, promove o fazer, o produzir e o trabalho. Assim, a dívida com o pai é transferida ao Estado que tem o direito de tudo exigir, inclusive a vida (POMMIER, 1989).

Independente da forma como exerce essa função, o Estado é fundamental para organização social, como representante do pai da hora, coercitivo, representante legal das normas de conduta e responsável pela manutenção do refreamento pulsional, portanto castrador, passível de injustiça moral e promotor de alienação. Ainda assim, é possível avaliar com segurança a melhor proposta política para a atuação do Estado?

Política: o futuro de uma ilusão?

O que causa tanta divisão e discordância com relação a função do Estado, divergências políticas ideológicas e as propostas díspares de formas de governança? Uma suposição trata do efeito da massificação, que provoca nos indivíduos dificuldade de realizar uma leitura crítica quanto a postura do líder, deixando-se alienar na busca da realização de um ideal manipulado em nome da necessidade de proteção e pertencimento. Uma ilusão projetada nesse âmbito político, inconsciente, de realização de um gozo irreal, impossível, que move, une, reanima os grupos em constante e, provavelmente, ininterruptas disputas pelo gozo pelo poder através da identificação com os líderes.

Porém, indubitavelmente o pai perfeito, o consentimento das mesmas demandas sociais e a eleição de totens e tabus, regras e valores com absoluta concordância e sem nenhuma transgressão é impossível. Primeiramente porque a coerência de atos civilizatórios e o estabelecimento das virtudes e concordância moral não estão garantidos automaticamente por nenhuma função. Segundo, pela própria característica da civilização, pautada na falta, na falha, incompletude peremptória, haja vista que o pai é quem castra, quem motiva e não quem completa e infantiliza.

A demanda interna de realização pulsional é sempre constante, o que varia são as formas de lidar com o fracasso do gozo pleno ilusório. Isso é uma escolha pessoal, tanto do líder quanto de seus liderados. Assim, da mesma forma que o conceito de bem comum e transgressão para um grupo pode ser diferente para outro. Há de se considerar também, os que continuam insociáveis (por vários motivos) e os que, mesmo civilizados, buscam interesses avarentos, anseiam burlar normas morais prejudicando o próximo, baseando suas necessidades em seus impulsos agressivos ou sexuais (FREUD, 1927).

Isso quer dizer que o Estado é ineficiente? Enquanto instância maior de poder nunca será capaz de conter o caráter moral e as escolhas pessoais? Não, para a primeira questão pois da mesma forma que o recalque é ineficaz na sua totalidade não pode ser dispensável enquanto condicionante de equilíbrio subjetivo e fator motor da constituição subjetiva. Sim, para a segunda. A internalização da lei não é homogenia, efetiva, nem tão pouco unanime, na medida em que dependerá da resposta subjetivas as influências do meio social e dos imperativos paternos projetados através dos ideais inconscientes.

Cada massa movida pelo seu ideal e liderada de forma muitas vezes discrepante de outro grupo, buscando identificação, pertencimento, proteção, completude (da infância) criar a ilusão de que seu modelo de liderança seria a solução. Ideal e ilusão caminham juntos criando soluções fantasiosas no campo das regulamentações políticas também. Assim, a relação com a política em geral é sempre baseada nessa possibilidade de satisfazer o gozo particular e ilusoriamente possível através do grupo e manter uma identidade por duas posições: ou se sujeitando ao significante mestre – líder ou resistindo a ele (FREUD, 1927; POMMIER, 1989).

Ilusão e ideal se alimentam na busca pelo poder representando uma disputa humana evoluída. O homem substitui a batalha individual do mais forte contra o mais fraco que seria ininterrupta, desgastante e injusta buscando uma instância que representasse e garantisse a justiça, atuando como construtora de poder legalmente aceito, salvaguardando os direitos do grupo torna-se extremamente compreensível.

Lei e instituição são sempre criação de grupo, da sociedade. Logo os preceitos do tabu e da organização primitiva estudada pela psicanálise se alinham com as necessidades sociais em busca da lei e da justiça/direito, regulada pela união da comunidade visando sua defesa e bem-estar. A primeira exigência da civilização – a justiça, constrói um estatuto legal para o qual todos contribuíram com o sacrifício pessoal de seus instintos, granjeando que ninguém (com exceção dos que não aderem a civilização) pereça e fique à mercê (CASTORIADIS, 2002; FREUD, 1927).

Nesse sentido, a política poderia ser o mal estar da contemporaneidade numa construção coletiva dirigida a atuação do Estado, pautado no ideal de felicidade que fundamenta a sociedade. Portanto, independente de qual valor esteja em voga o que é coletivizado é a confirmação do fracasso da realização dos desejos inconscientes, ilusoriamente representado na ideia de que, a partir do laço social, teríamos o meio de juntar forças para atingir esse gozo. Assim, vamos achando saída para a falta, para a falha constitutiva deixada pela função da Lei na premissa de que se não podemos acabar com ela, na figura do Estado, podemos idealizar um pai, um líder ideal que irá nos fazer feliz.

Considerações finais

Diante do exposto, é possível considerar o Estado um representante moderno da função paterna, necessária a toda sociedade. Por que não função materna? Considerando a essa análise, compreendemos que só existe civilidade, linguagem, produção de cultura, desenvolvimento psíquico e social através da função de interdição, de limite e instituição da impossibilidade do gozo completo. Se o Estado é entendido enquanto função materna, que supre, nutre, satisfaz e aliena a imagem do bebê a sua própria imagem, temos o risco de produzir uma sociedade improdutiva, com demandas insaciáveis. Uma sociedade que acredita que o Estado tem o dever de suprir todas as suas necessidades, pode estabelecer uma relação de dependência, imaturidade, principalmente financeira e emocional e a uma infantilização desastrosa. No entanto, é necessário algum cuidado, pois encontramos vários exemplos na história de sociedade de tipo matriarcais ou mesmo patriarcais que reforçam exatamente o mesmo papel, isto é, o próprio paternalismo é dos exemplos clássicos deste modelo que, independe da função paterna ou materna...

A necessidade do Estado não inviabiliza as divergências quanto a forma de se exercer a função paterna. Apesar disso, essa falta de unanimidade não precisa ser considerada negativa, se dentro de uma discussão ampla e equilibrada as divergências gerem discussão, trocas, construções propulsoras, fugiremos do consenso alienante que pode denunciar interesses perversos de algumas lideranças.

Nesse sentido, restringir ou eliminar a função do Estado devido ao exercício de lideranças que destoam do objetivo principal e não se propõe a sacrificar seus próprios anseios e desejos é, no mínimo, confundir a função necessária com o perfil e a capacidade de exercê-la. Da mesma forma que demandar toda responsabilidade ao Estado a ponto de construir uma solução política salvadora é cair na cilada do ideal infantilizado ao extremo.

O interessante dessa construção calcada na gênese da formação humana e das demandas sociais é justamente manter o caráter científico que tanto custou a psicanálise. Além disso, permite uma reflexão de escolha coerente que nos identifica e assegura um lugar social e foge dos questionamentos reducionistas, narcísicos e intolerantes. Permitir que o debate possa ser muitos mais interessante que maniqueísta, mais construtivo do que ameaçador, mais simbólico e menos imaginário.

Em suma, o fenômeno da política diz respeito a todos nós, nos rege, governa, limita e nos organiza, nos preservando como organização social. Nesse sentido, o Estado não é só produtor, mas um produto das leis e representante legítimo de aspectos culturais e sociais. Nesse sentido, o ponto fundamental para concluir aponta para o cerne da teoria psicanalítica, a responsabilidade do sujeito. Isto é, a análise sobre a construção do Estado pautado no poder, liderança e controle da massa nos conclama a implicação que essa escolha nos convoca. Responsabilidade social, não menos individual.

REFERÊNCIAS

ALENCAR. B. S. **Revista Perspectiva Filosófica**, v. 6, n. 12, jul./dez. 1999.

ARISTÓTELES. **A Política.** Disponível em: http://baixar-download.jeguea-jato.com/Aristoteles/A%20Politica%20(170)/A%20Politica%20-%20Aristoteles.pdf. Acesso em: 11 set. 2015.

ARISTÓTELES. Ética a Nicômaco. *In:* **Os Pensadores**, São Paulo: Abril Cultural,1973

AZOUBEL NETO, D. **Mito e psicanálise – estudos psicanalíticos sobre formas primitivas de pensamento**. Campinas, SP: Papirus, 1993.

BOBBIO, Norberto. **Estado, governo, sociedade – para uma teoria geral da Política**. 10. ed. Tradução: Marco Aurélio Nogueira. São Paulo: Paz e Terra, 2003.

CASTORIADIS. Imaginário político grego e moderno. *In:* **As Encruzilhadas do Labirinto**. A ascensão da insignificância. v. 4. Rio de Janeiro, Paz e Terra, 2002.

CHEVALIER, J.; GHEERBRANT, A. **Dicionário de Símbolos** (mitos, sonhos, costumes, gestos, formas, figuras, cores, números). 12. ed., Rio de Janeiro: José Olympio, 1998.

DALLARI, Dalmo de Abreu. **Elementos da Teoria Geral do Estado**. 24. ed. atual., São Paulo: Saraiva, 2003.

DUVERGER, Maurice. **Ciência política**. Tradução: Heloísa de Castro Lima. Rio de Janeiro: Zahar, 1976.

FERREIRA FILHO, Manoel Gonçalves. **Estado de Direito e Constituição**. 3. ed. São Paulo: Saraiva, 2004.

FERREIRA FILHO, Manoel Gonçalves. **Estado de direito e constituição**. 3. ed. São Paulo: Saraiva, 2004. p. 5.

FREUD, S. [1925]. "**Um estudo autobiográfico**". v. 20. Edição Standard Brasileira de Obras Completas de Sigmund Freud. Rio de Janeiro: Imago, 1996.

FREUD, S. **A dissolução do complexo de Édipo**. Tradução: J. Salomão. Edição Standard Brasileira das Obras Psicológicas Completas, v. 19, Rio de Janeiro: Imago. 1974. p. 215-226. [Originalmente publicado em 1924].

FREUD, S. (1913 [1912-13]) **Totem e tabu**. Disponível em: http://soebooks.blogspot.com.br/2007/03/sigmund-freud-obras-completas-23.html. Acesso em: 23 set. 2015.

FREUD, S. (1914) **Sobre o narcisismo**: uma introdução. Edição Standard Brasileira das Obras Completas de Sigmund Freud, v. 14. Rio de Janeiro: Imago, 1996.

FREUD, S. (1914) **Sobre o narcisismo**: uma introdução. Em: Edição Standard Brasileira das Obras Completas de Sigmund Freud. v. 14. Rio de Janeiro: Imago Editora, 1996.

FREUD, S. (1927b) **O futuro de uma ilusão**. Edição Standard Brasileira das Obras Completas de Sigmund Freud, v. 21. Rio de Janeiro: Imago, 1996.

FREUD, S. (1930 [1929]) **O mal-estar na civilização**. Edição Standard Brasileira das Obras Completas de Sigmund Freud, v. 21. Rio de Janeiro: Imago, 1996.

FREUD, S. (1933 [1932]) **Por que a guerra?** Edição Standard Brasileira das Obras Completas de Sigmund Freud, v. 22. Rio de Janeiro: Imago, 1996.

LACAN, J. (1949) "O Estádio do espelho como formador da função do eu". *In:* **Escritos**. Rio de Janeiro: Jorge Zahar, 1998.

LACAN, Jacques. (1956-1957). **O Seminário, livro 4**: A relação de objeto. Rio de Janeiro: Jorge Zahar, 1995.

LACAN, Jacques. **O Seminário, Livro 17:** o avesso da psicanálise. Rio de Janeiro: Zahar, 1992, p. 92.

LACAN, Jacques. **O Seminário, Livro 5**: as formações do inconsciente. Rio de Janeiro: Zahar, 1999, p.176.

LAPLANCHE, J.; PONTALIS, J. B. **Vocabulário de psicanálise**. Tradução: P. Tamen. 5. ed. Lisboa: Moraes editores, 1970.

MAAR, W. L. **O que é política**. 20. ed. São Paulo: Brasiliense, 1982.

MORAIS, José Luiz Bolzan de. **Ciência Política e Teoria Geral do Estado**. Porto Alegre: Livraria do Advogado, 2002.

NASIO, J.-D. **Lições Sobre Sete Conceitos Cruciais da Psicanálise**. Rio de Janeiro: Jorge Zahar Editor, 1997.

NASIO, J.-D. **Lições Sobre Sete Conceitos Cruciais da Psicanálise.** Rio de Janeiro: Jorge Zahar Editor, 1997.

POMMIER, Gerard. **Freud Apolítico?** Tradução: Patrícia Chitonni Ramos. Porto Alegre: Artes Médicas, 1989.

PERCEPÇÕES DE ENFERMEIROS DA ATENÇÃO BÁSICA SOBRE CONTROLE SOCIAL

Akeisa Dieli Ribeiro Dalla Vechia
Josué Souza Gleriano
Raimundo França
Rômulo Cézar Ribeiro da Silva

Introdução

A reorganização do sistema de saúde brasileiro após constituição de 1988 teceu um forte avanço no acesso a serviços de saúde e incorporação da população na formulação de políticas públicas. Nessa esfera a ação do território de saúde possui extrema ligação com o levantamento e a voz das necessidades locais. À frente desse território uma equipe de saúde, normalmente coordenada por um enfermeiro responsável técnico das unidades torna-se um ator que pode intensificar o diálogo para o fomento da participação e do controle nas políticas de saúde.

O controle social prevê a participação do cidadão na gestão pública, fiscalização, monitoramento e controle das ações ao atuar como personagem no importante mecanismo de fortalecimento da cidadania (PAULA *et al.*, 2015). A reforma sanitária brasileira e a 8ª conferência nacional da saúde (1986) culminou na promulgação de seus arcabouços legais direcionando à constituição federal de 1988 e as leis orgânicas da saúde 8.080/90, 8.142/90, mais recentemente a resolução nº 453/12 estratégia de democratização da saúde. A partir destes marcos legais a população pôde garantir o direito à participação nas políticas públicas de saúde em espaços como conselhos e conferências, analisando a aplicação de recursos, transparência, qualidade de serviços e ainda o direcionamento de ações salutares.

A participação social em saúde trata-se de um princípio constitucional considerada uma das formas mais avançadas de democracia, estabelecendo uma nova relação entre Estado e sociedade onde as decisões são negociadas com os representantes nos órgãos competentes, uma vez que estes conhecem a realidade da saúde da comunidade as quais pertencem (ROLIM; CRUZ; SAMPAIO, 2013). Para Mittelbach e Perna (2014) a participação política é uma condição indispensável à construção e defesa do sistema único de saúde, contudo, por tratar-se de um processo recente ainda se têm enfrentado diversos desafios. Tal justificativa fomentou no ano de 2006 o fortalecimento desta participação no pacto em defesa do SUS, envolvendo e reafirmando nas três instâncias federativas de forma concreta e articulada o SUS como política de Estado (BRASIL, 2006).

A participação social no SUS como um mecanismo da cidadania, estimula o diálogo entre sociedade e governo, propiciando profundas transformações no planejamento e nas agendas de prioridade para o trabalho da gestão no SUS. Pressupõe-se que o enfermeiro por ser o agente mais próximo dos cidadãos torna-se um instrumento crucial para participação social em saúde. Para esse pressuposto perguntou-se: qual o conhecimento e a participação dos enfermeiros em espaços do controle social?

A formação em enfermagem, desde a criação do SUS, tem desafiado em diretrizes e competências no seu currículo a proposta de fortalecer o exercício profissional pautado nos princípios e diretrizes do sistema (SILVA; SANTANA, 2015) visto sua inserção de trabalho na atenção primária e o crescente número de atuação na gestão em saúde. Por conta da abertura nos campos de prática este profissional possui um contato direto com as demandas e necessidades de saúde das coletividades, conferindo um conhecimento da problemática de sua região o que é fundamental para o fomento da participação e do controle social em saúde (SILVA; LANA, 2004).

O presente estudo visa investigar o conhecimento, a participação, dificuldades encontradas por enfermeiros para o incentivo a mobilização popular e apontar ações que podem ser praticadas para melhorar o controle social.

Trata-se de uma pesquisa qualitativa que de acordo com Minayo (2010) trabalha questões particulares como o universo dos significados, motivos, aspirações, crenças, valores e atitudes, objeto deste estudo. E diante desta compreensão, o ser humano não só age, mas pensa no que faz e interpreta suas ações dentro e a partir da realidade vivida partilhada com seus semelhantes, influencia e é influenciado por esta (MINAYO, 2010).

Foi aplicado um questionário estruturado com 11 perguntas, respondido individualmente por 12 enfermeiros atuantes nas unidades de atenção básica da área urbana de um município da região médio-norte mato-grossense em 2015, após aprovação pelo comitê de ética em pesquisa da Universidade do Estado de Mato Grosso (UNEMAT), sob o número CAAE 35707214.6.0000.5166.

O material foi submetido à análise de conteúdo. No primeiro momento, realizou-se leitura das entrevistas transcritas com a identificação e codificação das unidades de registro e unidades de análise. A partir da análise dessas unidades, foram identificados os núcleos de sentido contidos nas falas dos sujeitos. Então, realizaram-se as sínteses dos núcleos para a identificação das categorias temáticas a partir do objetivo proposto conforme propõe Bardin (2011). Os núcleos de discussão foram: o conhecimento dos enfermeiros sobre controle social, participação dos enfermeiros no conselho municipal de saúde, participação da comunidade no conselho de saúde, desafios para promoção do controle social e sugestões de ações.

Resultados e discussão

Conhecimento dos enfermeiros sobre controle social

Enfermeiros críticos, reflexivos, compromissados com seu papel social, que atuem como sujeitos ativos em seu próprio percurso de vida e de trabalho e contribuam para a construção de um sistema de saúde pautado nos princípios do SUS é um debate aberto nas diretrizes curriculares desde o início da década de 1980 (MARTINS; SANTOS, 2012). Embora o enfoque social da profissão, o compromisso social, ético e político venha adquirindo cada vez mais espaço nas produções científicas, na enfermagem ainda existem poucos estudos (SILVA; LANA, 2004). Wendhausen e Cardoso (2007) apontam para uma formação profissional que discuta e aprofunde mais assuntos envolvendo a democracia e controle social possibilitando preparo e, deste modo fortalecendo o aspecto que constitui um dos principais instrumentos de cidadania do século XXI. Para Aquino *et al.* (2014) é necessário que o profissional da saúde rompa com posturas de conformismo e submissão a fim de comprometer-se com as ações que extrapolem o simples assistencialismo, percebendo dentro de seu contexto social os limites e possibilidades para um cuidado em saúde que contemple o indivíduo em sua integralidade.

A pesquisa revelou que enfermeiros entrevistados entendem o conceito de controle social como a participação da sociedade nas políticas públicas:

> "É a participação do cidadão nas questões políticas e nas fiscalizações das gestões públicas. É o poder que uma sociedade ativa possui na luta dos seus direitos e deveres." (Enf. 1)
> "É a participação dos cidadãos na gestão pública a fim de solucionar problemas, controle no gasto público e elencar as prioridades de interesse da coletividade, fiscalizando a atuação do poder público." (Enf. 2)
> "Controle Ssocial é uma ação da sociedade para discussão de políticas que comprometem a vida coletiva." (Enf. 10)

As falas dos sujeitos sobre o conceito revelaram o transpasse da responsabilidade da participação para a comunidade, demonstrando ao mesmo tempo o 'poder' desta participação como afirmado pela Enf. 2 reconhecendo-a como um importante instrumento.

Quanto às funções de um conselho municipal de saúde:

> "Por meio de seus membros, que são representantes de vários órgãos da sociedade local, possuem autonomia de decisão nas aprovações dos balancetes de gastos com a saúde, promovem ações de melhoria de atendimentos, servem como ouvidoria." (Enf. 1)
> "O conselho municipal é responsável por fiscalizar, monitorar as ações da gestão pública e deliberar sobre temas importantes relacionados às condições de saúde." (Enf. 5)
> "O conselho municipal de saúde tem função de acompanhar, fiscalizar, propor correções no sistema único de saúde- SUS. Tem o objetivo de intervir nas ações para as melhores decisões no coletivo e fazer acontecer." (Enf. 10)

Fica evidente o entendimento engessado do conselho de saúde apenas como um órgão aprovador, fiscalizador e de monitoramento, características limitadoras. Isto associado ao fato de ser um instrumento do próprio governo distorce a percepção desses fóruns como espaços que agem apenas de forma verticalizada, setorializada, coercitiva e especializada (MIRANDA; SILVA; SOUZA, 2013). Rompendo com as principais características desses fóruns que devem ser a autonomia, deliberação, parceria com a comunidade e gestão para bem comum.

> "Atua no controle das ações executadas na saúde, das verbas e repasses federais, além de representar de forma democrática todos os que estão diretamente ligados à saúde." (Enf. 11)

A fala da Enf. 11 revela a concepção limitada da representatividade ao associá-la aos que estão "diretamente ligados à saúde" sendo que, como um espaço de cidadania tem por objetivo ser constituído por uma representação política a partir da diversificação e pluralidade de atores possibilitando consequentemente melhores discussões, melhores resultados às necessidades locais.

Oito enfermeiros possuem conhecimento de como são distribuídos os recursos financeiros aplicados na área da saúde do município. Acredita-se que bom nível de compreensão pode estar associado ao fato da maioria dos pesquisados possuírem especialização na área de gestão e saúde pública. Sobre esta perspectiva Martins e Santos (2012) afirmam que o enfermeiro adquire em sua formação conhecimento sobre saúde coletiva, legislação e políticas públicas que são muito importantes para o controle social em saúde e, pode ajudar a transmitir instruções quanto o funcionamento do SUS a população, bem como informações sobre seus direitos e deveres.

Participação dos enfermeiros no conselho municipal de saúde

Para Martins e Santos (2012) o enfermeiro enquanto conselheiro de saúde engajado, atuante no planejamento, acompanhamento e avaliação das ações de saúde pode contribuir para melhoria da assistência à comunidade. Existe também dentro desta mesma perspectiva a possibilidade de melhorias nas próprias condições de trabalho.

Apenas quatro enfermeiros entrevistados já participaram das reuniões do conselho municipal de saúde, no entanto, estudos recentes realizados no Brasil comprovam que a presença destes profissionais nestes espaços vem aumentando (SILVA; LANA, 2004); (ARANTES *et al.*, 2007); (ZAMBOM; OGATA, 2011); (SANTOS *et al.*, 2012). Na pesquisa realizada por Martins e Santos, em 2012, na cidade de Juiz de Fora, MG, com enfermeiros participantes dos conselhos de saúde, constatou-se que a maioria destes considera importante sua atuação como conselheiro e acredita ter contribuído para melhoria das condições de saúde da comunidade e serviços prestados pelas unidades básicas de saúde.

No município em análise ainda há uma baixa representatividade dos enfermeiros no conselho o aspecto mais apontado como pretexto é a falta de tempo. A enfermagem deve sentir-se pertencente ao SUS, responsável, comprometida com o sistema que possibilita o acesso a saúde a milhões de brasileiros.

Todos os enfermeiros consideram relevante a participação dos usuários nos processos deliberativos e a justificativa é:

> "Porque é quem utiliza o serviço que também pode indicar melhorias e levantar críticas." (Enf. 9)
> "[...] ajudam a cobrar dos gestores a melhoria dos serviços." (Enf. 5)
> "Pois são os usuários que de fato conhecem a realidade dos atendimentos e as necessidades das melhorias." (Enf. 1)

Interessante ressaltar a concepção forte dos enfermeiros quanto à responsabilidade dos usuários em participar e uma impessoalidade na transmissão da função para ele, como se esse profissional não integrasse o sistema. É perceptível que alguns profissionais não se veem como parte do SUS e nem como usuários, transferindo essa atribuição apenas aos frequentadores da unidade. Nos estudos de Arantes *et al.* (2007); Martins e Santos (2012) e Mittelbach e Perna (2014) sobre as percepções dos enfermeiros quanto seu papel dentro dos conselhos de saúde foi referido pelos entrevistados função exclusivamente de divulgar, informar, orientar e conscientizar a comunidade. Mittelbach e Perna (2014) aduzem que é justo afirmar que o profissional tenha tais responsabilidades, porém, estas não seriam as prioridades de sua ação dentro do controle social. Em primeiro lugar a enfermagem deve avaliar o potencial estratégico dos conselhos de saúde como espaços para explicitação de conflitos e contradições que cotidianamente nos serviços tendem a ficar inviabilizados. Vale destacar que atitudes e posturas dos profissionais refletem na comunidade e que estes devem buscar a qualidade de trabalho como cidadãos atuantes, defensores das políticas de bem-estar social (BISPO JÚNIOR; MARTINS, 2014; SILVA; LANA, 2004).

A participação da população no conselho de saúde

Partindo do pressuposto de uma baixa frequência da participação da comunidade nas reuniões os enfermeiros foram questionados quanto a sua opinião sobre essa exposição. As respostas que predominaram afirmavam que a situação ocorre pela falta de conhecimento, informação e divulgação seguida pela falta de interesse e desconhecimento da importância.

> "Primeiramente, porque muitos desconhecem o que é Conselho de Saúde e para que serve." (Enf. 8)
> "Falta orientação do usuário para ir às reuniões, divulgação e organização das reuniões e conferências do Conselho. Por que são reuniões muito abruptas." (Enf. 10)

Percebe-se na literatura que em outros municípios também há escassa informação sobre a existência dos conselhos e uma pequena divulgação sobre o funcionamento (Bispo Júnior e Martins, 2014). As reuniões do conselho municipal de saúde do município estudado ocorrem na primeira sexta-feira do mês no período vespertino, o que inviabiliza a participação dos usuários uma vez que neste horário a maioria dos cidadãos encontra-se trabalhando. Este aspecto entra em desacordo com a resolução nº 453/12 em seu parágrafo V onde afirma que "as reuniões plenárias dos Conselhos de Saúde são abertas ao público e deverão acontecer em espaços e horários que possibilitem a participação da sociedade" (BRASIL, 2012, p. 4).

> "Na maioria das vezes falta de interesse, segundo falta de tempo visto que as reuniões acontecem em horário de expediente." (Enf. 3)

Sobre esses excertos vale ponderar que a baixa representatividade da sociedade civil nos Conselhos de Saúde facilita a hegemonia e dominação política dentro desses espaços.

> "Por desconhecer a importância, falta de interesse em querer saber a função e porque não é um trabalho assalariado." (Enf. 1)

A falta de interesse pela ação política em geral trata-se de um fato evidenciado em diversos estudos como Oliveira e Almeida (2009); Rolim; Cruz; Sampaio (2013); Mittelbach e Perna (2014); Bispo Júnior e Martins (2014) influenciado pela falta de cultura cívica e participativa.

Para Bispo Júnior e Martins (2014) quando há ausência de cultura cívica, participativa, privatização da vida, com interesses individuais se sobrepondo aos valores coletivos, não se pode esperar um desempenho expressivo dos conselhos de saúde. Contudo, conselhos de saúde estabelecidos onde há pouco exercício da cidadania podem estimular uma consciência coletiva, pois possibilitam o aprimoramento da democracia. Ressalta-se que para efetiva participação na área da saúde, é necessário que os diversos segmentos sociais se reconheçam como usuários e defensores do sistema público, condição política que os sujeitos só adquirem à medida que se tornam agentes ativos do processo (BISPO JÚNIOR; MARTINS, 2014; MIRANDA; SILVA; SOUZA, 2013).

Desafios para promoção do controle social

Bispo Júnior e Martins (2014) afirmam que existem fatores sociais, econômicos, políticos e culturais que influenciam e podem interferir de maneira positiva ou negativa sobre os conselhos e seus resultados (BISPO JÚNIOR; MARTINS, 2014). O aspecto mais prevalente que intervém negativamente para a participação em saúde é a sobrecarga de trabalho e atribuições dos enfermeiros como constatado nas falas a seguir:

> "A alta demanda de consultas e atendimentos, dificultam parar um momento e promover atividades de participação popular." (Enf.5)
> "Falta de tempo, devido ao acúmulo de funções e afazeres." (Enf. 2)

No decorrer da história a ideologia dominante do sistema capitalista que tem como centralidade o uso intensivo de mão de obra assalariada e divisão de tarefas perpetuou-se também no sistema público de saúde visando aumento da produtividade (LUNARDI et al., 2010). O mecanicismo produtivista agrava-se ainda à medida que o sistema deve ser capaz de atender a alta demanda de clientes a partir de um contingente limitado de profissionais. Estas questões associadas interferem diretamente na vida social do enfermeiro, pois sente-se exaurido pelas próprias demandas da profissão e desmotivado a participar dos outros pilares da saúde como o controle social e incentivá-lo (LUNARDI et al., 2010). A justificativa da sobrecarga de funções como empecilho para promoção do controle social foi constatada em pesquisas de Bispo Junior e Martins (2014) e Mittelbach e Perna (2014).

Outra dimensão comprovada foi a dificuldade em promover maior interesse pelas práticas democráticas:

> "Despertar o interesse das pessoas." (Enf. 3)
> "[...] as pessoas querem melhor atendimento, mas não gostam de discutir sobre saúde." (Enf. 6)
> "Em algumas vezes nos deparamos com o descaso e desinteresse da população dificultando o trabalho." (Enf. 7)
> "[...] motivação da população à mudança." (Enf. 8)

Dallari; Oliveira; Ianni (2013) aduzem que problemas históricos e socioculturais como a falta de tradição participativa, o autoritarismo do estado brasileiro e a cultura política vigente interferem na educação da população para uma participação mais efetiva no controle das políticas públicas. Muitas vezes os usuários sentem-se desmotivados a participar devido às debilidades assistenciais e percepção da esterilidade dos conselhos na resolução dos problemas comunitários. A falta de credibilidade política gera desgaste dos espaços de deliberação (BISPO JÚNIOR; MARTINS, 2014). Cabe elucidar e é importante que a sociedade saiba que a implementação das decisões depende de diferentes órgãos/esferas de governo e que a participação social na área da saúde não atinge resultados semelhantes em todos os locais em que é implementada (BISPO JÚNIOR; MARTINS, 2014; KLEBA; ZAMPIROM; COMERLATTO, 2015)

Percebe-se nos depoimentos que os Enfermeiros possuem conhecimento sobre o controle social na Saúde, há interesse em promover uma maior mobilização social, contudo, falta tempo. Salienta-se assim como Mittelbach e Perna (2014) a relevância do aumento da quantidade de pessoal de saúde atuante no âmbito do SUS, para que o tempo da participação política dos enfermeiros nos fóruns de deliberação não seja consumido apenas na luta pela existência material.

Ações para fortalecimento do controle social

Quanto as principais ações que poderiam ser realizadas por enfermeiros para efetivação e desenvolvimento do controle social destacam se a seguir:

As ações consideradas mais importantes pelos enfermeiros são a orientação sobre o controle social (93 %), o convite à população para participar das reuniões (83%) e divulgação destas (83 %) todas atreladas e reforçando uma percepção de atribuições apenas dos usuários, um aspecto também visualizado em falas anteriores. O enfermeiro não se vê como um agente ativo do processo e sabe-se que o incentivo é importante, contudo, esta não deve ser considerada sua principal estratégia para empoderamento e políticas públicas efetivas. Resultados semelhantes foram encontrados na pesquisa de Arantes *et al.* (2007) onde ponderaram que o controle social não deve ser exercido somente pelos usuários, mas pelos diferentes segmentos representativos, a pluralidade que intensifica, enriquece discussões e promove resultados mais abrangentes. Torna-se necessário, então, que profissionais e usuários sejam ativos neste processo, reconhecendo-se como aliados dentro da complexidade que envolve as questões de saúde no contexto do capitalismo e dos interesses privados (AQUINO *et al.*, 2014). A participação nas reuniões do conselho municipal de saúde poderia ocorrer para 75% dos enfermeiros, contudo, está presença mais efetiva ainda não é observada dentro dos plenários, ao mesmo tempo em que o próprio envolvimento é considerado importante, os entrevistados julgam maior ainda a responsabilidade do usuário-cidadão. Martins e Santos (2013) corroboram que o cuidado na saúde pública pode e deve ocorrer também através da participação dos enfermeiros nos órgãos deliberativos. Torna-se necessário superar concepções e dificuldades, pois igualmente através da atuação política se obtém conquistas para a melhoria das condições de trabalho como níveis salariais, carreira e desprecarização. É importante que estes sujeitos compreendam que constituem partes substanciais da qualidade final que se espera da assistência e que é participando que se aperfeiçoa a participação (MITELLBACH; PERNA, 2014).

Considerações finais

Ainda existem muitos desafios a enfrentar quando tratamos de controle social e conselhos de saúde, principalmente no que diz respeito aos reflexos dos interesses coletivos a partir desses espaços e a participação efetiva. O enfermeiro trata-se de um meio para este processo por possuir uma formação que contempla domínios e saberes essenciais para a participação social na saúde, por estar próximo da comunidade e de suas necessidades.

Constatou-se com a presente investigação que os enfermeiros possuem um bom entendimento acerca dos conceitos de controle social e reconhecem a importância da participação da população na gestão do sistema único de saúde (SUS), contudo a maior parte destes não participa das reuniões do conselho municipal de saúde e tem dificuldades em promover o empoderamento, consciência política e maior mobilização popular, fato segundo os mesmos ligados a falta de tempo e sobrecarga de atividades.

O projeto da reforma sanitária ainda permanece em construção e a baixa participação dos cidadãos nos conselhos encontra-se atrelada a fatores como falta de conhecimento, informação, divulgação e interesse da sociedade.

Outra fragilidade encontrada diz respeito aos horários das reuniões que impossibilita a participação da sociedade e sugere-se que seja repensado. Enfermeiros almejam efetivar a participação popular no SUS, porém, consideram relevante apenas a influência e presença dos usuários, a própria participação fica em segundo plano, não se veem como peça integrante e imprescindível desse sistema. As principais ações destes para o fortalecimento do controle social no SUS são orientação e estímulo a participação da população.

É fundamental trazer à tona a discussão da concepção dos currículos das universidades para uma formação política mais intensa do enfermeiro, além do conhecimento teórico, com uma reflexão crítica que incorpore este profissional ao sistema e enfatize a importância do controle social em saúde. Uma enfermagem ativa, transformadora tem o potencial de transmutar uma realidade posta e estes profissionais apesar de todas as adversidades devem sentir-se capazes e encorajados para tal.

REFERÊNCIAS

AQUINO, J. M. *et al.* Participação comunitária no contexto da atenção básica em saúde na perspectiva de usuários. **Rev. Pesquisa cuidado é fundamental**, v. 6, n. 1, p. 364-77, 2014.

ARANTES, C. I. S. *et al.* O controle Social no Sistema Único de Saúde: Concepções e ações de enfermeiras da atenção básica. **Texto Contexto Enfermagem**, Florianópolis. v. 16, n. 3, p. 470-478, 2007.

BARDIN, L. **Análise de Conteúdo.** 1. ed. São Paulo: Edições 70, 2011.

BISPO JÚNIOR, J. P.; MARTINS, P. C. Participação Social na Estratégia de Saúde da Família: análise da percepção dos conselheiros de saúde. **Saúde em Debate**, Rio de Janeiro, v. 38, n. 102, p. 440-451, 2014.

BRASIL. Ministério da Saúde. Conselho Nacional de Saúde. **Resolução 453/12**, diretrizes para instituição, reformulação, reestruturação e funcionamento dos Conselhos de Saúde. Brasília, DF: Ministério da Saúde, 2012.

BRASIL. Ministério da Saúde. Conselho Nacional de Saúde. **Portaria n° 399/06**, divulga o pacto pela saúde 2006 – consolidação do SUS e aprova as diretrizes operacionais do referido pacto. Brasília, 2006.

DALLARI, S. G.; OLIVEIRA, A. M. C.; IANNI, A. M. Z. Controle social no SUS: discurso, ação e reação. **Ciência Saúde Coletiva**, Rio de Janeiro, v. 18, n. 8, 2013.

KLEBA, M. E.; ZOMPIROM, K.; COMERLATTO, D. Processo decisório e impacto na gestão de políticas públicas: desafios de um Conselho Municipal de Saúde. **Saúde Sociedade**, São Paulo, v. 24, n. 2, p. 556-567, 2015.

LUNARDI, V. L. *et al.* Processo de trabalho em enfermagem/saúde no Sistema Único de Saúde. **Enfermagem em Foco**, São Paulo, v. 2, n.1, p. 73-76, 2010.

MARTINS, A. L. X.; SANTOS, S. M. R. O exercício do Controle Social no Sistema Único de Saúde: a ótica do Enfermeiro como membro do Conselho Local de Saúde. **Saúde e Sociedade**, São Paulo, v. 21, n. 1, p. 199-209, 2012.

MINAYO, M.C.S. **Pesquisa social**: teoria, método e criatividade. 29. ed. Petrópolis, Rio de Janeiro: Vozes, 2010.

MIRANDA, S. R. M.; SILVA, R. S. B.; SOUZA, K. C. N. Gestão social no contexto das políticas públicas de saúde: uma reflexão crítica da prática no Sistema Único de Saúde. **DRd – Desenvolvimento Regional em debate**, n. 2, p. 135-153, 2013.

MITTELBACH, J. C. S.; PERNA, P. O. A percepção dos enfermeiros sobre o seu papel nos conselhos de saúde enquanto segmento dos trabalhadores de saúde. **Cogitare Enfermagem**, Curitiba, v. 19, n. 2. p. 284-291, 2014.

MOROSTICA, J. *et al.* Controle Social: Realidade de um município do meio oeste catarinense. **Saúde & Meio Ambiente**, Florianópolis, v. 4, n. 1, p. 107-116, 2015.

OLIVEIRA, M. L.; ALMEIDA, E. S. Controle Social e gestão participativa em saúde pública em unidades de saúde do município de Campo Grande, MS, 1994-2002. **Saúde e Sociedade**, São Paulo, v. 18, n. 1, p. 141-153, 2009.

PAULA, H. C. *et al.* Mecanismos de Controle Social em uma capital da região sudeste: iniciativas, normatização e perspectivas. *In:* VIII Congresso CONSAD de Gestão Pública, 2015, Brasília-DF. **Anais**. Brasília, p. 2-2, 2015.

ROLIM, L. B.; CRUZ, R. S. B. L. C.; SAMPAIO, K. J. A. J. Participação popular e controle social como diretriz do SUS: uma revisão narrativa. **Saúde em Debate**, Rio de Janeiro, v. 37, n. 96, p. 139-147, 2013.

SANTOS, M. A. *et al.* **Participação da Enfermagem nos Conselhos Gestores da região sul de São Paulo.** Secretaria Municipal de Saúde, Porto Alegre, 2012. p. 1.

SILVA, M. A.; LANA, F. C. F. Como os Enfermeiros percebem sua atuação nos Conselhos de Saúde? **Rev Brasileira de Enfermagem**, Brasília, v. 57, n. 1, p. 26-30, 2004.

SILVA, V. O.; SANTANA, P. M. M. A. Conteúdos Curriculares e Sistema Único de Saúde (SUS): categorias analíticas, lacunas e desafios. **Interface**, Botucatu, v. 19, n. 52, p. 121-132, 2014.

WENDHAUSEN, Á.; CARDOSO, S. M.; Processo decisório e Conselhos Gestores de Saúde: aproximações teóricas. **Rev. Brasileira de Enfermagem**, Brasília, v. 60, n. 5, p. 579-584, 2007.

ZAMBON, V. D.; OGATA, M. N. Configurações dos Conselhos Municipais de Saúde de uma região no estado de São Paulo. **Rev. Escola de Enfermagem da USP,** São Paulo, v. 45, n. 4, p. 890-897, 2011.

PANORAMA DA PRODUÇÃO DA ATENÇÃO PRIMÁRIA À SAÚDE NAS CIDADES MAIS POPULOSAS DO ESTADO DE MATO GROSSO: uma descrição do período de 2010-2015

Alexandre Pereira de Andrade
Raimundo França
Josué Souza Gleriano

Introdução

Nesse estudo compreende-se que a ação de uma política pública são macrodiretrizes de um governo que deve estruturar medidas em níveis estratégicos, intermediário e operacional (SECCHI, 2013) na busca de universalidade de acesso a bens e consumos de uma sociedade, o que implica em responder às seguintes questões: quem ganha o quê? por quê? e que diferença faz? A nortear o poder público nas aplicações dos seus recursos (TEIXEIRA, 2002) em ações e decisões voltadas para a solução, ou não, de problemas da sociedade (CARVALHO, 2008).

Na Constituição da República Federativa do Brasil de 1988, (artigos 196 a 200) a Saúde se apresenta como um "direito de todos e dever do Estado" devendo essas ser garantidas por meio de políticas sociais e econômicas à redução do risco de doença e de outros agravos, bem como o acesso universal e igualitário às ações e serviços para sua promoção, proteção e recuperação, sendo de relevância pública as ações e serviços de saúde.

Para alcançar o proposto desta Constituinte, um processo histórico marcado pela reforma sanitária brasileira, culminou na criação em 1990 do Sistema Único de Saúde (SUS), com princípios basilares da Descentralização, com Direção Única em cada Esfera de Governo, Atendimento Integral, Regionalizado e Hierarquizado, sendo que desde a suas criações diversas políticas públicas foram implementadas na busca pela universalidade, equidade e integralidade.

No Brasil, o avanço da Atenção Básica (AB), internacionalmente conhecida como Atenção Primária à Saúde (APS) é fruto de intensos arranjos no aparato estatal e de forte influência internacional de investimento. Nesse texto, trataremos os termos AB e APS como iguais, porém ressalta-se estudos que apontem mudanças conceituais. Em 2006, o Ministério da Saúde (MS) publicou a primeira Política Nacional de Atenção Básica (PNAB) com orientação de adoção da Estratégia Saúde da Família (ESF) como modelo preferencial de reorganização da (APS) no SUS (BRASIL, 2006).

Em 1996, o Programa de Saúde da Família (PSF) foi apresentado como proposta para organizar a APS e a mudança do modelo assistencial, sendo posteriormente transformado em Estratégia Saúde da Família (ESF) certa fusão do (Programa de Agentes Comunitários de Saúde (Pacs) com o Programa de Saúde da Família (PSF), de início se expandindo em municípios pequenos e em regiões mais pobres, alcançando grandes centros nos anos 2000. A incorporação e ampliação das Equipes de Saúde Bucal (ESB) bem como a criação dos Núcleos de Apoio à Saúde da Família (Nasf) foram incluídos nesse modelo para atender a rede de APS.

A ESF compreende organização de processos e gestão democrática na organização do sistema de saúde mediante comunicação com o território no protagonismo de uma equipe multiprofissional de saúde. Assim, o trabalho em saúde na APS articula recursos físicos e tecnológicos e capital humanos, compreendido como inovação tecnológica não material de organização do trabalho em saúde. No tocante a organização de pessoal, desde a institucionalização da ESF, a diretriz previa formação de equipes multiprofissionais com responsabilidade em abrangência territorial (TRINDADE; PIRES, 2013).

Entretanto, problemas como infraestrutura inadequada, subfinanciamento, modelo assistencial e dificuldade de atração de profissionais médicos (MELO; MENDONÇA; OLIVEIRA; ANDRADE, 2018) foram fragilizando a proposta da APS.

Na busca de superar obstáculos na APS, em 2011, melhorias são propostas por programas (Requalifica UBS para reformas, ampliações, construções e informatização; Programa de Melhoria do Acesso e da Qualidade (PMAQ); Programa Mais Médicos (PMM) para alocação de Médicos e, e-SUS AB, que incluía a oferta de prontuário eletrônico gratuito para os municípios) observou-se com isso incrementos nos recursos federais e por meio do PMM maior permanência dos médicos nas EqSF em áreas de maior vulnerabilidade social (MELO; MENDONÇA; OLIVEIRA; ANDRADE, 2018).

No decorrer dos anos de implantação ocorreram mudanças significativas na forma de organização e revisão da Política Nacional de Atenção Básica (PNAB). Em 2017 foi publicada a terceira versão desta política, apontada como fruto da reforma do Estado para construir novos arranjos de vínculos profissionais e, em particular, das formas de contratação de pessoal, fato que desencadeou proliferação de vínculos empregatícios transitórios (DONADONE; BAGGENSTOSS, 2017). Entretanto, mesmo com as mudanças na proposta inicial, a PNAB ainda é a principal diretriz, no

SUS, de organização do acesso da população à Atenção Primária à Saúde e aos serviços de saúde (PIRES *et al.*, 2019).

Para monitorar a produção da APS o uso de Sistemas de Informação de Saúde auxilia a gestão na análise dos indicadores de saúde tanto a nível federal como nos âmbitos estadual e municipal. Assim é possível compreender o que Keinert, Karruz e Karruz (2002) expõem ao citar que sistemas informação apresentam um ambiente rico na descrição sobre lugares, pessoas e assuntos. Essas informações traduzidas em sistema são processadas por meio de três atividades básicas, sendo elas entrada, processamento e saída, e auxiliam a visualização de assuntos que contribuem para a tomada de decisão.

O Ministério da Saúde adotou inicialmente o Sistema de informação da Atenção Básica (SIAB), implantando em 1988, para acompanhar as ações e resultados das atividades realizadas pelas equipes sendo o instrumento gerencial dos Sistemas Locais de Saúde com objetivo de fornecer informações que subsidiem a tomada de decisão pelos gestores do SUS, e a instrumentalização pelas instâncias de Controle Social (BRASIL, 2020). Em 2013, o SIAB foi reformulado para compor a estratégia e-SUS na APS (e-SUS APS).

Trata-se de uma estratégia para reestruturar os Sistemas de Informações em Saúde da APS na qualificação da gestão da informação e ampliar a qualidade no atendimento à população. A estratégia e-SUS APS faz referência ao processo de informatização qualificada do SUS visando um SUS eletrônico (BRASIL, 2020).

Vários foram os projetos implantados nos diferentes governos para a expansão da APS, porém, a interiorização da saúde no Brasil sempre foi um desafio, principalmente pela fixação de equipes de saúde. Tornando-se assim, um ponto limitador para o alcance da universalidade do acesso à rede de atenção à saúde por meio de estratégias tanto de prevenção como de promoção.

Uma questão específica sempre foi a interiorização de médicos para atuar na APS, dilema histórico calcado no processo de formação médica do país. O Conselho Federal de Medicina (CFM), no Brasil em 2013, apresentou estudo que o quantitativo de médicos era de 359.691 médicos ativo, uma proporção de 1,8 médicos para cada 1.000 (mil) habitantes.

A tentativa de adequar em níveis internacionais de recomendação no Brasil seriam necessários 168.424 médicos próxima a de países que possuem sistema público de saúde universalista, assim para alcançar uma média anual de crescimento somente em 2035 o país alcançaria os atos de recomendações (EMI nº00024/2013 MS MEC MP, p. 2).

Na Tabela 1 apresenta-se a locação de médicos por habitantes distribuídos nos estados brasileiros. Constata-se distribuição heterogênea, o que manifesta também a dificuldade de formação e alocação nas regiões do país.

Tabela 1 – Distribuição dos estados brasileiros em relação à população total de médicos por habitantes no Brasil no ano de 2012

UF	População 2012	Total de Médicos	Médico por 1.000 hab.
Acre	721.006	679	0,94
Alagoas	3.233.234	3.632	1,12
Amapá	662.927	505	0,76
Amazonas	3.534.574	3.744	1,06
Bahia	15.001.484	16.311	1,09
Ceará	8.810.603	9.277	1,05
Distrito Federal	2.741.213	9.494	3,46
Espírito Santo	3.577.833	7.040	1,97
Goiás	6.145.928	8.917	1,45
Maranhão	6.533.540	3.767	0,58
Mato Grosso	3.120.442	3.441	1,10
Mato Grosso do Sul	2.426.518	3.733	1,54
Minas Gerais	20.529.623	37.149	1,81
Pará	7.726.888	5.938	0,77
Paraíba	3.843.916	4.488	1,17
Paraná	10.945.791	18.406	1,68
Pernambuco	9.015.728	12.547	1,39
Piauí	3.214.556	2.971	0,92
Rio de Janeiro	16.383.401	56.391	3,44
Rio Grande do Norte	3.221.581	3.977	1,23
Rio Grande do Sul	11.073.282	24.741	2,23
Rondônia	1.531.920	1.562	1,02
Roraima	445.043	540	1,21
Santa Catarina	6.297.460	10.656	1,69
São Paulo	42.390.043	105.658	2,49
Sergipe	2.074.528	2.701	1,30
Tocantins	1.323.231	1.426	1,08
Total	196.526.293	359.691	1,83

Fonte: BRASIL, 2012.

Pode-se perceber que nas Unidades da Federação a proporção de médicos é variável de 0,58, no Estado do Maranhão, até 2,49 médicos no estado de São Paulo. Em Mato Grosso este selecionado para pesquisa, apresenta 1,10 médicos por habitante sendo uma média total de 1,83 médicos por 1.000 habitantes.

Uma das estratégias utilizadas no ano de 2013, especificamente em julho, pelo governo Dilma Rousseff foi à abertura dos recursos humanos em saúde para médicos, inclusive estrangeiros, alocados na atenção primária. Nessa perspectiva nasceu a Medida Provisória – MPV n° 621 de 8 de julho de 2013 que institui o Programa Mais Médicos. E convertida em Lei nº 12.871 de 22 de outubro de 2013 que instituiu o Programa Mais Médicos.

Segundo EMI nº 00024/2013 MS MEC MP, os critérios para que as vagas sejam disponibilizadas são: necessidade da população; cobertura e ofertas de serviços já disponíveis no município na Atenção Básica; composições de equipes e condições de infraestrutura da UBS para receber o profissional; sendo vedada a substituição dos médicos que já atuavam em equipes de Saúde da Família do município.

Outros critérios da Medida Provisória nº 621, de 8 de julho de 2013, Com relação aos profissionais médicos são: prioridade para profissionais com registro no Conselho Regional de Medicina (CRM) do Brasil, de qualquer nacionalidade, não sendo todas as vagas preenchidas, o Programa chama o segundo grupo de prioridade: composto por médicos brasileiros formados no exterior e sem diploma revalidado, mesmo assim havendo vagas, chamam-se os médicos estrangeiros com habilitação para exercício da medicina no exterior, mas sem diploma revalidado e sem registro no CRM. (BRASIL, 2013)

A dimensão histórica do processo de seleção dos médicos está disponível em: http://www.maismedicos.gov.br/. Observa-se no ano de 2015 um total de alocações de médico do Programa soma 18.247 médicos, que foram distribuídos em mais de 4000 (quatro mil) municípios, o que representa 72% dos municípios brasileiros, ampliando a assistência na atenção básica para 63.000000 pessoas que não tinham atendimento médico.

Importante esclarecer que um dos objetivos do Programa Mais Médicos, trata-se da reordenação da oferta de cursos de medicina e de vagas para residência médica, tendo como prioridade as regiões de saúde com menor relação de vagas e médicos por habitantes, desde que tenham estrutura de serviços de saúde em condições de ofertar campo de prática suficiente que garantam a qualidade para os alunos, conforme artigos 2º e 3º da Lei 12.871 de 22 de outubro de 2013. (BRASIL, 2013).

Essa pesquisa teve objetivo de verificar, com base nas cidades mais populosas do Estado de Mato Grosso, a disponibilização e adesão do Programa Mais Médicos – PMM e comparar os marcadores e indicadores de saúde no período de 2010 a 2015, a fim de identificar se é possível inferir impactos por iniciativa dos municípios em adesão ao Programa Mais médicos.

Em segundo momento, após análise dos dados dos indicadores e marcadores, identificar a cidade que recebeu o maior número de médicos do PMM e avaliar a produção médica nas unidades de saúde da família.

Trata-se de um estudo descritivo de abordagem quantitativa por meio de pesquisa documental descritiva com dados[6] extraídos dos sistemas de informação em saúde do departamento de informática do sistema único de saúde (datasus), informações contidas no tabnet de saúde do ministério da saúde, a partir do sistema de informações da atenção básica (siab), campo assistência à saúde do departamento de atenção básica realizado período de 2010 a 2015. soma-se a esses bancos de dados a secretaria de estado de saúde de mato grosso (ses-mt).

O primeiro momento foi identificar as cidades mais populosas e a alocação de profissionais do (PMM). Após verificou-se a cidade que mais obteve médicos desse programa para análise da expansão da (APS).

Para análise foram escolhidos os seguintes indicadores: Consultas Médicas realizadas na Atenção Básica; Gestantes cadastradas; Gestantes acompanhadas; Diabéticos cadastrados; Diabéticos acompanhados; Hanseníase cadastrada; Hanseníase acompanhada; Hipertensos Cadastrados; Hipertensos acompanhados; Famílias Cadastradas; Famílias acompanhadas; Proporção de internações por condições sensíveis à atenção Básica; e a Taxas de Mortalidade Infantil, População, Agentes Comunitários de Saúde, Equipe de Saúde da Família, Credenciada, Cadastrada, Implantadas, a coleta foi feita por período anual elencando.

A primeira etapa ocorreu no mês de Agosto de 2015 acessando a base de dados do Instituto Brasileiro de Geografia e Estatísticas, investigaram-se os 15 (quinze) municípios mais populosos de Mato Grosso, essa seleção foi analisada, contendo o Nome da Cidade, População em 2013 segundo o Programa, População estimada segundo IBGE em 2015, Locação de Vagas Autorizadas, Vagas Preenchidas de Médicos Inscritos segundo fontes do Programa Mais Médicos, e estimativa de população em 2015 (IBGE/2015).

Respeitando os critérios de serem as cidades mais populosas e possuírem vagas autorizadas pelo PMM, bem como terem locado profissionais, dispensou se as coletas de dados dos municípios de: Primavera do Leste, Sinop e Várzea Grande, pois embora tenham essas vagas autorizadas elas foram preenchidas, todavia o município de Lucas do Rio Verde não teve vagas autorizadas e preenchidas (Tabela 2). Os dados foram apresentados em tabelas com seus respectivos valores absolutos.

---

6 [...]relatórios emitidos pelo SIAB, quando solicitados por Regional, Estado ou Nacional, excluem municípios que não informaram todos os meses do período selecionado. Esta rotina se baseia na definição de critérios, a partir dos quais se define pela inclusão ou exclusão do município na base de dados para análise – "base limpa". Os principais critérios de exclusão para limpeza da base, relacionados aos dados de situação de saúde são: taxa de mortalidade infantil maior que 1.000 óbitos por 1.000 nascidos vivos, proporção de pessoas acompanhadas nos grupos (gestantes, hipertensos, diabéticos, portadores de tuberculose e hanseníase) menor que 10%, ausência de dados de famílias cadastradas no relatório de situação de saúde, média de visitas por família maior que 4,0 ou menor que 0,20. (SIAB- Notas Técnica 1998).

Resultados

A Tabela 2 apresenta os municípios, população e vagas autorizadas 2013 e preenchidas em 2013/2014 do PMM no estado de Mato Grosso.

Tabela 2 – Municípios e população 2013 e estimada em 2015 nas 15 cidades mais populosa de Mato Grosso segundo vagas autorizadas e preenchidas no PMM

Cidades	População em 2013	População Estimada em 2015	Vagas Autorizadas 2013	Vagas Preenchidas 2013-2014
Alta Floresta	49.761	49 991	3	2
Barra do Garças	57.791	58 398	5	1
Cáceres	89.683	90 518	17	12
Campo Verde	-	37 989	2	1
Cuiabá	569.831	580 489	7	8
Juína	39.592	39 688	2	1
Lucas do Rio Verde	-	57 285	_	-
Nova Mutum	36.659	39 712	3	2
Pontes e Lacerda	42.605	43 235	4	4
Primavera do Leste	-	57 423	5	-
Rondonópolis	208.019	215 320	6	3
Sinop	123.634	129 916	2	-
Sorriso	75.104	80 298	3	3
Tangará da Serra	90.252	94 289	25	19
Várzea Grande	262.880	268 594	6	-

Fonte: Elaboração do Autor (com base de dados IBGE, 2013, Brasil, 2015).

Ao todo foram 90 vagas autorizadas e 56 preenchidas, assim das 15 cidades mais populosas de Mato Grosso, Cuiabá a Capital do Estado consequentemente a mais populosa apresentou no sistema 7 vagas autorizadas por sua vez alocou 8 vagas.

Em Várzea Grande, cidade vizinha da capital e a segunda mais populosa teve 6 vagas autorizada, porém nenhuma preenchida. Tangará da Serra alocou 19 médicos e Cáceres 12, enquanto Barra do Garças, Campo Verde e Juína com o menor número de alocação de médicos recebendo apenas 1 médico para cada cidade.

A estimativa da Demografia Médica no Brasil no ano de 2015, registrando 4.513 médicos no Estado de Mato Grosso, o que corresponde a 1,42 médicos no ano de 2014. Nesse contexto, no período de 2013 e 2018, um total de 98.006 médicos se inscreveram nos Conselhos Regionais de Medicina, o estado de Mato Grosso registrou o segundo maior aumento proporcional de médicos no país nesse período e teve um crescimento de (36,5%), atrás apenas do Estado de Tocantins com 38,7% (CFM, 2018).

Verifica-se um crescimento dos médicos com a influência do PMM nos anos de 2012 até junho de 2015 nas unidades federativas, sendo que no Estado de Mato Grosso, período de 2012 até junho de 2015, houve 22,3% de aumento de médicos (MINISTÉRIO DA SAÚDE, 2015, p. 71).

Segundo Mota, Barros, (2016) o PMM oportunizou o provisionamento de 224 novos médicos ao Estado de Mato Grosso no período de 2013 a 2015, em 104 municípios, totalizando 527 unidades de Saúde e 662 equipes de saúde família.

Na tabela 3, apresenta os números de equipes da Estratégia de Saúde da Família com a cobertura populacional da AB, o aumento populacional, a alocação de médicos do PMM.

Tabela 3 – Municípios, números de Estratégia de Saúde da Família[7], e cobertura[8] estimada da AB e número de população[9] no período de 2010 a 2015

Cidades/ População	2010		2011		2012		2013		2014		2015	
	Nº ESF	Cobrt.% AB	Nº ESF	Cobrt.% AB	Nº ESF	Cobrt.% AB	Nº ESF	Cobrt.% AB	Nº ESF	Cobrt.% AB	Nº ESF	Cobrt.% AB
Alta Floresta	13	87,23	13	91,23	13	90,62	13	90,62	15	100	15	100
População	51.414		49.164		49.331		49.494		49.761		49.877	
Barra do Garças	15	93,89	15	91,50	15	90,94	15	90,42	15	89,55	15	89,07
População	55.120		56.560		56.903		57.235		57.791		58.099	
Cáceres	07	38,78	10	48,20	09	48,51	10	52,68	10	51,85	09	47,78
População	87.261		87.942		88.427		88.897		89.683		90.106	
Cuiabá	63	51,75	62	49,70	63	50,40	63	49,21	62	47,88	62	46,67
População	550.562		551.098		556.298		561.329		569.830		575.480	
Juína	10	86,88	10	87,89	10	87,67	09	78,72	10	87,14	10	87,03
População	39.708		39.255		39.350		39.442		39.592		39.640	
Nova Mutum	05	97,68	05	89,20	07	84,00	08	97,75	08	93,78	10	100
População	26.874		31.649		33.034		34.374		36.659		38.206	

continua...

7   Nº ESF Cob: número de equipes da Estratégia Saúde da Família, formada por médico, enfermeiro, técnico ou auxiliar de enfermagem e agentes comunitários de saúde, podendo haver uma equipe de Saúde Bucal vinculada, formada por cirurgião-dentista, auxiliar de consultório dentário e técnico em higiene dental.
8   Cobertura AB: cobertura populacional estimada na Atenção Básica, dada pelo percentual da população coberta por equipes da Estratégia Saúde da Família e por equipes de Atenção Básica tradicional equivalentes e parametrizadas em relação à estimativa populacional.
9   População: estimativa populacional, com referência em 1 de julho do ano anterior. (SIAB, Notas Técnicas,1988).

continuação

Cidades/ População	2010 Nº ESF	2010 Cobrt.% AB	2011 Nº ESF	2011 Cobrt.% AB	2012 Nº ESF	2012 Cobrt.% AB	2013 Nº ESF	2013 Cobrt.% AB	2014 Nº ESF	2014 Cobrt.% AB	2015 Nº ESF	2015 Cobrt.% AB
Pontes e Lacerda	06	52,77	06	49,99	08	66,12	08	72,75	08	71,82	09	72,34
População	39.228		41.408		41.741		42.063		46.605		49.924	
Rondonópolis	30	73,77	31	70,80	31	67,71	32	65,32	32	64,97	32	63,92
População	181.902		195.476		198.949		202.309		208.019		211.718	
Sorriso	17	100	18	100	20	100	20	100	20	100	20	100
População	60.028		66.521		68.894		71.190		75.104		77.735	
Tangará da Serra	10	49,41	10	44,95	10	45,71	08	47,61	10	71,90	22	82,23
População	81.960		83.431		85.319		87.145		90.252		92.298	

Fonte: Elaboração do autor (com base nos dados da Secretaria de Atenção Primária à Saúde – SAPS, 2020 e IBGE).

Quanto ao aspecto populacional o município de Juína teve sua população reduzida no período pesquisado, os demais municípios houve aumento populacional.

Quanto a expansão da APS, Alta floresta e Juína em 2014 e 2015 ampliaram o número de ESF e, consequentemente, a cobertura da AB. Barra do Garças, Rondonópolis e Sorriso mantiveram o número de ESF, desde o ano 2013, os dois primeiros municípios apresentaram pequena diminuição na cobertura da AB. Sorriso, entretanto, manteve 100% de cobertura em todos anos pesquisados. Cáceres reduziu uma ESF, em 2015, Cuiabá a redução de uma ESF, ocorre em 2014, ambos municípios reduziram sua cobertura AB em 2014 e 2015. Nova Mutum, Pontes e Lacerda e Tangará da Serra apresentaram aumento nas ESF em 2015, Tangará da Serra passou de 10 para 22 unidades, consequentemente, ambos municípios aumentaram a cobertura AB. Destaques para Nova Mutum que alcança 100% em 2015, em Tangará da Serra 47,61%, em 2013, passa ter 82,23% em 2015.

A Tabela 4 apresenta o número de famílias acompanhadas nos municípios segundo período de 2010 a 2015, os dados são gerados por meio das fichas (A)[10] devendo ser atualizado mensalmente, registrando entradas e saídas de novas famílias conforme região de abrangência da equipe este número compreende o balanço total de famílias e não somente as cadastradas no determinado mês, esta informação serve para a equipe de saúde conhecer as condições

---

10 (Ficha A) é uma ficha preenchida pelo Agente Comunitário de Saúde (ACS) na primeira visita a família de sua área de abrangência, trata-se do cadastro da família e de seus membros, onde são informados sua situação de moradia, saneamento básico, e outras informações sobre doenças ou condições referidas pela família. (Manual do Sistema de Informação de Atenção Básica, p 10 a 20, 2020).

de vida da população de sua abrangência e melhor planejar suas intervenções (Manual do Sistema de Informação de Atenção Básica, 2013, p. 10).

Tabela 4 – Famílias acompanhadas por ano segundo os 15 municípios mais populosos de MT no período 2010 até 2015

Cidades	2010	2011	2012	2013	2014	2015
Alta Floresta	131.270	124.102	98.728	113.589	121.012	105.084
Barra do Garças	161.213	160.950	152.623	150.142	140.071	145.815
Cáceres	79.882	61.172	29.143	22.594	-	-
Campo Verde	103.226	88.974	101.578	110.242	102.077	78.037
Cuiabá	813.241	761.352	903.205	869.780	818.733	663.942
Juína	100.838	80.023	61.388	80.066	102.178	83.342
Nova Mutum	75.120	58.356	82.201	91.337	76.871	45.320
Pontes e Lacerda	116.044	121.539	111.355	92.324	85.540	61.806
Rondonópolis	424.419	375.225	519.842	519.962	531.246	510.743
Sorriso	148.316	282.271	120.985	170.171	188.271	180.160
Tangará da Serra	116.930	123.308	110.758	98.619	68.134	103.769

Fonte: Elaboração do Autor (com base nos dados do SIAB, 2015).

Ao realizar a coleta de dados, verifica-se que no município de Cáceres os quantitativos dos anos de 2014 e 2015, não estão disponíveis para acesso público. Portanto não sendo possível sua análise neste período.

Observa-se em geral uma linha de redução do acompanhamento das famílias no período de 2010 a 2015 em todos os municípios, excetuando-se os municípios de Rondonópolis e Sorriso que tiveram aumento de acompanhamentos na comparação de 2010 até 2015 e, em Juína nos anos de 2014 e 2015.

Em Tangará da Serra houve um aumento no acompanhamento em 2015 se comparado com os anos 2014 e 2013, entretanto percebe-se uma redução significativa no ano de 2014.

As tabelas 5 e 6 apresentam os indicadores de saúde de Gestantes Cadastrada que se refere ao número de gestantes cadastradas no mês de referência e Gestantes Acompanhadas, ou seja, as Gestantes que passaram por ao menos 1 (uma) visita domiciliar do ACS no mês de referência.

Tabela 5 – Gestantes cadastradas nos municípios do estado
de Mato Grosso segundo período de 2010 até 2015

Municípios	2010	2011	2012	2013	2014	2015
Alta Floresta	3.041	2.777	2.160	2.439	2.713	2.581
Barra do Garças	2.275	2.312	2.017	2.164	1.952	2.284
Cáceres	1.805	1.308	544	377	-	-
Campo Verde	2.389	2.197	2.546	2.610	2.467	1.805
Cuiabá	19.202	17.752	16.027	14.084	13.103	13.927
Juína	2.396	1.868	1.402	1.567	2.444	1.874
Nova mutum	2.655	1.879	2.682	3.177	2.303	1.287
Pontes e Lacerda	2.865	2.833	2.505	2.171	1.854	1.243
Rondonópolis	9.009	7.388	9.889	10.097	9.627	8.526
Sorriso	4.961	4.926	3.628	5.564	5.947	5.498
Tangará da Serra	2.611	2.392	2.029	1.662	1.003	2.176

Fonte: Elaboração do autor (com base nos dados do SIAB, 2015).

Observa-se no município de Sorriso aumento significativo de cadastros de gestantes nos anos de 2013 a 2015, de outra parte Tangará da Serra houve reduções significativas de cadastros nos anos de 2013 e 2014, se comparados com os demais anos. Na Tabela 6 o compilado de gestantes acompanhadas nos municípios.

Tabela 6 – Gestantes acompanhadas por ano segundos os municípios
do estado de Mato Grosso no período de 2010 a 2015

Municípios	2010	2011	2012	2013	2014	2015
Alta Floresta	3.021	2.768	2.148	2.404	2.691	2.542
Barra do Garças	2.242	2.268	1.992	2.135	1.924	2.260
Cáceres	1.713	1.174	509	331	-	-
Campo Verde	2.367	2.142	2.442	2.590	2.443	1.783
Cuiabá	18.812	17.310	15.720	13.463	12.654	13.327
Juína	2.386	1.843	1.396	1.553	2.415	1.867
Nova Mutum	2.616	1.858	2.643	3.136	2.285	1.279
Pontes e Lacerda	2.782	2.795	2.467	2.110	1.822	1.228
Rondonópolis	8.259	6.946	9.230	9.438	9.118	8.150
Sorriso	4.504	4.878	3.620	5.499	5.898	5.420
Tangará da Serra	2.577	2.366	1.997	1.656	998	2.148

Fonte: Elaboração do autor (com base nos dados do SIAB, 2015).

Verifica-se em geral uma redução de gestantes cadastradas e acompanhadas nos municípios, não sendo possível identificar o que ocasionou essas reduções, entretanto se perceba uma redução gradual em todos os municípios, destaque para Tangará da Serra, que no ano de 2014, houve uma redução de cadastro e acompanhamento significativo aos demais anos, e elevação considerável de gestantes cadastradas e acompanhadas no ano de 2015.

Comparando as tabelas 5 e 6, percebe-se um aumento de acompanhamento das gestantes nos municípios de Tangará da Serra e Pontes e Lacerda nos anos de 2014 e 2015.

A Tabela 7 corresponde aos números de Hipertensos Cadastrados pelos municípios.

Tabela 7 – Hipertensos cadastrados por ano segundo os municípios do estado de Mato Grosso no período de 2010 até 2015

Municípios	2010	2011	2012	2013	2014	2015
Alta Floresta	38.619	38.169	31.342	36.489	40.661	41.267
Barra do Garças	42.230	41.533	47.457	41.516	38.777	38.962
Cáceres	22.496	18.052	8.758	6.917	-	-
Campo Verde	20.250	17.351	20.242	22.437	22.050	17.818
Cuiabá	243.593	228.150	225.028	193.089	183.544	195.605
Juína	26.313	22.017	18.579	25.406	33.218	28.055
Nova Mutum	15.157	11.792	17.160	20.354	17.931	11.467
Pontes e Lacerda	33.805	32.450	32.123	28.075	27.381	19.189
Rondonópolis	105.573	97.359	133.195	137.226	136.097	128.864
Sorriso	32.192	35.929	27.697	39.718	44.587	43.663
Tangará da Serra	29.662	32.419	29.434	27.673	18.719	30.008

Fonte: Elaboração do autor (com base nos dados do SIAB, 2015).

A maioria dos municípios apresentaram diminuição dos hipertensos cadastrados ao decorrer dos anos de 2010 a 2015. Os municípios Alta Floresta, Juína, Sorriso aumentaram os números dos hipertensos cadastrados nos anos de 2014 e 2015.

Em Tangará da Serra acontece uma redução significativa em 2014 com proporção menor que os demais anos pesquisados, e com uma elevação dos cadastros em 2015 que volta a ser semelhantes aos anos de 2013 a 2010.

A Tabela 8 relaciona os números de hipertensos que são acompanhados no período estudado que receberam ao menos uma visita do ACS no mês de referência.

Tabela 8 – Hipertensos acompanhados por ano segundo
Município período de 2010 até 2015

Municípios	2010	2011	2012	2013	2014	2015
Alta Floresta	38.123	37.848	30.882	35.917	38.898	34.585
Barra do Garças	41.040	38.964	38.013	39.145	36.955	37.250
Cáceres	18.699	13.926	6.719	4.096	-	-
Campo Verde	20.023	17.063	19.913	21.533	20.627	15.713
Cuiabá	211.429	199.346	188.323	163.362	155.017	164.667
Juína	25.578	21.454	18.023	24.486	31.536	26.784
Nova Mutum	14.310	11.063	16.306	18.916	16.271	10.514
Pontes e Lacerda	29.562	30.788	30.938	27.202	26.431	18.410
Rondonópolis	85.037	76.564	105.626	110.938	107.680	99.245
Sorriso	30.852	35.107	27.307	37.924	41.233	39.985
Tangará da Serra	28.837	31.742	28.622	26.168	17.176	25.285

Fonte: Elaboração do autor (com base nos dados do SIAB, 2015).

Comparando as tabelas 7 e 8 percebe-se que nos municípios, ao decorrer dos anos de 2010 a 2015, não conseguiram manter o acompanhamento dos hipertensos. Percebe-se diminuição significativa em relação ao número de cadastrados e acompanhados. Destaca-se Tangará da Serra no ano de 2014 com menor número de Hipertensos acompanhados se comparados aos demais anos.

Na Tabela 9 corresponde ao quantitativo de pessoas cadastradas com Diabetes Mellitus conforme ficha B-DIA.

Tabela 9 – Pacientes com diabetes cadastrados por ano
segundo o Município Período de 2010 até 2015

Municípios	2010	2011	2012	2013	2014	2015
Alta Floresta	8.842	8.822	7.313	10.479	9.461	10.856
Barra do Garças	10.690	10.484	11.890	12.454	11.046	12.294
Cáceres	5.463	4.492	2.213	1.885	-	-
Campo verde	4.475	4.050	4.744	5.374	5.088	4.101
Cuiabá	58.834	57.574	257.320	50.173	49.151	57.669
Juína	5.158	4.422	3.942	5.812	7.548	6.475
Nova mutum	2.990	2.511	3.827	4.691	4.307	2.864
Pontes e Lacerda	6.881	7.057	7.229	6.551	6.512	4.773
Rondonópolis	28.201	25.966	38.356	40.557	41.104	39.534
Sorriso	6.989	8.037	6.489	10.160	11.763	11.905
Tangará da Serra	6.068	6.756	6.752	6.440	4.532	8.950

Fonte: Elaboração do autor (com base nos dados do SIAB, 2015).

Em Cuiabá, 2012, houve um número expressivo em relação a todos os outros anos. Ao comparar com o ano de 2014 a quantidade de pessoas cadastradas com diabetes aumentou mais de cinco vezes em relação a 2012, e nos outros anos subsequentes esse número reduz. Em Tangará da Serra o número de pessoas cadastradas com diabetes diminuiu consideravelmente no ano de 2014, tendo elevado cadastramento em 2015.

A Tabela 10 corresponde a pessoas com Diabetes Mellitus acompanhadas.

Tabela 10 – Pacientes com diabetes acompanhados por ano
segundo o Município no Período de 2010 até 2015

Municípios	2010	2011	2012	2013	2014	2015
Alta Floresta	8.690	8.777	7.246	8.415	9.360	8.264
Barra do Garças	10.493	10.105	10.180	10.877	10.605	11.360
Cáceres	4.610	3.493	1.720	1.159	-	-
Campo verde	4.394	3.995	4.629	5.180	4.798	3.643
Cuiabá	53.407	51.948	49.571	44.026	42.948	47.804
Juína	4.999	4.273	3.815	5.594	7.180	6.158
Nova Mutum	2.862	2.330	3.688	4.515	3.843	2.642
Pontes e Lacerda	6.558	6.702	7.035	6.386	6.242	4.614
Rondonópolis	22.826	21.411	30.712	33.149	32.821	30.989
Sorriso	6.834	7.897	6.404	9.753	11.038	10.893
Tangará da Serra	5.906	6.613	6.575	6.087	4.144	7.608

Fonte: Elaboração do autor (com base nos dados do SIAB, 2015).

O município de Alta Floresta mesmo tendo uma queda com relação aos anos anteriores, em 2014 dentro dos municípios apresentados com relação aos pacientes cadastrados e acompanhados portadores de Diabetes Mellitus teve o melhor acompanhamento comparado com os outros municípios. Em Tangará da Serra percebe-se redução significativa de acompanhamento no ano de 2014, em relação aos demais anos.

Girotto, Andrade, Cabrera, (2010) alerta para a baixa qualidade no preenchimento e na alimentação das fichas, bem como a rotatividade dos ACS o que pode dificultar a adoção de ações de promoção da saúde e de monitoramento desse agravo. Resvala dizer que a fixação de profissionais e as mudanças de áreas de abrangência constante no planejamento contribuem para dificuldades de identificação e acompanhamento de condicionalidades da saúde.

Os indicadores nas tabelas 11 e 12 correspondem aos pacientes com hanseníase cadastrados e acompanhados, o diagnóstico de casos com hanseníase é essencialmente clínico e epidemiológico, e leva em análise a história das condições de vida do paciente, nesta perspectiva o Programa Nacional de Controle de Hanseníase do Ministério da Saúde (Portaria nº 3.125, de 7 de outubro de 2010) desenvolve um conjunto de ações executadas em toda a rede de atenção primária do (SUS) e devido ao potencial incapacitante deve-se garantir atenção especializada em unidades de referência ambulatorial e hospitalar, sempre que necessário (BRASIL, 2010)

A Tabela 11 corresponde ao número de pessoas cadastradas nos municípios estudados com diagnóstico de Hanseníase conforme ficha B-HAN.

Tabela 11 – Pacientes com hanseníase cadastrada por ano segundo município no período de 2010 até 2015

Municípios	2010	2011	2012	2013	2014	2015
Alta Floresta	994	891	838	1.178	1.718	1.316
Barra do Garças	408	424	450	340	535	506
Cáceres	104	80	54	32	-	-
Campo Verde	250	142	177	175	269	218
Cuiabá	3.026	2.479	1.789	1.575	1.817	2.782
Juína	337	407	199	714	1.616	780
Nova Mutum	127	203	104	110	111	59
Pontes e Lacerda	282	249	283	264	325	127
Rondonópolis	1.343	850	1.136	1.160	1.016	991
Sorriso	573	788	625	874	995	627
Tangará da Serra	432	506	360	281	165	541

Fonte: Elaboração do autor (com base nos dados do SIAB, 2015).

Observa-se que em Alta Floresta ocorreu aumento de pessoas cadastradas nos anos de 2013 a 2015, enquanto Cuiabá obteve uma diminuição de pessoas cadastradas com relação a 2010 e 2012. Tangará da Serra apresenta o menor número de pessoas cadastradas no ano de 2014, e uma elevação de acompanhamento nos anos de 2015 se comparados com os demais anos pesquisados.

A Tabela 12 corresponde ao número de pessoas diagnosticas com hanseníase que foram acompanhadas recebendo ao menos uma visita domiciliar do ACS no mês de referência.

Tabela 12 – Pacientes com hanseníase que foram acompanhadas por ano segundo município no período de 2010 até 2015

Municípios	2010	2011	2012	2013	2014	2015
Alta Floresta	990	887	835	1.171	1.700	1.300
Barra do Garças	393	417	446	326	503	495
Cáceres	96	73	48	29	-	-
Campo verde	239	141	177	175	267	214
Cuiabá	2.938	2.420	1.741	1.509	1.715	2.675
Juína	334	407	199	709	1.596	758
Nova Mutum	127	169	102	107	105	59
Pontes e Lacerda	280	242	281	261	322	127
Rondonópolis	1.247	805	1.057	1.121	979	971
Sorriso	562	783	613	850	962	601
Tangará da Serra	415	501	358	278	160	533

Fonte: Elaboração do autor (com base nos dados do SIAB, 2015).

Dos dados cadastrados e acompanhados no geral percebe-se que os municípios estão acompanhando realizando o acompanhamento de seus pacientes. No município de Nova Mutum esse percentual atinge 100% de acompanhamentos nos anos de 2010 e 2015.

Em Tangará da Serra, 2011 e 2015, evidencia números elevados de pacientes cadastrados e acompanhados e uma redução significativa desses dados em 2014.

A tabela 13 mostra os números de produção da Atenção Primária nos anos de 2010 a 2015.

Tabela 13 – Produção ambulatorial na Atenção Primária nos Município no período de 2010 até 2015 situação da base de dados nacional em 25 jan. 2016

Municípios	2010	2011	2012	2013	2014	2015
Alta Floresta	1.129.033	1.051.235	797.998	1.044.129	2.548.504	1.182.011
Barra do Garças	2.073.676	1.856.620	2.139.374	1.934.400	1.891.294	2.858.594
Cáceres	1.136.202	992.492	1.604.100	2.591.802	2.405.863	1.112.744
Campo Verde	745.558	695.219	766.690	1.591.581	792.869	1.260.454
Cuiabá	12.948.897	13.357.243	13.264.565	13.666.851	16.564.951	20.795.565
Juína	447.806	668.713	754.861	705.332	1.046.968	907.493
Nova Mutum	366.837	503.057	558.677	931.019	531.271	802.124
Pontes e Lacerda	395.918	443.565	833.457	620.188	644.655	388.593
Rondonópolis	3.968.779	3.376.310	3.595.505	4.905.436	4.383.069	4.102.936
Sorriso	926.039	1.138.933	1.481.211	1.627.285	1.634.844	1.758.814
Tangará da Serra	917.015	686.524	891.558	3.186.583	1.384.172	1.080.768

Fonte: Elaboração do autor adaptado dos dados do SAI/SUS 2015).

Comparados os anos de 2014 e 2015 com os anos de 2011 e 2012, verifica-se uma expansão na produção Ambulatorial na APS em 10 municípios. Se comparado as produções de 2014 para 2013, essa expansão acontece apenas em cinco.

Tangará da Serra apresenta aumento na produção, 2013, por sua vez os anos de 2014 e 2015, embora apresente uma queda nas produções, ainda são superiores na comparação com anos de 2010 a 2012.

Campo Verde em 2013 e 2015 também teve elevado número de atendimentos se comparado com anos anteriores. Em Cuiabá, verifica-se aumento nas produções nos anos de 2014 e 2015. Barra do Garça, demonstra números elevados de atendimentos nos anos de 2014 e 2015.

Na tabela 14 encontra-se o número de pessoas que tiveram atendimentos médicos realizados na Atenção Básica.

Tabela 14 – Consulta médicas realizadas na Atenção Básica, considerando a situação da base de dados nacional em 24 jul. 2015

Municípios	2010	2011	2012	2013	2014	2015
Alta Floresta	73.293	49.474	31.274	38.363	692.910	149.359
Barra do Garças	166.527	167.070	85.186	73.048	74.086	74.077
Cáceres	35.414	19.831	49.139	3.149	9.245	16.434
Campo Verde	48.126	41.388	43.458	50.890	55.896	55.750
Cuiabá	48.126	41.388	43.458	50.890	55.896	55.750
Juína	55.166	63.738	55.934	54.012	53.324	93.726
Nova Mutum	46.963	107.621	36.961	46.415	40.684	37.197
Pontes e Lacerda	41.438	51.921	27.000	29.631	44.934	32.242
Rondonópolis	232.675	234.056	227.192	227.015	286.639	219.186
Sorriso	98.891	109.927	113.220	122.069	120.596	126.046
Tangará da Serra	112.245	73.536	102.351	110.635	89.740	110.510

Fonte: Elaboração do autor (com base de dados do SAI/SUS 2015).

Tangará da Serra nos anos de 2010, 2012 e 2013 e 2015 o quantitativo de consultas se mantém acima dos 100.000 atendimentos, apresentando queda apenas em 2011 e 2014. Cáceres apresenta aumentos significativos nos anos de 2014 e 2015 se comparado ao ano de 2013, entretanto os anos de 2010 a 2012 apresentam número considerável superior em relação aos anos 2013 a 2015. Em Juína no ano de 2015 obteve maior número de consultas médicas com relação a todos os outros anos pesquisados. No município de Alta Floresta somando os anos de 2010 a 2013 e 2015, não atingem o número de consultas realizadas em 2014.

Na Tabela 15 apresentamos as médias de consultas médicas na Atenção Básica com dados da Secretaria Estadual de Saúde de Mato Grosso, entretanto os dados disponíveis são apenas até o ano de 2014.

Tabela 15 – Média anual de consultas médicas por habitante
nas especialidades básicas por municípios

Municípios	2010	2011	2012	2013	2014
Alta Floresta	1,65	1,18	0,75	0,90	11,12
Barra do Garças	3,91	4,39	3,19	2,62	2,29
Cáceres	0,48	0,35	1,31	0,43	0,16
Campo Verde	1,75	1,50	1,52	10,24	1,87
Cuiabá	0,68	0,65	0,55	0,54	0,57
Juína	1,88	3,20	2,79	1,65	4,45
Nova Mutum	1,78	3,73	1,23	1,67	1,29
Pontes e Lacerda	1,15	2,19	1,50	0,93	6,02
Rondonópolis	1,48	1,52	1,45	2,06	3,69
Sorriso	1,71	1,83	6,09	1,94	1,77
Tangará da Serra	2,70	0,95	1,28	1,32	1,07

Fonte: Elaboração do autor (com base de dados da SES-MT, 2015).

Em Tangará da Serra de 2011 e 2014 são apresentaram menor média anual de consulta. Em Campo Verde, 2013 apresenta média superior a soma dos demais anos pesquisados. Alta Floresta, 2014 apresenta aumento na média anual de consulta. Cuiabá, e Cáceres possui o menor número de média anual no ano de 2014, em relação a todos os municípios pesquisados. Pontes e Lacerda apresenta em 2014 aumento significativo com a soma com os demais anos pesquisados.

A Tabela 16 refere-se ao Repasse do Governo Federal na Produção ambulatorial por local de Atendimento.

Tabela 16 – Repasse do Governo Federal por ano de Atendimento segundo Município, na produção Ambulatorial do SUS – Mato Grosso período de 2010 até 2015

Municípios	2010	2011	2012	2013	2014	2015
Alta Floresta	2.811.867,41	2.445.823,18	1.675.802,40	3.379.984,08	4.082.498,06	2.696.111,92
Barra do Garças	4.296.301,73	4.058.743,35	5.765.711,45	6.537.722,56	8.190.823,65	15.379.086,17
Cáceres	7.521.315,35	7.519.351,11	8.472.986,09	8.949.353,64	9.011.579,99	9.938.028,19
Campo Verde	1.295.118,99	1.438.604,39	1.708.583,34	1.522.647,33	1.603.065,98	1.744.224,56
Cuiabá	101.954.067,02	104.605.691,60	106.001.557,14	108.696.522,82	113.681.269,71	113.177.952,30
Juína	573.202,74	1.235.916,05	1.464.227,88	498.710,13	788.964,52	498.929,82
Nova Mutum	333.832,52	574.800,64	820.534,99	768.948,19	937.973,17	1.321.590,64
Pontes e Lacerda	1.004.058,51	1.240.900,59	1.544.602,02	1.218.564,57	1.475.791,43	1.478.337,12
Rondonópolis	17.737.774,56	16.737.893,40	17.400.843,04	18.541.320,73	20.236.760,02	21.315.907,40
Sorriso	3.079.790,97	3.095.042,13	2.813.199,90	5.479.600,40	5.693.706,44	5.920.024,03
Tangará da Serra	4.306.724,08	4.515.255,46	5.113.377,74	5.620.796,38	6.438.709,53	8.200.089,29

Fonte: Elaboração do autor (com base de dados do SIAB, 2015).

Percebe-se de modo geral que o (PMM) proporcionou aumento nos repasses do Governo Federal para todos os Municípios. Em destaque Tangará da Serra com repasses significativo nos anos de 2014 e 2015.

Nos municípios de Barra do Garças, Nova Mutum e Tangará da Serra foram os municípios que tiveram maior investimentos de saúde no ano de 2015, se comparados com os anos de 2014. O indicador da Tabela 17 refere-se às Internações por Condições Sensíveis à Atenção Primária (ICSAP).

Tabela 17 – Internações por Condições Sensíveis à Atenção Primária
(ICSAP), por ano segundo Município no período: 2010-2014

Municípios	2010	2011	2012	2013	2014
Alta Floresta	21,59	25,12	22,93	28,90	25,93
Barra do Garças	44,48	39,82	29,91	34,96	19,90
Cáceres	18,58	20,34	19,81	16,07	15,91
Campo Verde	28,06	33,67	32,76	32,49	34,43
Cuiabá	24,35	25,62	24,67	21,32	18,11
Juína	17,43	25,22	27,86	21,66	20,45
Nova Mutum	41,31	43,18	38,44	34,53	33,90
Pontes e Lacerda	37,11	31,82	42,31	37,93	40,29
Rondonópolis	23,06	20,19	20,16	22,66	22,92
Sorriso	30,71	35,12	27,30	31,75	30,80
Tangará da Serra	40,76	32,79	32,94	27,21	29,79

Fonte: Elaboração do autor (com base de dados do SIAB, 2015).

Percebe-se uma redução dos (ICSAP) significativa no ano de 2014 se comparado com ano de 2013 nos municípios de Barra do Garças e Cáceres, e no mesmo período observa-se pequeno aumento de (ICSAP) nos municípios de Tangará e Pontes e Lacerda. Entretanto, se comparados os anos de 2013 e 2014 com os demais anos, verifica-se em geral uma redução do número dessas internações. Vale ressaltar que se espera redução significativa desse indicador uma vez que oportunizo acesso na APS, para tanto vale uma análise de todos os dados apresentados nesse estudo para compreensão de cada cenário municipal.

A Tabela 18, utiliza os dados disponíveis pela Secretaria Estadual de Saúde que apresenta essas informações com o título (Proporção de Internação por Condição Sensível à Atenção Básica (ICSAB) Observa-se o Estado utiliza-se Atenção Básica enquanto Ministério Atenção Primária.

Tabela 18 – Proporção de Internações por Condições Sensíveis
à Atenção Básica[11] (ICSAB), nos municípios conforme dados
da Secretaria Estadual de Saúde de Mato Grosso

Municípios	2010	2011	2012	2013	2014
Alta floresta	21,35	24,89	23,79	27,78	23,75
Barra do Garças	43,99	38,65	30,10	35,58	19,52
Cáceres	18,53	19,83	19,46	15,38	15,17
Campo Verde	27,64	31,95	27,91	28,83	31,15
Cuiabá	21,81	21,80	22,15	19,24	15,23
Juína	19,62	27,30	28,37	21,12	19,43
Nova Mutum	40,97	42,33	35,93	31,75	30,02
Pontes e Lacerda	36,93	31,64	41,84	37,10	38,58
Rondonópolis	21,83	18,59	18,74	20,78	21,29
Sorriso	29,58	33,82	26,80	31,09	30,43
Tangará da Serra	38,65	30,57	29,79	24,37	25,93

Fonte: Elaboração do autor (com base de dados da SES-MT, 2015).

As tabelas 17 e 18, com informações dos Sistemas do Ministério da Saúde e Secretaria Estadual de Saúde ao serem comparadas apresentaram reduções gerais (ICSAP) na maioria dos municípios do ano de 2014 para 2013.

Os dados a serem apresentados, na tabela 20 corresponde a taxa de mortalidade infantil nos municípios.

---

11   Este indicador reflete a ocorrência de internações por condições sensíveis à Atenção Básica (Icsab). Que são um conjunto de problemas de saúde para as quais a hospitalização deveria ser evitável se os serviços de atenção básica fossem efetivos e acessíveis. Este indicador possui relevância para desenvolver capacidade de resolução da Atenção Primária ao identificar áreas claramente passíveis de melhorias enfatizando problemas de saúde que necessitam de melhor prosseguimento e de melhor organização entre os níveis assistenciais. O cálculo é feito pelo número de internações por causas sensíveis selecionadas à Atenção Básica* em determinado local e período. Dividido pelo número total de internações clínicas, em determinado local e período. Multiplicado por 100. Os critérios para determinar as internações por causas sensíveis à Atenção Básica e internações clínicas estão estabelecidas no Caderno de Diretrizes, Objetivos, Metas e Indicadores 2013-2015 /DAI/SGEP/MS – 2ª edição. (SES- MT,2015)

Tabela 19 – Taxa de mortalidade infantil por Município nos anos de 2010 até 2014

Municípios	2010	2011	2012	2013	2014
Alta Floresta	16,49	15,73	10,08	12,06	9,80
Barra do Garças	35,80	23,23	19,38	18,65	22,18
Cáceres	14,16	18,21	16,16	17,88	14,94
Campo Verde	20,41	14,78	14,83	11,22	9,41
Cuiabá	13,16	12,15	13,99	15,31	14,21
Juína	16,69	14,90	19,14	16,03	10,17
Nova Mutum	16,13	14,45	16,72	15,96	11,81
Pontes e Lacerda	10,78	12,31	6,29	7,84	10,79
Rondonópolis	13,60	11,97	9,81	13,79	10,65
Sorriso	12,26	11,18	10,99	11,02	14,04
Tangará da Serra	15,45	14,64	13,86	16,72	14,03

Fonte: Elaboração do autor (com base de dados da SES-MT,2015).

Observa-se, redução da mortalidade infantil em 8 cidades das 11 pesquisadas no ano de 2014. Barra do Garças, entretanto, acontece uma elevação do número de mortalidade infantil no ano de 2014 maior que na capital do Estado Cuiabá. Em Tangará da Serra esse índice reduz no ano de 2014 se comparado com 2013.

A mortalidade infantil são agravos que poderia ser evitáveis na vigência do sistema organizado e articulado, salienta que vários estudos identificaram a redução da mortalidade infantil nas famílias com condições socioeconômicas e com acesso ao serviço de saúde, dessa forma esses Indicadores servem instrumentos indispensáveis que podem servir para mapear a definição das prioridades e planejamento, avaliar o sistema e as ações e serviços em saúde pública (PAIZ; BIGOLIN; ROSA; BORDIN, 2018).

Discussão

A adesão do PMM aumentou em 22,3% médicos por região do Brasil comparado as Unidades Federativa, e no estado de Mato Grosso proveu 224 profissionais em 104 municípios do Estado de Mato Grosso (MINISTÉRIO DA SAÚDE, 2015). No Brasil, a média passou de 1,10 médicos para cada 1000 mil habitantes para 1,42 médicos (SCHEFFER et al., 2015).

No Mato Grosso nas cidades que compôs amostra desse estudo constatou que 14 cidades tiveram vagas autorizadas e três, Primavera do Leste, Sinop e Várzea Grande, no período de coleta dos dados não haviam preenchidos as vagas. Dos municípios que mais alocaram médicos do PMM, Tangará da Serra teve 19 e Cáceres 12. Ao todo foram disponibilizadas 90 vagas no Estado e 56 foram preenchidas.

Essa adesão do Programa em todo Estado de Mato Grosso até o ano de 2015 correspondeu em 72% dos municípios, havendo apenas desistência dois entre os 104. No estado 80% dos municípios assistidos pelo programa, estão localizados na zona rural e possuem menos de 20.000 habitantes (MOTA; BARROS, 2016).

Nesse sentido, o acesso, conjunto de dimensões específicas que descrevem o ajuste entre o paciente e o sistema de saúde (PENCHANSKY; THOMAS,1981), representa nesse estudo por aumento da cobertura na APS. O primeiro contato da população com os serviços de saúde pública ocorrem na APS, que por sua vez deve responde pela maior parte dos problemas e necessidade do setor resolvendo 85% das demandas na área que contribuem na redução das taxas de internação e melhoria dos indicadores, e na redução de desigualdades socioeconômicas e na qualidade de vida, equidade e saúde populacional, neste sentido o aumento na cobertura promove a equidade (MALTA *et al.*, 2016).

Partindo dessa premissa, em análises dos indicadores e marcadores é possível constatar avanços e impasses na ação da expansão da APS e possíveis impactos nos municípios em relação a adesão, ou não, do PMM e os indicadores ICSAPS. Há limitações de análise no município de Cáceres por falta de informação, justamente no período da alocação de médicos do PMM, situação que talvez possa se explicar devido as informações terem sido excluídas pelo Sistema por não passarem pelo critério da "base limpa".

A expansão da APS constata-se na maioria dos municípios, com destaque para Tangará da Serra e Alta Floresta, Nova Mutum e Sorriso. Resultados positivos quanto ao aumento de médicos, corrobora para maior disponibilidade de consultas médicas, melhorias na estrutura física e processos de trabalho nas unidades básicas de saúde, principalmente em municípios de pequeno porte (NETTO; RODRIGUES; GOYANNA *et al.*, 2018).

Os dados sobre famílias acompanhadas não foram possíveis aferir de forma geral aumento nesses indicadores, após adesão do PMM para a maioria dos municípios, entretanto Juína e Sorriso, 2014 e 2015, e Tangará da Serra, em 2015, demonstraram aumento no acompanhamento. A questão de acompanhamento das famílias relaciona-se muito com os Agentes Comunitários de

Saúde (ACS), porém há evidências de equipes incompletas e redução desse membro nas equipes (NUNES *et al.*, 2018).

A necessidade de repensar a equipe como multiprofissional e não apenas centrada na consulta médica ainda é um desafio a ser superado no modelo de atenção da APS.

Análise na linha de atenção a hipertensos e diabéticos com enfoque nas equipes convencionais e equipes com PMM, nos anos 2013 e 2014, constatou que regiões com maior proporção de casos de hipertensão e diabetes são aquelas com menor capacidade de acompanhamento da APS, além da subnotificação de casos (SOUZA, 2017).

Uma atenção ao pré-natal e no período puerpério com qualidade e humanizada promove prevenção e promoção, bem como diagnóstico e tratamento adequado aos problemas que ocorrem neste período, portanto o ACS tem papel fundamental no cadastro dessas gestantes. (NÚCLEO DE TELESSAÚDE RIO GRANDE DO SUL, 2019).

Importante frisar que se trata de um direito humano o acesso aos serviços de saúde reprodutiva e ao planejamento familiar que contribui na qualidade de vida dos cidadãos e no desenvolvimento econômico e social do país (UNFPA, 2018).

Constata-se que atendimentos realizados pelos profissionais do PMM foram avaliados por gestante como qualificados, fortalecendo o vínculo e ampliando o olhar para aspectos subjetivos que envolvem a gravidez (GUIMARÃES; CARINE; AMABILE *et al.*, 2016), porém a utilização da ESF está sujeita à influência de diversos fatores, como as características socioeconômicas, acessibilidade e qualidade dos serviços prestados pelas equipes e o modelo de atenção à saúde vigente, dentre outros (MAIA, 2014).

Em 25 municípios do estado de São Paulo, que receberam o PMM, nos anos de 2011 a 2014, identificou-se redução na porcentagem de acompanhamentos dos indicadores quanto a hipertensos e diabéticos, entretanto isso pode ser reflexo da desconstrução de programas específicos para hipertensão e diabetes, como o (Hiperdia) (SILVA *et al.*, 2016).

No Brasil, aumentou em 29% o número de consultas médicas no período de janeiro de 2013 e janeiro de 2015. Em municípios com PMM, o crescimento foi de 33% enquanto os demais 15%. Com relação às ICSAP em municípios com PMM a redução foi de 4% a mais do que nos demais municípios, ou seja, a garantia do acesso a quem antes não recebia amplia a capacidade resolubilidade da APS naquilo que é possível responder no nível de atenção primário (PINTO; OLIVEIRA; SANTANA *et al.*, 2017).

O PMM no eixo relacionado quanto à **infraestrutura utilizado para** construção, ampliação e reforma das unidades básicas de saúde, por meio do Ministério da Saúde, investiu mais de R$ 5 bilhões 2015, disponibilizados para o financiamento de 26 mil obras, para mais de 4,9 mil municípios do país, sendo que 45 dessas obras são de Unidades Básicas de Saúde UBS fluviais, com intuito de chegar médicos em locais de difícil acesso. No ano de 2015 aproximadamente 10,5 mil obras estavam prontas e outras 10 mil em fase de execução (BRASIL, 2015).

Encontra-se também avanços do acesso à APS por meio da expansão do PMM na redução da taxa de mortalidade por doenças infectoparasitárias (BASTOS, 2019).

Para Rehem, Ciosak, Egry (2012) não se pode avaliar a Atenção básica somente pelos índices das (ICSAP), mas este indicador constituem importante para avaliação do sistema em um todo, na medida em que ele traz indicação de possíveis problemas no acesso e na qualidade dos serviços de saúde contribuindo para a discussão da efetivação dos princípios e das diretrizes, integralidade, acessibilidade, universalidade, bem como a intersetorialidade. Contribuindo para com os profissionais e gestão nas execuções de políticas locais, regionais e nacional de saúde.

Reconhece-se fragilidades de análise no Sistema de Informação pela alimentação do sistema, entretanto aponta que os profissionais de saúde compreendem a importância do sistema de informação para apresentar sua produção (NOGUEIRA, C.; SANTOS, S. A. S.; CAVAGNA, V. M. *et al.*, 2014).

Na era tecnológica torna-se cada vez mais fácil o acesso à informação, no entanto é preciso ter cautela na quantidade e na qualidade das informações obtidas (MENDONÇA; NETO, 2015). É relevante assinalar que o período estudo aconteceu a mudança do Sistema de Informação, para a estratégia do e-SUS Atenção Básica substituindo o Sistema de Informação em Saúde da Atenção Básica (SISAB) na tentativa de diminuir a carga de trabalho comprometida na coleta, inserção, gestão e uso da informação na (APS), permitindo que a coleta de dados esteja dentro das atividades já desenvolvidas pelos profissionais (CONASS, 2013).

Contudo qualquer mudança em um sistema complexo de informação, origina benefícios e dificuldades, neste caso a possibilidade de acometer erros no processo de transição, foi apontado na Nota Técnica 7 de 2013. p.15, do Conselho Nacional de Secretários de Saúde (CONASS), que apontou problemas no processo de instalação do aplicativo, tais como; não é autoexecutável, pouco amigável, desenvolvido exclusivamente para técnicos de Tecnologia da Informação, além de apresentar dúvidas quanto à possibilidade de sobreposição de bases de dados já existentes.

Entende-se que o contexto de informações apresentadas apresenta a dimensão de possibilidades de análise. A limitação desse trabalho, em não fazer uma análise de gestão de recursos humanos com o impacto da produção dos serviços, não possibilita inferir mudanças, mas pontua claramente avanços que são significativos, para vários municípios, o que pode contribuir para a gestão em saúde olhar em cada município as características próprias que respondam as divergências e ações exitosas na condução da APS.

Considerações finais

O estudo apresenta melhorias em alguns indicadores selecionados, mas também limitações que podem ser por conta da fragilidade dos dados. O uso de SIS é a opção para análise em macro espaço com dados públicos já compilados, porém intensificar capacitações na estrutura tecnológica é importante para se ter a melhor base para análise, o que não se restringe apenas a infraestrutura, mas também na gestão de pessoas.

A troca do sistema de informação no Ministério da Saúde que substituiu o (SIAB) pelo (E-SUS) pode ter influenciado no momento de indução de expansões incertezas quanto à produção médica e os resultados das equipes de saúde.

Os Municípios que aderiam e alocaram os Médicos do PMM apresentaram expansão da APS e ampliação das equipes de Estratégias de Saúde Família, o que sinaliza possibilidades de investigação quanto ao processo de trabalho, formação das equipes e limitações e potencialidades de superação das dificuldades em investir em curto prazo na APS. Torna-se propício usar o sistema de informação e a avaliação dos municípios que tiveram resposta do Programa de Melhoria do Acesso e da Qualidade da Atenção Básica (PMAQ) para compreender possibilidades de investigação com a gestão em saúde.

Porém, reconhece-se a importância da política indutora para melhoria das condições de saúde e do acesso a serviços nesses municípios com incentivos de avanços na APS, o que repercute investimento no monitoramento da atenção e maior envolvimento da gestão na compilação e análise da produção que a APS emite quanto ao potencial de resolubilidade da atenção nesse nível de acesso.

REFERÊNCIAS

ANDRADE, M. V. *et al.* A equidade na cobertura da Estratégia Saúde da Família em Minas Gerais, Brasil. **Cad. Saúde Pública,** v.31, n 6, p. 1175-1187, 2015.

ANTICO, C. **Deslocamentos populacionais no Vale do Paraíba**: crescimento e expansão urbana da região de São José dos Campos. Dissertação de Mestrado. UNICAMP, 1997. Disponível em: http://www.bibliotecadigital.unicamp.br/document/?code=000125274. Acesso em: 3 abr. 2013.

AZEVEDO, R. Jr. Médicos estrangeiros, Programa Mais Médicos. Saúde/Medicina. **Epoch Times.** Disponível em: http://www.epochtimes.com.br/artigo-presidente-crm-sao-paulo-critica-programa-mais-medicos/#.VECIe-PldUn5. Acesso em: 20 ago. 2015.

BIBLIOTECA VIRTUAL EM SAÚDE. **Qual o papel do Agente Comunitário no cuidado da gestante de alto risco?** CIAP2: W78 Gravidez. DeCS/MeSH: Agentes Comunitários de Saúde, Gestantes, Gravidez de Alto Risco Núcleo de Telessaúde Rio Grande do Sul, 18 dez. 2009. ID: sof-3500.

BASTOS, S. Q. A.; GOMES, B. S. M.; AFONSO, D. L.; RODRIGUES, L. C. Impacto do Programa Mais Médicos nas taxas de mortalidade (2010-2015). 18º Seminário de Diamantina [recurso eletrônico]: **anais.** Belo Horizonte: UFMG/Cedeplar, 2019. Disponível em: https://diamantina.cedeplar.ufmg.br/portal/download/diamantina-2019/D18_126.pdf. Acesso em: 20 maio 2020.

BODSTEIN *et al*. Avaliação da implantação do programa de desenvolvimento integrado em Manguinhos: impasses na formulação de uma agenda local. **Ciência & Saúde Coletiva**, v. 9, n. 3, p. 593-604, 2004. Disponível em: http://www.scielo.br/pdf/csc/v9n3/a07v09n3.pdf. Acesso em: 3 abr. 2013.

BONELLI, M. da G. Rumo ao interior: médicos, saúde da família e mercado de trabalho. **Cad. Saúde Pública**, Rio de Janeiro, v. 25, n. 11, p. 2531-2532, nov. 2009. Disponível em: http://www.scielo.br/scielo.php?script=sci_arttext&pid=S0102311X2009001100024&lng=en&nrm=iso. Acesso em: 23 ago. 2015.

BRASIL. Ministério da Saúde. **Portaria nº 3.125, de 7 de outubro de 2010**. Disponível em: https://bvsms.saude.gov.br/bvs/saudelegis/gm/2010/prt3125_07_10_2010.html. Acesso em: 12 maio 2020.

BRASIL. **Geógrafos**. Disponível em: http://www.geografos.com.br/distancia-entre-cidades/. Acesso em: 2 set. 2015.

BRASIL. **Lei nº 12.871, de 22 de outubro de 2013. Institui o Programa Mais Médicos, altera as Leis nº 8.745, de 9 de dezembro de 1993, e nº 6.932, de 7 de julho de 1981, e dá outras providências**. Disponível em: www.planalto.gov.br/legislacao. Acesso em: 10 ago. 2015.

BRASIL. **Lei nº 3.268, de 30 de setembro de 1957. Dispõe sobre os Conselhos de Medicina e dá outras providências**. Disponível em: www.planalto.gov.br/legislacao. Acesso em: 30 maio 2014.

BRASIL. Ministério da Saúde (MS), Secretaria de Gestão do Trabalho e da Educação (SEGETS). **Programa Mais Médicos – dois anos**: mais saúde para os brasileiros. Brasília: MS, 2015.

BRASIL. Ministério da Saúde. Portal da Saúde. (DAB). **Históricos de Cobertura da Saúde da Família**. Disponível em: http://dab.saude.gov.br/portaldab/historico_cobertura_sf.php. Acesso em: 10 mar. 2016.

BRASIL. Ministério da Saúde. **Programa Mais Médicos**, 2015. Disponível em: http://maismedicos.gov.br. Acesso em: 10 abr. 2015.

BRASIL. Ministério da Saúde. Rede integrada de informações para a saúde. (RIPSA-Datasus). **Produção ambulatorial – SUS**. Disponível em: http://tabnet.datasus.gov.br/cgi/tabcgi.exe?siab/cnv/SIABSmt.def. Acesso em: 17 ago. 2015.

BRASIL. Ministério da Saúde. Rede integrada de informações para a saúde. (RIPSA-Datasus). **Indicadores do Rol de Diretrizes, Objetivos, Metas e Indicadores 2014** – Mato Grosso – Indicadores Municipais. Disponível em: http://tabnet.datasus.gov.br/cgi/tabcgi.exe?pacto/2014/cnv/coapmunmt.def. Acesso em: 17 ago. 2015.

BRASIL. Ministério da Saúde. Secretaria de Atenção à Saúde. Departamento de Atenção Básica. **SIAB**: manual do sistema de Informação de Atenção Básica / Ministério da Saúde, Secretaria de Atenção à Saúde, Departamento de Atenção Básica. 1. ed., 4. reimpr. Brasília: Ministério da Saúde, 2003.

BRASIL. **Por que pesquisa em saúde?** Ministério da Saúde, Secretaria de Ciência, Tecnologia e Insumos Estratégicos, Departamento de Ciência e Tecnologia. Brasília, 2007. 20 p.

BRASIL. Portaria nº 648/GM de 28 de março de 2006 (BR). Aprova a Política Nacional de Atenção Básica, estabelecendo a revisão de diretrizes e normas para a organização da Atenção Básica para o Programa Saúde da Família (PSF) e o Programa Agentes Comunitários de Saúde (PACS). **Diário Oficial da União** [Internet], Brasília (DF); 2006 [citado 20 jan. 2020]. Disponível em: http://bvsms.saude.gov.br/bvs/publicacoes/prtGM648_20060328.pdf.

BRASIL. Secretaria de Atenção Primária à Saúde (SAPS) e-Gestor AB. **Atenção Básica Informação e Gestão da Atenção Básica**. Disponível em: https://egestorab.saude.gov.br/paginas/acessoPublico/relatorios/relHistoricoCoberturaAB.xhtml. Acesso em: 9 maio 2020.

BRASIL. Secretaria Estadual de saúde de Mato Grosso. **Informações em Saúde SES-MT**. Pesquisa e Indicadores. Disponível em: http://appweb3.saude.mt.gov.br/informacao-saude/pesquisa-indicador. Acesso em: 17 ago. 2015.

BRASIL. **Constituição da República Federativa do Brasil de 1988**. Disponível em: www.planalto.gov.br/legislacao. Acesso em: 30 maio 2014.

BRASIL. **Medida provisória nº 621, de 8 de setembro de 2013. Institui o Programa Mais Médicos.** Disponível em: http://http://www.planalto.gov.br/ccivil_03/_ato2011-2014/2013/Mpv/mpv621.htm. Acesso em: 10 ago. 2015.

BRASIL. Ministério da Saúde. Secretária de Gestão do Trabalho e da Educação na Saúde. **Programa Mais Médicos – dois anos**: mais saúde para os brasileiros. Brasília, DF, 2015. Disponível em: https://portalarquivos.saude.gov.br/images/pdf/2015/agosto/03/livro-maismedicos-2015.pdf. Acesso em: 22 nov. 2017.

BRASÍLIA, Conselho Nacional de Secretários de Saúde, **Estratégia e-SUS Atenção Básica e Sistema de Informação em Saúde da Atenção Básica – SISAB**. Disponível em: https://www.conass.org.br/biblioteca/wp-content/uploads/2013/01/NT-07-2013-e-SUS-e-SISAB.pdf. Acesso em: 11 maio 2020.

BUCCI, M. P. D. **Direito administrativo e políticas públicas**. São Paulo: Saraiva, 2006. p. 241.

CALLEGARI-JACQUES, S. M. **Bioestatística**: Princípios e Aplicações. Porto Alegre: ARTMED, 2003.

CARVALHO, L. Assessoria/SES-MT. **Saúde Oferece treinamento para implantação do e-SUS**. Disponível em: http://www.mt.gov.br/editorias/saude/saude-oferece-treinamento-para-implantacao-do-e-sus/149836. Acesso em: 9 out. 2015.

CARVALHO, M. C. **Políticas Públicas Conceitos e Práticas, serie políticas públicas, volume 7**. Sebrae, 2008. 5. p. Disponível em: http://agenda21comperj.com.br/sites/localhost/files/MANUAL%20DE%20POLITICAS%20P%C3%9ABLICAS.pdf. Acesso em: 15 out. 2015.

CONNAS. **Notas Técnica 7 de 2013.** Disponível em: http://www.conass.org.br/Notas%20t%C3%A9cnicas%202013/notatecnica_7_13.pdf. Acesso em: 10 out. 2015.

CONSELHO FEDERAL DE MEDICINA (CFM). **Demografia Médica**: Brasil possui médicos ativos com CRM em quantidade suficiente para atender demandas da população. Seg., 26 nov. 2018, 10:02h. Disponível em: https://portal.cfm.org.br/index.php?option=com_content&view=article&id=27983:-2018-11-26-13-05-15&catid=3. Acesso em: 14 maio 2020.

CONTRANDIOPOULOS, A.; CHAMPANGNE, F.; POTVIN, L.; DENIS, J.; BOYLE, P. **Saber preparar uma pesquisa. Definição, estrutura, financiamento**. 2. ed. Rio de Janeiro: HUCITEC-ABRASCO, 1997.

CUNHA, E.; SOUZA, M. A gestão em saúde no contexto da regionalização: caracterização e mapeamento da produção científica. **Gestão e Saúde**, Feira de Santana, Bahia, v. 6, jan. 2015. Disponível em: http://gestaoesaude.bce.unb.br/index.php/gestaoesaude/article/view/872. Acesso em: 11 out. 2015.

CUNHA; F. J. A. P.; LÁZARO, C. P.; PINHEIRO, H. B. B. **Conhecimento, inovação e comunicação em serviços de saúde**. Rio de Janeiro: Fiocruz. 240p, 2014.

DEMO, P. Pesquisa qualitativa. Busca de equilíbrio entre forma e conteúdo. **Rev.latino-am. enfermagem**, Ribeirão Preto, v. 6, n. 2, p. 89-104, abril de 1998.

DONADONE, J. C.; BAGGENSTOSS, S. Intermediários e as novas configurações no tecido organizacional brasileiro: Um estudo sobre as organizações sociais de saúde. **Tempo soc.** v. 29, n. 1, p. 130-149, 2017. https://doi.org/10.11606/0103-2070.ts.2017.2017.120270.

FERREIRA, Janise Braga Barros *et al.* Internações por condições sensíveis à atenção primária à saúde em uma região de saúde paulista, 2008 a 2010. **Epidemiol. Serv. Saúde**, Brasília. v. 23, n. 1, p. 45-56, mar. 2014. Disponível em: http://scielo.iec.gov.br/scielo.php?script=sci_arttext&pid=S1679-49742014000100005&lng=pt&nrm=iso. Acessos em: 12 maio 2020.

FUNDO DE POPULAÇÃO DAS NAÇÕES UNIDAS (UNFPA). **FECUNIDADE E DINÂMICA DA POPULAÇÃO BRASILEIRA**. BRASILIA, dez. 2018. ISBN 978-85-98579-20-7. Disponível em: https://brazil.unfpa.org/sites/default/files/pub-pdf/swop_brasil_web.pdf. Acesso em: 18 maio 2020.

GIROTTO, E.; ANDRADE, S. M.; CABRERA, M. A. S. Análise de três fontes de informação da atenção básica para o monitoramento da hipertensão arterial. **Epidemiol. Serv. Saúde**, Brasília, v. 19, n. 2, p. 133-141, 2010.

GOTTDIENER, M. **A produção social do espaço urbano**. São Paulo: EDUSP, 1993.

INSTITUTO BRASILEIRO DE GEOGRAFIA E ESTATÍSTICA, IBGE. **Estimativa populacional 2015**. Disponível em: http://www.ibge.gov.br/home/estatistica/populacao/estimativa2014/. Acesso em: 10 ago. 2015.

ISSN 1981-6278. Disponível em: http://www.reciis.icict.fiocruz.br/index.php/reciis/article/view/930doi:0. Acesso em: 11 out. 2015.

LOPES, B.; AMARAL, J. N.; CALDAS, R. W. **Políticas Públicas.** Serviço de Apoio às Micro e Pequenas Empresas de Minas Gerais.

LOPES, B; AMARAL, J. N.; CALDAS, R. W. **Políticas Públicas**: conceitos e práticas. Belo Horizonte: Sebrae/MG, 2008. 48 p.

Maia, Melanie Noël. **A coordenação da atenção ao pré-natal e ao parto por equipes de saúde da família no município do Rio de Janeiro**. 2013. 94 f. Dissertação (Saúde Pública) - Escola Nacional de Saúde Pública Sergio Arouca, Rio de Janeiro, 2013.

MALTA, Deborah Carvalho *et al.* A Cobertura da Estratégia de Saúde da Família (ESF) no Brasil, segundo a Pesquisa Nacional de Saúde, 2013. **Ciênc.**

saúde coletiva [online]. 2016, v. 21, n. 2, p. 327-338. ISSN 1413-8123. https://doi.org/10.1590/1413-81232015212.23602015.

MARCONI, M. A.; LAKATOS, E. A. **Técnicas de pesquisa**: planejamento e execução de pesquisas, amostragem e técnicas de pesquisa, elaboração, análise e interpretação de dados. São Paulo: Atlas, 1986.

MENDONÇA, A. P. B.; NETO, A. P. Critérios de avaliação da qualidade da informação em sites de saúde: uma proposta. **Revista Eletrônica de Comunicação, Informação & Inovação em Saúde**, v. 9, n. 1, mar. 2015.

MINAYO, M. C. S.; SANCHES, O. Quantitativo-Qualitativo: Oposição ou Complementaridade? **Cad. Saúde Pública**., Rio de Janeiro, v. 9, n. 3, p. 239-262, jul./set. 1993. Disponível em: http://www.scielo.br/pdf/csp/v9n3/02.pdf. Acesso em: 13 jan. 2013.

MINAYO, Maria Cecília de Souza. **O desafio do conhecimento**: pesquisa qualitativa em saúde, 12. ed. São Paulo: Hucitec, 2010.

MELO, E. A. *et al.* Mudanças na Política Nacional de Atenção Básica: entre retrocessos e desafios. **Saúde em Debate**, v. 42, p. 38-51, 2018.

MOTA, Reinaldo Gaspar da; BARROS, Nelson Filice. O Programa Mais Médicos no Estado de Mato Grosso, Brasil: uma análise de implementação. **Ciênc. saúde coletiva**, Rio de Janeiro, v. 21, n. 9, p. 2879-2888, set. 2016. Disponível em: http://www.scielo.br/scielo.php?script=sci_arttext&pid=S1413-81232016000902879&lng=en&nrm=iso. Acesso em: 14 maio 2020.

MOURÃO NETTO, J. J. *et al.* Programa Mais Médicos e suas contribuições para a saúde no Brasil: revisão integrativa. **Rev Panam Salud Publica.** v. 42, e2, 2018. Disponível em: https://doi.org/10.26633/RPSP.2018.2.

NOGUEIRA, C.; SANTOS, S. A. S.; CAVAGNA, V. M. *et al.* **Sistema de informação da atenção básica**: revisão integrativa de literatura Revista de Pesquisa Cuidado é Fundamental Online. Universidade Federal do Estado do Rio de Janeiro Rio de Janeiro, Brasil, v. 6, n. 1, jan./mar. 2014. p. 27-37.

NUNES, Cristiane Abdon *et al.* Visitas domiciliares no Brasil: características da atividade basilar dos Agentes Comunitários de Saúde. **Saúde debate**, Rio de Janeiro, v. 42, n. esp. 2, p. 127-144, out. 2018. Disponível em: http://www.scielo.br/scielo.php?script=sci_arttext&pid=S0103-11042018000600127&lng=en&nrm=iso. Acesso em: 17 maio 2020.

OLIVEIRA, A. M. **Alto Araguaia dos garimpos à soja.** Print Express, Cuiabá, 1998.

PAIZ, J. C. *et al.* Mortalidade infantil e serviços de Atenção Primária à Saúde em Porto Alegre, RS, Brasil. **Rev Bras Med Fam Comunidade**. v. 13, n. 40, p. 1-13, 2018. Disponível em: http://dx.doi.org/10.5712/rbmfc13(40)1579.

PATARRA, N. L. **Movimentos Migratórios no Brasil**: Tempos e Espaços. Escola Nacional de Ciências Estatísticas, Rio de Janeiro, RJ. 2003. Disponível em: http://www.lep.ibge.gov.br/ence/publicacoes/textos_para_discussao/textos/texto_7.pdf. Acesso em: 13 abr. 2013.

PENCHANSKY, R.; THOMAS, J. W. The concept of access: definition and relationship to consumer satisfaction. **Medical Care,** v. 19, n. 2, p. 127-140, 1981.

PINTO, H. A. *et al.* The Brazilian More Doctors Program: evaluating the implementation of the "Provision" axis from 2013 to 2015. **Interface,** Botucatu. v. 21, supl.1, p. 1087-1101, 2017.

PIRES, D. E. P. *et al.* Management in primary health care: implications on managers workloads. **Rev Gaúcha Enferm.** v. 40, e20180216, 2019. Disponível em: https://doi.org/10.1590/1983-1447.2019.20180216.

PLATÃO. **Diálogos**. Teeteto Crátilo. 3. ed. Belém: UFPA, 2001.

REHEM, Tania Cristina Morais Santa Barbara; CIOSAK, Suely Itsuko; EGRY, Emiko Yoshikawa. Internações por condições sensíveis à atenção primária no hospital geral de uma microrregião de saúde do município de São Paulo, Brasil. **Texto contexto – enferm.**, Florianópolis, v. 21, n. 3, p. 535-542, set. 2012. Disponível em: http://www.scielo.br/scielo.php?script=sci_arttext&pid=S0104-07072012000300007&lng=en&nrm=iso. Acesso em: 16 maio 2020.

RUA, M. G. Análise de políticas públicas: conceitos básicos. *In:* RUA; CARVALHO (orgs.). **O estudo da política**: tópicos selecionados. Brasília: Paralelo 15, 1998.

RUA, M. G. **Políticas públicas**. Florianópolis: CAPES/UAB, 2009. [Políticas Públicas, segundo definição de Rua (2009, p. 19)].

RUDIO, F. V. **Introdução ao projeto de pesquisa científica**. Petrópolis: Vozes, 1986.

SANTOS, L. A. F. **Relações entre território, atividade econômica e migrações – configuração espacial no Município de Angra dos Reis**: um foco na escala local – a Vila do Frade. 2009. Dissertação (Mestrado) – Escola Nacional de Ciências Estatísticas. 2009. Disponível em: http://www.dominiopublico.gov.br/pesquisa/DetalheObraDownload.do?select_action=&co_obra=168139&co_midia=2. Acesso em: 13 abr. 2013.

SANTOS, M. **A natureza do espaço**: técnica e tempo, razão e emoção. São Paulo: Hucitec. 1996.

SARAVIA, E.; FERRAREZI, E. **Políticas Públicas**. Coletânea. Brasília, DF: ENAP, 2006.

SCHEFFER, M. *et al*. **Demografia Médica no Brasil 2015**. Departamento de Medicina Preventiva, Faculdade de Medicina da USP. Conselho Regional de Medicina do Estado de São Paulo. Conselho Federal de Medicina. São Paulo: 2015, 284 p. ISBN: 978-85-89656-22-1.

SECCHI, L. **Políticas Públicas**: conceitos, esquemas de análise, casos práticos. São Paulo: Cengage Learning. 2010.

SICOLI, L. F. O exercício ilegal da medicina e a Lei n° 12.871/2013. **Jus Navigandi**, Teresina, n. 3806, 2 dez. 2013. Disponível em: http://jus.com.br/artigos/26036. Acesso em: 14 out. 2014.

SILVA, S. F. **Municipalização da saúde e poder local**: sujeito, atores e políticas. São Paulo: HUCITEC, 2001.

SILVA, Bruna Pontes da *et al*. Ampliação do acesso à saúde na região mais vulnerável do estado de São Paulo, Brasil: reflexo do Programa Mais Médicos? **Ciênc. saúde coletiva**, Rio de Janeiro, v. 21, n. 9, p. 2899-2906, set. 2016. Disponível em: http://www.scielo.br/scielo.php?script=sci_arttext&pid=S1413-81232016000902899&lng=en&nrm=iso. Acesso em: 17 maio 2020.

SIQUEIRA, S. A. G. O.; DIAS, C. A. As múltiplas faces do retorno a terra natal. **Caderno de Debates Refúgio, Migrações e Cidadania**, v. 5, p. 55-72, 2010. Disponível em: http://www.migrante.org.br/IMDH/fckeditor/editor/filemanager/connectors/aspx/userfiles/file/Brasileiros%20Retornados/AS%20MULTIPLAS%20FACES%20DO%20RETORNO%20%C3%80%20TERRA%20NATAL%20-%20Sueli%2023out10.doc. Acesso em: 13 abr. 2013.

SOUZA, C. Políticas pública: uma visão da Literatura. **Sociologias**, v. 8, n. 16, Porto Alegre, jul./dez. 2006. p. 20-45. Disponível em: http://dx.doi.org/10.1590/S1517- 45222006000200003. Acesso em: 13 abr. 2013.

SOUZA, Solane Pinto de. **ATENÇÃO A HIPERTENSOS E DIABÉTICOS NA ESTRATÉGIA SAÚDE DA FAMÍLIA E O PROGRAMA MAIS MÉDICOS**. Dissertação (Mestrado) – Instituto Leônidas Maria Deane, FIOCRUZ, Brasil. Disponível em: https://www.arca.fiocruz.br/bitstream/icict/31201/2/Disserta%c3%a7%c3%a3o%20Solane%20Souza.pdf. Acesso em: 17 maio 2020.

TEIXEIRA, E. C. **Políticas Públicas – O Papel das Políticas Públicas**. p. 2, 2002. Disponível em: http://dhnet.org.br/dados/cursos/aatr2/a_pdf/03_aatr_pp_papel.pdf. Acesso em: 17 out. 2015.

TRINDADE, L. L.; PIRES, D. E. P. Implications of primary health care models in workloads of health professionals. **Texto-Contexto Enferm**. v. 22, n. 1, p. 36-42, 2013. Disponível em: https://doi.org/10.1590/S0104-07072013000100005.

VERGARA, S. C. **Projetos e Relatórios de Pesquisa em Administração**. 5. ed. São Paulo: Atlas, 2004.

VIANA, J. J. **Administração de materiais**: um enfoque prático. São Paulo: Atlas, 2002.

YIN, R. K. **Estudo de caso – planejamento e métodos**. 2. ed. Porto Alegre: Bookman, 2001.

ALOCAÇÃO DOS RECURSOS FINANCEIROS PÚBLICOS MUNICIPAIS NAS ÁREAS DE EDUCAÇÃO E SAÚDE: o caso da região de planejamento VIII – Tangará da Serra, MT

Rodrigo Henrique Pinheiro
Raimundo França
Josué Souza Gleriano

Introdução

A Constituição Federal de 1988, referenciada "Constituição Cidadã", assentou a moralidade administrativa como um dos princípios da Administração Pública por ampliar consideravelmente as possibilidades de controle sobre a gestão pública e defender o regime democrático e os interesses sociais e individuais (BRAGA, 2012).

Dentre os direitos sociais, a educação, "direito de todos e dever do Estado e da família" (BRASIL, 1988, art. 205), compartilha com a saúde, "direito de todos e dever do Estado" (BRASIL, 1988, art. 196), as exigências federais que "obrigam o município a destinar parte de sua receita a determinado fim" (ANDRADE, 2013, p. 194). Trata-se dos investimentos necessários para a promoção da educação e saúde. Todavia, não basta aos gestores apenas investirem os percentuais mínimos exigidos, mas acompanharem a conversão dos investimentos em qualidade nos serviços prestados, visto a atuação legal nem sempre ser honesta, moral (SILVA, 2001 *apud* BRAGA, 2012).

Numa época em que os meios de comunicação voltam-se à crise política que assola o país perante inúmeros casos de corrupção, herdados "da cultura da ilicitude presente no Brasil Império no que se refere ao trato do dinheiro público concedido à guisa de incentivo a particulares" (BRAGA, 2012, p. 89), o interesse pelo tema justifica-se na necessidade em demonstrar como o tratamento dos recursos financeiros públicos pode influenciar positivamente o processo de tomada de decisão dos gestores e consequente benefício da qualidade de vida da população.

Esta pesquisa objetivou identificar os níveis de investimentos dos onze municípios pertencentes à região político-administrativa de Tangará da Serra, MT quanto aos limites mínimos a serem investidos nas áreas de educação e saúde durante os exercícios financeiros de 2012 e 2013.

Referencial Teórico

Administração e Orçamento Públicos

A Administração é fundamental para a condução da sociedade moderna (CHIAVENATO, 2011). Pode ser conceituada como um sistema consolidador de um conjunto de princípios, processos e funções capazes de alavancar um método de programação desejada (OLIVEIRA, 2012) por meio do planejamento, organização, direção e controle das atividades (CHIAVENATO, 2011).

Por sua vez, a Administração Pública compreende um aparato existente à disposição dos governantes para a realização do objetivo primordial do Estado: a promoção do bem comum da coletividade (PALUDO, 2013). Formalmente, trata-se de um *"conjunto de órgãos instituídos para consecução dos objetivos do governo"* (MEIRELLES, 1997, p. 59), que "obedecerá aos princípios de legalidade, impessoalidade, moralidade, publicidade e eficiência" (BRASIL, 1988, art. 37).

O interesse público refere-se àquilo que é do interesse de todos (BRAGA, 2012), e não apenas do Estado, Governo e/ou Administração (PALUDO, 2013). Busca ser alcançado a partir da elaboração de políticas públicas capazes de enfrentar o problema público, tratado como a diferença entre a circunstância atual e a condição ideal possível para aquela realidade pública (SECCHI, 2010).

As políticas públicas, consideradas "um conjunto articulado e estruturado de ações e incentivos que buscam alterar uma realidade em resposta a demandas e interesses dos atores envolvidos" (BRASIL, 2015, p. 591), congregam representantes administrativos, políticos e/ou técnicos, que representam as áreas pública, privada e/ou do terceiro setor (PALUDO, 2013), para tratar ou resolver um problema coletivamente importante (SECCHI, 2010), principalmente quando do controle da priorização, alocação e fiscalização de recursos financeiros em ações prioritárias (PALUDO, 2013).

Controlar significa verificar se a realização de determinada atividade não se desvia dos objetivos, normas e/ou princípios que a regem (BRASIL, 2009). Dentre os tipos de controle exercidos sobre a gestão pública, temos o interno (exercido pelo próprio Poder), o externo (exercido pelo Poder Legislativo) e o social (exercido por cidadãos ou sociedade civil organizada) (BRASIL, 2012).

Em sistemas políticos de Estado de Direito Democrático como o do Brasil, a responsabilização dos governantes se concretiza pelos meios de controle (PALUDO, 2013), pois "[...] a fiscalização contábil, financeira, orçamentária, operacional e patrimonial da União e das entidades da administração direta e indireta" (BRASIL, 1988, art. 70) acontece mediante controle externo exercido pelo Congresso Nacional e pelo controle interno de cada Poder (BRASIL, 1988). Portanto, havendo bens e recursos públicos envolvidos, existirá o controle e a prestação de contas (BRASIL, 1988).

O controle exercido pelo Congresso Nacional e auxiliado pelo Tribunal de Contas da União (TCU) terá sua regra aplicada, "no que couber, à organização, composição e fiscalização dos Tribunais de Contas" regionais e locais (BRASIL, 1988, art. 75). Voltando-se às administrações municipais, sua fiscalização será "exercida pelo Poder Legislativo municipal, mediante controle externo, e pelos sistemas de controle interno do Poder Executivo municipal" (BRASIL, 1988, art. 31, § 1º). Isso porque, no Brasil, cidadãos delegam a condição de "único titular legítimo do Estado[12]" (BRASIL, 2009, p. 13) para o representante eleito do Poder Executivo, que pratica atos de chefia, governo e administração.

Para o Estado funcionar necessita-se arrecadar receitas públicas[13] que, conforme possibilitam a realização de ações, transformam-se em despesas públicas[14], e, para que o trâmite aconteça satisfatoriamente, deve-se planejar o orçamento e suas fases (BRASIL, 2009). Logo, finanças públicas demonstram como os gestores trabalharão o orçamento, planejando, executando e prestando contas das receitas e despesas (BRASIL, 2005).

Contemporaneamente, orçamento público trata de um plano, expresso em termos financeiros, que vincula seu gasto ao alcance de objetivos e metas (BRASIL, 2009), macro instituído pelo Plano Plurianual (PPA), pormenorizado pela Lei de Diretrizes Orçamentárias (LDO) e implementado pela Lei Orçamentária Anual (LOA) (BRASIL, 2009), leis interrelacionadas e iniciadas pelo Poder Executivo (ANDRADE, 2013). Nesses orçamentos encontram-se gastos vinculados a limites constitucionais e legais[15] baseados na receita arrecadada ou recebida em forma de transferência (ANDRADE, 2013). Trata-se da rigidez orçamentária conquistada em 1988, resultante dos movimentos de inclusão de demandas que garantiram direitos sociais (DANTAS, 2009).

---

12 "A Constituição Federal de 1988 adotou como forma de Estado o federado, integrado por diferentes centros de poder político. Assim, temos um poder político central (União), poderes políticos regionais (estados) e poderes políticos locais (municípios)", além da acumulação de poderes do Distrito Federal (PAULO, 2010, p. 123).

13 Conjunto de recursos que o Estado e outras pessoas de direito público auferem, de diversas fontes, com vistas a fazer frente às despesas decorrentes do cumprimento de suas funções (BRASIL, 2015).

14 Obrigação de pagamento do próprio órgão do governo e da administração pública, centralizada e descentralizada. Deve estar devidamente autorizada por meio do orçamento votado pelo Poder Legislativo (BRASIL, 2015).

15 "São exigências fixadas pela Constituição Federal, leis e resoluções da esfera federal que obrigam o município a destinar parte de sua receita a determinado fim, assim como limitar determinadas despesas com base em certos parâmetros" (ANDRADE, 2013, p. 194).

Governos municipais, por exemplo, evidenciarão a aplicação dos limites mínimos nas áreas de educação e saúde através do Relatório Resumido da Execução Orçamentária (RREO), isso porque a Lei de Responsabilidade Fiscal (LRF) condiciona transferências voluntárias à comprovação pelo ente do cumprimento dessa exigência (BRASIL, Lei Complementar nº 101, 2000).

Necessitando garantir a aplicação mínima de recursos em educação e saúde, compete aos gestores averiguar o retorno dos investimentos através da qualidade dos serviços oferecidos à população, e diversos são os indicadores capazes de auxiliá-los. Em relação aos municípios mato-grossenses, o Tribunal de Contas de Mato Grosso (TCE-MT) adota metodologia específica para aferição dos resultados em educação e saúde, considerados na apreciação das contas anuais (MATO GROSSO, 2015).

Gestão Pública e a Aplicação de Recursos na Área de Educação

A educação, tida como processo capaz de desenvolver e criar possibilidades na vida dos sujeitos (BRASIL, 2013), abrange, enquanto processo formativo, o desenvolvimento nos convívios cultural, educacional, familiar, profissional e social (BRASIL, Lei nº 9.394/1996). A função do Estado em garantir o acesso à educação aperfeiçoou-se historicamente e resultou em brandas conquistas, semelhante às demais áreas carentes da aproximação dos direitos políticos e sociais (CARNEIRO, 1998), ainda que o Estado tenha incorporado instrumentos pertinentes a tratados e convenções internacionais garantidores do direito ao ensino de qualidade (BRASIL, 2013).

A Constituição de 1824 citava a educação como direito universal de cidadania, mas essa cidadania desconsiderava escravos e mulheres, excluía religiosos e restringia homens pobres[16] (STEPHANOU; BASTOS, 2005). A de 1891 conferia ao Congresso Nacional a exclusividade de legislar sobre o ensino superior, enquanto a Estados "cabia-lhes legislar sobre o ensino primário e secundário, o responsabilizando a implantar e manter escolas primárias, secundárias e superiores" (CARNEIRO, 1998, p. 19).

Em 1934, a Constituição inovou ao destinar capítulo específico para a educação, tornando-a "direito de todos e obrigação dos poderes públicos" (STEPHANOU; BASTOS, 2005, p. 24). Em 1937 regrediu ao excluir a "vinculação de impostos para o financiamento da educação" e restringir "a liberdade de pensamento", vivenciando as ameaças ditatoriais da época (STEPHANOU; BASTOS, 2005).

---

16 Ferindo o princípio da igualdade jurídica, os escravos nem eram brasileiros, nem estrangeiros, mas sim propriedades materiais do senhor da senzala. As mulheres eram restringidas do direito de votar, assim como os religiosos de claustro. Por fim, homens votantes eram aqueles detentores de significativa renda, ainda que iletrados (STHEPHANOU; BASTOS, 2005).

Baseada na Constituição de 1934, a de 1946 retomou "a vinculação de impostos para o financiamento da educação", distinguindo a educação pública da privada e repondo "a autonomia dos Estados na organização dos sistemas de ensino" (STEPHANOU; BASTOS, 2005, p. 25). Idealizando a segurança nacional, em 1967 fora fortalecido o apoio ao ensino privado, direcionando recursos desapegados de qualquer critério distributivo, além da retirada da obrigatoriedade de percentuais orçamentários destinados ao ensino (CARNEIRO, 1998), retomada em 1983 quando da Emenda Constitucional nº 24 (STEPHANOU; BASTOS, 2005).

A Constituição de 1969[17] direcionou aos municípios a obrigação de aplicar ao menos 20% de sua receita tributária na educação primária (CARNEIRO, 1998). Reconquistada a cidadania por meio da Constituição de 1988, a educação ganhou relevância em relação ao passado (CARNEIRO, 1998). Ineditamente tratou-se da gratuidade da educação em qualquer nível ou etapa do ensino[18], das necessidades de concursos para ingresso docente, de atualização profissional e de gestão democrática (STEPHANOU; BASTOS, 2005).

A demanda brasileira por educação de qualidade é constante (BRASIL, 2013). Sendo a educação um ato de conhecimento e de conscientização agregado ao conceito de cidadania (FREIRE, 2011), "[...] será promovida e incentivada com a colaboração da sociedade" (BRASIL, 1988, art. 205) e norteada pela "[...] gratuidade do ensino público em estabelecimentos oficiais, valorização dos profissionais da educação escolar, gestão democrática do ensino e garantia de padrão de qualidade" (BRASIL, 1988, art. 206).

Atribui-se a Estados, Distrito Federal e Municípios a responsabilidade de garantir a educação básica pública[19], com a participação financeira suplementar da União (BRASIL, 1988). Para isso a União aplicará, anualmente, ao menos 18% da receita de impostos na Manutenção e Desenvolvimento do Ensino (MDE)[20], assim como, Estados, Distrito Federal e Municípios aplicarão nunca menos de 25% (BRASIL, 1988, art. 212). Para tanto, a Lei de Diretrizes e Bases da Educação Nacional (LDB) prevê quais receitas serão destinadas ao ensino (BRASIL, Lei nº 9.394/96).

---

17   O lado mais obscurantista do texto constitucional de 1969 foi o relativo às atividades docentes. A escola passou a ser palco de vigilância permanente dos agentes políticos do Estado. Neste período, editaram-se vários Atos Institucionais que eram acionados, com muita frequência, contra a liberdade docente (STEPHANOU; BASTOS, 2005, p. 21).

18   A educação escolar compõe-se de: I – educação básica, formada pela educação infantil, ensino fundamental e ensino médio; II – educação superior (BRASIL, Lei nº 9.394/96, art. 21).

19   [...] O dever do Estado com educação escolar pública será efetivado mediante a garantia de: I – pré-escola; II – ensino fundamental; III – ensino médio (BRASIL, Lei nº 9.394/96, art. 4º).

20   Manutenção e desenvolvimento do ensino são ações voltadas à consecução dos objetivos básicos das instituições educacionais de todos os níveis (BRASIL, Lei Nº 9.394/96, art. 70).

Os recursos financeiros investidos serão averiguados por órgãos de controle, que considerarão as despesas específicas para a situação (BRASIL, Lei nº 9.394/96), sendo que a aplicação incorreta implicará nas penalidades previstas pela LRF, inexistindo dispositivo que assegure a possibilidade de redução do nível mínimo de investimento (MATO GROSSO, 2015). O Quadro 1 apresenta a base de cálculo para apuração dos investimentos municipais na área de educação.

Quadro 1 – Base de Cálculo Municipal para Apuração dos Valores Aplicados em Educação

Ação	Fonte
+	Receita de Impostos (IPTU, ITBI e ISSQN)
	Dívida Ativa de Impostos
	Juros e Multas Provenientes de Impostos
	Juros e Multas Provenientes da Dívida Ativa Tributária de Impostos
	Receita de Transferências da União (FPM, ICMS Desoneração, IPI Exp., ITR e IOF S/ Ouro)
	Receita de Transferências do Estado (ICMS e IPVA)
=	Base de Cálculo Municipal

Fonte: Adaptado de TCE/MT, 2014, p. 78.

Concretizada a aplicação dos recursos em atenção aos arts. 70 e 71 da Lei de Diretrizes e Bases da Educação Nacional (LDB), "a distribuição dos recursos assegurará prioridade ao atendimento das necessidades do ensino obrigatório, no que se refere à universalização (torná-la comum a todos), qualidade (eficácia entre os diferentes sistemas de ensino) e equidade (circunstância especial de cada caso)" (BRASIL, 1988, art. 212).

Gestão Pública e a Aplicação de Recursos na Área de Saúde

No passado, a saúde brasileira acontecia através de caridades e auxílios públicos, evoluindo, nas décadas de 1970 e 1980, para um sistema relacionado à previdência social[21], (GAVRONSKI, 2008). Ainda em 1808, com o intuito de fiscalizar e garantir a salubridade da Corte Portuguesa, o Brasil percebeu inúmeras mudanças na colônia, contornando caminhos diversos até que chegasse ao atual modelo utilizado para a prestação dos serviços de saúde (GAVRONSKI, 2008). A partir da 8ª Conferência Nacional de Saúde, realizada em 1986 com apoio popular e cujo relatório subsidiou os deputados

---

21 "[...] fazia jus ao sistema de saúde quem era filiado à previdência pública, neste caso, ao Instituto Nacional de Assistência Médica da Previdência Social (INAMPS)" (GAVRONSKI, 2008).

constituintes para a elaboração do artigo 196 da Carta Magna de 1988, "Da Saúde", que a área vislumbrou o reconhecimento de sua importância (BRASIL, 2013).

Promulgada a Constituição Federal de 1988, ações e serviços públicos de saúde passaram a integrar uma rede regionalizada e hierarquizada formada pela União, Estados, Distrito Federal e Municípios, o Sistema Único de Saúde (SUS) (BRASIL, 1988), regulamentado pelas Leis nº 8.080/1990, lei orgânica da saúde, e 8.142/1990, da participação comunitária na gestão do SUS e das transferências de recursos financeiros (BRASIL, 2010). A promoção da saúde, relevante para o interesse público, deve ser provida pelo Estado por expressar a organização social e econômica do país, tendo "como fatores determinantes e condicionantes, entre outros, a alimentação, a moradia, o saneamento básico, o meio ambiente, o trabalho, a renda, a educação, o transporte, o lazer e o acesso aos bens e serviços essenciais" (BRASIL, Lei nº 8.080/90, art. 2º e 3º).

Considerado "um dos mais abrangentes sistemas públicos de saúde do mundo" (BRASIL, 2010, p. 58) por fundamentar-se num conceito amplo que envolve "não apenas o tratamento de problemas de saúde, mas também, ações de promoção da qualidade de vida e prevenção de doenças" (BRASIL, 2010, p. 58), e financiado com recursos da seguridade social, entre outras fontes (BRASIL, 1988), o SUS baseia-se nos princípios da universalidade, equidade, integralidade, gratuidade, hierarquização, regionalização, descentralização e participação comunitária (BRASIL, 2010).

As diferentes esferas de governo possuem atribuições diversas quanto à forma de gestão do SUS: a União detém o papel de formuladora das políticas nacionais de saúde e principal financiadora da saúde pública, onde aproximadamente 50% do montante investido provém do governo federal; os Estados implementam as políticas nacionais e estaduais de saúde e organizam o atendimento em seus territórios; os Municípios são os principais atendentes das demandas, situação evidenciada principalmente a partir do Pacto pela Saúde[22], de 2006 (BRASIL, 2010). A União aplicará anualmente ao menos 15% de sua receita corrente líquida, assim como os Estados e o Distrito Federal aplicarão ao menos 12%, e os Municípios, 15%, em ações e serviços públicos de saúde (BRASIL, 1988). O Quadro 2 apresenta a base de cálculo para apuração da aplicação.

---

22   Documento em que União, Estados, Distrito Federal e Municípios assumiram responsabilidades relacionadas à saúde, estabelecendo que os gestores municipais deveriam assumir a gestão das ações e serviços de saúde municipais (BRASIL, 2010).

Quadro 2 – Base de Cálculo Municipal para Apuração dos Valores Aplicados em Saúde

Ação	Fonte
	Receita de Impostos (IPTU, ITBI e ISSQN)
	Dívida Ativa de Impostos
+	Juros e Multas Provenientes de Impostos
	Juros e Multas Provenientes da Dívida Ativa Tributária
	Receita de Transferências da União (FPM, ICMS Desoneração, IPI Exportação e ITR)
	Receita de Transferências do Estado (ICMS e IPVA)
=	Base de Cálculo Municipal

Fonte: Adaptado de TCE/MT, 2014, p. 173.

A apuração considerará como despesas as "ações e serviços públicos de saúde voltados para a promoção, proteção e recuperação da saúde" (BRASIL, Lei Complementar nº 141/2012, art. 2º) que atendam às diretrizes destinadas às ações e serviços de acesso universal, igualitário e gratuito, que atendam objetivos e metas explicitados nos Planos de Saúde de cada ente e que sejam de responsabilidade específica do setor de saúde (BRASIL, Lei Complementar nº 141/2012).

Método

Derivada de uma pesquisa documental com fonte secundária de informações públicas dos portais do TCE-MT, menu Contas Anuais > Prefeituras; menu Serviços > Políticas Públicas, e da Secretaria de Estado de Planejamento e Gestão (SEPLAN-MT), menu Gestão da Informação, o estudo norteou-se pela divisão político-administrativa utilizada pela SEPLAN-MT, que divide Mato Grosso em doze regiões de planejamento, baseadas nas cidades-polo de Juína, Alta Floresta, Vila Rica, Barra do Garças, Rondonópolis, Cuiabá, Cáceres, Tangará da Serra, Diamantino, Sorriso, Juara e Sinop. Integram a região tangaraense: Arenápolis, Barra do Bugres, Brasnorte, Campo Novo do Parecis, Denise, Nova Marilândia, Nova Olímpia, Porto Estrela, Santo Afonso, Sapezal e Tangará da Serra.

Na coleta de dados foram extraídos os orçamentos anuais, as receitas-base disponíveis e os investimentos destinados às áreas educação e saúde de cada ente, além dos resultados dos indicadores atribuídos a estes por meio do instrumental de avaliação de políticas públicas desenvolvido pelo TCE-MT em parceria com o Centro de Estudos da Metrópole (CEM/CEBRAP). Assim, a organização das informações deu-se por meio da criação de três quadros: um tratando sobre orçamento (Quadro 6) e outros dois (Quadros 7 e 8) tratando sobre os resultados das áreas de educação saúde, respectivamente.

Enfim, a análise constituiu-se da aplicação lógica do processo investigativo (GIL, 2008) diante do documental advindo dos pareceres exarados pelo TCE-MT acompanhados dos resultados apresentados, concluída pela análise crítica entre recursos investidos e resultados alcançados.

Resultados

Os municípios analisados apresentam peculiaridades evidenciadas quando apreciados orçamentos anuais e resultados dos indicadores de desempenho. Baseando-se pelas publicações da Federação das Indústrias do Estado do Rio de Janeiro (FIRJAN), que desenvolve estudo intitulado Índice FIRJAN de Desenvolvimento Municipal (IFDM) a partir do acompanhamento da situação socioeconômica dos municípios brasileiros nas áreas emprego e renda, educação e saúde, o Quadro 3 apresenta algumas características da região partindo de aspectos econômicos, populacionais e territoriais.

Quadro 3 – Entes analisados em relação ao Índice
FIRJAN de desenvolvimento municipal

MUNICÍPIO	POPULAÇÃO (2015)	TERRITÓRIO (KM²)	ECONOMIA	RANKING FIRJAN	
				MT	BR
Arenápolis	9.669	416.785	Extrativismo Mineral; Agricultura; pecuária	85º	2787º
Barra do Bugres	33.700	6.060.175	Agricultura; Pecuária; Comércio; Agroindústria	37º	1505º
Brasnorte	17.815	15.959.137	Agricultura; pecuária	81º	2751º
Campo Novo do Parecis	31.985	9.434.359	Agricultura; Pecuária; Turismo Ecológico	8º	399º
Denise	8.975	1.307.188	Pecuária	137º	4730º
Nova Marilândia	3.107	1.939.799	Pecuária	12º	495º
Nova Olímpia	18.965	1.549.821	Agricultura; Pecuária; Extrativismo Vegetal	73º	2606º
Porto Estrela	3.158	2.045.408	Pecuária	107º	3614º
Santo Afonso	3.038	1.174.212	Extrativismo Mineral; pecuária	94º	3064º
Sapezal	22.665	13.624.372	Agricultura; pecuária	29º	1127º
Tangará da Serra	94.289	11.323.681	Agricultura; Pecuária; Indústria	17º	631º

Fonte: Adaptado dos Sites do IBGE e da FIRJAN.

Avaliação Quanto à Aplicação dos Recursos

Sobre o cumprimento da legislação relacionada aos investimentos mínimos em educação e saúde, todos cumpriram a determinação (Quadro 6). Quando comparado orçamentos e respectivas receitas-base, Arenápolis, Campo Novo do Parecis, Nova Marilândia e Nova Olímpia apresentaram déficits orçamentários em 2013, e Arenápolis e Sapezal apresentaram déficits nas receitas-base. O planejamento estratégico destoante das diretrizes da LRF tende a influenciar esse tipo de déficit (MATO GROSSO, 2015).

Em relação aos níveis de investimento em educação, estes apresentaram variação considerável, sendo que em ambos os exercícios, ao menos 3/4 dos entes concentraram investimentos entre 25% e 34,99%. O Quadro 4 apresenta os níveis de investimento na área de educação. Destaca-se os investimentos de Barra do Bugres e Sapezal em 2012, e de Denise, Santo Afonso e Sapezal em 2013, superiores a 35%. Destes, Santo Afonso investiu expressivos 41,21% em 2013.

Quadro 4 – Níveis de investimentos em educação aplicados por cada município

SITUAÇÃO	EXERCÍCIO 2012	EXERCÍCIO 2013
Investimento entre 25% e 29,99%	Arenápolis; Brasnorte; Denise; Nova Marilândia; Porto Estrela; Santo Afonso; Tangará da Serra	Barra do Bugres; Brasnorte; Nova Olímpia; Porto Estrela; Tangará da Serra
Investimento entre 30% e 34,99%	Campo Novo do Parecis; Nova Olímpia	Arenápolis; Campo Novo do Parecis; Nova Marilândia
Investimento entre 35% e 39,99%	Barra do Bugres; Sapezal	Denise; Sapezal
Investimento entre 40% e 44,99%	-	Santo Afonso

Fonte: Adaptado do Site do TCE/MT.

No tocante aos níveis de investimento em saúde, além da considerável variação, a exemplo do verificado em educação, percebe-se a elevação dos níveis investidos, onde 72,72% dos entes aplicaram entre 20% e 29,99% no ano de 2013, enquanto em 2012 foram 45,45%. O Quadro 5 apresenta os níveis de investimento em saúde. Sobressaem-se os investimentos de Brasnorte e Barra do Bugres em 2012, e de Arenápolis, Barra do Bugres e Denise em 2013, que representaram mais que o dobro do mínimo determinado. Destaca-se ainda Arenápolis pelo expressivo nível de investimento, 50,44%, e Barra do Bugres, que mesmo figurando entre os maiores investidores, investiu R$ 5.001.662,41 a menos em 2013.

Quadro 5 – Níveis de investimentos em saúde aplicados por cada município

SITUAÇÃO	EXERCÍCIO 2012	EXERCÍCIO 2013
Investimento entre 15% e 19,99%	Arenápolis; Santo Afonso; Sapezal; Tangará da Serra	-
Investimento entre 20% e 24,99%	Campo Novo do Parecis; Denise; Nova Marilândia; Porto Estrela	Campo Novo do Parecis; Nova Marilândia; Nova Olímpia; Porto Estrela
Investimento entre 25% e 29,99%	Nova Olímpia	Brasnorte; Santo Afonso; Sapezal; Tangará da Serra
Investimento entre 30% e 34,99%	Brasnorte	Barra do Bugres
Investimento entre 35% e 39,99%	-	Denise
Investimento entre 40% e 44,99%	-	-
Investimento entre 45% e 49,99%	Barra do Bugres	-
Investimento entre 50% e 54,99%	-	Arenápolis

Fonte: Adaptado do Site do TCE/MT.

Tangará da Serra apresentou situação peculiar. Os montantes dos orçamentos anuais e os níveis investidos nas duas áreas foram semelhantes. Chama atenção os montantes investidos: em 2012 R$ 5.840.139,47 em educação e R$ 4.373.587,45 em saúde, enquanto que em 2013 foram R$ 22.664.980,23 e R$ 25.233.364,09, respectivamente, montantes ao menos quatro vezes superiores àqueles de 2012, mas que representaram níveis de investimentos semelhantes: 26,60% e 25,69% na educação e 19,92% e 28,60% na saúde, em 2012 e 2013, respectivamente.

Quadro 6 – Aplicação de recursos públicos nas áreas de educação e saúde durante os exercícios financeiros de 2012 e 2013

MUNICÍPIO	EXERCÍCO	ORÇAMENTO (R$)	RECEITA BASE (R$)	VALORES APLICADOS (R$)			
				EDUCAÇÃO	%	SAÚDE	%
Arenápolis	2012	14.895.298,60	9.826.529,55	2.577.682,57	26,23	1.911.379,66	19,45
	2013	14.421.650,81	9.187.259,48	2.981.441,52	32,45	4.634.753,00	50,44
Barra do Bugres	2012	64.161.198,11	33.925.631,42	12.460.717,67	36,73	16.914.028,88	49,86
	2013	67.055.589,44	36.737.090,06	10.581.754,58	28,80	11.912.366,47	32,42
Brasnorte	2012	35.444.180,58	23.941.389,57	6.243.483,75	26,07	7.265.600,48	30,34
	2013	40.171.106,04	26.557.566,26	7.143.695,93	26,89	7.598.893,71	28,61

continua...

continuação

MUNICÍPIO	EXERCÍCIO	ORÇAMENTO (R$)	RECEITA BASE (R$)	VALORES APLICADOS (R$)			
				EDUCAÇÃO	%	SAÚDE	%
Campo Novo do Parecis	2012	94.819.476,73	53.645.248,58	18.184.529,09	33,90	11.326.355,73	21,11
	2013	90.569.920,19	59.729.310,59	19.279.684,07	32,27	13.112.292,42	21,95
Denise	2012	13.223.350,68	8.726.716,64	2.397.460,99	27,47	1.795.654,65	20,58
	2013	14.590.629,34	9.575.494,37	3.636.269,12	37,97	3.603.212,55	37,63
Nova Marilândia	2012	12.744.755,62	8.071.665,04	2.232.069,38	27,65	1.647.489,57	20,41
	2013	12.716.478.43	8.961.268,87	3.032.557,70	33,84	1.898.731,49	21,18
Nova Olímpia	2012	42.804.400,30	23.670.411,85	7.569.983,76	31,98	6.314.317,71	26,42
	2013	40.205.316,60	25.494.089,46	7.122.025,15	27,93	6.029.270,17	23,65
Porto Estrela	2012	10.565.630,20	7.756.897,36	1.953.672,74	25,19	1.598.482,23	20,61
	2013	10.688.354,35	8.647.036,32	2.395.682,57	27,70	1.973.856,07	22,82
Santo Afonso	2012	9.495.787,40	6.997.432,88	1.935.893,67	27,67	1.170.948,60	16,73
	2013	9.796.870,25	7.962.761,94	3.281.451,07	41,21	2.024.231,62	25,42
Sapezal	2012	57.554.211,35	48.315.501,14	16.949.073,27	35,08	8.505.873,81	17,60
	2013	58.767.330,76	47.090.663,91	17.626.097,41	37,43	13.601.363,52	28,88
Tangará da Serra	2012	147.949.973,07	21.954.337,46	5.840.139,47	26,60	4.373.587,45	19,92
	2013	153.046.323,43	88.200.277,21	22.664.980,23	25,69	25.233.364,09	28,60

Fonte: Adaptado do Site do TCE/MT.

Comparação do Orçamento com os Indicadores de Desempenho na Área de Educação

A avaliação dos resultados da área de educação aconteceu através da análise de dez indicadores relacionados à MDE (Quadro 7): cobertura potencial na educação infantil (até 6 anos)[23]; reprovação na rede municipal até a 4ª série/5º ano do ensino fundamental (EF) e da 5ª à 8ª série/do 6º ao 9º ano

---
23 Razão entre o total de matrículas nas redes pública e privada na educação infantil (creche e pré-escola) e no ano inicial do ensino fundamental e a população de 0 a 6 anos de idade (TCE/MT, s/d).

do EF[24]; abandono na rede municipal até a 4ª série/5º ano e da 5ª à 8ª série/ do 6º ao 9º ano do EF[25]; distorção idade-série na rede municipal até a 4ª série/5º ao do EF[26]; escolas municipais com nota na Prova Brasil (Matemática e Português, 4ª série/5º ano; 8ª série/9º ano) inferior à média nacional[27], além da comparação com as médias estadual e nacional.

Analisando o Quadro 7 verticalmente, destacam-se os resultados relacionados à taxa de abandono da rede municipal até a 4ª série/5º ano do EF, onde todos os entes alcançaram resultados superiores às médias estadual e nacional em 2012. Em 2013, dez mantiveram os resultados, exceto Tangará da Serra, que apresentou resultado expressivamente negativo, quase três vezes pior daquilo que havia registrado em 2012.

Desta vez analisando-o horizontalmente, percebe-se no Quadro 7 que apenas Nova Marilândia alcançou resultados superiores às médias estadual e nacional em todos os indicadores em ambos os períodos. Inversamente, Brasnorte em ambos os períodos apresentou a menor participação da região quanto aos resultados acima das médias estadual e nacional, apenas em dois indicadores.

Em relação aos melhores e piores resultados da região, destaca-se Nova Marilândia por haver apresentado em ambos os períodos os melhores resultados em sete indicadores. Inversamente, Brasnorte apresentou os piores resultados em cinco indicadores em 2012, sendo que em 2013 compartilhou a situação negativa com Santo Afonso, onde ambos apresentaram os piores resultados em quatro indicadores. Conjugando a situação orçamentária (Quadro 6) com os resultados apresentados (Quadro 7) chama atenção Barra do Bugres, Santo Afonso e Sapezal, onde os níveis investidos variaram e refletiram resultados distintos.

Barra do Bugres investiu 36,73% da receita base durante o exercício financeiro de 2012, 11,73% acima do mínimo constitucional. Alcançou resultados superiores às médias estadual e nacional em três indicadores, além dos piores resultados, regional, estadual e nacional, em dois. Em 2013 investiu 28,80% da receita base, 3,80% acima do mínimo constitucional. Percebe-se

---

24 Proporção de alunos que foram reprovados sobre a matrícula total por dependência administrativa, nível de ensino e por grupos de séries. Considerado indicador relevante, será utilizado para avaliar a rede municipal, dentre os alunos de até a 4ª série e os de 5ª a 8ª série, bem como a rede estadual, dentre os alunos de 5ª a 8ª série (TCE/MT, s/d).

25 Proporção de alunos que abandonaram a escola sobre a matrícula total, por dependência administrativa, nível de ensino e por grupos de séries. Considerado indicador relevante, será utilizado para avaliar o desempenho da rede municipal, dentre os alunos de até a 4ª série e de 5ª a 8ª série e da rede estadual, dentre os alunos até a 4ª série, 5ª a 8ª série e do ensino médio (TCE/MT, s/d).

26 Proporção de alunos numa determinada série com idade superior à esperada para essa mesma série em relação à matrícula total (TCE/MT, s/d).

27 Proporção de escolas, em cada município, que obtiveram nota na Prova Brasil inferior à nota média das redes (municipal ou estadual) do Brasil (TCE/MT, s/d).

déficit de investimento na ordem de R$ 1.878.963,09, montante 15,08% inferior ao período anterior. Quanto à possível influência desse déficit diante dos resultados, Barra do Bugres alcançou resultados superiores às médias estadual e nacional nos mesmos três indicadores onde destacara-se em 2012, e sobressaiu-se positivamente dos municípios da região em relação a dois. Assim, a diminuição do nível investido não resultou na piora dos serviços, ao contrário, todos os indicadores apresentaram resultados acima daqueles registrados em 2012.

Ao contrário de Barra do Bugres, Santo Afonso investiu 27,67% da receita base em 2012, 2,67% acima do mínimo exigido. Alcançou resultados superiores às médias estadual e nacional em cinco indicadores, conquistando ainda os melhores resultados da região em três e os piores em dois. Em 2013 investiu 41,21% da receita base, 16,21% acima do mínimo constitucional (R$ 1.345.557,40 a mais que o montante de 2012, ou 69,51% maior). Alcançou resultados superiores às médias estadual e nacional nos mesmos cinco indicadores, sobressaiu-se positivamente dos municípios da região em relação a três, assim como negativamente em relação a dois. Logo, o maior nível de investimento, assim como montante, resultou em melhora sutil dos resultados em apenas três indicadores, próximos àqueles alcançados em 2012.

Por fim, atenta-se à semelhança dos investimentos feitos por Sapezal, em média 11% acima do mínimo constitucional. Em 2012 foram investidos 35,08% da receita base, 10,08% além do mínimo exigido. Registraram-se resultados superiores às médias estadual e nacional em sete indicadores, conquistando ainda os melhores resultados da região em relação a cinco, mas o pior resultado em relação a um. Em 2013 investiu 37,43% da receita base, 12,43% acima do mínimo constitucional e R$ 677.024,14 acima do montante anterior, praticamente o reajuste inflacionário. Resultados superiores às médias estadual e nacional foram percebidos em seis indicadores, um a menos que em 2012, conquistando os melhores resultados da região em relação a quatro, um a menos que em 2012, mas novamente o pior resultado em relação a um. Assim, paralelo à constância dos níveis de investimentos foram os resultados alcançados.

POLÍTICAS PÚBLICAS REGIONAIS: experiências locais em Mato Grosso 117

Quadro 7 – Indicadores de desempenho na área de educação

Médias Nacional e Estadual/ Município	Ano de avaliação	Taxa de Cobertura Potencial na Educação Infantil (0 a 6 anos)	Taxa de Reprovação - Rede Municipal - até a 4ª série/5º ano EF	Taxa de Reprovação - Rede Municipal - até a 5ª a 8ª série/6º ao 9º ano EF	Taxa de Abandono - Rede Municipal - até a 4ª série/5º ano EF	Taxa de Abandono - Rede Municipal - até a 5ª a 8ª série/6º ao 9º ano EF	Distorção Idade - Série - Rede Municipal - até a 4ª série/5º ano EF	Proporção de Escolas Municipais com a Nota da Prova Brasil (Matemática 4ª série/5º ano) inferior à Média do Brasil	Proporção de Escolas Municipais com a Nota da Prova Brasil (Português 4ª série/5º ano) inferior à Média do Brasil	Proporção de Escolas Municipais com a Nota da Prova Brasil (Matemática 8ª série/9º ano) inferior à Média do Brasil	Proporção de Escolas Municipais com a Nota da Prova Brasil (Português 8ª série/9º ano) inferior à Média do Brasil
Média BR		51.14	8.40	13.60	1.70	5.20	20.00	52.38	50.64	51.83	49.87
Média MT		49.30	3.60	6.80	0.60	2.60	10.50	63.55	59.23	35.47	34.98
Arenápolis	2012	52.26	0.00*	2.70	0.00*	0.00*	2.40	-	-	-	-
Barra dos Bugres		49.95	8.80	15.70	0.40	2.70	15.10	100.00**	100.00**	33.33	33.33
Brasnorte		33.56**	4.90	5.60	0.50**	4.30**	12.60	100.00**	100.00**	50.00	50.00
Campo Novo do Parecis		59.48	13.70**	20.60	0.40	1.80	17.20**	33.33	66.67	0.00*	0.00*
Denise		47.51	0.00	0.00*	0.00*	0.40	4.10	100.00**	100.00**	0.00*	100.00**
Nova Marilândia		55.92	0.40	0.00*	0.00*	0.00*	2.80	0.00*	0.00*	0.00*	0.00*
Nova Olimpia		48.88	0.70	0.50	0.50	0.40	4.40	75.00	75.00	-	-
Porto Estrela		44.35	0.00	0.00*	0.00*	0.00*	12.20	100.00**	100.00**	-	-
Santo Afonso		53.87	0.00	0.00*	0.00*	3.50	3.80	100.00**	100.00**	-	-
Sapezal		60.37*	5.10	24.60**	0.10	0.90	10.60	0.00*	0.00*	0.00*	0.00*
Tangará da Serra		48.54	3.30	6.50	0.50	0.80	12.40	44.44	33.33	0.00*	0.00*

continua...

continuação

Médias Nacional e Estadual/ Município	Ano de avaliação	Taxa de Cobertura Potencial na Educação Infantil (0 a 6 anos)	Taxa de Reprovação - Rede Municipal - até a 4ª série/5º ano EF	Taxa de Reprovação - Rede Municipal - até a 5ª a 8ª série/6º ao 9º ano EF	Taxa de Abandono - Rede Municipal - até a 4ª série/5º ano EF	Taxa de Abandono - Rede Municipal - até a 5ª a 8ª série/6º ao 9º ano EF	Distorção Idade - Série - Rede Municipal - até a 4ª série/5º ano EF	Proporção de Escolas Municipais com a Nota da Prova Brasil (Matemática 4ª série/5º ano) inferior à Média do Brasil	Proporção de Escolas Municipais com a Nota da Prova Brasil (Português 4ª série/5º ano) inferior à Média do Brasil	Proporção de Escolas Municipais com a Nota da Prova Brasil (Matemática 8ª série/9º ano) inferior à Média do Brasil	Proporção de Escolas Municipais com a Nota da Prova Brasil (Português 8ª série/9º ano) inferior à Média do Brasil
Média BR	2013	52.93	7.40	13.30	1.50	4.70	18.70	49.23	49.57	52.65	50.19
Média MT	2013	51.17	2.80	6.20	0.50	2.20	8.80	48.28	49.01	44.62	40.86
Arenápolis	2013	54.99	0.60	1.60	0.00*	0.00*	1.40	0.00*	0.00*	0.00*	0.00*
Barra dos Bugres	2013	50.32	7.90	10.10	0.20	2.50	14.30	50.00	50.00	0.00*	0.00*
Brasnorte	2013	33.65**	3.30	6.30	0.40	4.60**	9.90	0.00*	50.00	100.00**	100.00**
Campo Novo do Parecis	2013	65.57	11.10**	15.70	0.40	3.30	17.80**	0.00*	0.00*	33.33	0.00*
Denise	2013	45.24	0.00*	0.00*	0.00*	0.00*	0.80	100.00**	100.00**	100.00**	100.00**
Nova Marilândia	2013	69.70*	0.00*	0.00*	0.00*	1.20	0.70	0.00*	0.00*	0.00*	0.00*
Nova Olímpia	2013	48.25	0.00*	0.00*	0.40	0.30	3.30	25.00	50.00	-	-
Porto Estrela	2013	42.15	1.30	0.00*	0.00*	0.00*	9.30	100.00**	100.00**	-	-
Santo Afonso	2013	54.18	1.20	0.00*	0.00*	2.60	0.60*	100.00**	100.00**	100.00**	100.00**
Sapezal	2013	64.72	4.00	21.90**	0.10	2.30	9.20	0.00*	0.00*	0.00*	0.00*
Tangará da Serra	2013	52.51	1.60	7.80	1.40**	1.70	9.80	44.44	44.44	44.44	33.33

Legenda: ☐ Índice melhor que as médias estadual e nacional; ☐ Média estadual melhor que a nacional; ▓ Média estadual pior que a nacional;
*Melhor índice da região; **Pior índice da região.

Fonte: Adaptado do Site do TCE/MT.

Comparação do Orçamento com os Indicadores de Desempenho na Área de Saúde

A avaliação dos resultados da área de saúde aconteceu por meio da análise de dez indicadores relacionados à baixa, média e alta complexidade dos serviços prestados pelo SUS (Quadro 8): taxa de mortalidade neonatal precoce[28]; taxa de mortalidade infantil[29]; proporção de nascidos vivos de mães com 7 ou mais consultas de pré-natal[30]; taxa de internação por infecção respiratória aguda (IRA) em menores de 5 anos[31]; taxa de mortalidade por doenças do aparelho circulatório – doença cérebro-vascular[32]; taxa de detecção de hanseníase[33]; razão de exames citopatológicos cérvico-vaginais em mulheres de 25 a 59 anos na população feminina nesta faixa-etária[34]; cobertura tetravalente (2012) e pentavalente (2013); taxa de incidência de dengue[35]; incidência de tuberculose de todas as formas, além da comparação com as médias estadual e nacional.

Analisando o Quadro 8 verticalmente, destacam-se os resultados relacionados à proporção de nascidos vivos, razão de exames citopatológicos cérvico-vaginais e incidência de tuberculose, onde nove municípios alcançaram resultados superiores às médias estadual e nacional em 2012. Negativamente destacam-se os resultados referentes às taxas de mortalidades neonatal precoce e infantil, durante ambos os períodos, onde apenas Barra do Bugres em 2012,

---

28   Número de óbitos de crianças com até 6 dias de vida completos, por mil nascidos vivos, na população residente em determinado espaço geográfico, no ano considerado. A unidade de registro é o município de residência da mãe, e não o de realização do parto (TCE/MT, s/d).

29   Número de óbitos de menores de um ano de idade, por mil nascidos vivos, na população residente em determinado espaço geográfico, no ano considerado, sendo registrado no município de residência da mãe (TCE/MT, s/d).

30   Expressa a proporção de nascidos vivos de mães que realizaram 7 ou mais consultas de pré-natal, em determinado local e período (TCE/MT, s/d).

31   Número de internações por IRA, na faixa etária de menores de 5 anos, por local de residência, pagas pelo SUS, em determinado local e período (TCE/MT, s/d).

32   Número de óbitos por doenças cérebro-vascular, por 100 mil habitantes, na população residente em determinado espaço geográfico, no ano considerado (códigos I-60 a I-69, do Capítulo IX da CID-10) (TCE/MT, s/d).

33   Número de casos novos confirmados de hanseníase (todas as formas), por 10 mil habitantes, na população residente em determinado espaço geográfico, no ano considerado (código A30 da CID-10). O caso confirmado de hanseníase baseia-se em critérios adotados pelo Ministério da Saúde para orientar as ações de vigilância epidemiológica e controle da doença em todo o País. Serve como proxy para a incidência de hanseníase (TCE/MT, s/d).

34   Mede, em forma de razão, o número de exames citopatológicos cérvico-vaginais em mulheres de 25 a 59 anos na população feminina nesta faixa etária, por local de residência, em determinado local e período (TCE/MT, s/d).

35   Número de casos novos confirmados de dengue (clássico e febre hemorrágica da dengue), por 100 mil habitantes, na população residente em determinado espaço geográfico, no ano considerado (códigos A90-A91 da CID-10). A definição de caso confirmado de dengue baseia-se em critérios adotados pelo Ministério da Saúde para orientar as ações de vigilância epidemiológica da doença em todo o País (TCE/MT, s/d).

e Brasnorte e Nova Olímpia em 2013, obtiveram resultados superiores às médias estadual e nacional.

Em relação à taxa de detecção de hanseníase a situação agrava-se, pois nenhum município, e sequer o estado, obteve resultado satisfatório. Para o Ministério Público de Mato Grosso (MP-MT), o estado é considerado hiperendêmico ao possuir a maior taxa de prevalência de hanseníase do país (MATO GROSSO, 2013). Destaque negativo para Sapezal, que registrou o pior resultado da região, com taxa duas vezes pior que a média estadual e dez vezes pior que a média nacional em 2012. Em 2013 deteve ainda o pior resultado, quase dez vezes pior que a média nacional. Analisando o Quadro 8 horizontalmente, nenhum ente alcançou resultado acima das médias estadual e nacional em todos os indicadores, ao contrário, parte deles apresentaram resultados medianos nos dois períodos.

Em relação aos municípios que apresentaram os melhores e piores resultados em cada indicador, destacam-se em 2012 Campo Novo do Parecis com dois melhores resultados e Santo Afonso em 2013 com três. Inversamente, Barra do Bugres apresentou os piores resultados em três indicadores em ambos os períodos. Conjugando a situação orçamentária (Quadro 6) com os resultados alcançados (Quadro 8) chamam atenção Arenápolis, Barra do Bugres e Campo Novo do Parecis, pois os investimentos realizados oscilaram, assim como os resultados verificados.

Arenápolis investiu em 2012 19,45% da receita base disponível, 4,45% acima do mínimo constitucional. Apresentou resultados superiores às médias estadual e nacional em três indicadores e os piores em dois, sendo que referente à taxa de mortalidade infantil o resultado negativo representou mais que o triplo de diferença em relação às médias estadual e nacional. Em 2013 investiu 50,44%, 35,44% acima do mínimo constitucional e um salto de R$ 2.723.013,34 no montante investido, mais que o dobro do registrado em 2012. Alcançou resultado superior às médias estadual e nacional em cinco indicadores, sendo que em um desses obteve o melhor resultado da região, assim como o pior resultado da região em relação à taxa de mortalidade infantil, mesmo percebendo-se melhora em relação a 2012.

Ao contrário de Arenápolis, que aumentou expressivamente seus investimentos em 2013, Barra do Bugres reduziu. Em 2012 investiu 49,86% da receita base, 34,86% acima do mínimo constitucional. Alcançou três resultados que figuraram acima das médias estadual e nacional, destacando-se ainda em um indicador como o melhor resultado da região, mas destacou-se negativamente em três, com os piores resultados da região. Em 2013 investiu 32,42%, 17,42% acima do mínimo constitucional, uma queda de R$ 5.001.662,41 ou 39,58% do montante investido em 2012. Esse déficit impactou diretamente seu desempenho. Obteve apenas um resultado superior às médias estadual e nacional. Participou ainda com três piores resultados da região. No geral, dentre dez indicadores, oito apresentaram resultados piores que em 2012. Logo, o montante inferior investido relacionou-se diretamente com a queda na qualidade dos serviços, mas assim como Arenápolis, os resultados pioraram de maneira muito mais acentuada do que a redução dos valores investidos.

Por sua vez, Campo Novo do Parecis investiu em 2012 21,11% da receita base disponível, 6,11% acima do mínimo constitucional. Conquistou resultados melhores que as médias estadual e nacional em cinco indicadores e obteve os melhores resultados da região em dois. Em 2013 investiu 21,95%, 6,95% acima do mínimo constitucional, praticamente a correção inflacionária. Manteve os mesmos cinco indicadores de 2012 com resultados melhores que as médias estadual e nacional, obtendo o melhor resultado da região em um, mas também expressivamente o pior resultado da região em outro (taxa de incidência de dengue), com resultado quase 2 vezes pior que o segundo pior resultado da região, 3,5 vezes pior que a média estadual e 5,5 vezes pior que a média nacional. Logo, a constância dos investimentos refletiu constância nos resultados, indicando melhora ou piora em um ou outro indicador.

O Quadro 9 apresenta os recursos investidos durante o período, correlaciona as diferenças entre eles e indica a quantidade de resultados acima das médias estadual e nacional obtidas por cada ente. Destaca-se que em 2013 nove municípios investiram montantes superiores ao investido 2012. Em relação à quantidade de indicadores com resultados superiores às médias estadual e nacional em 2013, apenas um ente melhorou sua situação (Arenápolis), dois mantiveram a mesma situação (Campo Novo do Parecis; Santo Afonso) e seis pioraram (Brasnorte; Denise; Nova Marilândia; Porto Estrela; Sapezal; Tangará da Serra). Diferentemente, dois municípios investiram montantes inferiores e um deles melhorou sua situação (Nova Olímpia) e o outro piorou (Barra do Bugres).

Quadro 8 – Indicadores de desempenho na área de saúde

Médias Nacional e Estadual/ Município	Ano de avaliação	Taxa de Mortalidade Neonatal Precoce	Taxa de Mortalidade Infantil	Proporção de Nascidos Vivos de Mães com 7 ou mais Consultas de Pré-natal	Taxa de Internação por Infecção Respiratória Aguda (IRA) em Menores de 5 anos	Taxa de Mortalidade por Doenças do Aparelho Circulatório - Doença Cérebro-vascular	Taxa de Detecção de Hanseníase	Razão de Exames Citapatológicos Cérvico-vaginas em Mulheres de 25 a 59 anos na População Feminina nesta Faixa Hetária	Cobertura - Tetravalente (DTP/Hib) (TETRA)	Taxa de Incidência de Dengue	Incidência de Tuberculose de Todas as formas
Média BR	2012	7.08	13.46	61.69	22.30	51.65	1.70	0.51	93.39	299.96	35.82
Média MT		7.25	13.96	66.35	25.29	36.18	8.23	0.56	95.66	1,062.65	42.44
Arenápolis		-	52.29**	74.51	36.27	-	5.93	0.40**	111.45	1,323.85	19.76
Barra dos Bugres		4.11	14.37	61.60**	69.60**	52.37	8.01	0.67	90.37	351.16	33.88**
Brasnorte		20.16**	24.19	65.32	41.61	12.35*	3.09	0.75	100.88	222.30	30.88
Campo Novo do Parecis		12.09	13.82*	72.54	30.98	30.95	10.66	0.82	128.17*	447.07	30.95
Denise		8.70	17.39	69.57	50.32	57.58**	2.30*	0.66	96.08	126.67*	11.52
Nova Marilândia		-	20.41	79.59	3.16*	33.26	8.85	1.01	102.50	2,638.10**	17.71
Nova Olímpia		13.70	17.12	74.32	8.77	44.40	2.91	0.75	75.90	622.56	5.82
Porto Estrela		-	-	71.79	18.81	28.65	2.87	1.45*	74.14**	229.23	28.65
Santo Afonso		-	-	100.00**	16.00	-	10.57	0.71	115.38	-	13.21
Sapezal		7.61	17.77	74.87	28.50	20.37	18.33**	0.79	108.80	432.81	5.09*
Tangará da Serra		8.75	13.86	70.68	11.76	34.43	7.34	0.78	90.88	1,038.50	21.80

continua...

POLÍTICAS PÚBLICAS REGIONAIS: experiências locais em Mato Grosso

Médias Nacional e Estadual/ Município	Ano de avaliação	Taxa de Mortalidade Neonatal Precoce	Taxa de Mortalidade Infantil	Proporção de Nascidos Vivos de Mães com 7 ou mais Consultas de Pré-natal	Taxa de Internação por Infecção Respiratótia Aguda (IRA) em Menores de 5 anos	Taxa de Mortalidade por Doenças do Aparelho Circulatório - Doença Cérebro-vascular	Taxa de Detecção de Hanseníase	Razão de Exames Citapatológicos Cérvico-vaginas em Mulheres de 25 a 59 anos na População Feminina nesta Faixa Hetária	Cobertura - Tetravalente (DTP/Hib) (TETRA)	Taxa de Incidência de Dengue	Incidência de Tuberculose de Todas as formas
Média BR		6.97	13.42	62.42	22.30	49.76	1.52	0.48	94.06	722.38	35.94
Média MT		7.43	14.55	65.74	25.29	36.39	9.20	0.54	95.59	1,122.43	52.86
Arenápolis	2013	13.25	39.74**	65.56	31.09	10.05*	4.02	0.58	126.52	231.04	20.09
Barra dos Bugres	2013	10.38	15.57	61.25**	112.22**	48.45	7.57	0.64	90.09	781.30	45.42**
Brasnorte	2013	-	9.01*	63.06	57.05	29.59	5.33	0.77	64.29**	603.73	29.59
Campo Novo do Parecis	2013	9.85	21.35	69.95	43.07	32.97	6.92	0.69	114.73	4,021.76**	19.78
Denise	2013	-	-	70.59	33.55	22.69	5.67	0.45	90.37	45.37	11.34*
Nova Marilândia	2013	20.00**	20.00	78.00	-	-	6.87	0.93	197.30	703.98	51.51
Nova Olimpia	2013	-	13.16	69.08	13.15	37.97	3.27*	0.75	99.33	971.11	32.73
Porto Estrela	2013	-	21.28	87.23	28.21	-	5.96	1.04	112.50	715.56	-
Santo Afonso	2013	24.39	24.39	80.49	28.00	99.17**	7.78	1.11*	200*	38.92*	25.94
Sapezal	2013	13.70	13.70	73.15	29.98	19.11	14.33**	0.79	90.16	2,278.59	19.11
Tangará da Serra	2013	13.94	16.72	67.94	7.84*	46.54	9.09	0.53**	97.73	1,242.08	33.24

continuação

Legenda: ☐ Índice melhor que as médias estadual e nacional; ☐ Média estadual melhor que a nacional; ▓ Média estadual pior que a nacional;
*Melhor índice da região; **Pior índice da região.

Fonte: Adaptado do Site do TCE/MT.

Quadro 9 – Resultados Percebidos[36]

Município	Ano	Recursos aplicados				Situação percebida				Resultados	
		Educação	%	Saúde	%	Diferença de investimentos		Saúde		Educação	Saúde
						Educação					
Arenápolis	2012	2.577.682,57	26,23	1.911.379,66	19,45					6	3
	2013	2.981.441,52	32,45	4.634.753,00	50,44	R$ 403.758,95 (15,66%)		R$ 2.723.373,34 (142%)		9	5
Barra do Bugres	2012	12.460.717,67	36,73	16.914.028,88	49,86					3	3
	2013	10.581.754,58	28,80	11.912.366,47	32,42	- R$ 1.878.963,10 (-15,07%)		- R$ 5.001.662,40 (-29,57%)		3	1
Brasnorte	2012	6.243.483,75	26,07	7.265.600,48	30,34					2	6
	2013	7.143.695,93	26,89	7.598.893,71	28,61	R$ 900.212,18 (14,42%)		R$ 333.293,23 (4,59%)		2	5
Campo Novo do Parecis	2012	18.184.529,09	33,90	11.326.355,73	21,11					6	5
	2013	19.279.684,07	32,27	13.112.292,42	21,95	R$ 1.095.154,98 (6,02%)		R$ 1.785.936,69 (15,77%)		6	5
Denise	2012	2.397.460,99	27,47	1.795.654,65	20,58					6	5
	2013	3.636.269,12	37,97	3.603.212,55	37,63	R$ 1.238.808,13 (51,67%)		R$ 1.807.557,90 (100,66%)		5	4
Nova Marilândia	2012	2.232.069,38	27,65	1.647.489,57	20,41					10	6
	2013	3.032.557,70	33,84	1.898.731,49	21,18	R$ 800.488,32 (35,86%)		R$ 251.241,92 (15,25%)		10	3
Nova Olímpia	2012	7.569.983,76	31,98	6.314.317,71	26,42					5	4
	2013	7.122.025,15	27,93	6.029.270,17	23,65	- R$ 447.958,61 (-5,92%)		- R$ 285.047,54 (-4,51%)		6	6
Porto Estrela	2012	1.953.672,74	25,19	1.598.482,23	20,61					4	6
	2013	2.395.682,57	27,70	1.973.856,07	22,82	R$ 442.009,83 (22,62%)		375.373,84 (23,48%)		4	4
Santo Afonso	2012	1.935.893,67	27,67	1.170.948,60	16,73					5	5
	2013	3.281.451,07	41,21	2.024.231,62	25,42	R$ 1.345.557,40 (69,51%)		R$ 853.283,02 (72,87%)		5	5
Sapezal	2012	16.949.073,27	35,08	8.505.873,81	17,60					7	5
	2013	17.626.097,41	37,43	13.601.363,52	28,88	R$ 677.024,14 (3,99%)		R$ 5.095.489,71 (59,91%)		6	4
Tangará da Serra	2012	5.840.139,47	26,60	4.373.587,45	19,92					8	5
	2013	22.664.980,23	25,69	25.233.364,09	28,60	R$ 16.824.840,80 (288,09%)		R$ 20.859.776,60 (476,95%)		6	4

Fonte: Adaptado do Site do TCE/MT.

[36] Relação dos níveis de investimentos efetivados por cada ente durante os exercícios financeiros de 2012 e 2013 na tentativa de demonstrar as diferenças entre exercícios, assim como foram enumerados a quantidade de resultados superiores às médias estadual e nacional que cada ente obteve durante os dois períodos analisados.

Comparação Orçamentária dos Investimentos

Sobre a condição orçamentária, quatro municípios (Arenápolis; Campo Novo do Parecis; Nova Marilândia; Nova Olímpia) apresentaram déficits orçamentários em 2013, assim como dois (Arenápolis; Sapezal) apresentaram déficits em suas receitas-base. Dentre os cinco municípios deficitários, quatro (Campo Novo do Parecis; Nova Marilândia; Nova Olímpia; Sapezal) obtiveram resultados abaixo daqueles alcançados em 2012 nas duas áreas de atuação. Em relação aos os entes deficitários, existe a possibilidade de que os resultados tenham sido influenciados pela condição financeira e orçamentária municipal.

Quanto à diferença dos montantes investidos pelos municípios e o reflexo dessa decisão perante os resultados alcançados, nove municípios (Arenápolis; Brasnorte; Campo Novo do Parecis; Denise; Nova Marilândia; Porto Estrela; Santo Afonso; Sapezal; Tangará da Serra) investiram em 2013 montantes superiores quando comparados a 2012. Desses nove, apenas um (Arenápolis) melhorou a quantidade de resultados superiores às médias estadual e nacional em 2013 nas duas áreas de atuação; Três (Denise; Sapezal; Tangará da Serra) pioraram em relação aos resultados superiores às médias estadual e nacional em 2013 nas duas áreas de atuação; Dois (Campo Novo do Parecis; Santo Afonso) mantiveram a mesma quantidade de resultados superiores às médias estadual e nacional em 2013 nas duas áreas de atuação; Três (Brasnorte; Nova Marilândia; Porto Estrela;) mantiveram a mesma quantidade de resultados superiores às médias estadual e nacional na área de educação, mas pioraram a quantidade de resultados superiores às médias estadual na área de saúde, ainda assim, destaca-se destes Nova Marilândia por manter resultados acima das médias estadual e nacional para a área de educação durante os dois períodos.

Inversamente, dois municípios (Barra do Bugres; Nova Olímpia) investiram montantes inferiores àqueles registrados em 2012 e, como resultado, Barra do Bugres manteve a mesma quantidade de resultados superiores às médias estadual e nacional de 2012 na área de educação e piorou em relação à saúde, enquanto que Nova Olímpia melhorou a quantidade de resultados superiores às médias estadual e nacional, quando comparados a 2012, nas duas áreas. Percebe-se não existir relação suficientemente capaz de comprovar que os níveis de investimentos mantêm relação direta com os resultados alcançados, mas acredita-se que possam impactar positivamente em períodos subsequentes, não necessariamente o posterior.

Especificamente, Tangará da Serra investiu percentuais semelhantes no período (26,60% em educação e 19,92% em saúde (2012); 25,69% em educação e 28,60% em saúde (2013)), mas que condizem a montantes distintos, quase cinco vezes maiores que o período anterior (R$ 5.840.139,47 em educação e R$ 4.373.587,45 em saúde (2012); R$ 22.664.980,23 em educação e R$ 25.233.364,09 em saúde (2013)), mas registrou piora na quantidade de indicadores que obtiveram resultados superiores às médias estadual e nacional. Logo, percebe-se preocupação com o cumprimento dos investimentos mínimos, mas talvez não o mesmo empenho em relação à qualidade do gasto público.

Outro exemplo de mudança drástica em relação aos investimentos trata de Arenápolis, que investiu R$ 2.577.682,57 (26,23% da receita base) em educação e R$ 1.911.379,66 (19,45%) em saúde em 2012 e R$ 2.981.441,52 (32,45%) e R$ 4.634.753,00 (50,44%) em 2013, mas diferente de Tangará da Serra, melhorou seus resultados em ambas as áreas sem dispensar montantes expressivos.

As situações acima se referem à qualidade do gasto público e convergem para a dimensão da avaliação do desempenho da administração pública, onde nem sempre o gestor que gasta mais recursos é o mais eficiente, e nem sempre o que gasta menos é o mais econômico (LIMA, 2013). Nesse sentido o Banco Mundial apontou que o SUS sofre mais com ineficiência do que com a falta de verbas, influenciando em resultados pífios e indicadores de desempenho sem evolução significativa (LIMA, 2013). Assim, "[...] tão relevante quanto reivindicar mais verbas para a saúde e educação, é exigir qualidade na aplicação do orçamento existente" através da atuação dos órgãos de controle interno, externo e social (LIMA, 2013).

Recentemente foi discutida a alocação eficiente dos recursos da saúde em sete municípios catarinenses. Os dados apontaram que a região investe percentuais de sua receita superiores à média estadual, no entanto, a região não acompanha a mesma redução que este nos indicadores de mortalidade geral, supondo que tal comportamento pode refletir a ineficiência técnica observada nos municípios e tendo como desafio a implementação de mecanismos mais apurados de acompanhamento, controle e avaliação da qualidade das ações e dos serviços de saúde (MAZON *et al.*, 2015).

Discussão

Diferentes estudos apontam paras as dificuldades brasileiras enfrentadas durante a implementação de políticas públicas (FARIA, 2006; CAVALCANTE; LOTTA, 2015; SOUZA 2017). Em relação ao aspecto financiamento, tanto educação quanto saúde apresentam tendência de crescimento nos níveis da receita corrente líquida, embora necessitem de novo sistema de transferências que diminua as desigualdades e estabeleça maior cooperação entre os entes (CONTARATO *et al.*, 2019).

Nota-se que a região estudada é formada por municípios com características diversas, principalmente no tocante às condições econômica, populacional e territorial que influencia os montantes disponibilizados a cada gestor. Tal fato repercute nos investimentos destinados às áreas quando comparados ao mínimo constitucional exigido.

As peculiaridades municipais dificultam a equalização regional, antigo problema enfrentado no Brasil, em razão dos transtornos econômicos e políticos gerados. Bachur (2005), ao comparar as atribuições fiscais constitucionais de Alemanha, Brasil e Estados Unidos da América, demonstra como as distorções regionais dificultam a implementação das políticas sociais brasileiras, por polarizar a arrecadação e aplicação dos recursos públicos. Embora a comparação aconteça em cenário internacional, Mato Grosso representa semelhante dificuldade quando considerada suas dimensões territoriais e características locais de seus entes, tornando-se vítima do vácuo institucional e constitucional, que induz à predação fiscal entre Unidades da Federação e União, e estendidas entre entes e Unidades da Federação.

A pesquisa identificou os níveis de investimentos e os respectivos montantes de recursos destinados às áreas de educação e saúde pelos municípios pertencentes à região tangaraense comparando os investimentos com os resultados perante vinte indicadores de desempenho. Os achados desse estudo corroboram com a argumentação de Mazon *et al.* (2015), que para analisar melhor o contexto recomenda-se que os estudados sejam analisados em série histórica.

Percebe-se que a legislação impõe alto grau de responsabilidade e empenho aos gestores em relação à aplicação dos recursos (CUNHA, 2019). No caso dos municípios, a essência da prestação de contas (*accountability*) encontra-se no juízo de valor atribuído às decisões, seja pelos cidadãos (*accountability* vertical), seja pelas instituições (*accountability* horizontal) (GUERRA, 2005), a exemplo dos pareceres prévios apresentados pelas Cortes de Contas, responsáveis pelo controle técnico, que subsidiam as decisões das Câmaras Municipais, responsáveis pelo controle político, que nem sempre seguem paralelamente (GOMES, 2017).

A responsabilidade imposta, em partes se enfraquece durante o julgamento das contas. Ao propor ações para potencialização da *accountability* perante prefeitos de municípios catarinenses, Assing (2019) constatou que dos 295 entes do estado, 149 casas legislativas julgaram as contas de 2016 em tempo razoável (até 2 anos após seu encerramento), mas apenas 60 divulgaram a cessão na íntegra. Desses, 23 apresentaram motivos para a reprovação das contas, sendo que em 16 o motivo referia-se ao não cumprimento dos investimentos mínimos em educação e saúde. Em Mato Grosso, no mesmo período, dos 141 municípios 23 receberam parecer prévio contrário à aprovação das contas, sendo que todos os erros permeavam ou a questão do não cumprimento dos limites mínimos constitucionais em educação e saúde, ou gasto com pessoal acima do limite máximo recomendado (MATO GROSSO, 2020). Percebe-se que o controle técnico emitido dos Tribunais de Contas perde força diante do controle político: Em Santa Catarina apenas três Câmaras Municipais seguiram os pareceres, enquanto em Mato Grosso não houve posicionamento.

Duas situações distintas podem ser explicitadas, a primeira o não investimento mínimo determinado acarreta ao município impedimento de receber auxílio, subvenções e/ou contribuições dos governos estadual e federal, poderá sofrer intervenção estadual e o gestor responderá por crime de responsabilidade, entre outras implicações e, em segundo, se investir-se demasiadamente, desconsiderando instrumentos capazes de auxiliá-lo no tocante ao acompanhamento da situação municipal, poderá ser penalizado pela ineficiência dos gastos.

O equilíbrio fiscal, a moralidade e a transparência são marcos na gestão pública trazidos pela LRF que contribuem para um patamar de compromisso aceitável entre gestores públicos e instituições fiscalizadoras (MENDES, 2009), embora a insuficiência de um perfil estatístico alocativo consolidado do gasto público brasileiro, existe a necessidade perene de constatar como esse se manifesta na qualidade das políticas públicas.

Maciel (2013) considerou o indicador Função Orçamentária e estimou que o Balanço do Setor Público Nacional tem como principais gastos a Previdência (33%), a Educação (14%) e a Saúde (11%).

Sabe-se analisar os indicadores que correspondem às áreas de investimentos são essenciais às atividades de avaliação e monitoramento das organizações e, por isso, órgãos de controle incentivam a melhor especificação por parte dos gestores de como são utilizados indicadores conforme a atividade-fim da instituição (CHAVES, 2014). Desse modo, os indicadores de desempenho utilizados nas áreas de educação e saúde demonstram suficiente capacidade em auxiliar os gestores públicos durante o processo de tomada de decisão (LIMA, 2013)

A qualidade dos gastos públicos pode receber influência direta dos diferentes meios de controle (LIMA, 2013). Dessa forma, a pesquisa sinaliza para o fortalecimento do controle social sobre a região ao demonstrar como as ações públicas podem ser acompanhadas e questionadas por qualquer cidadão justamente por não representarem apenas o interesse do Estado, Governo e/ou Administração (PALUDO, 2013).

Considerações finais

Os níveis de investimento em educação e saúde paralelo aos resultados dos indicadores de desempenho analisados nesse estudo, constata que o volume de recursos direcionados pelos municípios e conforme o ano são tão distintos quanto as características econômicas, populacionais e territoriais. Essa curta análise demonstra que municípios adotam diferentes estratégias ao investir nos sistemas de educação e de saúde e que requer compreensão na voz desses atores para ampliar o escopo da pesquisa. Nesse sentido sugere-se possibilidades de avaliar as dificuldades para implementação das políticas sociais com uma análise maior, uma série histórica de ao menos uma década.

A limitação de não usar os Sistema de Informações Sobre Orçamentos Públicos em Educação – SIOPE e do Sistema de Informações Sobre Orçamentos Públicos em Saúde – SIOPS, por explicações já tecidas é uma limitação desse estudo. Porém, reforça-se a necessidade de sistemas de informação serem integrados na capacidade de comunicação dos setores que avaliam as políticas implementadas.

Esse estudo colabora com Prefeituras, Câmaras e Conselhos Municipais de Políticas Públicas da região analisada quando discute isoladamente a situação de cada ente.

REFERÊNCIAS

ANDRADE, Nilton de Aquino. **Contabilidade pública na gestão municipal**. 5. ed. São Paulo: Atlas, 2013.

ASSING, Thaisy Maria. **A realização da accountability nas prestações de contas de prefeito**. 2019. 90 p. Dissertação (Mestrado) – Universidade do Estado de Santa Catarina. 2019.

BACHUR, João Paulo. Federalismo fiscal, atribuições fiscais constitucionais e equalização regional: EUA, Alemanha e Brasil em perspectiva comparada. **Revista do Serviço Público**, v. 54, n. 4, p. 377-401, 2005.

BRAGA, Pedro. **Ética, direito e administração pública**. 3. ed. Brasília: Senado Federal, 2012.

BRASIL. **Glossário**. Brasília: Câmara dos Deputados, 2015.

BRASIL. **Constituição da República Federativa do Brasil**. Brasília: Planalto, 1988. Disponível em: http://www.planalto.gov.br/ccivil_03/Constituicao/Constituicao.htm. Acesso em: 1 set. 2015.

BRASIL. Controladoria-Geral da União. **Controle social**: orientações aos cidadãos para participação na gestão pública e exercício do controle social. 3. ed. Brasília: CGU, 2012.

BRASIL. Controladoria-Geral da União. **Gestão de recursos federais**. Brasília: CGU, 2005.

BRASIL. Controladoria-Geral da União. **O vereador e a fiscalização dos recursos públicos municipais**. Brasília: CGU, 2009.

BRASIL. IBGE. **População**. Brasília: IBGE, 2015. Disponível em: http://www.ibge.gov.br/home/mapa_site/mapa_site.php#populacao. Acesso em: 1 set 2015.

BRASIL. **Lei Complementar nº 101, de 4 de maio de 2000**. Estabelece Normas de Finanças Públicas Voltadas para a Responsabilidade na Gestão Fiscal e dá Outras Providências. Disponível em: http://www.planalto.gov.br/ccivil_03/leis/LCP/Lcp101.htm. Acesso em: 1 set. 2015.

BRASIL. **Lei Complementar nº 141, de 13 de janeiro de 2012**. Regulamenta o § 3º do art. 198 da Constituição Federal para dispor sobre os valores mínimos a serem aplicados anualmente pela União, Estados, Distrito Federal e Municípios em ações e serviços públicos de saúde e dá outras providências. Disponível em: http://www.planalto.gov.br/ccivil_03/leis/LCP/Lcp141.htm. Acesso em: 5 maio 2016.

BRASIL. **Lei nº 8.080, de 19 de setembro de 1990**. Dispõe sobre as Condições para a Promoção, Proteção e Recuperação da Saúde, a Organização e o Funcionamento dos Serviços Correspondentes e dá Outras Providências. Disponível em: http://www.planalto.gov.br/ccivil_03/Leis/L8080.htm. Acesso em: 1 set. 2015.

BRASIL. **Lei nº 8.142, de 28 de dezembro de 1990**. Dispõe sobre a participação da comunidade na gestão do Sistema Único de Saúde (SUS) e dá outras providências. Disponível em: http://www.planalto.gov.br/ccivil_03/leis/L8142.htm. Acesso em: 5 maio 2016.

BRASIL. **Lei nº 9.394, de 20 de dezembro de 1996**. Estabelece as Diretrizes e Bases da Educação Nacional. Disponível em: http://www.planalto.gov.br/CCIVIL_03/leis/L9394.htm. Acesso em: 1 set. 2015.

BRASIL. Ministério da Educação. **FUNDEB**: manual de orientação. Brasília: Coordenação-Geral de Operacionalização do FUNDEB e de Acompanhamento e Distribuição da Arrecadação do Salário-Educação, 2008.

BRASIL. Ministério da Saúde. **Para entender o controle social na saúde**. Brasília: Ministério da Saúde, 2013.

BRASIL. Secretaria de Direitos Humanos da Presidência da República. **Direito à educação**. Brasília: Secretaria Nacional de Promoção e Defesa dos Direitos Humanos, 2013.

BRASIL. Tribunal de Contas da União. **Orientações para conselheiros de saúde**. Brasília: TCU, 2010.

BRASIL. Tribunal de Contas da União. **Vocabulário de controle externo do tribunal de contas da união**. Brasília: TCU, Instituto Serzedello Corrêa, Centro de Documentação, 2015.

CARNEIRO, Moacir Alves. **LDB fácil**. Petrópolis: Vozes, 1998.

CAVALCANTE, Pedro; LOTTA, Gabriela. **Burocracia de médio escalão**: perfil, trajetória e atuação. Brasília: Enap, 2015.

CHAVES, Mauro César Santiago. **Utilização de indicadores de desempenho pela Consultoria-Geral da União**. Brasília: ENAP, 2014.

CHIAVENATO, Idalberto. **Introdução à Teoria Geral da Administração**. 8. ed. rev. e atual. Rio de Janeiro: Elsevier, 2011.

CONTARATO, Priscilla Caran; LIMA, Luciana Dias de; LEAL, Rodrigo Mendes. Crise e federalismo: tendências e padrões regionais das receitas e despesas em saúde dos estados brasileiros. **Ciência & Saúde Coletiva** [online]. v. 24, n. 12, 2019.

CUNHA, Jarbas Ricardo Almeida. O MÍNIMO EXISTENCIAL COMO RETROCESSO SANITÁRIO PARA A EFETIVAÇÃO DO DIREITO À SAÚDE NO BRASIL. *In:* **Ministério Público, diálogos institucionais e a efetividade das políticas públicas de saúde** / Conselho Nacional do Ministério Público. Brasília: CNMP, 2019. p. 173-182.

DANTAS, Karlo Eric Galvão. **Qualidade do gasto público**: a vinculação de receitas pós-constituição federal de 1988. Brasília: XIV Prêmio Tesouro Nacional. 2009.

FARIA, Carlos Aurelio Pimenta de. **Ideias, conhecimento e políticas públicas**. Caxambu: Associação Nacional de Pós-Graduação e Pesquisa em Ciências Sociais, 2006.

FREIRE, Paulo. **Pedagogia da autonomia**. 43. ed. São Paulo: Paz e Terra, 2011.

GAVRONSKI, Alexandre Amaral. **Financiamento da Saúde**. Brasília: Escola Superior do Ministério Público da União, 2008.

GIL, Antonio Carlos. **Como elaborar projetos de pesquisa**. 4. ed. São Paulo: Atlas, 2008.

GUERRA, Evandro Martins. **Os controles externo e interno da Administração Pública**. 2. ed. Belo Horizonte: Fórum, 2005.

GOMES, André Silva. Controle da administração pública pelo tribunal de contas: limites materiais de suas decisões e extensão de suas atribuições constitucionais. **Revista Controle**, Fortaleza, v. 15, n. 1, p. 86-124, 2017.

LIMA, Luiz Henrique. **Controle externo**. 5. ed. Rio de Janeiro: Elsevier, 2013.

MACIEL, Pedro Jucá. Finanças públicas no Brasil: uma abordagem orientada para políticas públicas. **Revista Administração Pública**, v. 47, n. 5, 2013.

MATO GROSSO. Ministério Público do Estado de Mato Grosso. **Ministério Público Apura Causas do Alto índice de Hanseníase em Mato Grosso que Lidera Ranking Nacional**. Cuiabá: MP-MT, 2013.

MATO GROSSO. Secretaria de Estado de Planejamento. **Serviços**. Disponível em: http://www.seplan.mt.gov.br/servicos?ciclo=cv_planejamento. Acesso em: 1 set. 2015.

MATO GROSSO. Tribunal de Contas do Estado de Mato Grosso. **Avaliação de resultados das políticas de saúde e educação**: estado de municípios de Mato Grosso. Disponível em: http://politicas.tce.mt.gov.br/v3/Main.html?ts=1476477319#. Acesso em: 1 set. 2015.

MATO GROSSO. **Qualidade do gasto público**. Cuiabá: Publicontas, 2016.

MATO GROSSO. **Consolidação de entendimentos técnicos**. Cuiabá: Publicontas, 2015.

MATO GROSSO. **Perguntas e respostas ao cidadão**. 2. ed. Cuiabá: Publicontas, 2015.

MATO GROSSO. **Perguntas frequentes e respostas aos fiscalizados**. 3. ed. Cuiabá: Publicontas, 2014.

MATO GROSSO. **Contas anuais: prefeituras**. Cuiabá: TCE-MT, 2016. Disponível em: https://www.tce.mt.gov.br/resultado_contas/tjur/tipo_jur/prefeituras. Acesso em: 15 maio 2020.

MAZON, L. M.; MASCARENHAS, L. P. G.; DALLABRIDA, V. R. Eficiência dos Gastos Públicos em Saúde: desafios para municípios de Santa Catarina, Brasil. *In:* **Saúde e Sociedade**, v. 24, n. 1, jan./mar. 2015.

MEIRELLES, Hely. **Direito administrativo brasileiro**. 22. ed. São Paulo: Malheiros, 1997.

MENDES, Marcos José. Sistema orçamentário brasileiro: planejamento, equilíbrio fiscal e qualidade do gasto público. **Caderno de Finanças Públicas**, n. 9, p. 55-100, 2009.

OLIVEIRA, Djalma de Pinho Rebouças de. **História da Administração**: como entender as origens, as aplicações e as evoluções da administração. São Paulo: Atlas, 2012.

PALUDO, Augustinho. **Administração Pública**. 3. ed. Rio de Janeiro: Elsevier, 2013.

PAULO, Vicente. **Resumo de Direito Constitucional Descomplicado**. 3. ed. São Paulo: Método, 2010.

RIO DE JANEIRO. FIRJAN. **IFDM**. Rio de Janeiro: FIRJAN, 2015. Disponível em: http://www.firjan.com.br/ifdm/. Acesso em: 1 set. 2015.

SECCHI, Leonardo. **Políticas públicas**. São Paulo: Cengage Learning, 2010.

SOUZA, Celina. Bureaucracy and policy implementation: book review. **Brazilian Political Science Review**, v. 10, n. 3, p. 1-3, 2017.

STEPHANOU, Maria; BASTOS, Maria Helena Camara. **Histórias e memórias da educação no Brasil**. Petrópolis: Vozes, 2005.

ANÁLISE SOBRE A PRÁTICA DO CONSELHO MUNICIPAL DE SAÚDE NO MUNICÍPIO DE TANGARÁ DA SERRA, MT EM RELAÇÃO AO FUNDO MUNICIPAL DE SAÚDE

Ângela Nascimento
Waleska Malvina Piovan Martinazzo
Raimundo França
Anderson Gheller Froehlich

Introdução

A Constituição Federal de 1988, traz em seu texto constitucional o preceito descentralizador do Estado, que impulsiona a sociedade a participar da gestão pública, seja de forma direta ou representativa, podendo dessa forma o povo fiscalizar o poder público e trabalhar para que políticas públicas que a sociedade necessita chegue até ao cidadão. Gomes (2003, p. 35) ressalta "o controle da sociedade sobre as políticas públicas ganhou contornos diferentes no Brasil, com a Constituição de 1988. [...] a 'Constituição Cidadã' inovou ao incorporar a participação direta dos cidadãos no exercício do poder."

Uma das formas de participação direta da sociedade civil nas decisões públicas referente a orçamento, gasto, acompanhamento e fiscalização do orçamento público, é por meio dos conselhos gestores. Esses são constituídos de representantes do governo e da sociedade civil, possuindo assim caráter representativo e deliberativo. Os conselheiros têm a difícil tarefa de acompanhar e fiscalizar não só o cumprimento da legalidade, mas também as receitas e despesas que são vinculadas aos fundos que os seus conselhos fiscalizam, tornando o conselho gestor um importante instrumento de controle social do gasto público.

Os conselhos municipais de saúde, assistência social, educação e tutelar, estão presentes em mais de 99% dos municípios brasileiros, entretanto a grande quantidade de conselhos gestores espalhados pelo Brasil, não significa a consolidação da relação poder público e sociedade local, constata-se na pesquisa de Informações Básicas Municipais (MUNIC), do Instituto Brasileiro de Geografia e Estatística (IBGE, 2012) os desafios interpostos aos conselheiros para exercer o seu caráter deliberativo e de decisão.

Através de análise documental, em diversas literaturas que pesquisam sobre os conselhos gestores, entre elas destaca-se o livro de Maria da Glória Gohn, Conselhos Gestores e Participação sociopolítica, em que a autora evidencia os desafios relacionados à efetividade do exercício dos conselhos gestores, entre eles a relação representantes do governo e representantes da sociedade civil, a infraestrutura municipal destinada ao conselho, o reconhecimento do poder executivo e da própria sociedade. Contudo, observa-se que a participação social é uma realidade em crescimento, e que os conselhos gestores tem papel fundamental no controle social.

Diante de todas as dificuldades encontradas pelos conselhos gestores em exercer a participação da sociedade na gestão pública, e o fato de diversos recursos serem transferidos aos municípios somente mediante criação de um fundo especial que consequentemente deverá ser fiscalizado e gerido pelo seu respectivo conselho gestor, é que se constatou a importância de ter um trabalho voltado ao estudo da capacidade decisória, deliberativa e as possibilidades que são dadas aos conselheiros para exercer seu papel de fiscalizador e controlador social dos recursos que compõem o fundo especial.

O objeto desse estudo foi o Conselho Municipal de Saúde (CMS) do município de Tangará da Serra, MT, com o objetivo de evidenciar se o fundo municipal de saúde é gerido e acompanhado pelo seu respectivo conselho, e se as decisões sobre a gestão do fundo municipal de saúde são tomadas em conjunto com o conselho municipal de saúde, exercendo assim o seu papel de controlador e participador social sobre o recurso do fundo municipal de saúde.

Sendo assim, o presente artigo está dividido em três etapas, a primeira etapa traz o referencial teórico, evidenciando a importância dos conselhos gestores no controle social, e o impacto desse controle de gestão de fundos especiais por parte da sociedade para o gerenciamento de recursos frente aos governos.

A segunda etapa trata do levantamento de dados sobre o Conselho Municipal de Saúde (CMS) de Tangará da Serra, MT, tendo como base a legislação de criação do fundo e a de estruturação do conselho municipal de saúde, a fim de entender a composição do conselho gestor do fundo municipal de saúde, a participação da população como conselheiros, o conhecimento e a capacitação desses conselheiros por parte do poder público, verificar como está estabelecido na lei municipal sobre o a gestão e fiscalização do fundo municipal de saúde, a fim de verificar na prática a aplicabilidade da legislação.

A terceira etapa traz a análise quantitativa e qualitativa dos dados pesquisados, objetivando confrontar o que está estabelecido no referencial teórico com a prática exercida pelo conselho municipal de saúde de Tangará da Serra, MT.

O Controle Social por meio Conselhos Gestores

A constituição de 1988 possibilitou a participação popular na definição de prioridades e na formulação de políticas públicas. Em diversos trechos do texto constitucional, verifica-se a democracia participativa, seja de forma direta, através dos diversos conselhos gestores e instituições participativas, seja de forma indireta, elegendo os representantes do povo ao Poder. Eis o que diz o artigo 204, II, da CRFB/88:

> Art. 204. As ações governamentais na área da assistência social serão realizadas com recursos do orçamento da seguridade social, previstos no art. 195, além de outras fontes, e organizadas com base nas seguintes diretrizes: – II – participação da população, por meio de organizações representativas, na formulação de políticas e no controle das ações em todos os níveis. [grifo nosso].

A participação popular é uma oportunidade ímpar da sociedade no controle dos gastos públicos, verificando a correta aplicação dos recursos, a legislação, o combate à corrupção e evitando os desperdícios de recursos.

Essa forma de controle social tem crescido por meio dos conselhos gestores. Atualmente no Brasil, são milhares de conselhos criados tanto na esfera Municipal, Estadual e Federal, cada qual regido por sua legislação regulamentadora.

Os conselhos gestores tem como aspecto fundamental a verificação da eficiência na aplicação dos recursos públicos, e não só a verificação da legalidade, com isso evita-se o mau uso do recurso público. Outro aspecto importante é o fato da participação do povo no controle das receitas e despesas públicas, sendo essa uma forma de combate à corrupção, e também uma importante ferramenta de pressão da sociedade para as decisões inerentes às políticas públicas, é o povo participando e decidindo como o dinheiro irá voltar à sociedade "Nada promove mais resultado que o próprio cidadão fiscalizando o poder, cobrando agilidade, construindo a ideia de pertencimento à comunidade" (SERRANO, 2013, p. 3).

A participação do cidadão de forma direta nas decisões e na fiscalização dos gastos públicos coloca em check a administração tradicional, colocando em pauta a eficiência e eficácia da administração pública, uma vez que o modelo gerencial ganhou força nos últimos anos na administração pública, a fim de aumentar a eficiência do Estado frente às demandas do cidadão.

O modelo de democracia participativa traz a aproximação do Estado à sociedade, e como citado anteriormente traz diversos benefícios ao sistema de controle, e isso nos leva a algumas indagações: Os conselhos gestores desempenham seu papel de controle social como deveria? Se a descentralização do poder de decisão é algo benéfico, como discutido anteriormente, por que a resistência na implantação?

Sobre esses questionamentos encontramos no texto, "Controle Social e Políticas Públicas: a experiência dos Conselhos Gestores", alguns estudos empíricos sobre o caso, que colocam a prova as experiências dos conselhos gestores no Brasil, dentre esses a pesquisa de Labra intitulada "Conselhos de Saúde: visões 'macro' e 'micro', (2006) destaca-se:

> Reclama-se que não discutem o orçamento nem prestam contas da sua execução; não acatam as resoluções do colegiado; definem de antemão ou manipulam a pauta de discussão e as deliberações; impõem decisões mediante um discurso tecnocrático; esquivam discussões de teor político; cooptam conselheiros ou lideranças comunitárias com artifícios clientelistas (LABRA, 2006, p.13).

Na fala da autora observa-se o desvio de finalidade na criação dos conselhos gestores, sendo adotado por esses uma postura contrária ao que se dispõe na legislação, e que as decisões são por vezes tomadas antecipadamente por alguns, e não pelo coletivo. Verifica-se também em outras literaturas que as escolhas dos conselheiros são distantes da população, essa em sua maioria, desconhece a existência dos conselhos e a importância da participação da comunidade em seu colegiado.

No texto "Controle Social e políticas públicas: a experiência dos conselhos gestores" o autor relata sobre o desinteresse da sociedade no que é público, buscando resolver seus problemas de forma individualizada:

> O passado mais recente e o presente do Brasil expõem uma sociedade desmobilizada, pouco disposta à atuação coletiva, inclinada a resolver seus problemas e alcançar seus objetivos no âmbito privado e, por isso, despolitizada ou despolitizando-se (GURGEL; JUSTEN, 2013, p. 372.).

A falta de participação da sociedade nas decisões políticas seria um dos motivos pelo distanciamento dos conselhos gestores entre o que deveria ser e o que é praticado? Se a democracia participativa está presente em nosso texto constitucional, por que se encontram tantos obstáculos entre o cidadão e o Estado para esse novo modelo de gestão na administração pública?

A falta de interesse, tanto da sociedade quanto do governo, na participação do povo nos conselhos gestores, pode ser um dos motivos pelo desvio de funcionalidade da gestão dos conselhos gestores, sendo esses escolhidos de forma a atender os interesses dos governantes, e não o zelo pelo controle, gestão democrática e a coletividade como principal objeto. Esquecendo assim a principal finalidade do controle pela sociedade, sabendo essa da sua capacidade de responsabilizar o governo por não atender às demandas por ela impostas, e deixando o governo esquecer-se da sua responsabilidade pelo cumprimento das demandas da sociedade, "é desta forma que novos papéis são atribuídos à sociedade civil, particularmente o de propiciar maior eficiência econômica e social no uso dos recursos públicos por meio do controle direto sobre os governos" (GOMES, 2003, p. 8).

Gomes deixa claro nessa passagem, o importante papel que a sociedade toma frente às decisões políticas, caso exerça sua capacidade de responsabilizar o governo pelo descontrole no gasto dos recursos públicos. Os conselhos gestores são, em tese, o instrumento de forma participativa que melhor proporciona a sociedade a exercer esse papel, pois através da participação da sociedade civil nos conselhos gestores essa terá acesso às decisões que levam aos gastos dos recursos públicos, a verificação do correto cumprimento da legislação, e o frequente alerta ao governo de que a sociedade está fiscalizando, controlando os seus gastos, essa atitude da sociedade frente aos conselhos gestores exerceria forte pressão ao atendimento das demandas da sociedade através de políticas públicas, e é uma importante ferramenta frente ao combate à corrupção. Sobre essa nova forma de controle social Gomes relata que:

> É por meio dos novos mecanismos deste controle social que se pretende amenizar os problemas associados à insuficiência das eleições, satisfazer em maior grau a necessidade de uma responsabilização ininterrupta, aumentar a eficácia e eficiência das políticas públicas, contribuir para a relegitimação do Estado pela sociedade e, enfim, aprofundar o conteúdo democrático da vida política (GOMES, 2003, p. 34).

O controle social através dos conselhos gestores coloca em prova a democracia participativa encontrada no texto da constituição cidadã, evidenciando que a aproximação entre o Estado e o cidadão ainda é algo distante, e será necessário mais que modelos e legislação, mas sim uma reconstrução na forma de se fazer política no Brasil.

A Gestão de Fundos Especiais Por meio dos conselhos gestores

Os fundos especiais ou fundos públicos são criados, por força de lei, para movimentar recursos que são capitados para um determinado fim. Segundo a Lei 4.320/64 em seu artigo 71: "Constitui fundo especial o produto de receitas especificadas que por lei se vinculam à realização de determinados objetivos ou serviços, facultada a adoção de normas peculiares de aplicação".

Mais adiante a referida Lei, dispõe em seus artigos 72,73 e 74, que:

> Art. 72. A aplicação das receitas orçamentárias vinculadas a turnos especiais far-se-á através de dotação consignada na Lei de Orçamento ou em créditos adicionais.
> Art. 73. Salvo determinação em contrário da lei que o instituiu, o saldo positivo do fundo especial apurado em balanço será transferido para o exercício seguinte, a crédito do mesmo fundo.
> Art. 74. A lei que instituir fundo especial poderá determinar normas peculiares de controle, prestação e tomada de contas, sem, de qualquer modo, elidir a competência específica do Tribunal de Contas ou órgão equivalente.

Assim, conclui-se que, fundo especial ou fundo público constitui-se de uma unidade contábil ou orçamentária, criado por lei específica, sem personalidade jurídica, são integrantes da Administração Pública, não possuem patrimônio próprio, não prestam serviços públicos, e tem a finalidade de gerir receitas vinculadas a um determinado produto ou serviço. A exemplo tem-se o SUS (Sistema Único de Saúde) que, para efetuar os repasses e a movimentação dos recursos destinados à saúde pública, contemplando os recursos da União, dos Estados e do Município, exige que seja criado o fundo municipal de saúde, a Lei 8.142/1990, em seu artigo 4º diz que:

> Art. 4º Para receberem os recursos, de que trata o art. 3º desta lei, os municípios, os Estados e o Distrito Federal, deverão contar com:
> I – Fundo de Saúde;
> [...]
> Parágrafo único – O não atendimento pelos Municípios, ou pelos Estados, ou pelo Distrito Federal dos requisitos estabelecidos neste artigo, implicará em que os recursos concernentes sejam administrados, respectivamente, pelos Estados ou pela União.

Esses fundos ficam condicionados ao acompanhamento e fiscalização de seus respectivos conselhos gestores, a exemplo o fundo municipal de saúde será acompanhado e fiscalizado pelo conselho de saúde, o decreto nº 1.232, de 30 de agosto de 1994, em seu art. 2º estabelece que:

> Art. 2º A transferência de que trata o art. 1º fica condicionada à existência de fundo de saúde e à apresentação de plano de saúde, **aprovado pelo respectivo Conselho de Saúde**, do qual conste a contrapartida de recursos no Orçamento do Estado, do Distrito Federal ou do Município. [grifo nosso].

Os conselhos gestores têm a função de acompanhar e fiscalizar se a legislação pertinente a cada fundo está sendo cumprida, se os recursos capitados estão sendo gastos em determinados produtos e serviços para atingir um determinado fim. Sem a existência dos fundos especiais, alguns recursos públicos de receitas vinculadas não são transferidos ao Município, e sem a existência de conselhos que fiscalize e acompanhe não há fundo especial, notar-se-á a importância dos conselhos gestores para a capitação e controle dos recursos públicos. Segundo Eduardo Granha Gomes, os conselhos gestores se definem:

> Conselho municipal gestor de política pública como um colegiado institucionalizado, composto de um pequeno número de representantes do governo e da sociedade civil, estes designados democraticamente, que é responsável pela gestão de uma determinada política pública. Por gestão, defino desde a formulação e o planejamento da política pública, o acompanhamento de sua implantação, a avaliação dos seus resultados e a retro-alimentação do sistema de gestão, incluindo o estabelecimento de ações corretivas e preventivas aos comportamentos e/ou eventos desviantes. (GOMES, 2003, p. 45).

Os conselhos gestores assumem uma forte posição de controle da sociedade sobre o que é público, em especial sobre a aplicação do recurso público, os conselhos gestores se definem:

> Como canais de participação que propiciam um novo padrão de relações entre o Estado e a sociedade ao viabilizarem a participação dos diferentes segmentos sociais na formulação das políticas sociais, os conselhos possibilitam à população o acesso aos espaços onde se tomam decisões políticas e criam condições para um sistema de vigilância sobre as gestões públicas, implicando em maior cobrança de prestação de contas do executivo. (GOMES, 2003, p. 39).

É a sociedade fiscalizando o poder público, buscando fazer valer o seu direito de participação nas decisões políticas, expresso no texto da "Constituição Cidadã", é a busca pela maior eficiência na administração pública.

A Estrutura do Conselho Municipal de Saúde de Tangará da Serra, MT

Quantos aos conselhos gestores, Gohn comenta:

> A forma "conselho" utilizada na gestão pública, ou em coletivos organizados da sociedade civil, não é nova na história. Alguns pesquisadores afirmam que os conselhos são uma invenção tão antiga quanto à própria democracia participativa e datam suas origens desde os clãs visigodos. (GOHN, 2011, p. 68)

O conselho municipal de saúde de Tangará da Serra, MT é regulamentado pela lei nº 2.731/2007 de 18 de julho de 2007, e alterada pelas leis nºs 2.853/2008; 3.057/2009, 3.114/2009 e 4472/2015. O conselho municipal de saúde (CMS) possui caráter permanente, consultivo, deliberativo e de decisão superior do Sistema Único de Saúde – SUS.

Segundo a Lei Municipal nº 4472 de 17 de setembro de 2015, o conselho municipal de saúde – CMS de Tangará da Serra será composto de 12 membros titulares e 12 membros suplentes, sendo esses representantes das entidades de usuários, trabalhadores da saúde, representantes de governo, de prestadores de serviços privados conveniados ou sem fins lucrativos. O mandato dos conselheiros tem duração de dois (2) anos, e esses poderão ser reconduzidos, a critério das respectivas representações.

O conselho municipal de saúde deverá se reunir ordinariamente uma (1) vez ao mês, e extraordinariamente quando necessário, o quórum mínimo é metade mais um (1) de membros. Também, segundo a legislação municipal regulamentadora Lei nº 2.731/2007, deverá compor à estrutura básica do conselho municipal de saúde, Ouvidoria Municipal e Secretaria Executiva, atualmente esse cargo é ocupado por servidor de cargo em comissão, e esse servidor é disponibilizado para a secretaria executiva de todos os demais conselhos municipais, que atualmente são 21 conselhos, o que segundo os conselheiros pesquisados, traz dificuldades para a elaboração e gestão dos documentos do conselho municipal de saúde.

O artigo 4ª da Lei 2.731/2007, alterado pela lei nº 3.114/2009 estabelece que as decisões e deliberações adotadas pelo CMS, expedidas através de resolução, deverão ser homologadas pelo chefe do poder executivo, em 30 dias, e será dada publicidade oficial à população, caso não haja homologação ou correções propostas pelo chefe do executivo às resoluções serão consideradas tacitamente homologadas. Nesse artigo, a lei estabelece que todas as decisões e deliberações deverão ser dada publicidade oficial à população, o que daria transparência aos atos da administração pública. Contudo, no site oficial do município não há informações sobre as resoluções do exercício de 2016, vide anexo 1, na aba resoluções, disponível no site oficial do município, www.tangaradaserra.mt.gov.br. As últimas resoluções publicadas referem-se aos exercícios de 2015, 2013 e 2012, o mesmo ocorre com as atas das reuniões. Na aba informativos, é o único que se encontra com arquivos datados do exercício de 2016, porém ao tentar abrir o arquivo retorna para a página inicial, não tendo acesso ao arquivo publicado. E em relação à aba de legislação pertinente encontra-se com leis que não se referem ao conselho municipal de saúde ou ao fundo municipal de saúde.

Segundo o art. 15 e seus incisos da Lei 2.731/2007, são de competências do Conselho Municipal de Saúde de Tangará da Serra – MT: definir as prioridades de saúde; estabelecer as diretrizes a serem observadas na elaboração do plano municipal de saúde; atuar na formação de estratégias e no controle da execução da política de saúde; propor critérios para a programação, execução financeira e orçamentária do Fundo Municipal de saúde, acompanhando a movimentação e o destino dos recursos; acompanhar, avaliar e fiscalizar os serviços de saúde, prestadas a população pelos órgãos e entidades públicas e privadas, integrantes do SUS, no município de Tangará da Serra, MT; definir critérios de qualidade para funcionamento dos serviços de saúde públicas e privadas, no âmbito do SUS, dentre outras que encontram-se estabelecidas no artigo 15 da referida lei.

A Gestão do Fundo Municipal de Saúde e o Conselho Municipal de Saúde de Tangará da Serra, MT

O fundo municipal de saúde de Tangará da Serra foi criado a partir da Lei 656 de 3 de setembro de 1991 e suas alterações, para receber transferências constitucionais do governo federal, estadual e também o percentual aplicado das receitas próprias do município, em consequência houve a criação do seu respectivo conselho gestor, para gerir e fiscalizar os recursos e gastos que integram o fundo municipal de saúde.

Com o objetivo de evidenciar se o conselho municipal de saúde acompanha os recursos do fundo municipal de saúde de Tangará da Serra, esse trabalho realizou uma pesquisa com os conselheiros municipais de saúde para identificar qual o perfil dos conselheiros, se o conselho municipal de saúde exerce seu caráter deliberativo e decisório estabelecido na Lei Municipal 2.731/2012, e se o conselho municipal de saúde efetua o acompanhamento dos recursos do fundo municipal de saúde.

A pesquisa foi realizada somente com os membros titulares, pois os membros suplentes não se sentiram capacitados para responder a pesquisa, pois participam pouco ou quase nunca das reuniões, sendo necessária sua participação somente quando o titular está ausente. Dos doze (12) membros titulares pesquisados, 10 (dez) responderam à pesquisa, os demais não foi possível contato, as tentativas de contato foram feitas por telefone, participação na reunião mensal do conselho, e por e-mail, porém com dois (2) membros titulares não houve êxito na pesquisa.

Quanto ao perfil dos conselheiros pesquisados, o conselho municipal de saúde de tangará da Serra está representando de 40% de pessoas do sexo feminino e 60% de pessoas do sexo masculino. Desses, 50% possuem o nível superior completo, 40% possuem pós-graduação e 10% ensino médio.

Quanto ao tempo em que é conselheiro, observa-se uma grande variação no conselho municipal de saúde de Tangará da Serra, MT, dos conselheiros pesquisados, 20% responderam que são conselheiros há 1 ano, 10% não responderam à pergunta, 10% responderam que são conselheiros há mais de 20 anos, 20% há 2 anos, 10% há 6 anos, 10% há poucos meses; 10% há 10 meses, e 10% há 2 meses. Esses dados revelam que 50% dos conselheiros do conselho municipal de saúde estão conselheiros há menos de 2 anos.

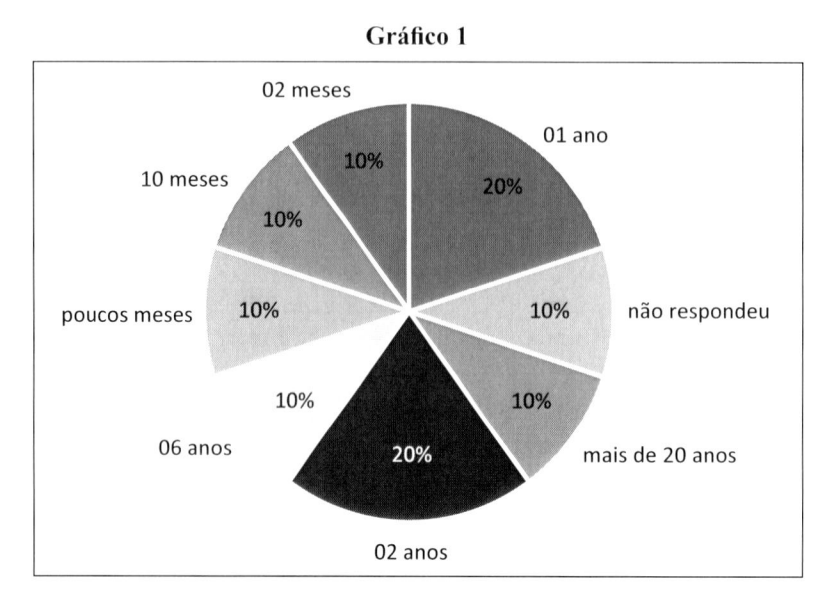

Gráfico 1

[Gráfico de pizza com as seguintes fatias: 02 meses 10%; 01 ano 20%; não respondeu 10%; mais de 20 anos 10%; 02 anos 20%; 06 anos 10%; poucos meses 10%; 10 meses 10%]

Fonte: Entrevista realizada pela autora, 2015.

Quanto ao que levou cada conselheiro a se candidatar a vaga, as respostas foram bastante diversificadas, sendo que 10% responderam que se candidatou a vaga para aumentar o seu conhecimento sobre políticas públicas e gestão pública; 10% dos pesquisados responderam que se candidataram a vaga pelo compartilhamento de conhecimento e controle das disponibilidades e aplicação de recursos da saúde; 10% responderam que se candidataram a vaga por representar o governo como gestor; 10% responderam que se candidataram a vaga para melhor fiscalização da saúde; 10% responderam que se candidataram a vaga por ter interesse na área e para obter maior conhecimento da coisa pública; 10% responderam que se interessou após participação da reunião que decidiria os novos conselheiros e resolveu se candidatar; 10% responderam que se candidataram a vaga por considerar importante para elaboração e execução de políticas públicas voltadas para a saúde; 10% responderam que se candidataram a vaga pela necessidade de representação do segmento, 10% responderam que se candidataram a vaga para substituir o conselheiro titular, e 10% para estar mais perto das atividades da saúde. Esse gráfico revela que 30% dos conselheiros se candidataram a vaga por buscar maior conhecimento da gestão pública, esse dado é algo de extrema relevância, pois demonstra o interesse de parte dos conselheiros do conselho municipal de saúde, em buscar a responsabilização do governo, através do conhecimento do que é público.

Gráfico 2

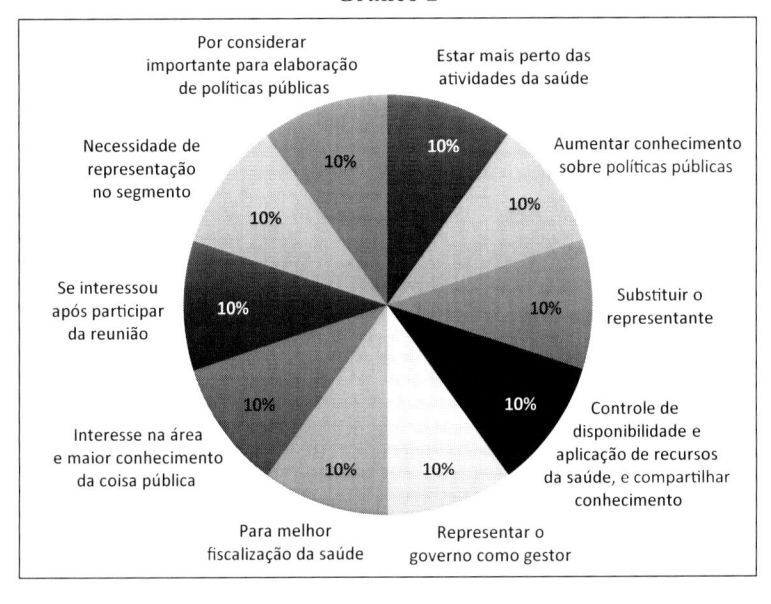

- Por considerar importante para elaboração de políticas públicas — 10%
- Estar mais perto das atividades da saúde — 10%
- Aumentar conhecimento sobre políticas públicas — 10%
- Necessidade de representação no segmento — 10%
- Substituir o representante — 10%
- Se interessou após participar da reunião — 10%
- Controle de disponibilidade e aplicação de recursos da saúde, e compartilhar conhecimento — 10%
- Interesse na área e maior conhecimento da coisa pública — 10%
- Para melhor fiscalização da saúde — 10%
- Representar o governo como gestor — 10%

Fonte: Entrevista realizada pela autora, 2015.

Quanto à forma que ficou sabendo sobre a eleição para conselheiro, 10% dos conselheiros pesquisados responderam que souberam da eleição através de comunicação interna da prefeitura; 10% responderam que souberam através do próprio conselho de saúde; 60% através de outros meios, porém não especificaram quais foram; 10% tiveram conhecimento por indicação, e 10% através de colegas de trabalho.

Gráfico 3

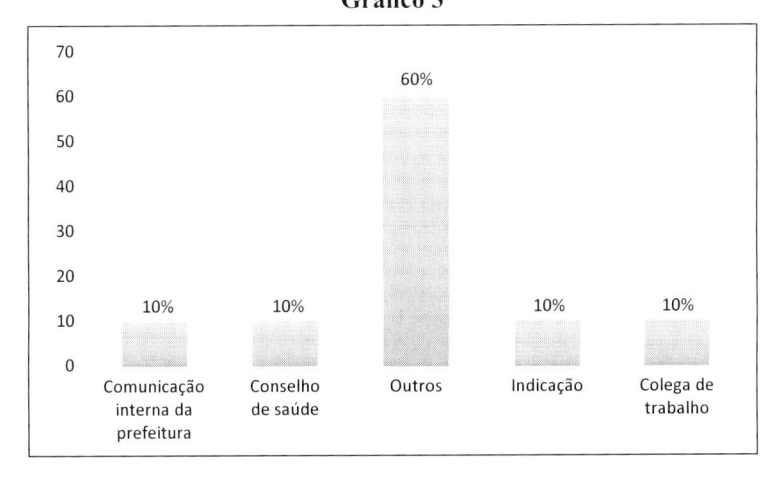

Forma	%
Comunicação interna da prefeitura	10%
Conselho de saúde	10%
Outros	60%
Indicação	10%
Colega de trabalho	10%

Fonte: Entrevista realizada pela autora, 2015.

Quanto ao segmento a que representa, 40% dos conselheiros pesquisados representam os trabalhadores da saúde; 20 % os prestadores de serviço; 20% o governo, e 20% os usuários.

Gráfico 4

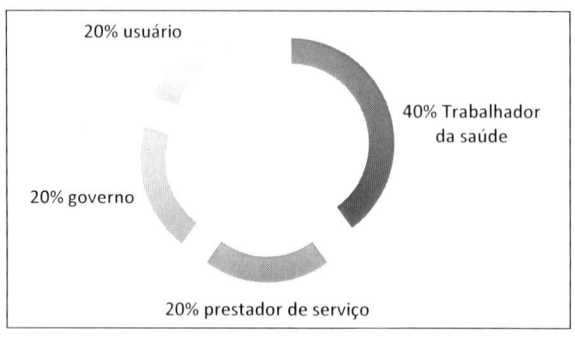

- 20% usuário
- 40% Trabalhador da saúde
- 20% governo
- 20% prestador de serviço

Fonte: Entrevista realizada pela autora, 2015.

Quanto à periodicidade das reuniões do conselho municipal de saúde, 100% dos conselheiros responderam que as reuniões são realizadas mensalmente. E 90% dos conselheiros pesquisados responderam que participam de todas as reuniões do conselho municipal de saúde, e 10% dos conselheiros pesquisados responderam que participam das reuniões cerca de 70%.

Quanto à antecedência em que as pautas das reuniões são informadas para que os conselheiros tenham conhecimento dos assuntos a serem tratados na reunião, 70% dos conselheiros pesquisados responderam que recebem as pautas com 1 semana de antecedência a reunião; 20% responderam que recebem as pautas em até 48 horas antes da reunião, e 10% responderam que recebem as pautas em até 2(duas) semanas antes da reunião.

Gráfico 5

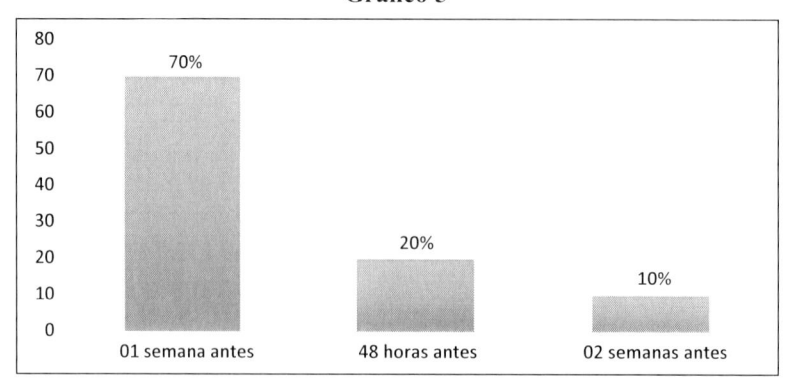

01 semana antes	70%
48 horas antes	20%
02 semanas antes	10%

Fonte: Entrevista realizada pela autora, 2015.

O fato das pautas das reuniões serem informadas com antecedência aos conselheiros é de extrema relevância, pois demonstra a tentativa do conselho municipal de saúde de Tangará da Serra, em levar ao plenário discussão sobre os assuntos voltados à saúde municipal.

Ao serem questionados sobre o acompanhamento e fiscalização do fundo municipal de saúde em caráter permanente pelos conselheiros, 80% responderam que fiscalizam e acompanham o fundo municipal de saúde em caráter permanente, e 20% responderam que não acompanham e fiscalizam o fundo municipal de saúde. Contudo, 12,5% dos conselheiros que disseram acompanhar e fiscalizar o fundo municipal de saúde em caráter permanente, afirmaram que existem falhas na fiscalização.

Essa afirmação dos conselheiros pode ser observada no Relatório de Gestão Fiscal (RGF) apresentado pelo Poder Executivo Municipal, referente ao segundo quadrimestre do exercício de 2016. No Demonstrativo de disponibilidade financeira, pode-se observar que existe até o período de 31 de agosto de 2016 um total de recursos vinculados da saúde, ou seja, receitas transferidas pela União e Estado, para aplicação na área de saúde de um determinado bem ou serviço, no montante de R$ 9.906.737,36, porém existem de empenhos não processados em abertos de fontes vinculadas até o mesmo período, somente o valor de R$ 1.636.707,95 (ver tabela 1), o que demonstra claramente uma sobra de recursos no valor de R$ 8.270.029,41, sem previsão de gasto, e que poderiam retornar a população por meio de prestação de serviço ou bem, e não estão comprometidos por nota de empenho, encontram-se parados em diversas contas bancárias do fundo municipal de saúde. O que revela a fragilidade no acompanhamento e fiscalização do fundo municipal de saúde pelo conselho municipal de saúde de Tangará da Serra, MT, confirmando a fala do conselheiro pesquisado de que há falhas na fiscalização do fundo.

Comparando esse valor de recursos vinculados que estão parados no fundo municipal de saúde, ao orçamento total autorizado para a secretaria municipal de saúde no exercício de 2016 que é de R$ 63.390.245,00, o valor de recursos vinculados que ainda não existem notas de empenhos em aberto representa 13,5% do orçamento total autorizado para a secretaria.

Outro fato que comprova a fragilidade no acompanhamento dos recursos vinculados do fundo municipal de saúde no município de Tangará da Serra, MT, é o percentual de recursos próprios aplicados na saúde, segundo dados extraídos do SIOPS – Sistema de Informações sobre Orçamentos Públicos em Saúde, o município de Tangará da Serra, aplicou no último exercício de 2015, 33,87% de seus recursos próprios na saúde pública Municipal, e até o segundo bimestre de 2016 já aplicou 24,67%, enquanto que a legislação, Lei Complementar 141/2012, regulamenta que os municípios deverão aplicar no mínimo 15% de suas receitas próprias na saúde pública municipal.

O fato do fundo municipal de saúde de Tangará da Serra, MT encontrar-se com cerca de oito (08) milhões de reais em recursos públicos vinculados sem notas de empenho em aberto para prestação de serviço ou bem à população, e aplicando cerca de 24,67%, no exercício de 2016, de suas receitas próprias em serviços e bens a população, demonstra a fragilidade no acompanhamento e fiscalização por parte do conselho municipal de saúde, e esses dados revelam a importância do acompanhamento em caráter permanente do fundo municipal por parte dos conselheiros, uma vez que o não acompanhamento e fiscalização dos recursos, por vezes, resultam na não aplicação do dinheiro público em serviços e/ou bens para a população através de políticas públicas voltadas para a saúde.

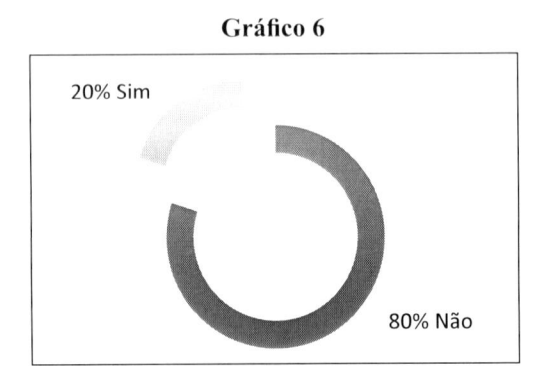

Gráfico 6

20% Sim

80% Não

Tabela 1 – Demonstrativo de disponibilidade de caixa para inscrição de restos a pagar não processados (Prefeitura+SAMAE)

Destinação de recursos	Disponibilidade caixa bruta (a)	Obrigações financeiras (f = b+c+d+e)	Disponibilidade caixa líquida (g = a − f)	Restos a pagar não proc. (H)
recursos da Saúde	10.150.204,58	243.467,22	9.906.737,36	1.636.707,95
Recursos da Educação	13.430.256,80	2.505.064,93	10.925.191,87	5.556.727,80
Recursos da Assist. Social	2.226.764,95	752.299,31	1.474.465,64	243.997,38
Outros Rec. vinculados	11.691.475,59	3.461.280,08	8.230.195,51	10.162.314,84
Total rec. Vinculados (i)	37.498.701,92	6.962.111,54	30.536.590,38	17.599.747,97

Quando questionados sobre o acompanhamento, contribuição e emissão de parecer sobre o orçamento anual da saúde do município de Tangará da serra, 90% dos conselheiros pesquisados responderam que o conselho municipal de saúde acompanha, fiscaliza e emite parecer sobre o orçamento anual da saúde, contudo observa-se na tabela 1, a dificuldade que o Município possui em financiar os gastos da saúde com dinheiro de receitas de fontes vinculadas, dinheiro esse disponível em caixa.

Outro dado importante é sobre a análise e fiscalização da execução orçamentária do município na área da saúde, dos conselheiros pesquisados 100% responderam que o conselho municipal de saúde acompanha, analisa e fiscaliza a execução orçamentária, e 80% dos conselheiros responderam que o conselho municipal de saúde delibera sobre proposta da LOA – Lei Orçamentária Anual. Esses dados levam a uma indagação, se o conselho municipal de saúde, acompanha, fiscaliza e delibera sobre orçamento, LOA e execução orçamentária, por que o fundo municipal de saúde de Tangará da Serra se encontra com cerca de oito (8) milhões de reais sem expectativa de retorno a população? A Lei nº 2.731/2012, que regulamenta o conselho municipal de saúde de Tangará da Serra, estabelece que conselho municipal de saúde possua caráter deliberativo e decisório.

> A lei vinculou-os ao Poder Executivo do município, como órgãos auxiliares da gestão pública. É preciso, portanto, que se reafirme em todas as instâncias seu caráter essencialmente deliberativo, porque a opinião apenas não basta (GOHN, 2011, p. 93).

Segundo os dados pesquisados, pressupõe-se que o conselho municipal de saúde de Tangará da Serra acompanha, fiscaliza, analisa e delibera sobre todo o orçamento, desde proposta a LOA até a execução orçamentária, entretanto existem falhas na gestão dos recursos do fundo municipal de saúde.

Observa-se que o município de Tangará da Serra está financiando a saúde pública municipal com um percentual maior de recursos próprios do que o exigido em lei, enquanto existe sobra de recursos vinculados. E não se sabe dizer o quanto o fato do não gerenciamento desses recursos reflete no não desenvolvimento de políticas públicas para a saúde municipal, sendo necessário um estudo mais aprofundado sobre o assunto.

Segundo os conselheiros pesquisados, além da participação do conselho municipal de saúde em todo o processo orçamentário, também há participação na análise e emissão de parecer dos relatórios de gestão anual e nas contas de cada quadrimestre, 80% responderam que o conselho municipal de saúde de Tangará da Serra é atuante na emissão desses pareceres, verbalizam que é formada uma comissão para analisar e levar as sugestões ao Pleno do Conselho, porém qualquer membro do conselho municipal de saúde pode dar sugestões sobre a emissão dos pareceres, 12,5% dos conselheiros verbalizam também, que há falhas na análise das contas quadrimestrais, porém não relatam quais são as falhas existentes na análise.

Outro dado que nos revela a capacidade do conselho municipal de saúde de exercer seu caráter deliberativo sobre a gestão do fundo municipal de saúde, é o conhecimento da Lei de criação do fundo, e 80% dos conselheiros pesquisados responderam que tem conhecimento da referida lei. Afirmam que os gastos com a saúde são informados aos conselheiros através de relatórios para análise e fiscalização, e que 100% dos conselheiros pesquisados analisam e emitem opiniões em suas reuniões. E 90% dos conselheiros pesquisados responderam que o poder executivo municipal atende e respeita as decisões tomadas pelo conselho municipal de saúde. Através desses dados, observa-se que o conselho municipal de saúde de tangará da Serra, MT é atuante e possui caráter deliberativo, entretanto, há falhas na gestão de recursos próprios e vinculados do fundo municipal de através do conselho municipal de saúde de Tangará da Serra.

Um dos motivos pelas falhas encontradas na gestão do fundo municipal de saúde pelo seu respectivo conselho gestor pode ser a falta de capacitação dos conselheiros, questionados quanto à disponibilização do poder executivo em oferecer cursos de capacitação aos conselheiros municipais de saúde para que esses saibam em quais despesas podem ser gastas as receitas recebidas pelo fundo municipal de saúde, 70% afirmam que não há incentivos por parte do executivo para que os conselheiros participem desses cursos e que nunca participaram de nenhum curso de capacitação para conselheiro. Esse dado é de extrema relevância para a pesquisa, pois ao longo do trabalho observa-se que o conselho municipal de saúde tem deliberação sobre o orçamento municipal destinado a saúde, porém há falhas na gestão dos recursos do fundo municipal de saúde, existindo desequilíbrio entre os gastos de recursos próprios e vinculados. A falta de capacitação sobre esses recursos e suas vinculações podem estar levando o conselho municipal de saúde a deliberar de forma errada ou omissa sobre a gestão do fundo municipal de saúde, e como consequência sobre o orçamento anual da saúde pública municipal.

Quanto à publicidade à população das resoluções deliberadas pelo conselho e homologadas pelo chefe do executivo, 90% afirmam que o conselho publica todas as resoluções no site do município de Tangará da Serra e no mural da prefeitura, contudo na página do site destinada ao conselho municipal de saúde não há informações sobre o exercício de 2016, vide anexo 1.

Quanto à publicidade à população das agendas, local e data das reuniões do conselho municipal de saúde, 50% dos conselheiros afirmaram que não são divulgadas as agendas, local e datas das reuniões do conselho, 40% responderam que sim são divulgadas e 10% dos conselheiros não responderam à pergunta. Contudo, no site do município e no mural da prefeitura não há divulgação de agendas, local e data das reuniões, o que descumpre o inciso XXIX, artigo 15, da Lei Municipal 2.731/2012.

Considerações finais

Os conselhos gestores têm papel de extrema importância no controle social, devendo esses acompanhar e fiscalizar os recursos de seus respectivos fundos especiais. No Brasil, essa descentralização de decisão e participação da sociedade no controle do orçamento e recurso da administração pública, por mais que a pesquisa MUNIC do IBGE aponta uma crescente na quantidade de conselhos gestores espalhados pelo território nacional, observa-se que há fragilidades quanto ao efetivo exercício dos conselhos conforme estabelece a "Constituição cidadã". Nas pesquisas realizadas encontra-se fragilidade e falhas na fiscalização, controle e deliberação, das diversas formas possíveis, desde a manipulação de conselheiros para a decisão de interesse de alguns e não do coletivo, quanto a falta de acompanhamento e fiscalização de forma efetiva pelo conselho gestor sobre os recursos dos fundos especiais.

No município de Tangará da Serra o fundo municipal de saúde é acompanhado e fiscalizado pelo conselho municipal de saúde (CMS). Esse é atuante e participativo da elaboração do orçamento, pois opinam sobre a Lei orçamentária anual, fiscalizam a execução orçamentária, e deliberam e fiscalizam sobre a gestão do fundo municipal de saúde. Entretanto, é distante da população, pois não divulgam suas resoluções decididas em plenário. As reuniões não são divulgadas ou incentivadas para que a população participe, comprometendo assim o objetivo de ter o conselho gestor como instrumento de controle social, uma vez que suas deliberações não são divulgadas e suas reuniões não são abertas ou incentivadas a participação popular, o controle social pode ficar comprometido. O que não é diferente no restante do país, conforme discutido no referencial teórico dessa pesquisa.

O fundo municipal de saúde no município de Tangará da Serra é acompanhado, gerido e fiscalizado pelo seu respectivo conselho gestor, e esse exerce a sua capacidade de decisão na gestão do fundo municipal de saúde frente ao governo, contudo, há uma incompatibilidade na utilização de recursos de receitas próprias e vinculadas dos recursos do fundo municipal de saúde de Tangará da Serra.

O fundo municipal de saúde de Tangará da Serra possui um valor relevante de receitas vinculadas, cerca de oito (8) milhões de reais, sem previsão de gasto com a saúde pública municipal, ou seja, sem notas de empenho processadas e não processadas em aberto até o período pesquisado, valor esse que se gerido, acompanhado e fiscalizado poderia ser proposto na Lei Orçamentária Anual – LOA – gastos voltados para políticas públicas na área da saúde. Um dos motivos pelo distanciamento na utilização de recursos vinculados e próprios na saúde pública de Tangará da Serra, MT pode ser a falta de capacitação dos conselheiros, pois esses afirmam que não receberam capacitação sobre as receitas e vinculações que as despesas possuem.

O conselho municipal de saúde de Tangará da Serra, MT acompanha e delibera sobre o orçamento da saúde pública municipal de Tangará da Serra, entretanto, existem falhas no acompanhamento dos recursos do fundo municipal de saúde pelo seu respectivo conselho gestor, há falhas que implicam a não utilização de recursos transferidos ao Fundo Municipal de Saúde. Para que os recursos do fundo municipal de saúde de Tangará da Serra sejam acompanhados de forma mais gerencial, é necessário que se faça um estudo mais aprofundado, através de seu respectivo conselho gestor, a fim de identificar quais são as causas da não utilização desses recursos e como aplicá-los na saúde municipal de Tangará da Serra, MT.

REFERÊNCIAS

BRASIL. **LEI nº 2.731/2007, de 18 de julho de 2007**.

BRASIL. **LEI nº 2.853/2008, de 12 de março de 2008**.

BRASIL. **LEI nº 3.057/2009, de 14 de janeiro de 2009**.

BRASIL. **LEI nº 3.114, de 29 de abril de 2009**.

BRASIL. **LEI nº 8142 de, 28 de dezembro de 1990**.

BRASIL. **LEI de Fianças Públicas nº 4.320/1964**.

BRASIL. **Decreto nº 1.232 de 30 de agosto de 1994**.

BRASIL. www.planalto.gov.br.

CASSIM NETO, Omar; VIEIRA JÚNIOR, Antônio José. **Gestão Responsável dos Fundos Especiais de Despesa**. São Paulo, 2014.

CNM – **Confederação Nacional de Municípios**. Fundo Público: meramente contábil ou financeiro. Brasília: CNM, 2012.

GOHN, Maria da Glória. **Conselhos Gestores e participação sociopolítica**. 4. ed. São Paulo: Cortez, 2011.

GOMES, Eduardo Granha Magalhães. **Conselhos Gestores de Políticas Públicas**: Democracia, Controle Social e Instituições. São Paulo, 2003.

GURGEL, Cláudio. JUSTEN, Agatha. Controle Social e Políticas Públicas: a experiência dos conselhos gestores. **Revista Adm. Pública,** Rio de Janeiro, 2013.

IBGE – Instituto Brasileiro de Geografia e Estatística. **Pesquisa de Informações Básicas Municipais – MUNIC**: perfil dos municípios brasileiros, 2012.

LABRA, Maria Eliana. Conselhos de Saúde: visões "macro" e "micro". **Civitas — Revista de Ciências Sociais,** v. 6, n. 1, p. 199-221, jan./jun. 2006.

MAZZA, Alexandre. **Manual de Direito Administrativo**, 2. ed. Saraiva, 2012.

SERRANO, Marisa. **O Controle Social da Educação e Democracia Participativa**. 2013. www.atricon.org.br.

TATAGIBA, Luciana. **Conselhos Gestores de Políticas Públicas e Democracia Participativa:** aprofundando o debate. Revista de Sociologia e Política, Curitiba, 2005.

TANGARA DA SERRA. www.tangaradaserra.mt.gov.br

A VIOLÊNCIA CONTRA A MULHER: uma análise do município de Tangará da Serra, Mato Grosso

Wanderlúcia Cardoso
Raimundo França
Vagner Nascimento

Introdução

O termo violência tem sua origem no latim – *violentia* – que significa força. A violência tem sido um tema recorrente na história das sociedades humanas ao ponto de ser considerada por alguns autores, ser por desta a explicação para formação da própria sociedade, pois foi a partir dela que os homens, na luta por recursos, colaram-se a guerrear entre as tribos primitivas na tentativa de dominar uns aos outros por meio do uso da violência física e/ou simbólica e ter os recursos naturais que garantissem a sobrevivência da tribo/clã.

Não obstante, o termo violência é bastante elástico, isto é, permite variadas interpretações a depender do recorte teórico que se pretende, de modo que é necessário deixar claro para leitor de que nossa preocupação no presente artigo é estudar um tipo de violência específica que tem tido bastante ênfase na contemporaneidade, especialmente pelo advento do papel que a mulher tem conquistado ao longo da história, mas notadamente século XX, ou seja, a *violência contra mulher*.

No caso do Brasil, a violência contra mulher é tema bastante antigo, mas pouco explorado pela "opinião pública", mas especialmente pela ausência ao longo da história de Políticas Públicas que assumissem esta agenda política de Estado. Dessa forma, os números sobre a violência contra a mulher são estarrecedores. Uma análise realizada por Waiselfisz (2015), aponta que o Brasil ocupou no ano de 2015 o 5º lugar no ranking mundial em assassinatos de mulheres. Os dados são alarmantes e segundo o autor os números atingem 4,8 assassinatos a cada 100 mil mulheres, dos 4.762 assassinatos de mulheres registrados em 2013 no Brasil, 50,3% foram cometidos por familiares, sendo que em 33,2% destes casos, o crime foi praticado pelo parceiro ou ex-maridos. Essas quase 5 mil mortes representam 13 homicídios femininos diários em 2013.

Diante disso, o objetivo deste artigo pauta-se na análise das políticas públicas de atendimento às mulheres em situação de violência[37], mais especificamente nos municípios de Tangará da Serra, Mato Grosso.

A Metodologia empregada no artigo foi de cunho qualitativo, com recorte bibliográfico-documental, ou seja, primeiro fizemos uma seleção de autores clássicos que abordassem o tema da violência em termos teóricos como, Tamâr (2012), Claustres (2004), Bourdieu (2005), Lisboa (2014), Brazão e Oliveira (2010) e Celmer (2010) que nos auxiliaram a conceituar e compreender o que significa a violência doméstica contra a mulher na sociedade atual.

Com o fito de detalhar as circunstâncias do advento das políticas públicas de combate à violência contra a mulher e os eixos fundamentais que orientam essas políticas em nosso país foi realizada a pesquisa em documentos e legislação como: Política Nacional de Enfrentamento à Violência contra as Mulheres, Pacto Nacional pelo Enfrentamento à Violência contra as Mulheres, Plano Nacional de Políticas para as Mulheres, Plano Estadual de Políticas para as Mulheres, Mato Grosso e o relatório da I Conferência Municipal de Defesa dos Direitos da Mulher.

Para a análise dos dados oficiais estabelecemos os 03 últimos anos compreendendo o período de 2013 a 2015. Para tanto, servimo-nos de informações do Ministério Público Estadual de Mato Grosso, Ministério das Mulheres, da Igualdade Racial e dos Direitos Humanos, Secretaria Nacional de Enfrentamento à Violência contra as Mulheres, Secretaria de Estado Justiça e Direitos Humanos e por fim, Conselho Municipal dos Direitos da Mulher, e legislações de âmbito municipal enfocando as políticas públicas voltadas às mulheres vítimas de violência doméstica e familiar de Tangará da Serra.

O artigo encontra-se dividido em dois capítulos. O primeiro consiste em uma discussão sobre o conceito de violência física e simbólica apoiado, sobretudo no pressuposto de que se trata de algo socialmente construído, incorporado e reproduzido pelos atores sociais envolvidos dentro de um contexto histórico em que a condição de subordinação das mulheres aparece de forma natural. Preocupou-se por explanar, mesmo que brevemente, o contexto histórico o qual se gesta o movimento das mulheres. Originado na Europa com rebatimentos no cenário nacional.

No segundo capítulo, pretendemos mostrar o caminho que foi percorrido para que a violência contra a mulher se tornasse alvo de intervenções do poder público. Evidenciamos a análise das principais legislações pertinentes ao tema e das políticas públicas no qual enfatizamos o nível municipal.

---

37   O termo mulher em situação de violência foi criado justamente para tentar desvincular as mulheres da posição de eternas vítimas. Ademais, tal expressão é utilizada para designar mulheres que estão inseridas em um ambiente onde agressões são constantes (CELMER, 2010, p. 83).

Por fim, nas considerações finais buscamos convergir esforços para apontar algumas impressões sobre o tema a partir do levantamento de dados nos órgãos responsáveis por atendimento a mulheres em situação de violência anos de 2013 a 2015, bem como, mapeamento das formas de amparo a mulheres vítimas de violência.

Contextualização da violência contra a mulher

Explorar a história a qual se gestou a ideologia da inferiorizarão feminina possibilita revelar o porquê atualmente tem-se a necessidade de mecanismos de proteção voltados à mulher por intermédio de leis. Uma história de submissão e desigualdades engendraram uma espécie de empoderamento dos homens em relação às mulheres e consequentemente a concepção de relação com a mulher como objeto, estando suscetível aos domínios e a toda espécie de violência desrespeito e arbitrariedades.

Ao analisar a questão que envolve a discriminação fundamentada no sexo faz-se necessário o embasamento histórico no sentido de resgatar a herança sexista transmitida por gerações e que atualmente sofre seus rebatimentos. Dessa forma ao examinar o legado deixado para a mulher na sociedade contemporânea e seus desafios faz-se necessário romper com a própria contemporaneidade, vasculhando o terreno fértil da cultura ocidental, onde germinou a violência de gênero. Nesse rol, torna-se primordial a categorização do termo violência e posteriormente violência de gênero.

Segundo Claustres (2004), a agressão como comportamento, isto é, o uso da violência, relaciona-se, portanto à humanidade como espécie, é coextensiva a ela. Propriedade, em suma, zoológica da espécie humana, a violência é identificada aqui como um fato irredutível, como um dado natural que mergulha suas raízes no ser biológico do homem. Essa violência específica, realizada no comportamento agressivo, não é sem causa nem finalidade, ela está sempre orientada e dirigida a um objetivo: "Em todo o curso do tempo, a agressão aparece como uma técnica fundamentalmente ligada à aquisição e, no primitivo, seu ponto de partida está na caça, onde a agressão e a aquisição alimentar se confundem" (LEROI-GOURHAN *apud* CLAUSTRES, 2004, p.163).

Ao expressar o termo violência de gênero, entendemos que as ações violentas são produzidas em contextos e espaços relacionais e, portanto, interpessoais, que têm cenários societários e históricos não uniformes. A centralidade das ações violentas incide sobre a mulher, quer sejam estas violências físicas, sexuais, psicológicas, patrimoniais ou morais, tanto no âmbito privado-familiar como nos espaços de trabalho e públicos. Não se trata de adotar uma perspectiva ou um olhar vitimizador em relação à mulher, o que já recebeu críticas importantes, mas destacar que a expressiva concentração deste tipo de violência ocorre historicamente sobre os corpos femininos e que as relações violentas existem porque as relações assimétricas de poder permeiam a vida rotineira das pessoas.

Lisboa (2014) apresenta uma definição ampliada de violência de gênero apropriando-se da base teórica proposta por Velázquez (2006), a qual expressa que a

> Violência de gênero abarca todos os atos mediante os quais se discrimina, ignora, submete ou subordina as mulheres nos diferentes aspectos de sua existência. É todo ataque material ou simbólico que afeta sua liberdade, segurança, intimidade e integridade moral e/ou física (VELÁZQUEZ *apud* LISBOA, 2006, p. 29).

Dessa forma, a violência contra a mulher é compreendida no contexto das relações desiguais de gênero como expressão do controle do corpo feminino e das mulheres numa sociedade sexista e patriarcal. O homem tem instituído de forma cultural ou através de leis historicamente construídas a definição de um ser viril, e deve se internalizar o que o mundo masculino considera qualidades indispensáveis e indissociáveis do universo másculo: a força, poderes e potência sexual, que são naturalmente utilizadas para a dominação e sobreposição do sexo feminino. Esse fato na maioria das vezes impede a vítima de romper o ciclo de vicissitudes que ocorrem no seio intrafamiliar, a mulher se sente enfraquecida diante de seu agressor (BOURDIEU, 2005).

Quando o indivíduo dominado tem suas percepções e pensamentos nos esquemas de dominação, "seus atos de conhecimento são, inevitavelmente, atos de reconhecimento, de submissão" (Bourdieu, 2005, p.22). Dessa forma, os fundamentos da relação de dominação atribuem ao homem e nas próprias mulheres propriedades negativas que a ideologia machista atribui à natureza feminina. A visão patriarcal androcêntrica cotidianamente confirma e legitima as práticas que determina, fazendo homens e mulheres assimilarem o preconceito contra o feminino, de forma que a dominação masculina tem as condições favoráveis para seu pleno exercício, pois está incorporada em toda a estrutura social (BOURDIEU, 2005). As visões e posicionamentos de subalternidade culturalmente construídos ao longo dos anos pela sociedade machista fomentam a violência doméstica contra a mulher, uma vez que, a subordinação impõe a aceitação desse fenômeno por parte da maioria das mulheres vitimizadas, que acabam por interiorizar essa condição sob peso da resignação construído culturalmente.

Tâmar (2012) informa que a história de subordinação da mulher ao homem é bastante antiga e mesmo com as transformações econômicas, sociais e políticas porque passou o Ocidente, a mulher permaneceu sob a tutela do homem fosse em termos legais, isto é, com uma legislação que permitia àquele de utilizar de quaisquer meios para manter esta tutela, fosse em termo culturais. Aos homens estava reservado às atividades como filosofia, política e artes, em contrapartida às mulheres se dedicavam ao cuidado da prole, bem como tudo aquilo que diretamente estivesse ligado à subsistência do homem, como: a fiação, a tecelagem e a alimentação. Já no século XVIII, mais especificamente em 1978, eclodiu a revolução francesa e com ela o lema de igualdade, fraternidade e liberdade, no entanto, as mulheres não puderam usufruir desses ideais tão difundidos.

Assim, na contramão desse pensamento, nesse período surge a real ideia da figura da mãe; a definição das tarefas femininas e masculinas; o abandono do trabalho externo pela mulher que passou a se dedicar a casa, aos filhos e ao marido, sendo considerada a "rainha do lar"; a preparação da jovem burguesa para o casamento, para a vida social e para o cuidado dos filhos (TÂMAR, 2012). Nesse rol, a ideologia do papel atribuído à mulher orienta-se na noção do que é "feminino", face a essa realidade algumas mulheres se organizaram para conclamar os ideais não contemplados pelas conquistas políticas.

Foi no início do século XIX com a Revolução Industrial e com a consolidação do capitalismo que ocorreram significativas mudanças em toda a sociedade. No bojo das imensuráveis mudanças concentra-se o modo de produção das fábricas, que visando ampliação da produção convoca as mulheres para o exército industrial, nesse momento a mulher sai do espaço privado e envereda para a esfera pública. É neste processo de impugnação das ideias de superioridade do homem sobre a mulher que se inicia a trajetória do movimento feminista. A primeira onda feminista que iniciou na Inglaterra em meados do século XX, contou com a participação de mulheres da classe operária, que denunciavam suas péssimas condições de trabalho e os salários inferiores aos dos homens. Este movimento teve como foco a conquista de direitos civis, em especial, o direito ao voto. Ao indagar sobre a construção social da diferença entre os sexos e os campos de articulação de poder, as feministas criaram o conceito de gênero, abrindo assim, portas para se analisar o binômio dominação-exploração construído ao longo dos tempos. (LARA; RANGEL; MOURA; BARIONI; MALAQUIAS, 2016).

Impulsionadas pela onda feminista europeia, o movimento feminista no Brasil teve duas vertentes, *a primeira que representava as mulheres que faziam parte da elite* e a segunda, *a qual se tratava das mulheres pertencentes à classe operária, ambas com perspectivas diferentes*. As feministas de elite empunham a bandeira da educação e do trabalho, no entanto, reforçavam os papéis tradicionais da mulher. Em contrapartida, as mulheres do movimento operário eram contra o padrão moral da época e indagavam a imposição do casamento e a submissão feminina no espaço doméstico, bem como, defendiam a redução da jornada de trabalho e o fim da exploração pelo empregador (LARA; RANGEL; MOURA; BARIONI; MALAQUIAS, 2016).

Neste sentido, a luta pela igualdade de gênero perpassa por três momentos distintos e emblemáticos. O Primeiro abrangia a reivindicação por direitos democráticos como o direito ao voto, divórcio, educação e trabalho no fim do século XIX. O Segundo, da década de 1960 o qual impulsionado pelo aumento dos contraceptivos marcou a "liberação sexual" e para o mercado de trabalho. Por fim, o terceiro, gestado no fim dos anos 1960 com aspectos ligados a luta sindical. Todos estes períodos foram marcados pela luta incessante das mulheres pela ampliação e fim da subordinação da tutela masculina.

Brazão e Oliveira (2010) assinalam que a trajetória de enfrentamento à violência contra a mulher não transcorreu de maneira linear face aos desafios políticos, avanços e recuos das estratégias de luta. Porém, para fins didáticos delimitaremos a história a partir dos anos 1980, momento que eclode o combate à violência contra a mulher a mesma subordinação que mina direitos, invade espaços, rompe com a dignidade feminina, que encontra lugar e se instala nos lares, também é razão para imprimir o movimento de organização feminina no combate a violência contra a mulher. Destarte, para a expressão "violência contra a mulher" conceituado por Celmer (2010), como sendo "qualquer ação ou conduta baseada no gênero, que cause morte, dano ou sofrimento físico, sexual ou psicológico à mulher, tanto no âmbito público como privado". A autora complementa afirmando que a violência contra a mulher envolve a violência doméstica, a violência familiar e a violência conjugal.

> Por violência doméstica deve-se entender aquela conduta que cause dano físico, psíquico ou sexual não só à mulher como a outras pessoas que coabitem na mesma casa, incluindo empregados e agregados. Já a violência familiar é mais específica, abrangendo apenas as agressões físicas ou psicológicas entre membros da mesma família. Por fim, violência conjugal deve ser entendida como todo tipo de agressão praticada contra cônjuge, companheira(o) ou namorada(o). Não se deve restringir a violência conjugal àquela praticada pelo marido contra a esposa, pois sabidamente essas agressões alcançam também os casais de namorados, além de recentes pesquisas demonstrarem a existência de violência conjugal entre lésbicas, o que desnatura essa violência como sendo cometida exclusivamente pelos homens contra as mulheres (esposas, companheiras ou namoradas) (CELMER, 2010, p. 73).

Partindo dessa premissa faremos aqui o recorte teórico, buscando responder o objetivo deste artigo o qual analisa as políticas públicas de atendimento às mulheres em situação de violência, de forma mais específica no município de Tangará da Serra, Mato Grosso. Contextualizando em uma primeira abordagem a violência na esfera nacional, estadual e municipal, bem como, a política pública de enfrentamento à violência contra a mulher em Tangará da Serra.

Resultado e Discussão

Análise das legislações e das Políticas Públicas no combate a violência contra a mulher

Conforme mencionado anteriormente a década de 1980 representou importantes conquistas para as mulheres através do Conselho Nacional dos Direitos da Mulher (CNDM), avanços na seara dos direitos e acesso à educação, saúde, trabalho, renda e à justiça. Impulsionado por um momento embrionário de redemocratização política que se organizava na sociedade brasileira, o movimento de mulheres iniciou um diálogo com o Estado, "no sentido de reivindicar políticas que dessem respostas institucionais de prevenção e punição da violência praticada contra a mulher" (CELMER, 2010, p. 77). Face a esse movimento, no ano de 1985 foi criado o Conselho Nacional dos Direitos da Mulher, um importante passo para a promoção de políticas que almejassem eliminar a discriminação contra a mulher e assegurar sua participação nas atividades políticas, econômicas e culturais. É importante considerar que essa experiência de institucionalização das demandas em relação às mulheres veio para romper com as políticas engendradas pelos governos pós-ditadura as quais se centravam na amamentação, nos cuidados com as crianças e com o ambiente doméstico.

A Constituição Federal de 1988, marco no processo de redemocratização do País, instituiu e consolidou importantes avanços na ampliação dos direitos das mulheres e no estabelecimento de relações de gênero mais igualitárias. A partir do governo Fernando Henrique Cardoso, o CNDM passa ser vinculado junto ao Ministério da Justiça. No final do segundo governo FHC (1999 a 2002), foi criada a Secretaria de Estado dos Direitos da Mulher (2002), também vinculada ao Ministério da Justiça. As prioridades estabelecidas pela Secretaria foram: combate à violência contra a mulher, participação da mulher no cenário político do país e sua inserção no mercado de trabalho.

Foi em 2003 com a criação da Secretaria de Políticas para as mulheres que as políticas públicas de enfrentamento à violência contra as mulheres foram evidenciadas. Foram abandonadas estratégias que visavam apenas a capacitação de profissionais da rede de atendimento às mulheres em situação de violência e a criação de serviços especializados (Casas-abrigo e Delegacias Especializadas de Atendimento à Mulher). As políticas públicas foram alavancadas através da elaboração de conceitos, normas e padrões de atendimento, aprimoração da legislação, apoio à constituição de redes de serviços, incentivo a projetos educativos e culturais de prevenção à violência e ampliação do acesso das mulheres à justiça e aos serviços de segurança pública (POLÍTICA NACIONAL DE ENFRENTAMENTO À VIOLÊNCIA CONTRA AS MULHERES, 2011).

Esta ampliação das políticas públicas supramencionadas foram significativas e refletiram na criação de diferentes documentos e leis, a exemplo temos o Plano Nacional de Políticas para as Mulheres, Lei Maria da Penha, o Pacto Nacional pelo enfrentamento à violência contra as Mulheres e tantas outras Diretrizes e normas técnicas voltadas ao atendimento às mulheres em situação de violência. Concorrendo para esse objetivo, tem-se em âmbito nacional desde 2004, a cada 4 anos as Conferências nacionais e consequentemente a construção do Plano, atualmente em sua 4ª edição. Assim, a 3ª Conferência Nacional de Políticas (CNPM) ocorreu em dezembro de 2011, com 200 mil participantes em todo o país e 2.125 delegadas na etapa nacional. A realização da conferência implica na elaboração do Plano Nacional de Políticas para as Mulheres (PNPM), o referido documento simboliza um marco no processo de consolidação e amadurecimento das políticas para as mulheres atualmente está em vigência o Plano Nacional de Políticas para as Mulheres (2013-2015).

O Plano está estruturado em torno de quatro áreas estratégicas de atuação: autonomia, igualdade no mundo do trabalho e cidadania; educação inclusiva e não sexista; saúde das mulheres, direitos sexuais e direitos reprodutivos; e enfrentamento à violência contra as mulheres. Este Plano ressalta ainda a necessidade de desenvolvimento de uma rede de atendimento às mulheres em situação de violência, articulando os serviços dos diferentes setores de governo (centros de referências, casas de abrigo, defensorias, juizados e delegacias especializadas), a sociedade civil e os movimentos sociais de mulheres (BRASIL, 2008). Porém, os anseios desse instrumento só se consolidarão e se fortalecerão com a existência de parcerias com estados e municípios e o desenvolvimento de políticas e programas para as mulheres que se adequem à realidade local e estejam conectados às diretrizes nacionais do PNPM.

Dentre o arcabouço de políticas públicas de enfrentamento à violência contra as mulheres têm-se as diretrizes do Pacto Nacional pelo Enfrentamento à Violência contra as Mulheres, estabelecidas no período de 2007 a 2011, e garantidas para o período de 2012 a 2015. Podemos definir o respectivo Pacto como um acordo firmado entre a união, estados e Municípios visando o planejamento de ações que consolidassem a Política Nacional pelo Enfrentamento à Violência contra as Mulheres através da implementação de políticas públicas integradas em todo território nacional. O documento enfatiza que a violência se caracteriza como um fenômeno multidimensional e consequentemente demanda políticas públicas articuladas nas diferentes esferas da vida social. As ações que impactam na educação, no mundo do trabalho, saúde, segurança pública, assistência social, justiça e tantas outras, são primordiais para o enfrentamento à violência contra as mulheres. Violência que se expressa de diversas formas (física, psicológica, sexual, patrimonial, moral, assédio sexual e tráfico de pessoas) atingindo mulheres independente de orientação sexual, classe social, raça, etnia, religião e outros aspectos.

Assim, o Pacto está em consonância com a Lei 11.340/06, a qual se constitui em outro marco no tocante ao enfrentamento à violência contra a mulher. A referida Lei foi promulgada face a militância organizada em prol dos direitos das mulheres. A então intitulada "Lei Maria da Penha" prestou homenagem a uma mulher que ficou paraplégica, em razão do esposo atentar contra a sua vida. A Lei expressa várias mudanças dentre elas: definiu as formas de violência contra a mulher, criou mecanismos para coibir e prevenir a violência doméstica e familiar contra a mulher, também constituiu medidas de assistência e proteção às mulheres em situação de violência. A Lei Maria da Penha:

> Cria mecanismos para coibir a violência doméstica e familiar contra a mulher, nos termos do § 8o do art. 226 da Constituição Federal, da Convenção sobre a Eliminação de Todas as Formas de Discriminação contra as Mulheres e da Convenção Interamericana para Prevenir, Punir e Erradicar a Violência contra a Mulher; dispõe sobre a criação dos Juizados de Violência Doméstica e Familiar contra a Mulher; altera o Código de Processo Penal, o Código Penal e a Lei de Execução Penal; e dá outras providências" (LEI nº 11.340, de 7 de agosto de 2006).

Ela diz que o (a) agressor(a) pode ser preso(a) em flagrante, ter sua prisão preventiva decretada ou decorrente de decisão condenatória. Esta dispõe ainda, sobre a criação dos Juizados de Violência Doméstica e Familiar contra a Mulher, que possuem competência civil criminal para abranger todas as questões.

A sanção da respectiva Lei representou para a sociedade brasileira um avanço no combate à violência contra as mulheres, porém, ao considerar a pesquisa de Waiselfisz (2015), vemos que em 2014 os números assinalam que a violência física é, de longe, a mais frequente, presente em 48,7% dos atendimentos, com especial incidência nas etapas jovem e adulta da vida da mulher, quando chega a representar perto de 60% do total de atendimentos. Em segundo lugar, a violência psicológica, presente em 23,0% dos atendimentos em todas as etapas, principalmente da jovem em diante. Em terceiro lugar, a violência sexual, objeto de 11,9% dos atendimentos, com maior incidência entre as crianças até 11 anos de idade (29,0% dos atendimentos) e as adolescentes (24,3%). O autor chama a atenção para o homicídio de mulheres negras, com aumento de 54% em dez anos, passando de 1.864, em 2003, para 2.875, em 2013. Destarte, que no mesmo período o número de homicídios de mulheres brancas tenha diminuído 9,8%, caindo de 1.747, em 2003, para 1.576, em 2013. Em relação à violência sexual no Brasil, o Ministério da Saúde, analisou os registros de violência sexual e concluiu que 89% das vítimas são do sexo feminino e em geral têm baixa escolaridade.Os dados do documento Atlas da Violência 2016, revelam que o estado do Mato Grosso possui um grande desafio, pois traz indicadores preocupantes em relação ao índice de violência contra a mulher no estado. Embora não esteja no topo do indesejável ranking, Mato Grosso apresenta taxa acima da média nacional, 7,0 contra 4.6 para cada 100 mil habitantes. Segundo os dados, 110 mulheres foram assassinadas em Mato Grosso no último ano do levantamento – 2014 – num universo de 4.757 que foram vítimas de morte por agressão no país (WAISELFISZ, 2015). Segundo este levantamento, diferente dos homicídios de homens, a maioria dos casos de violência contra a mulher ocorre em casa, o que reforça a necessidade de políticas públicas com foco no combate à violência contra a mulher.

Os Estados, em consonância com o governo federal, têm autonomia para criar as próprias políticas. Dessa forma, no ano de 1988 o estado do Mato Grosso instituiu o Conselho Estadual de Direitos da Mulher – CEDM, o qual foi criado por Decreto Estadual nº 828, em 30 de junho de 1988. Posteriormente em 2002 o Conselho foi regulamentado pela Lei 7.815. O CEDM está na estrutura da Secretaria de Estado de Justiça e Direitos Humanos (SEJUDH). O Conselho possui a finalidade de promover, em âmbito estadual, políticas que visem eliminar a discriminação da mulher, assegurando-lhe condições de liberdade e igualdade de direitos, bem como sua plena participação nas atividades políticas, econômicas e culturais do Estado. O respectivo Conselho possui várias atribuições, no entanto, constitui-se apenas como órgão consultivo, incumbido de realizar estudos e propor sugestões para o melhor desempenho das funções de estado, concernentes à política para as mulheres.

No ano de 2010 foi instituída a Superintendência de Políticas para Mulheres (SEPM), "a qual objetiva criar, promover, coordenar e acompanhar ações públicas visando o cumprimento de convênios, parcerias e convenções atinentes à qualidade de vida da mulher mato-grossense". Porém, o estado do Mato Grosso não conseguiu avançar na construção do Plano concomitantemente. Diante disso no ano de 2014 ocorreu o II Seminário Estadual Políticas Públicas para as Mulheres, momento em que foi deliberado que caberia ao Conselho Estadual dos Direitos da Mulher a elaboração do I Plano Estadual de Políticas para Mulheres.

Nestes termos, no ano de 2015 foi elaborado o I Plano Estadual de Políticas para Mulheres, o qual contribui para o fortalecimento e a institucionalização da Política para as Mulheres, de forma que reafirma os princípios orientadores da Política Nacional para as Mulheres, como autonomia das mulheres em todas as dimensões da vida; busca da igualdade efetiva entre mulheres e homens, em todos os âmbitos; respeito à diversidade e combate a todas as formas de discriminação; caráter laico do Estado; universalidade dos serviços e benefícios ofertados pelo Estado; participação ativa das mulheres em todas as fases das políticas públicas; e transversalidade como princípio orientador de todas as políticas públicas.

O plano obedece a divisão por regiões totalizando 12 Regiões a qual o estado é dividido conforme proposta da Secretaria de Estado de Planejamento (SEPLAN), denominada por "Região de planejamento". Assim, o município de Tangará da Serra é cidade polo e faz parte da região Oeste de ordem VIII, abrange os municípios de Porto Estrela, Barra dos Bugres, Nova Olímpia, Denise, Santo Afonso, Campo Novo do Parecis. O Plano contempla toda a rede de serviços à mulher da região VIII e apresenta os respectivos dados quantitativos: Centros de Referência de assistência Social – 11, Centro Especializado de Assistência Social – 4, Defensoria – 3, Conselho Municipal dos Direitos da Mulher – 2, Outros Serviços de Atendimento Jurídico – 2. Além disso, o documento apresenta o diagnóstico do Estado de Mato Grosso com relação às mulheres e a Rede de Serviços de Atendimento à Mulher de Mato Grosso esmiuçando por região. Este apresenta 6 eixos temáticos: educação, enfrentamento à violência contra as mulheres, autonomia, igualdade no mundo do trabalho e cidadania, saúde das mulheres, direitos sexuais e reprodutivos e gestão e monitoramento.

Em relação ao Eixo enfrentamento à violência contra as mulheres, o documento apresenta 6 linhas de ação, as quais são: 1 – Ampliação e fortalecimento da rede de serviços especializados de atendimento às mulheres em situação de violência; 2 – Promoção da implementação da Lei nº 11.340, de 7 de agosto de 2006 – Lei Maria da Penha; 3 – Fortalecimento da segurança cidadã e acesso à justiça às mulheres em situação de violência; 4 – Enfrentamento à exploração sexual e ao tráfico de mulheres; 5 – Promoção da autonomia das mulheres em situação de violência e a ampliação de seus direitos; 6 – Enfrentar as situações de violência institucional contra as mulheres.

Através do Plano Estadual de Políticas Públicas para as Mulheres observa-se que o estado não vem cumprindo com o "dever de casa". Baseado no levantamento realizado pela Secretaria de Políticas para Mulheres da Presidência da República do Brasil (SPM/PR), observa-se que o estado de Mato Grosso não consegue cobrir a atenção à mulher em todas as regiões. Pois a maioria dos serviços voltados ao atendimento especializado à mulher está centralizado na capital, Cuiabá. Em todo o estado estão distribuídos apenas 4 Serviços de Abrigamento: 2 em Cuiabá, 1 em Rondonópolis e 1 em Sorisso; 1 Centro Especializado de Atendimento à Mulher, localizado na cidade de Sorisso; Promotorias Especializadas: 1 em Cuiabá, e por fim os Serviços de saúde para atender casos específicos de violência contra a mulher: 1 em Cuiabá.

Considerando o arcabouço de leis e documentos que abrange o combate à violência contra as mulheres faz-se necessária uma reflexão acerca de quais foram às intervenções realizadas no município de Tangará da Serra a partir da promulgação da lei 11.340/16 e dos Planos tanto a nível nacional quanto estadual, os quais disponibilizam mecanismos para coibir a violência doméstica e familiar, bem como, averiguar como vêm se efetivando tais ações no que se refere ao enfrentamento à violência contra a mulher em Tangará da Serra.

Análise da violência contra a mulher e as políticas públicas de combate no município de Tangará da Serra

No ano de 2012 foi instituído pela Lei Municipal nº 3.769/12, o Conselho Municipal dos Direitos da Mulher (CMDM) órgão vinculado à Secretaria Municipal de Assistência Social – SMAS, o qual possui colegiado de natureza consultiva e deliberativa no âmbito de suas competências, tendo por objetivo formular e propor diretrizes de ações governamentais voltadas à promoção dos direitos da mulher e atuar no controle social de políticas públicas de igualdade de gênero (Lei nº 3769/12, dispõe sobre a criação do Conselho e do Fundo Municipal dos Direitos da Mulher)

É de comum conhecimento que a constituição de políticas públicas se dá por meio da participação popular, portanto as políticas para as mulheres vêm se consolidando no poder público mediante as conferências nacionais, estaduais e municipais. Em Tangará da Serra o CMDM em parceria com a SMAS organizou a 1ª Conferência Municipal de Defesa dos Direitos da Mulher, realizada em setembro de 2015. Segundo o relatório da Conferência o evento contou com 132 participantes que elencaram avanços e desafios a partir da discussão dos seguintes eixos: Contribuição dos conselhos dos direitos da mulher e dos movimentos feministas e de mulheres para a efetivação da igualdade de direitos e oportunidade para as mulheres em sua diversidade e especificidades; estruturas institucionais e políticas públicas desenvolvidas para mulheres no âmbito municipal, distrital, estadual e federal; Sistema político com participação das mulheres e igualdade; Sistema Nacional de Política para as Mulheres.

Assim, a Conferência é um importante passo rumo à consolidação das políticas públicas, pois conforme já verificado os entes, federal e estadual, elaboraram pós Conferência os respectivos Planos. Em Tangará da Serra, na Conferência Municipal de Defesa dos Direitos da Mulher o Plano Municipal de Políticas para Mulheres foi apresentado como um desafio, o que poderá ser materializado mediante mobilização do CMDM, demais instituições e órgãos responsáveis que militam para o avanço dessa política.

O município conta com apenas com a Delegacia Especializada enquanto serviço especializado voltado ao atendimento à mulher vítima de violência. Neste sentido, umas das ações implementadas pelo Estado de Mato Grosso dizem respeito às Delegacias da mulher. Até o ano de 2015 a Polícia Judiciária Civil tinha cinco Delegacias da Mulher em funcionamento nos municípios de Cuiabá, Várzea Grande, Cáceres, Rondonópolis e Barra do Garças. No mês de maio de 2015 esse número foi ampliado para seis com a inauguração da unidade de defesa da mulher de Tangará da Serra.

Em Tangará da Serra a delegacia conta com uma delegada titular, cinco investigadores e quatro escrivães. As mulheres vítimas de violência são atendidas por alguns serviços, uma das portas de entrada para o atendimento à vítima é a Delegacia de Defesa da Mulher (DDM), onde a mulher registra o boletim de Ocorrência e é colhido o termo de declaração. A delegada ou a própria mulher faz a solicitação das medidas protetivas. As medidas protetivas de urgência são importantíssimas, pois, possibilitam à mulher em situação de violência doméstica e familiar solucionar alguns problemas urgentes antes mesmo do processo criminal ser iniciado. Essas se dividem em: medidas protetivas de urgência que obrigam o (a) agressor (a), medidas protetivas de urgência à ofendida (BRASIL, Lei Maria da Penha, 2006). As que obrigam o (a) agressor (a) são medidas de caráter repressivo e punitivo. Já as medidas protetivas de urgência à ofendida são medidas de proteção, de encaminhamentos, dentre outras medidas.

Objetivando angariar dados para uma análise em âmbito municipal buscou-se a Delegacia Especializada dos Direitos da Mulher, porém obteve-se a informação de que os registros de atendimentos do respectivo órgão são enviados à Coordenadoria de Estatística e Análise Criminal departamento ligado a Secretaria de Estado e Segurança Pública (SESP), assim não foi possível a coleta de dados do respectivo órgão.

Diante dessa impossibilidade foram analisados os dados do relatório de estatísticas do Sistema de Informação do Ministério Público de Mato Grosso (SIMP) – Lei Maria da Penha. Segundo o relatório em 2013 foram recebidos 338 inquéritos, esse número avançou em 2014 para 398 por fim, quase triplicou no ano em 2015 atingindo a quantidade de 543 inquéritos. Média de 28/mês em 2013, 33/mês em 2014, 45/mês em 2015. O gráfico abaixo ilustra o avanço de registros.

Registros de Violência contra a mulher

Gráfico 7

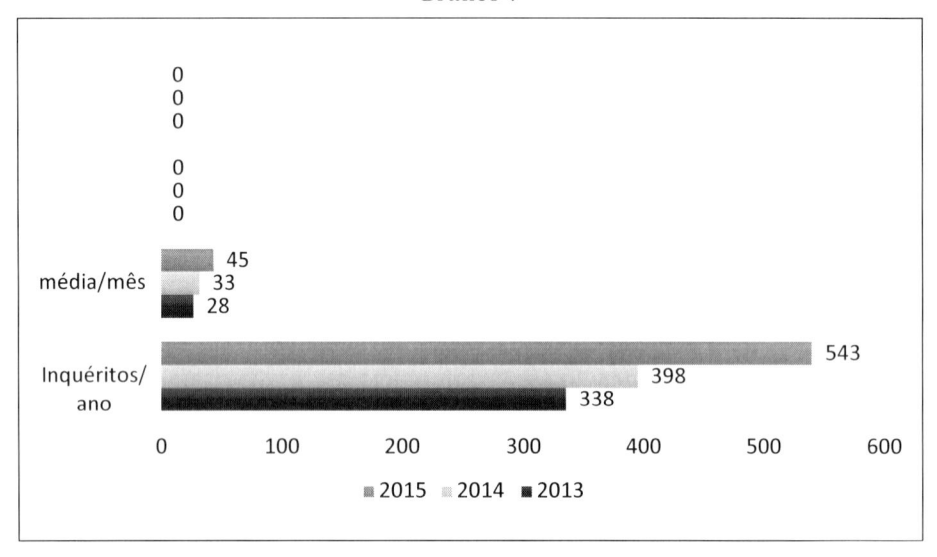

	2015	2014	2013
média/mês	45	33	28
Inquéritos/ano	543	398	338

Fonte: Sistema de Informação do Ministério Público/MT, 2016.

A condensação de informação expressa que os números sobre a violência contra a mulher em Tangará da Serra, assim como em âmbito nacional, são estarrecedores. Acredita-se que a visibilidade do tema e a implantação da Delegacia Especializada explica o crescimento vertiginoso nos dados quantitativos.

O relatório extraído do SIMP apresenta os seguintes filtros sobre o perfil do agressor: raça/cor, naturalidade, estado civil, escolaridade, grau de parentesco, renda e fator exacerbador. Em relação ao perfil da vítima o relatório aborda os filtros de raça/cor, naturalidade, estado civil, escolaridade, renda e média de idade. Ressalta-se que os filtros que delimitam o perfil da vítima não foram alimentados em nenhum dos anos.

A respectiva análise evidenciará os três primeiros dados em destaque. Em relação ao perfil do agressor, a tabela de número 01 aborda o aspecto relacionado à raça/cor.

Tabela 1 – Cor

Raça/cor	2013	2014	2015	Total
Parda	3	5	5	13
Branca	-	1	7	8
Negra	-	01	01	2
Não definida	163	181	221	565
Não informada	121	150	204	475
Não preenchida	51	60	105	216

Fonte: Sistema de Informação do Ministério Público/MT, 2016.

Dos dados registrados, observa-se que a cor parda predomina seguida pela cor branca e por último a cor negra.

Tabela 2 – Naturalidade

Naturalidade	2013	2014	2015	Total
Cuiabá	1	2	4	08
Várzea Grande	1	59	2	62
Interior de Mato Grosso	49	61	72	182
Outros estados	48	1	71	120
Não informada	66	78	106	250
Não preenchida	173	197	288	658

Fonte: Sistema de Informação do Ministério Público/MT, 2016

Ao descartar os dados não informados e não preenchidos os números evidenciam que o agressor advém do interior do estado, seguido de outros estados. A cidade de Várzea Grande se destaca, aparecendo a capital com 8 registro no total dos 3 anos.

Na tabela de número 3 traz dados sobre o estado civil do agressor.

Tabela 3 – Estado civil

Estado civil	2013	2014	2015	Total
Solteiro (a)	57	63	94	214
Casada (a)	21	24	33	78
Divorciado (a)	3	2	1	06
Separado (a)	4	4	3	11
Viúvo (a)	2	1	1	04
Convivente	53	78	90	221
Não informado	21	21	32	74
Não preenchido	177	205	289	671

Fonte: Sistema de Informação do Ministério Público/MT, 2016.

Quanto ao estado civil, observa-se que aparece a categoria solteiro (a) em primeiro lugar com 214 no total, quase que na mesma proporção está convivente com 221, reduzindo para casado (a) com 78 casos.

Tabela 4 – Escolaridade

Escolaridade	2013	2014	2015	Total
Fundamental incompleto	36	04	56	96
Fundamental completo	05	46	20	71
Médio incompleto	07	10	11	28
Médio completo	09	10	11	30
Superior incompleto	03	09	07	19
Superior completo	01	02	01	04
Não informado	253	03	357	613
Não preenchido	24	276	80	380

Fonte: Sistema de Informação do Ministério Público/MT, 2016.

Considerando a escolaridade observa-se que a violência contra a mulher se concentra nas classes com baixa escolaridade, ou seja, foram registrados 96 casos em que os agressores possuíam apenas o ensino fundamental incompleto, 71 com o fundamental completo e 30 agressores com ensino médio completo.

Tabela 5 – Parentesco

Grau de parentesco	2013	2014	2015	Total
nenhum	02	04	10	16
Esposa (o)	28	35	60	123
Companheira (o)	80	117	157	354
Namorada (o)	04	07	21	32
Mãe/Pai	07	05	05	17
Filha (o)	15	22	21	58
Enteada (o)	01	07	06	14
Neta (o)	-	02	-	02
Irmã (o)	03	02	12	17
Tia (o)	02	02	07	11
Prima	-	-	02	02
Madrinha/Padrinho	-	-	01	01
Ex-marido	15	32	48	95
Ex-companheira (o)	12	09	69	90
Ex-esposa (o)	05	09	08	22
Ex-convivente	150	157	147	454
Ex-namorada (o)	34	21	23	78
Outros (as)	06	15	13	34
Não preenchido	09	11	06	26
Não informado	-	01	-	01

Fonte: Sistema de Informação do Ministério Público/MT, 2016.

A tabela acima expõe que o agressor é na grande maioria o ex-convivente, seguido pelo companheiro com 354 e esposo que atingiu a soma de 123 casos registrados nos 3 anos de análise.

Tabela 6 – Renda

Renda	2013	2014	2015	Total
Sem renda	06	11	10	27
Até 1 Salário Mínimo	05	04	06	15
De 01 até 2 Salários Mínimos	34	37	51	122
De 2 até 4 Salários Mínimos	11	19	28	58
De 04 até 6 Salários Mínimos	04	04	07	15
Acima de 6 Salários Mínimos	03	04	01	08
Não informada	275	319	440	1.034

Fonte: Sistema de Informação do Ministério Público/MT.

Observa-se que é predominante os agressores que recebem de 1 até 2 salários mínimos, seguidos de renda que oscila entre 2 até 4 salários mínimos e em terceiro os sem renda.

Por fim, a tabela de número 7 aborda o fator exacerbador, ou seja, o respectivo aspecto potencializa a violência e a concretiza.

Tabela 7

Fator exacerbador	2013	2014	2015	Total
Nenhum	04	02	01	07
Álcool	77	99	130	306
Droga	29	29	42	100
Desemprego	2	01	-	03
Traição	4	14	08	26
Ciúmes	177	175	139	491
Outros	51	90	249	390
Não informado	26	33	35	94
Não preenchido	09	11	06	26

Fonte: Sistema de Informação do Ministério Público/MT.

Observa-se que o fator exacerbador predominante é os ciúmes com um total de 491 casos registrados nos 3 anos analisados. O crescente consumo de bebida alcoólica e outras drogas aparece como fator exacerbador, na qual a bebida alcoólica com aponta 306 registros e por fim o uso de droga com 100 casos. Assim a luz da teoria de Bourdieu, 2005 depreende-se dessa informação que a violência contra a mulher traz em seu seio, estreita relação com as categorias de gênero, classe e raça/etnia e suas relações de poder. Tais relações estão mediadas por uma ordem patriarcal proeminente na sociedade brasileira, a qual atribui aos homens o direito a dominar e controlar suas mulheres, podendo em certos casos, atingir os limites da violência.

É de suma importância esclarecer que os números aplicados aos filtros não definida, não informada e não preenchida predominam e consequentemente expressam a necessidade de detalhamento da informação para viabilizar a geração de dados e finalmente a análise desses.

Em Tangará da Serra um dos fatores que torna deficitário o atendimento à mulher vítima de violência doméstica ou familiar está relacionado à Rede de Serviços de atendimento. A adversidade fica evidente no âmbito municipal quanto se analisa sob o aspecto de apoio à vítima e ao núcleo familiar, visto que a rede de serviços conta com 1 Centro de Referência Especializado de Assistência Social (CREAS) e 3 Centros de Assistência Social (CRAS), os serviços possuem equipe multidisciplinar composta por: psicólogo, assistente social, pedagogo e educadores, porém o que se verifica é que a demanda de mulheres vítimas de violência atendidas na Delegacia não são encaminhadas aos respectivos órgãos. Dessa forma, o município dispõe apenas da Delegacia da Mulher enquanto serviço especializado que compõe a rede de atendimento às mulheres vítimas de violência.

Considerações finais

A contextualização da violência contra as mulheres e os desdobramentos das políticas públicas no atendimento a essa demanda nas esferas federal, estadual, com enfoque para o município de Tangará da Serra, oportunizou a construção de um panorama de quais foram os avanços e desafios frente às políticas públicas no referido município. Os três últimos anos (2013 a 2015) observou-se um crescimento vertiginoso dos registros dos casos de violência contra as mulheres. Depreende-se dessa premissa de que a Lei e demais documentos são um avanço, porém não se bastam. Assim, em âmbito nacional considera-se que a Lei 11.340/06 que trouxe em seu bojo elementos para o enfrentamento e julgamento da violência doméstica e familiar, favoreceu o fortalecimento da política de enfrentamento, de forma que adquiriu maior notoriedade e consequentemente avançou na criação de novos serviços e melhoria dos já existentes.

O referido trabalho se propôs a revelar algumas considerações acerca da exposição da rede de serviços existente em Tangará da Serra e paralelamente busca aspectos contributivos existentes na Lei e demais legislações, sinalizando para o processo de fortalecimento e ampliação da rede de atendimento nesse âmbito.

No que tange às políticas públicas de enfrentamento à violência contra a mulher no nível municipal, observou-se avanços como a implantação da Delegacia Especializa, no entanto, há muito que se avançar nas políticas de atendimento as mulheres em situação de violência. A partir dessa perspectiva, verifica-se que a nível estadual e principalmente municipal a necessidade de criação de espaços que compreende o objetivo de oferecer alternativas as mulheres em situação de violência. Espaços que propiciem ações que trabalhem a autonomia financeira e emocional das mulheres, Centros de acolhimento à mulher vítima de violência e os seus dependentes, conforme preconiza a Lei. Ações no que se refere ao atendimento aos homens, pois a Lei estabelece, por exemplo, a criação do Centro de Reabilitação e Reeducação para os homens autores de violência ao homem, centro e/ou ações que ainda não foram construídos/efetuadas.

A partir dos dados do SIMP/MT pode-se traçar o perfil do agressor. Vislumbra-se a relevância do manuseio das informações e lançamentos dos dados no sistema. Portanto, demonstra-se que o trabalho com a informação é primordial para a aplicação de estratégias de ação assertivas, ou seja, políticas públicas voltadas ao combate a violência contra a mulher. Embora se evidencie algumas ações protetivas, percebe-se que as intervenções se restringem ao teor repressivo, as quais indicam a necessidade de um maior entrosamento entre o Poder Judiciário e as políticas públicas administradas no âmbito municipal. Deve-se atentar para as multidisciplinaridades das políticas públicas de enfrentamento a violência contra a mulher. A intervenção a qual se aborda é referente à criação de políticas públicas que propiciem as mulheres melhores condições de vida. Políticas Públicas na área de habitação, emprego, educação, saúde entre outras.

O respectivo trabalho oportunizou apreender que nas instituições como Delegacia Especializada e Ministério Público existem mecanismos de registros do agressor e da vítima com estratificação por idade, ocupação, renda e outros, porém esse aparato de informações não é alimentado para subsidiar análises e consequentemente ações efetivas baseadas na problemática. Tal consideração coaduna com o Plano Estadual de Políticas Públicas para as Mulheres (2016), o qual diz:

As informações sobre as mulheres em Mato Grosso carecem ainda de fontes mais detalhadas, de pesquisas que busquem novas perspectivas das vidas femininas, e que as instituições públicas ligadas aos serviços para as mulheres criem em suas rotinas arquivos onde se possam contemplar informações precisas e relevantes sobre as mulheres. É urgente a criação no governo do Estado de um setor de políticas públicas para tratar a questão da mulher em todos os setores de atuação, sobretudo que tenham pessoas qualificadas e que publiquem relatórios que possam subsidiar as atuações do Estado nestas áreas. O setor específico como este precisa atuar intersetorialmente com as demais áreas do estado, principalmente nas áreas de planejamento, justiça e direitos humanos, segurança pública, saúde, educação, assistência social, meio ambiente e agricultura familiar, de modo a formarem um banco de dados permanentemente atualizado e confiável (PLANO ESTADUAL DE POLÍTICAS PÚBLICAS PARA AS MULHERES, p. 41, 2016).

Observa-se que a mesma dificuldade encontrada para a elaboração do Plano Estadual de Políticas Públicas para as Mulheres permeou a confecção de informação neste trabalho. Assim, no nível municipal a carência de registros mais detalhados torna-se obstáculo para a realização de estratégias voltada a esse segmento nos demais níveis.

No entanto, mesmo não oferecendo dados estratificados que permitam construir um diagnóstico do problema, pode-se obter uma visão geral das características da violência contra as mulheres no município e de aspectos que obstaculizam ações estratégicas baseadas em indicadores que evidenciem a realidade social dessa problemática, e que possibilite mudanças na desigualdade social entre mulheres e homens, na violência contra a mulher, no atendimento à saúde, assistência social e demais políticas que abarcam o universo feminino fragilizado pela violência.

Finalmente, evidenciamos a importância deste estudo na fundamentação de futuras pesquisas que, sob o foco das diversas áreas do conhecimento possam aprofundar a temática aqui abordada.

REFERÊNCIAS

BLAY, Eva A. **Violência contra a mulher e políticas públicas**. Estudos Avançados. Artigo. Scielo. Disponível em: http://www.scielo.br/pdf/ea/v17n49/18398.pdf. Acesso em: 17 out. 2016.

BOURDIEU, P. **A dominação masculina**. 4. ed. Rio de Janeiro: Bertand Brasil, 2005.

BRASIL. **Constituição (1988)**. Constituição da República Federativa do Brasil. Disponível em: http://www.planalto.gov.br/ccivil_03/constituicao/constituicao.htm. Acesso em: 18 out. 2016.

BRASIL. **Lei nº 11.340, de 7 de agosto de 2006**. Disponível em: http://www.planalto.gov.br/ccivil_03/_ato20042006/2006/lei/l11340.htm. Acesso em: 18 out. 2016.

BRASIL. **Lei nº 11.340, de 7 de agosto de 2006**. Disponível em: http://www.planalto.gov.br/ccivil_03/_ato20042006/2006/lei/l11340.htm. Acesso em: 21 jun. 2016.

BRASIL. **Política Nacional de Enfrentamento à Violência contra as Mulheres**. Brasília, DF, 2011. http://spm.gov.br/publicacoesteste/publicacoes/2011/politica-nacional. Acesso em: 18 out. 2016.

BRASIL. Presidência da República. Secretaria Especial de Políticas para as Mulheres. **Plano Nacional de Políticas para as Mulheres**. Brasília: Secretaria Especial de Políticas para as Mulheres, 2004. Disponível em: http://www.spm.gov.br/assuntos/pnpm/publicacoes/pnpm-2013-2015-em 22ago13.pdf. Acesso em: 18 ago. 2016.

BRASIL. Secretaria Nacional de Enfrentamento à violência contra as Mulheres. Secretaria de Políticas para as mulheres. **Política Nacional de Enfrentamento a violência contra as mulheres**. Coleção Enfrentamento a violência contra as mulheres, 2011. Disponível em: http:// www.sepm.gov.br/publicações-texto. Acesso em: 18 out. 2016.

CELMER, Elisa Girott. Violências contra a mulher baseada no gênero, ou na tentativa de nomear o inominável. *In:* ALMEIDA, Maria da Graça Blaya. **Violência na sociedade contemporânea**. Porto Alegre. EDIPUCRS, 2010.

INSTITUTO DE PESQUISA ECONÔMICA APLICADA – IPEA. Nota Técnica n 17. **Atlas da Violência 2016**. Brasília: 2016. Disponível em: http://www.ipea.gov.br/portal/images/stories/PDFs/nota_tecnica/160322_nt_17_atlas_da_violencia_2016_finalizado.pdf. Acesso em: 17 ago. 2016.

LARA, B; Rangel, B; MOURA, G; BARIONI, P; MALAQUIAS, T. **#MeuAmigoSecreto**: Feminismo além das redes. 1. ed. Rio de janeiro, 2016.

LEI nº 3769, **dispõe sobre a criação do Conselho e do Fundo Municipal dos Direitos da Mulher**. 2012.

LEROI-GOURHAN, André. Le Geste et laparole, technique et language. Paris: Albin Michel, 1964 *In:* CLASTRES, Pierre. **Arqueologia da violência — pesquisas de antropologia política**. São Paulo: Cosac & Naify, 2004.

MATO GROSSO. Conselho Estadual dos Direitos da Mulher. **Propostas para o primeiro Plano Estadual de Políticas Públicas para as Mulheres do Estado de Mato Grosso**. Conselho Estadual dos Direitos da Mulher. Cuiabá, MT: Secretaria de Estado de Justiça e Direitos Humanos, 2015.

MATO GROSSO. Ministério Público do Estado de Mato Grosso – Promotoria de Justiça – Sistema Simp. **Relatório de Estatísticas – Lei Maria da Penha**, 2013 a 2015.

PAES, Maria Helena Simões. **A década de 60**: rebeldia, contestação e repressão política. 2. ed. São Paulo: Ática, 1993. 95 p. [Princípios, 221]

Secretaria de Políticas para as Mulheres, Secretaria Nacional de Enfrentamento à Violência Contra as Mulheres. **Pacto Nacional de Enfrentamento à Violência contra as Mulheres**. Brasília: Presidência da República, 2010. 52 p. [Enfrentamento à violência contra as mulheres; v. 2]. Disponível em: http://www.spm.gov.br/sobre/publicacoes/publicacoes/2010/PactoNacional_livro.pdf. Acesso em: 18 out. 2016.

SUPERINTENDÊNCIA de Políticas para Mulheres Violência contra as mulheres – **Uma história contada em décadas de lutas**. Organização: Analba Brazão e Guacira Cesar de Oliveira. Brasília: CFEMEA: MDG3 Fund, 2010. 128p. [Coleção 20 anos de cidadania e feminismo]. Disponível em: http://www.sejudh.mt.gov.br/sepm. Acesso em: 18 out. 2016.

TANGARÁ DA SERRA. **Relatório da 1ª Conferência Municipal de Defesa dos Direitos da Mulher – 2015**. Disponível em: http://www.sejudh.mt.gov.br/sepm. Acesso em: 18 out. 2016.

VELÁZQUEZ, Susana. Violências Cotidianas, Violência de Gênero: escutar, compreender, ajudar. Buenos Aires: Paidós, 2006. *In:* LISBOA, Teresa K. **Violência de gênero, políticas públicas para o seu enfrentamento e o papel do serviço**. n. 27. Florianópolis, SC: Temporalis, 2014. p. 33-56. Disponível em: http://periodicos.ufes.br/temporalis/article/view/6543. Acesso em: 15 nov. 2016.

WAISELFISZ, Julio Jacobo. **Mapa da violência 2015 homicídio de mulheres no Brasil.** Brasília: OPAS/OMS, ONU Mulheres, SPM e Flacso, 2015. Disponível em: http://www.mapadaviolencia.org.br/pdf2015/MapaViolencia_2015_mulheres.pdf. Acesso em: 18 out. 2016.

A PRISÃO, E DEPOIS? A OMISSÃO DO ESTADO E DA SOCIEDADE NA PROMOÇÃO DE POLÍTICAS PÚBLICAS DE REINTEGRAÇÃO SOCIAL

Danielly Brunelly Santos Casti
Raimundo França
Francisco Xavier Freire Rodrigues

Introdução

O número de detentos nos últimos anos tem aumentado cada vez mais, reflexo da violência no cotidiano e falta de políticas públicas na tentativa de providenciar medidas contra a criminalização, com enfoque ainda maior no combate à reincidência. (BRASIL, 2016)

O Estado com seu papel de manter a Segurança Pública, bem como reprimir àqueles que praticam condutas tipificadas como crime no ordenamento jurídico obtém poder para aplicar sanções como "[...] instrumentos de controle social de comportamentos desviados [...] visando assegurar a necessária disciplina social, bem como a convivência harmônica dos membros dos grupos." (SANCHES, 2014, p. 34).

Neste diapasão, entre outras sanções aplicáveis aos "descumpridores da lei" penal, encontra-se as penas privativas de liberdade, que embora influenciada por uma postura político-criminal ingênua, que insiste em apresentar o Direito Penal como a fórmula mágica solucionadora de todos os conflitos sociais, capaz de resolver os males causados por uma péssima distribuição de rendas, pela miséria, pela fome, pelo desemprego, pela corrupção e pela impunidade, conforme explana o Ilustre doutrinador Renato Brasileiro Lima (2014), o término do cumprimento da pena, ou até mesmo a progressão do regime fechado para o semiaberto (pois na maioria das vezes o Estado não tem estrutura para manter os detentos no regime semiaberto, sendo de pronto "liberado" mediante algumas condições) é o que preocupa, haja vista, o retorno deste cidadão ao convívio social, que em muitos casos não tem nenhuma perspectiva de vida.

Contudo, o Estado "*já cumpriu*" o papel penalizador perante a sociedade, e tem como um *alívio* devolvê-lo para o convívio social, tendo em vista as responsabilidades e gastos públicos que o encarcerado produz.

Frente a isso, temos um problema.

O Estado expôs o indivíduo como pessoa marginalizada, com caráter de indigno de conviver em sociedade. A mídia escandalizou, o sensacionalismo encheu de estereótipos, fazem surgir preconceitos, e depois o mesmo Estado que exerceu o seu direito de punir, devolve o indivíduo que cumpriu a penalidade imposta somente com rotulagens e estigmas que a população os criou.

Diante dessas considerações, o Estado teria responsabilidade civil quando através de sua omissão não pratica as Políticas de ações sociais para (re)integração dos Egressos do Sistema Penitenciário na sociedade, vez que a Lei de Execuções Penais prevê assistência ao egresso?

Não podemos nos olvidar que esse mesmo ordenamento jurídico que dá o poder para o Estado punir, é o mesmo que estabelece deveres. Todavia, o Estado é omisso quando após o cumprimento da pena privativa de liberdade, devolve-o para a sociedade sem as devidas Políticas Públicas, os Egressos do Sistema Penitenciário visando reintegrá-lo no meio social a qualquer custo.

Dessa forma, o presente trabalho tem como objetivo estudar a omissão do Estado perante os Egressos do Sistema Penitenciário diante do direito às Políticas de assistência aos Egressos.

A metodologia utilizada no tipo de pesquisa quanto aos objetivos, foi uma pesquisa qualitativa de tipo exploratória, bibliográfica e documental, buscando uma maior compreensão sobre o assunto, utilizando de levantamento bibliográfico, explorando-se o máximo de informações possíveis sobre o tema ora em estudo, tendo como marcadores de pesquisa termos chaves como: prisão, reincidência, política criminal, segurança pública e reeducando

Segundo Preste (2003, p. 26) a pesquisa exploratória tem como finalidade proporcionar maiores "informações sobre o assunto que vai ser investigado, facilitar a delimitação do tema a ser pesquisado, orientar a fixação dos objetivos e a formulação das hipóteses ou descobrir uma nova possibilidade de enfoque para o assunto. "

No procedimento técnico primeiramente foi utilizado a pesquisa bibliográfica, utilizando-se materiais que já se encontravam elaborados, como: doutrinas, leis e artigos científicos. Para Marconi (2002, p. 62) a pesquisa bibliográfica é o levantamento de todos os dados publicados em artigos científicos, livros, revistas cientificas etc.

O presente artigo foi divido em 5 (cinco) tópicos, sendo que no primeiro – O Monopólio do Uso da Força – foi abordado o conceito de Estado, o Estado de Bem Estar Social, além de esclarecer o poder/dever do Estado em punir. No segundo tópico realizou-se uma abordagem sobre as penas privativas de liberdade, quais os tipos, como são aplicadas e finalizadas. Já o terceiro tópico foi reservado para tratar das políticas públicas de reintegração social para os egressos do sistema penitenciário. Ao final, no quarto tópico tratou-se da responsabilidade do Estado quando omisso na realização de Ações afirmativas. Sendo finalizado o trabalho através da conclusão, que foi redigida por meio de toda reflexão obtida com a realização do trabalho.

O Monopólio do Uso da Força, do Estado Protetor ao Estado Punitivo: políticas públicas

A sociedade originada pela união de pessoas que necessitavam de uma organização social dispôs de suas liberdades em função de uma segurança, passando os poderes individuais a um ente maior, pois Aristóteles já dizia "O todo existe antes da parte." (2002, p. 12), ou seja, o Estado só existe porque antes de tudo já havia povoação. Como bem explica Rousseau, o Estado é como,

> [...] a família, portanto, o primeiro modelo das sociedades políticas; o chefe é a imagem do pai, o povo a imagem dos filhos, e havendo nascido todos livres e iguais, não alienam a liberdade a não ser em troca da sua utilidade. Toda a diferença consiste em que, na família, o amor do pai pelos filhos o compensa dos cuidados que estes lhe dão, ao passo que, no Estado, o prazer de comandar substitui o amor que o chefe não sente por seus povos. (ROUSSEAU, 2002, p. 11).

O Estado a partir desse movimento passou a ser mediador e gestor da sociedade, fazendo constar em uma Constituição direitos e deveres dos cidadãos os quais devem ser cumpridos. Este é o Ente detentor de Poder político administrativo, do qual emanam todas as decisões. Nas palavras de Aristóteles (2002, p. 30) que é de clara elucidação: "O Estado é o sujeito constante da política e do governo; a constituição política não é senão a ordem dos habitantes que o compõem."

Toda formação do Estado só se constituiu devido a entrega de poderes por particulares à Pessoa Pública, sendo esta formada pela união de todas as outras, tomava outrora o nome de cidade, e toma hoje o de república federativa ou corpo político, o qual é chamado por seus membros: Estado, quando é passivo; soberano, quando é ativo; autoridade, quando comparado a seus semelhantes. No que diz respeito aos associados, adquirem coletivamente o nome de povo, e se chamam particularmente cidadãos, na qualidade de participantes na autoridade soberana, e vassalos, quando sujeitos às leis do Estado (ROUSSEAU, 2002).

Dessa forma, como o Estado foi organizado por diversas sociedades como esclarece Aristóteles, dizendo que

> O Estado, aliás, é um composto de partes dessemelhantes, aproximadamente como o animal se compõe da alma e do corpo; a alma, de razão e de paixões; a família, do homem e da mulher; a casa, do senhor e do escravo. (2002, p. 36).

Evidente que os interesses não são os mesmos, necessitando de boas leis que nem sempre atingiam interesses comuns, mas que na visão estatal se enquadraria no bem comum. "Todas as sociedades, portanto, têm como meta alguma vantagem, e aquela que é a principal e contém em si todas as outras se propõe a maior vantagem possível. Chamamo-la Estado ou sociedade política" (ARISTÓTELES, 2002, p. 9).

Nessa mesma linha de pensamento Max Weber (1993, p. 57) assegura que "O Estado só pode existir, portanto, sob condição de que os homens dominados se submetam à autoridade continuamente reivindicada pelos dominadores"

As consequências da entrega de Poder ao Ente soberano foi a submissão às leis, devendo cumprir as regras impostas pelo mesmo, sob pena de sofrer sanções, tendo em vista que o descumprimento das normas previstas pode ferir direitos de terceiros.

> Mas, para que um Estado seja bem organizado politicamente, não basta que tenha boas leis, se não cuidar da sua execução. A submissão às leis existentes é a primeira parte de uma boa ordem; a segunda é o valor intrínseco das leis a que se está submetido. Com efeito, pode-se obedecer a más leis, o que acontece de duas maneiras: ou porque as circunstâncias não permitem melhores, ou porque elas são simplesmente boas em si, sem convir às circunstâncias (ARISTÓTELES, 2002, p. 78).

Superada essa análise, é oportuno destacar que no atual contexto, o Poder transferido ao Estado encaixa-se perfeitamente às palavras de Rousseau em seu livro o *Contrato Social*. Percebe-se, que a entrega do Poder para as mãos do Estado, para que este possa intervir pública e privadamente no interesse da sociedade não é absoluto, vez que o cidadão tem direito de reivindicar a melhor forma para auferir o *bem comum*.

> Renunciar à própria liberdade é o mesmo que renunciar a qualidade de homem, aos direitos da humanidade, inclusive seus deveres. Não há qualquer compensação possível para quem quer que renuncie à tudo. Tal renúncia é incompatível com a natureza humana, e é arrebatar toda a moralidade as suas ações, bem como subtrair toda liberdade à sua vontade. Enfim, não passa de vã e contraditória convenção estipular, de um lado, uma autoridade absoluta, e, de outro, uma obediência sem limites. (ROUSSEAU, 2002, p. 17)

Isso deixa claro que o exercício político é de competência exclusiva do cidadão que entrega ao Ente Soberano suas competências, e este por sua vez, teria como função organizar a ordem jurídica para o *bem comum* da população, sendo ao final mediador e apassivador dos conflitos.

Nesse sentido, é importante explicitar que a forma de Estado utilizado no Brasil é o *Estado Federado*, conferido pelo artigo 18 da Constituição Federal de 1988, havendo distribuição do Poder Político dentro do Território.

Todavia, algumas observações merecem à atenção: Todos os Entes da República Federativa do Brasil, União, Estados-membros, Distrito Federal e Municípios são autônomos e dotados de competências, havendo competências privativas e outrora concorrentes. Lembrando que a União se auto organiza pela Constituição Federal. Dessa forma, mesmo os demais Entes sendo autônomos, estes devem estar em consonância com mesma, observando sempre o Princípio da Simetria, ou seja,

> o dever do constituinte estadual, ou mesmo do legislador infraconstitucional dos entes federativos, respeitar de forma rigorosa e fiel as opções de organização e de relacionamento entre os Poderes alocadas na Constituição da República de 1988 (FERNANDES, 2011, p. 614-615).

Outra observação importante é sobre o Estado federado quanto à fiscalização e meios proporcionados para que os demais Entes possam cumprir as obrigações a eles imposta, vez que os recurso em sua maioria ficam com a União. De mais a mais, as obrigações são impostas aos Estados-membros sem ao menos ter o mínimo de previsão para o cumprimento, por isso é possível observar tantas discrepâncias entres os serviços públicos prestados pelos Estados-membros, tendo em vista cumprir a mesma legislação.

Prova disso é a Lei de Execução Penal, Lei de cunho federal e, portanto, deveria ser observada e aplicada por todos os Entes nas esferas de suas competências e, também, para todos os cidadãos. Entretanto, cada Ente a cumpre na medida de suas possibilidades, fragilizando sua aplicação em plenitude.

Estado de Bem Estar Social

O *"Welfare State"* traduzido como o Estado de bem estar social tem seu conceito enraizado na atuação Estatal que busca realizar suas atividades com foco no bem comum, a ver:

> Por "Welfare State" estamos entendendo, no âmbito do Estado Capitalista, uma particular forma de regulação social que se expressa pela transformação das relações entre o Estado e a Economia, entre o Estado e a Sociedade, a um dado momento do desenvolvimento econômico (DRAIBE, 1993, p. 21).

Nesse diapasão, o Estado de Bem Estar Social foi difundido para que pudesse implementar os direitos sociais da população, sem os quais o indivíduo não seria detentor de direitos, mas mero trabalhador em benefício do Estado.

> Para Briggs (3), o "Welfare State" é " um Estado no qual se usa deliberadamente o poder organizado (através da política e da administração) num esforço para modificar o jogo das forças do mercado em pelo menos três direções: primeiro, garantindo aos indivíduos e às famílias uma renda mínima independentemente do valor de mercado do seu trabalho ou de sua propriedade; segundo, restringindo o arco de insegurança, colocando os indivíduos e famílias em condições de fazer frente a certas "contingências sociais" (por exemplo: a doença, a velhice e a desocupação), que, de outra maneira, conduziriam a crises individuais ou familiares; e terceiro, assegurando que a todos os cidadãos, sem distinção de status ou classe, sejam oferecidos os padrões mais altos de uma gama reconhecida de serviços sociais (DRAIBE, 1993, p. 7-8).

O Estado Providência ou Protetor cujo intuito é promover as Políticas Públicas para fazer valer os direitos de um padrão mínimo de existência para o desenvolvimento de qualidade de vida da população, através dos serviços prestados que são retornáveis a população em função dos tributos pagos, são mediados por representantes do governo na tentativa de erradicar as desigualdades em vários setores. "Na verdade, a intervenção social do Estado está fundada na capacidade contributiva do trabalhador, sancionando aquilo que podemos chamar de distribuição primária da renda." (DRAIBE, 1993, p. 32).

Nessa perspectiva, a Constituição Federal de 1988 trouxe como objetivo da Ordem Social e Democrática: o Bem Estar e a Justiça Social. Nesse sentido, o Bem Estar visa a satisfação pessoal e física, como lazer, conforto e cultura. Já a Justiça Social estaria ligada a ideia de distribuição das riquezas do País de forma igualitária.

Dessa forma, as implementações dos Direitos Sociais visam diminuir as desigualdades sociais que perpetuam na sociedade, ainda mais em se tratando de um país capitalista, onde é tão visível as disputas de classes sociais.

> Mas esta substituição do Estado pela sociedade – porque é disto que se trata – somente poderá realizar-se se simultaneamente conservar seus conteúdos de justiça social se fortemente coordenada pelo Estado, assegurada por instituições democráticas que assegurem os direitos sociais e inibam os particularismos, isto é, o florescimento dos estreitos interesses privados e corporativos (DRAIBE, 1993, p. 44).

De mais a mais, *o "Welfare State"* auto se realiza por meio das políticas públicas que implementem ao máximo os direitos sociais, porém requer uma participação da sociedade junto ao Estado para que este possa se desenvolver.

> O futuro do serviço social e, de forma mais geral, do Estado de bem-estar social não dependem hoje de afiar, reduzir e direcionar melhor as regras, classificações ou procedimentos; nem de reduzir a variedade e a complexidade das necessidades e dos problemas humanos. Depende, em vez disso, dos padrões éticos da sociedade na qual todos vivemos. São esses padrões éticos que, muito mais do que a racionalidade e a diligência dos assistentes sociais, estão hoje em crise e ameaçados. O futuro do Estado de bem-estar social, um dos grandes avanços da humanidade, está na linha de frente da cruzada ética. Esta cruzada pode ser perdida, pois todas as guerras implicam o risco de derrota. Sem ela, no entanto, nenhum esforço tem qualquer chance de sucesso (BAUMAN, 2008, p. 108-109).

Somente exigir o "*Welfare State*" e não se movimentar eticamente para o aprimoramento, acaba por colocar em xeque os objetivos esperados pelo Estado de Bem-Estar Social.

Nesse sentido, vale frisar que é válido o acompanhamento para a promoção do Bem-estar Social, pois não são raras as Políticas Públicas que apresentam problemas graves quantos às estatísticas apresentadas, vez que são meros gráficos, embora com sua importância, haja vista a necessidade de saber o resultado das políticas públicas, podem ser burlados, quando a sociedade não participa ativamente, cumprindo deveres e buscando os direitos e cobrando resultados, nesse sentindo Zigmund Bauman (2008) em sua obra Sociedade Individualizada, não sem razão apresenta crítica

> [...] os recentes esquemas populares de "bem-estar para os que trabalham", destinados a tornar o Estado de bem-estar social redundante, não são medidas que visam melhorar a situação dos pobres e não-privilegiados, mas sim um exercício estatístico feito para removê-los do registro de problemas sociais, e na verdade éticos, por meio de um simples truque de reclassificação (BAUMAN, 2008, p. 101).

Afinal, índices são pontos relevantes para o governo, muito embora as estatísticas sejam relevantes para auferir os resultados das políticas implementadas e ter ciência do que é preciso aprimorar ou excluir nas ações realizadas.

O Estado: entre a punição e a reintegração social

O Estado como uma instituição reguladora da vida em sociedade, organizada socialmente, política e juridicamente, recebeu do Povo, a partir da Constituição Federal de 1988, a denominação de Estado Democrático de Direito, sendo ele o único Ente dotado de Soberania.

Assim, o Poder Constituinte originário estabelece a Constituição de um novo Estado, organizando-o e criando os poderes destinados a reger os interesses de uma comunidade. Tanto haverá Poder Constituinte no surgimento de uma primeira Constituição, quanto na elaboração de qualquer Constituição posterior (MORAES, 2003, p. 296).

Tendo isso em conta, a Constituição da República Federativa do Brasil de 1988, conta com a tripartição de Poderes no sistema jurídico, distribuindo competências exclusivas a cada Poder, sendo eles: Legislativo, Executivo e Judiciário. Essa divisão visa combater a concentração de Poder nas mãos de um só, promovendo assim o equilíbrio das decisões e evitando arbitrariedades.

Assim, cabe ao Poder Legislativo a função típica de elaborar as Leis. Ao Executivo, administrar a coisa pública e ao Judiciário a aplicação da Lei. Entretanto, atuando em funções atípicas os Poderes podem em algum momento exercer funções de outro Poder, como por exemplo quando o Poder Executivo elabora Medidas Provisórias, ou quando o Legislativa julga politicamente as CPIs fiscaliza, ou ainda quando o Judiciário exerce o Controle de Constitucionalidade.

Decorrente desses poderes foi conferido ao Estado, o *Poder/Dever de punir* que é aplicado pelo Poder Judiciário àqueles que descumprem as normas elaboradas pela sociedade por meio do Poder Legislativo e sancionada pelo Poder Executivo.

Mas esse poder/dever é ilimitado?

Em suma, o Estado é dotado do poder/dever abstrato punitivo. Contudo, ele fica vinculado à legislação, podendo utilizar da prerrogativa que lhe é conferida para a aplicação da punição, tão somente para as condutas previamente previstas como crime na legislação, devendo observar a finalidade da pena e ainda respeitar os direitos fundamentais e humanos do condenado.

Alhures, o Estado como forma de organização social, devido ao Poder emanado pelo povo, rege a vida em sociedade estabelecendo direitos e deveres para o cidadão através de normas jurídicas, constituídas a partir de um procedimento Legislativo previsto na Constituição, pois de acordo com Horta (1994, p. 150) "[...] a lei é monopólio do Poder Legislativo, encarado como sua fonte formal exclusiva.", antes mesmo pré-estabelecida pelo Estado Democrático de Direito.

> A expressão "República Federativa do Brasil" é, em si, uma declaração normativa que sintetiza as formas de Estado e de governo, sem relação predicativa ou de imputabilidade explícita, mas vale afirmar que o "Brasil é uma República Federativa". É uma norma implícita, e norma-síntese e matriz de ampla normatividade constitucional. A afirmativa de que a

> "República Federativa do Brasil constitui-se em Estado Democrático de Direito" não é uma mera promessa de organizar esse tipo de Estado, mas a proclamação de que a Constituição está fundando um novo tipo de Estado, e, para que não se atenha a isso apenas em sentido formal, indicam-se lhe objetivos concretos, embora programáticos, [...] (SILVA, 1994, p. 21).

De tal sorte, a Lei é o instrumento utilizado pelo Ente estatal na tentativa de manter a justiça e a igualdade, tratando os iguais igualmente e os desiguais com desigualdade, pois

> Sem justiça, a nação fica a um passo do abismo onde a democracia já não pode respirar e os laços morais e políticos da união republicana se dissolvem. O Estado social deixa então de ser Estado de direito por se converter tão somente em Estado social de um sistema totalitário, em que o Legislativo, num flagrante cumplicidade de submissão, se fez também fantasma do sistema representativo e da Constituição que abjurou e quebrantou (BONAVIDES, 2008, p. 205).

Na esfera criminal, a legislação é bastante pertinente, pois quando o indivíduo se mostra inconveniente ao convívio social, o Estado se utiliza como forma de repreensão de penalizações criminais, que em sua maioria se exterioriza com a segregação do infrator.

A Legislação penal é composta de elementos descritores de crimes com a pena estabelecida para ele. Em essência, as penas previstas são as privativas de liberdade, restritivas de direitos e multa.

Assim, quando um indivíduo viola uma norma penal, violando o preceito primário (descrição do fato definido como crime) configura um fato delituoso passível de consequências, qual seja, a aplicação do preceito secundário, sendo esta a punição previamente estabelecida na legislação, que será aplicada pelo Poder Judiciário em nome do Estado.

O poder/dever de aplicar penalizações ao infrator é abstrato, tendo em vista, que se aplicará a toda e qualquer pessoa que pratique ato previamente determinado como crime ou contravenção penal.

Essa modalidade repreensiva fica autorizada a partir de procedimentos definidos na própria legislação, sempre oportunizando a o contraditório e a ampla defesa do acusado. Após cumprir todas as formalidades legais e comprovado o fato criminoso, o infrator passa a cumprir a pena imposta.

O princípio de justiça a que se vincula Mill é o do neminem laedere: "O único objetivo pelo qual se pode legitimamente exercer um poder sobre qualquer membro de uma comunidade civilizada, contra a sua vontade, é o de evitar danos aos outros" (BOBBIO, 1986, p. 111).

De fato, o objetivo do Ente Estatal não é prejudicar, e muitos menos causar danos. Ao contrário, a resposta estatal quando toma para si a responsabilidade de segregar o agente infrator, tem como função tanto o castigo ao infrator; resposta à comunidade; evidenciar à todos as medidas que outros que cometerem crime terão que passar, bem como a reeducação para o retorno à sociedade.

Vale destacar que o Estado, ao mesmo tempo em que tem o poder/dever de punir, este não é ilimitado, devendo obedecer às formalidades legais, pois está vinculado as leis.

> Somente com o pleno respeito aos princípios e objetivos básicos da Constituição e aos Direitos Fundamentais poderemos almejar a conquista da verdadeira liberdade, projeto maior de um Estado Democrático de Direito, [...] (MORAES, 2003, p. 302).

Daí se explica o porquê desse *poder/dever* não ser conferido à particulares, vítimas e parentes, pois se assim não fosse, a sanção poderia ficar à mercê de irregularidades irreversíveis.

Não raras as ocasiões em que, mesmo com procedimentos previamente estabelecidos na legislação e ainda assim, ocorreram injustiças. De acordo com MORAES (2003), em diversas ocasiões, a lei não necessariamente vem a representar o povo e, por muitas vezes, desrespeita princípios e direitos fundamentais básicos, simplesmente com intuito de favorecimento de alguns poucos, mas poderosos, especialmente os grupos de pressão econômicos.

Neste diapasão, de Moraes (2003) ainda implementa

> Não existirá, pois, um Estado democrático de direito, sem que haja Poderes de Estado, independentes e harmônicos entre si, bem como previsão de direitos fundamentais e instrumentos que possibilitem a fiscalização, a perpetuidade e a efetividade desses requisitos. (MORAES, 2003, p. 300).

A legislação existe para ser cumprida, e não apenas por alguns, mas por todos indistintamente. Contudo, se assim não for, cabe aos Poderes do Estado, bem como a população, o exercício de fiscalização e cobrança para efetividade da igualdade. Como bem assevera Figueiredo, a

> Igualdade processual" está expressa no princípio de que "todas as pessoas devem ser tratadas igualmente, a não ser que diferenças relevantes possam ser discernidas que justifiquem um tratamento diferenciados. (FIGUEREDO, 1989, p. 8).

De mais a mais, o Estado é sempre o detentor do Poder punitivo em face de condutas consideradas ilícitas perante o ordenamento jurídico, devendo, contudo, observar os limites da punição e buscar a recuperação do condenado, para que ao final este reintegre a sociedade de forma digna, podendo encontrar um emprego e desfrutar dos direitos enquanto cidadão.

Conflitos sociais existem e devem sempre, na medida do possível serem resolvidos, respeitando a dignidade humana como circunscreve a Constituição de 1988, pois "Se pudesse haver uma sociedade sem conflitos de interesse, ninguém teria muita necessidade de direitos pessoais: o que um cidadão quisesse seria querido por todos" (DAHL, 2012, p. 349).

Das Penas Privativas de Liberdade

A Constituição Federal de 1988 cuidou de regular as penas proibidas e permitidas, sendo que em seu artigo 5º, trouxe expressamente quais são as penalidades permitidas, a saber:

> XLVI – a lei regulará a individualização da pena e adotará entre outras, as seguintes: a) privação ou restrição da liberdade;b) perda de bens;c) multa;d) prestação social alternativa;e) suspensão ou interdição de direitos.

No presente artigo, limitaremos a explanar sobre as penas privativas ou restritivas de liberdade. Pois bem, seguindo o ordenamento maior, o Código Penal reservou o Título V para tratar especificamente das penas, sendo que no artigo 32 define as penas em: I – privativas de liberdade; II – restritivas de direitos; e III – de multa

Dessa forma, as penas privativas de liberdade se subdividem em Reclusão e Detenção, a depender do crime cometido. O próprio Código Penal descreve que a pena de Reclusão deve ser cumprida em regime fechado, semiaberto ou aberto. Já a de detenção incida-se no regime semiaberto ou aberto, (art. 33 CP). Essas são as formas mais drásticas de punição, haja visto a segregação do indivíduo.

De acordo com o Código Penal, no regime o fechado, o sentenciado deverá cumprir a pena em estabelecimento de segurança máxima ou média, ou seja, conforme dispõe a Lei de Execuções Penais – LEP, em Penitenciária, sendo alojado em cela individual de 6m², com dormitório, aparelho sanitário e lavatório, devendo o ambiente ter insolação e condicionamento térmico adequado à existência humana (art. 87, 88 LEP). Nesse tipo de regime prisional, o sentenciado fica sujeito a trabalho interno de acordo com suas aptidões durante o dia, e repouso e isolamento durante a noite, podendo ainda exercer trabalho externo em obras públicas (art. 34 CP).

Já o regime prisional semiaberto será cumprido em Colônia Agrícola, Industrial ou Similar, cujo condenado poderá ser alojado em ambiente coletivo salubre, que tenha insolação e condicionamento térmico adequado à existência humana (art. 91, 92 LEP). O condenado fica sujeito a trabalho durante o dia. É permitido ainda o trabalho externo e a frequência em cursos especializantes/profissionalizantes, supletivos e superiores, conforme o art. 35 do Código Penal.

Por fim, o regime prisional aberto tem seu cumprimento em Casa de Albergado que deverá ter sede no centro urbano, sem obstáculos físicos contra fuga, contudo deverá ter fiscalização e orientação dos condenados (art. 93, 94, 95 LEP). Além disso, o condenado deverá, fora do estabelecimento e sem vigilância, trabalhar, frequentar cursos ou exercer outra atividade autorizada, permanecendo recolhido durante a noite e nos dias de folgas. (art. 36).

Imperioso destacar que nos moldes da Lei de Execução Penal e no Código Penal Brasileiro, transparecem normas *Dever-Ser*, sendo cumpridas mediante as possibilidades estatal, acarretando um desrespeito às normas e para com o ser humano.

Políticas Públicas de Reintegração Social: o retorno dos encarcerados

Entre as várias virtudes da Carta Magna de 1998, está estampada a prioridade em direcioná-la a concepção mais ampliada da dignidade humana para todos, inclusive, com previsão para o tratamento diferenciado no que tange ao preso, cujo objetivo foi o de garantir a reintegração social do indivíduo que sofreu as punições imposta pelo Estado devido à realização de atos definidos como crime no ordenamento jurídico, retirado o mesmo do convívio social.

Contudo, uma vez cumprida a pena privativa de liberdade imposta pelo Estado, o condenado já cumpriu a sua dívida para com a sociedade, estando, portanto, apto ao retorno do convívio social, pois conforme preceitua o artigo 1º da LEP, o objetivo da execução penal é proporcionar condições para a harmônica integração social do condenado e do internado.

De fato, este é um momento prazeroso para o sentenciado, pois receberá novamente a liberdade que um dia perdera. Porém, o seu retorno não é tão fácil, pois marcas do passado ficarão e uma multiplicidade de obstáculos virão, pois agora será um Egresso do Sistema Penitenciário, conforme preceitua o artigo 26 da LEP, aquele liberado definitivo, pelo período de 1 (um) ano após a saída do estabelecimento; ou o liberado condicional, enquanto estiver no período de prova.

A Lei de Execuções Penais antevendo as dificuldades enfrentadas pelos Egressos em seu art. 10 anunciou: "A assistência ao preso e ao internado é dever do Estado, objetivando prevenir o crime e orientar o retorno à convivência em sociedade. Parágrafo único. *A assistência estende-se ao egresso.*" [grifo nosso].

Dessa forma, a Lei prevê que o Estado deve implementar medidas para ajudar a reintegrar o Egresso no convívio social. Mas será mesmo possível essa (Re) integração em se tratando de um Estado onde as desigualdades sociais impera, as diferenças prevalecem e o individualismo reside?

Zygmunt Bauman (2008) já dizia, *de forma crítica*, que as duas únicas coisas úteis que se pode esperar e desejar do "poder público" é que defenda os "direitos humanos", ou seja, deixar que todos sigam seu próprio caminho e permitir que todos façam isso em paz – resguardando a segurança do corpo e dos bens de uma pessoa, trancafiando os criminosos em prisões e mantendo as ruas livres de ladrões, pervertidos, mendigos e intrusos maldosos e detestáveis. Quando na realidade o Estado deve fazer em prol de todos, não apenas daqueles que praticam *boas condutas*, mas presar por um Estado de Bem Estar Social igualitário.

Reintegrar um indivíduo estigmatizado pela sociedade, onde *todos* os enxergam sob um prisma negativo, onde rótulos são colocados nas pessoas, não é tarefa das mais fáceis, pois para parte significativa da sociedade seria melhor que esses estratos sociais desaparecessem como adverte Bauman *em sua análise crítica* à tal concepção:

> [...] pessoas atingidas pela pobreza, mães solteiras, jovens expulsos das escolas, viciados em drogas e criminosos em liberdade condicional estão lado a lado. O que os une e justifica empilhá-los juntos é que todos, por alguma razão, são uma "carga para a sociedade". Ficaríamos melhor e mais felizes se eles milagrosamente desaparecessem. (BAUMAN, 2008, p. 102).

Pois seria mais fácil para o Ente Soberano trabalhar somente a favor da maioria, daqueles que agem conforme *todo mundo age*, e excluir àqueles que por algum motivo se permitem realizar condutas desonrosas.

Assim, para o egresso, cuidou a Legislação de resguardar o direito à assistência na orientação e apoio com intuito de reintegrá-lo à vida social quando da sua liberdade. Além de, caso necessário, alojamento e alimentação pelo período de *dois meses*, o qual pode ser prorrogado uma única vez, mediante declaração da Assistente Social que ele está empenhado em conseguir um emprego. (Art. 25 LEP).

Como visto, muitos direitos são previstos, contudo dependem de Políticas Públicas para real implementação que na prática inexiste na maioria dos Estado brasileiros, tornando um verdadeiro convite a exclusão do Egresso e, portanto, uma tendência forte a reincidência do delito.

Políticas Públicas para Egressos

O reconhecimento do Estado como provedor de Direitos Sociais, com finalidade de garantir direitos mínimos à sociedade, bem como melhoria Da condição de vida dos indivíduos, se perfazem por meio de prestações positivas que devem ser desenvolvidas por ele.

Nesta perspectiva, "Políticas públicas são intervenções planejadas do poder público com a finalidade de resolver situações sociais problemáticas." (GIOVANNI, 2007, p. 3). As ações denominadas de Políticas Públicas são utilizadas para desencadear programas destinados a melhorias sociais. Estes programas podem ser desenvolvidos em conjunto ou parcerias entre o Estado e empresas privadas, fundações entre outras organizações sociais.

Na tentativa de erradicar problemas em um determinado setor, são formuladas pelo governo programas assistenciais com objetivo de igualar os direitos, bem como ajudar a usufruir dos mesmos pois

> [...] a lei não necessariamente representa o povo e, por muitas vezes, desrespeita princípios e direitos fundamentais básicos, com a finalidade de favorecimento de alguns poucos, mas poderosos, grupos de pressão. (MORAES, 2003, p. 291).

Neste aspecto, os menos favorecidos dependem de ações positivas e efetivas que os integrem no meio social de forma digna, para que possa reconstruir a vida, a depender da área que necessita de atuação, haja vista que "As políticas públicas podem ser examinadas de vários ângulos e cada um deles representa um "olhar" diferente que capta um aspecto determinado da realidade e, certamente, com algum objetivo específico. " (GIOVANNI, 2007, p. 7).

No cenário aqui exposto, trataremos das Políticas Públicas para os Egressos do Sistema Penitenciário, uma vez que a Lei de Execução Penal trouxe exigências para punir, mas também instou em estabelecer como objetivos a recuperação dos condenados, auxiliando os mesmos até quando egressos do sistema, no intuito de que o Egresso possa retornar ao seio social e tenha oportunidades de participar da sociedade dignamente.

Diante da Lei de Execução Penal é possível observar que ela prevê o Conselho Nacional de Política Criminal e Penitenciária; Conselho Penitenciário Nacional e o Patronato que pode ser público ou particular. Outros órgãos também estão previstos, como: o Juízo da Execução; o Ministério Público; o Conselho Penitenciário; os Departamentos Penitenciários e a Defensoria Pública; Conselho da Comunidade e Defensoria Pública, porém com outras atribuições.

Alhures, os órgãos previstos na Lei 7.210/84 – LEP destinados a assistência dos condenados e egressos, ungidos da função de políticas afirmativas na tentativa de reintegrá-los no meio social têm como atribuições:

Art. 64. Ao Conselho Nacional de Política Criminal e Penitenciária, no exercício de suas atividades, em âmbito federal ou estadual, incumbe:
I – Propor diretrizes da política criminal quanto à prevenção do delito, administração da Justiça Criminal e execução das penas e das medidas de segurança;
II – Contribuir na elaboração de planos nacionais de desenvolvimento, sugerindo as metas e prioridades da política criminal e penitenciária;
Art. 69. O Conselho Penitenciário é órgão consultivo e fiscalizador da execução da pena.
[...]
IV – Supervisionar os patronatos, bem como a assistência aos egressos.
Art. 78. O Patronato público ou particular destina-se a prestar assistência aos albergados e aos egressos (artigo 26).
Art. 79. Incumbe também ao Patronato:
I – Orientar os condenados à pena restritiva de direitos;
II – Fiscalizar o cumprimento das penas de prestação de serviço à comunidade e de limitação de fim de semana;
III – Colaborar na fiscalização do cumprimento das condições da suspensão e do livramento condicional.

Relação de Alguns Projetos Identificados

Projeto	Estado	Ano	Objetivo
Começar de Novo	Âmbito Nacional – CNJ	2009	Promover ações para ressocialização de presos e egressos do sistema prisional, com a criação de oportunidades de trabalho e de reeducação social e profissional, visando a redução das taxas de reincidência criminal.
Reciclando Vidas (Patronato Magarinos Torres)	Rio de Janeiro	2007	Qualificação do presos dos regimes aberto e semiaberto para ingresso no mercado de trabalho.

continua...

continuação

Projeto	Estado	Ano	Objetivo
Egressos do Sistema Penitenciário e Medidas Socioeducativas	Ação Social da Unisinos – São Leopoldo – SP (A Unisinos, com atuação na área da Educação é mantida pela Associação Antônio Vieira, certificada como Entidade Beneficente de Assistência Social – CEBAS.		Prestar assistência jurídica, psicológica e social aos egressos do sistema carcerário e medidas socioeducativas, auxiliando-os na reinserção à sociedade, à família, à comunidade e ao mundo do trabalho.
Rede Cidadão – Atendimento ao Egresso do Sistema Prisional	Sede da Rede Cidadão é Belo Horizonte – MG. Convênio de parceria entre a Companhia Ultragaz a Rede Cidadã e a SEDS (Secretaria de Estado de Defesa Social)	2010	Prestação de serviço de atendimento ao público egresso do Sistema Prisional por um período de quatro anos. A proposta considera dois eixos de atendimento, o primeiro focado no Programa de Aprendizagem, onde 10 de nossos aprendizes são jovens egressos que almejam iniciar no mercado de trabalho. O segundo eixo tem como objetivo a qualificação profissional de 60 egressos a cada ano, por meio de cursos de capacitação com duração de até três meses que acontecem nas cidades de atuação da SEDS.
Programa de Inclusão Social de Egressos do Sistema Prisional (Presp)	Minas Gerais	2003	Os objetivos são garantir o acesso a direitos e serviços básicos, incentivando parcerias que contribuam com a inclusão social e possibilitem movimentos de reflexão sobre os desafios vivenciados pelos egressos na retomada da liberdade.
Fundação Nova Chance – Patronato	Mato Grosso	2011	Prestação de auxílio ao Egressos e Albergados do Sistema Penitenciário

Fonte: Ministério da Justiça, Departamento Penitenciário Nacional – INFOPEN, 2017.

Evidente o dever do Ente Estatal em promover ações afirmativas que colaborem na reintegração dos Egressos do Sistema Penitenciário ao Convívio Social, prestando esse auxílio até quando ele já tenha cumprido o seu débito para com a justiça.

Neste diapasão, alguns Estados atuam na implementação dessas políticas, como por exemplo o Projeto "Começar de Novo", criado em 2009 pelo Conselho Nacional de Justiça – CNJ através da resolução nº 96/2009, e com determinação para implantar esse programa nos Estados. Também em vigência no Estado do Rio de Janeiro o Projeto "Reciclando Vidas", este mais destinados aos Egressos. Ainda em São Leopoldo – SP, oferecido pela Ação Social da Unisinos, o Projeto "Egressos do Sistema Prisional e Medidas Socioeducativa". Já em parceria com a Secretaria de Estado de Defesa Social, a Rede Cidadão atua com Projeto "Rede de atendimento ao Egresso do Sistema Prisional".

Assim, dentre os citados, é possível verificar alguns poucos projetos destinados ao apoio assistencial do Egresso. Em Mato Grosso existe a Fundação Nova Chance destinada a reintegração social das pessoas privada da liberdade, mas diretamente o apoio enquanto sob a tutela estatal. Vinculado a este, está o Patronato criado em novembro de 2011 para atendimento dos Egressos e Albergados do Sistema Penitenciário.

Esses são alguns Projetos identificados, pois a maioria das Ações são voltadas para os segregados enquanto sob a tutela do Estado, ocasionando muitas vezes a ruptura das Ações afirmativas.

É oportuno demonstrar o crescimento da população carcerária, pois ela evoluiu de tal forma que não foi condizente com número de população nacional, deixando evidente a necessidade de ações afirmativas na tentativa de erradicar esses números.

Em 20 (vinte) anos a população carcerária cresceu 5 (cinco) vezes mais, enquanto a população nacional obteve um aumento pequeno, quando comparado ao crescimento da população carcerária, conforme demonstrado no quadro abaixo.

Evolução da População carcerária no Brasil

Ano	1990	2000	2010
População Nacional	146.825.475	169.799.170	190.732.694
População Carcerária	90.000	232.755	496.251
População Carcerária a cada 100 mil hab.	61.29	137,07	259.17

Fonte: Ministério da Justiça, Departamento Penitenciário Nacional – INFOPEN, 2017.

Poderíamos aqui aproveitar o ensejo e abordar a taxa de reincidência no Sistema Penitenciário, para ao final comprovar os resultados das políticas de ressocialização e reintegração do egresso, contudo

> [...] as taxas de reincidência calculadas pelos estudos brasileiros variam muito em função do conceito de reincidência trabalhado. Os números,

contudo, são sempre altos (as menores estimativas ficam em torno dos 30%). Esse grave problema tem levado o poder público e a sociedade a refletirem sobre a atual política de execução penal, fazendo emergir o reconhecimento da necessidade de repensar essa política, que, na prática, privilegia o encarceramento maciço, a construção de novos presídios e a criação de mais vagas em detrimento de outras políticas (IPEA, 2015, p. 12.)

Não é de difícil elucidação que alguns Projetos são criados apenas no papel para cumprir determinações legislativas. Outrora, os programas não são expandidos para as penitenciárias e cadeias do interior, bem como dificilmente atende os presos provisórios, que não raro são a maioria do sistema, e chegam a permanecer meses detidos e de repente é posto em liberdade sem nenhum auxílio.

É bem verdade que o Estado sozinho poderia não suportar financeiramente ser o provedor de todos os projetos destinados aos egressos ora em estudo, contudo, deveria buscar convênios Empresariais, bem como buscar apoio da Sociedade Civil Organizada.

A obrigação do Estado em punir é legítima, assim como prestar assistência para o condenado em sua liberdade, e quando não o faz?

A Responsabilidade Civil do Estado na Omissão de Políticas Públicas

É dever do Estado prestar assistência aos Egressos para que ele possa ter uma vida digna, passível de encontrar um trabalho para poder se sustentar e se reintegrar no meio social, evitando assim que retorne ao mundo criminoso.

Contudo, a omissão do Estado em promover ou até mesmo de recorrer à cooperação da comunidade nas atividades de prestações afirmativas para os egressos, é de tal forma inconstitucional, pois deixa de cumprir determinações imposta pela lei.

Quando o Estado não cumpre as atribuições a ele distribuídas, cabe o controle jurisdicional onde o Judiciário intervém, determinando que satisfaça a omissão até então vigente, devendo para tanto ser provocado pelo interessado para então ser analisado os aspectos legais

Ressalta-se que nem sempre o dano causado é pela atuação do Ente Estatal, podendo também ser gerado devido à ausência ou ineficiência da atuação dele. "[...] em casos de omissão, aplica-se a Teoria da responsabilização subjetiva, onde o elemento subjetivo está condicionado ao dever de indenizar." (CARVALHO, 2014 p. 333).

A partir do momento que o se omite na assistência ao Egresso, violando direitos previsto na Lei de Execução Penal, gera a Responsabilidade subjetiva, pois infringe a Constituição Federal de 1988, cabendo indenização, conforme prevê o art. 5°, X "são invioláveis a intimidade, a vida privada, *a honra e a imagem das pessoas, assegurado o direito a indenização pelo dano material ou moral decorrente de sua violação;* nesse mesmo sentido o artigo 186 do código civil "aquele que por ação ou omissão causar dano a outrem, ainda que exclusivamente moral, comete ato ilícito." Ressaltasse que a omissão do Estado acaba por violar o direito a honra e a imagem dos Egressos.

Vale salientar que Matheus Carvalho (2014) defende que a má prestação de serviço ou prestação ineficiente já geraria o dever de indenizar. Não restando dúvida quanto a responsabilidade do Estado pela omissão em prestar assistência ao Egresso do Sistema Penitenciário.

É bem verdade que o Estado também está protegido pelo Princípio da Reserva do Possível, ou seja, os serviços prestados têm que haver compatibilidade com o orçamento público, mas também não pode a todo momento eximir da responsabilidade. Nesse sentido, Matheus Carvalho (2014, p. 334) enfatiza: «Este, por sua vez não pode eximir-se de suas obrigações em oferecer o mínimo existencial de sobrevivência para os administrados, utilizando-se do princípio da reserva do possível.»

Ilustrando melhor o caso, vale a pena trazer à baila, jurisprudência que se encontra em Repercussão Geral no STF, a ver:

> LIMITES ORÇAMENTÁRIOS DO ESTADO. INDENIZAÇÃO POR DANO MORAL. EXCESSIVA POPULAÇÃO CARCERÁRIA. PRESENÇA DA REPERCUSSÃO GERAL. Possui repercussão geral a questão constitucional atinente à contraposição entre a chamada cláusula da reserva financeira do possível e a pretensão de obter indenização por dano moral decorrente da excessiva população carcerária. (RE 580252 RG, Relator(a): Min. AYRES BRITTO, julgado em 17 fev. 2011, DJe-109 DIVULG 7 jun. 2011 PUBLIC 8 jun. 2011 EMENT VOL-02539-02 PP-00325).

Assim, alegando impossibilidade financeira do Estado, diante de tantas ações futuras que poderá ser proposta, o Ministro Roberto Barroso propôs que o juiz fosse apto a conceder remissão ao condenado em razão da pena cumprida em estabelecimento prisional sem condições de salubridade. Dessa forma, a remissão seria de 1 (um) dia a cada 3 (três) a 7 (sete) dias cumpridos em local insalubre, a depender do grau de insalubridade.

Diante disso, até mesmo o controle passível de ser realizado pelo judiciário acaba por ficar inerte, haja visto que por vezes optam por enfraquecer as medidas cabíveis para não ter deveres futuros, além de tentar encobrir uma obrigação do Ente Estatal para com a Sociedade.

O Ente Estatal legisla na busca do bem comum, atribuindo direitos e deveres à população. Assim, os direitos que são resguardados à população muitas vezes dependem da atuação Estatal. Contudo, no ordenamento jurídico também há ressalvas às possibilidades referentes ao cumprimento das obrigações de responsabilidade do Estado, pois como bem citado acima, o Estado é regido pelo princípio da *Reserva do Possível*, ou seja, atua conforme sua possibilidade.

Nesta perspectiva, quando o Estado se omite diante da realização de Políticas Públicas para o retorno dos Egressos, ele devolve à Sociedade um indivíduo com grandes chances de reincidência, estando a população a mercê de novas condutas em desacordo com a norma penal, vez que não dá continuidade nas ações afirmativas.

Penteado Filho (2014, p. 102) dispõe que

> [...] da mesma forma que o meio pode levar o homem à criminalidade, também pode ser um fator estimulante de alteração comportamental, até para àqueles indivíduos com carga genética favorável ao crime. Nesse aspecto, a urbanização das cidades, a desfavelização, o fomento de empregos e reciclagem, a educação pública, gratuita e acessível a todos etc. podem claramente imbuir o indivíduo de boas ações e oportunidades (PENTEADO FILHO, 2014, p. 102).

Não é demais esclarecer que reinvindicações são necessárias, pois a participação popular contribui para que as garantias previstas no ordenamento jurídico sejam eficazes, e não possam ser modificados com decisões que favoreçam uns e prejudicam muitos, senão vejamos:

> No Estado Democrático de Direito em que vivemos, a prevenção criminal é integrante da "agenda federativa", passando por todos os setores do Poder Público, e não apenas pela Segurança Pública e pelo Judiciário. Ademais, no modelo federativo brasileiro a União, os Estados, o Distrito Federal sobretudo os Municípios devem agir conjuntamente, visando a redução criminal (art. 144, *caput*, da Constituição Federal). (PENTEADO FILHO, 2014, p.103).

Ademais, partindo do princípio que a práticas de Políticas Públicas reduziria o número de reincidentes, consequentemente a população carcerária seria menor, oportunizando assim melhor excelência na Reeducação dos detentos, não seria viável o Estado abdicar de suas obrigações como forma de recompensar a ausência de direitos não suportados por ele.

> Não nos assalta qualquer dúvida, de que a instrumentalização adequada para o funcionamento da instituição carcerária, tal como previsto pela Lei de Execução Penal, implica um gasto enorme, e que a solução mais adequada, no Brasil e no restante da América Latina, é a de viabilizar recursos para reduzir o número de prisioneiros, com o que se irá possibilitar o emprego dos recursos restantes para a melhoria de todo o sistema penitenciário (ZAFFARONI; PIERANGELI, 2011, p. 686).

Por fim, uma situação mal resolvida gera outra, e sem sobra de dúvidas, talvez de maior complexidade e mais difícil seria resolvê-lo, tornando uma bola de neve.

Considerações finais

O ordenamento jurídico é o documento capaz de organizar a vida em sociedade. É através dele que existem sanções, *direitos e deveres*, em poucas palavras é o estado organizado.

Em virtude de todo o exposto, conclui-se que são previstos na legislação a responsabilidade do Estado em prestar auxílio aos Egressos do Sistema Penitenciário, na tentativa de reintegrá-lo na sociedade, evitando que reincida na criminalidade, porém mesmo com previsão legal o Estado por vezes é omisso.

De mais a mais, ainda há a possibilidade de responsabilizar civilmente o Ente Estatal que permanecer inerte nas realizações de Ações afirmativas, haja vista constar no diploma legal, pois quando o Estado deixa de cumprir os deveres a ele inerente e causam danos à pessoa, esta pode recorrer judicialmente requerendo indenização.

Não podemos nos olvidar que existe sim políticas públicas de reinserção social para os condenados, contudo, em grande parte dos Estados somente quando eles estão sob a tutela estatal, uma vez cumprido a penalização imposta, o Estado não garante a continuidade das Políticas públicas que devem ser contínuas.

Outros aspectos não menos importantes poderiam ter sido discutidos no decorrer deste trabalho, como a ressocialização dentro do sistema penitenciário; a saída temporária para frequentar cursos superiores aos condenados que cumpre pena em regime fechado; a reincidência e suas causas; os direitos humanos nos presídios; tratamento para os dependentes de drogas no sistema penitenciário, todos relacionados ao tema, porém, não é o objetivo esgotar a discussão, deixo em aberto para uma próxima explanação.

Por fim, vale ressaltar que mesmo existindo previsão legal para demandar os direitos previstos, há a possibilidade de não serem atendidos, pois ao Ente Estatal é dado a possibilidade de atuação à medida que tenha condições. Outrora, o Estado abdica de certos poderes para compensar outros deveres.

REFERÊNCIAS

ARSITÓTELES. **A Política**. Martin Claret, 2002.

BAUMAN, Zygmunt. **A Sociedade Individualizada:** Vidas Contadas e Histórias Vividas. Rio de Janeiro: Jorge Zahar, 2008.

BOBBIO, Norberto. **O futuro da democracia**: uma defesa das regras do jogo. Rio de Janeiro: Paz e Terra, 1986.

BONAVIDES, Paulo. Reflexões sobre nação, Estado social e soberania. **Estudos Avançados da Universidade Estadual de São Paulo**, v. 22, n. 62, São Paulo, 2008.

BRASIL. Constituição. **Constituição da República Federativa do Brasil**. Brasília, DF: Senado, 1988.

BRASIL. Código Penal. Decreto-Lei nº 2.848, de 7 de dezembro de 1940. **Vade mecum**. São Paulo: Revista dos Tribunais, 2015.

BRASIL. Instituto de Pesquisa Econômica e Aplicada – IPEA. **Reincidência Criminal no Brasil**: Relatório de Pesquisa. Rio de Janeiro, 2015. Disponível em: http://www.cnj.jus.br/files/conteudo/destaques/arquivo/2015/07/9273eaea20159abdadb8bb43a3530f49.pdf. Acesso em: 20 out. 2015.

BRASIL. Lei de Execução Penal. Lei nº 7.210, de 11 de julho de 1984. **Vade mecum**. São Paulo: Revista dos Tribunais, 2015.

BRASIL. Supremo Tribunal Federal. **Repercussão Geral no Recurso Extraordinário 580252**. Relator(a): Min. AYRES BRITTO, julgado em 17 fev. 2011. Disponível em: http://www.stf.jus.br/portal/jurisprudencia/listarJurisprudencia.asp?s1=%28RE%24%2ESCLA%2E+E+580252%2ENUME%2E%29+OU-+%28RE%2EPRCR%2E+ADJ2+580252%2EPRCR%2E%29&base=baseRepercussao&url=http://tinyurl.com/ahmcrul. Acesso em: 29 ago. 2015.

CARVALHO, Matheus. **Manual de Direito Administrativo**. Bahia: JusPodivm, 2014.

CUNHA, Rogério Sanches. **Manual de Direito Penal – Parte Geral**. 2. ed. Bahia: JusPodivm, 2014.

DAHL, Robert A. Quinta Parte: Os Limites e as Possibilidades da Democracia; Sexta Parte: Rumo à terceira transformação. *In:* DAHL, Robert A. **A Democracia e seus críticos**. São Paulo: Martins Fontes, 2012.

DRAIBE, SÔNIA. Welfare State no Brasil. **Cadernos nº 8**. São Paulo: Unicamp, 1993. [Capítulos Primeira Parte].

FERNANDES, Bernardo Gonçalves. **Curso de Direito Constitucional**. 3. ed. Rio de Janeiro: Lumen Juris, 2011.

FIGUEIREDO, Argelina Cheibub. Justiça e Igualdade. **Cadernos nº 9**. São Paulo: Unicamp, 1989;

GIOVANNI, DI Geraldo. As Estruturas Elementares das Políticas Públicas. *In:* **Cadernos nº 79.** São Paulo: UNICAMP, 2007;

HORTA, Raul Machado. Poder Legislativo e monopólio da lei no mundo contemporâneo. **Revista de Informação Legislativa**, Senado Federal, Brasília, ano 31, n. 123, p. 149, jul./set. 1994

LIMA, Renato Brasileiro. **Legislação Criminal Especial Comentada**. 2. ed. Bahia: JusPodivm, 2014.

MACEDO, Magda Helena Soares. **Manual de Metodologia da Pesquisa Jurídica.** 2. ed, Porto Alegre: Sagra Luzzatto, 2001.

MARCONI, Mariana de Andrade; LAKATOS, Eva Maria. **Técnicas de pesquisa**. 3. ed. São Paulo: Atlas, 2001.

MORAES, Alexandre de. Legitimidade da Justiça Constitucional. **Revista de Informação Legislativa**, Senado Federal, Brasília, ano 40, n. 159, p. 47, jul./set. 2003.

PENTEADO FILHO, Nestor Sampaio. **Manual esquemático de criminologia**. 4. ed. São Paulo: Saraiva, 2014.

PRESTES, Maria Luci de Mesquita. **A pesquisa e a construção do conhecimento científico**: do planejamento aos textos, da escola à academia. 2. ed. rev. atual. e ampl. São Paulo: Rêspel, 2003.

ROUSSEAU, Jean-Jacques. **Do Contrato Social**. Tradução: Rolando Roque da Silva. Ed. Eletrônica: Ridendo Castigat Mores, 2002.

SILVA, José Afonso da. Os princípios constitucionais fundamentais. **Revista do Tribunal Regional Federal da 1ª Região,** Brasília, out./dez. 1994.

ZAFFARONI, Eugênio Raúl; PIERANGELI, José Henrique. **Manual de Direito Penal Brasileiro, Volume 1- Parte Geral**. 9. ed. rev. e atual. São Paulo: Editora Revista dos Tribunais, 2011.

WEBER, Max. A Política como Vocação. *In:* WEBER, M. **Ciência e Política – duas vocações.** São Paulo: Cultrix, 1993.

A EFICÁCIA DAS OSCIPS ENQUANTO FERRAMENTA DO TERCEIRO SETOR NA EXECUÇÃO DAS POLÍTICAS PÚBLICAS

Aparecida Maria Vieira
Waleska Malvina Piovan Martinazzo

A fraternidade é uma das mais belas invenções da hipocrisia social.
(Gustave Flaubert)

Introdução

O Terceiro Setor, no cenário atual possui características relacionadas às circunstâncias econômicas globais próprias do país e é composto por organizações recentes, como também por outras que já constituíram uma longa história. Apesar de só ter ganhado destaque nas últimas décadas, devido aos novos contornos do mundo capitalista e das modificações ocorridas no cenário mundial, impulsionado pelas novas tecnologias, pela supremacia do capitalismo comparado com os prejuízos do socialismo deformado, fatores decisivos à promoção do Terceiro Setor.

No território brasileiro, o modelo econômico, inicialmente influenciado pelas teorias neoliberalistas, criou barreiras para a atuação do estado nos problemas sociais, o que tornou necessário a realização de uma reforma na maneira de administrar o Estado.

Assim, o Governo Fernando Collor de Mello iniciou a reforma que teve continuidade no governo Fernando Henrique Cardoso, caracterizada pela atuação dos neoliberalistas que questionavam à desregulamentação[38], privatização[39], à desestatização, ocasionando a redução da participação das ações do Estado no serviço social. Durante a gestão de Luiz Inácio Lula da Silva e de Dilma aconteceu o abandonou da teoria do Neoliberalismo e assim, o

---

38 "desregulamentação é a redução do volume de normas limitadoras da atividade econômica, de modo a reduzir os entraves burocráticos que elevam os preços das transações" (SOUTO, Marcos Juruena Vilela. Desestatização, privatização, concessões e terceirizações. Rio de Janeiro: Lumen, 2000.)
39 Privatização "é a mera alienação de direitos que asseguram ao Poder Público, diretamente ou através de controladas, preponderância nas deliberações sociais e o poder de eleger a maioria dos administradores da sociedade (SOUTO, Marcos Juruena Vilela. Desestatização, privatização, concessões e terceirizações. Rio de Janeiro: Lumen, 2000.)

governo passou a desempenhar o papel assistencialista, com diversos programas de combate à pobreza e assistência social, não deixando de firmar também parcerias com o Terceiro Setor para execução das políticas públicas.

Tanto os governos FHC, Fernando Collor de Melo, Luís Inácio Lula da Silva e Dilma Rousseff justificam as redefinições por intermédio de teorias jurídicas, econômicas e políticas com objetivo de melhorar, ao término do procedimento, as condições do Estado e atender as necessidades sociais. Tornando o Estado um administrador público gerencial inicialmente, partindo da premissa que o "Estado deve buscar os resultados e não o controle sobre as ações desenvolvidas". [40]

Diante do exposto, esse artigo procurou estudar a seguinte problemática: será que as OSCIPs são eficientes enquanto ferramenta do Terceiro Setor na execução das políticas públicas? Pressupondo que as OSCIPs, como Terceiro Setor, conseguem realizar satisfatoriamente as políticas públicas as quais se propõe.

Especificamente buscou: a) apresentar o contexto histórico e sociológico em que aparece teorias do sistema econômico do estado capitalista e suas políticas sociais numa dinâmica entre o estado neoliberal e do bem estar. b) Analisar OSCIPs e seu papel nas ações do Terceiro Setor; c) Vantagens e desvantagens das OSCIPs nas políticas públicas executadas pelo Terceiro Setor.

Tem-se por intuito a sintetização de conceitos de Terceiro Setor situando-o no cenário social, econômico e político brasileiro, como instrumento capaz de fortalecer e auxiliar o Estado na solução de problemas da sociedade civil, percebidos desde as primeiras manifestações que se deu com os jesuítas no início da colonização. No entanto o texto procura dar ênfase ao cenário mais recente.

Destaca-se que o Terceiro Setor e, consequentemente, as OSCIPs, enquanto ferramentas, se fortaleceram devido a incapacidade do Estado em garantir a solução de problemas dos marginalizados, caracterizada pelo distanciamento do Estado no cumprimento de seu papel e na sua incapacidade em assegurar as garantias mínimas à população como saúde, cultura, educação e lazer.

Tais garantias, estabelecidas na Constituição Federal de 1988, deveriam ser asseguradas pelo salário mínimo, mas diante da sua ineficiência, o Terceiro Setor, amparado por suas organizações, passou a agir em diversos projetos. Seja no âmbito internacional como o Rotary internacional no combate a poliomielite no mundo; seja no contexto nacional nas Organizações da Sociedade Civil de Interesse Público (OSCIPs), Organizações Não-Governamentais (ONGs), fundações, associações, entre outras.

Todas essas organizações têm a pretensão de reduzir a exclusão social e a pobreza, agindo nos setores teológicos, culturais e educacionais a fim

---

40 SOUTO, Marcos Juruena Vilela. **Desestatização, privatização, concessões e terceirizações**. Rio de Janeiro: Lumen, 2000.

de propiciar condições de igualdade. Evitando a patologia social conhecida como criminalidade e seu objetivo é o de se fazer presente nas localidades com pessoas desprovidas de recursos financeiros.

Discutir o papel do Terceiro Setor nas políticas públicas representa a chance de compreender e oportunizar também a disseminação dos conhecimentos relacionados ao contexto conceitual, evolutivo e seus fundamentos, em especial, aqueles que evidenciam a responsabilidades do governo enquanto representante do Estado eleito pelo povo, mas acima de tudo, compreender o papel das parcerias e das organizações sem fins lucrativos que auxiliam na construção de uma sociedade melhor.

Salientamos que este texto não tem qualquer pretensão de tornar o Terceiro Setor um facilitador ou substituto do estado em suas atividades típicas, mas fornecer dados e assim, contribuir no desenvolvimento do compromisso social da cidadania por meio de informações sintetizadas.

Esta pesquisa, quanto aos procedimentos técnicos, será um estudo de caso e bibliográfico, pois se utiliza de legislação comentada, revistas, livros, jornais e fontes eletrônicas e tradicionais, procurando explorar o assunto e, assim, verificar as principais premissas legais e políticas relacionadas as organizações da Sociedade Civil de Interesse Público na literatura brasileira, incluindo análise legal e jurisprudencial. [41]

Quanto ao raciocínio de abordagem, a pesquisa utilizará o método dedutivo por se tratar de um método lógico e que pressupõe a existência de verdades gerais já afirmadas e que servem de embasamento para se chegar, por intermédio delas aos novos conhecimentos. Sendo estes de fundamental importância, bem como, o respeito à legislação e, em todas as hipóteses, o direito e garantias constitucionais fundamentais obtidas por intermédio das políticas públicas.

Este artigo está dividido em três partes, a introdução traz a apresentação dos objetivos, justificativas e a metodologia que direcionou este estudo. A primeira parte expõe os aspectos sociológicos e históricos em que aparecem as teorias do sistema econômico brasileiro, do estado capitalista e suas políticas sociais executadas entre o Estado neoliberal e do bem estar social. A segunda discorre a respeito das ações do Terceiro Setor e das OSCIPs enquanto ferramentas hábeis para a execução dos serviços. Já a terceira parte apresenta as vantagens e desvantagens das OSCIPS nas políticas públicas executadas pelo Terceiro Setor. Na sequência, as considerações finais evidenciam a opinião da pesquisadora acerca do tema estudado. Por fim são apresentadas as referências bibliográficas consultadas e citadas.

---

41 GIL, Antonio Carlos. **Como elaborar projetos de pesquisa**. 4. ed. São Paulo: Atlas, 2008.

Contexto histórico e sociológico das teorias do sistema econômico e do bem estar social

Para compreender o papel do Terceiro Setor nas políticas públicas brasileiras se faz necessário breves relatos a respeito do Estado e sua relação com as políticas sociais em cujo sistema econômico é o capitalista. Bem como relacionar tais políticas com o Estado de Bem-estar social e a teoria do Estado Neoliberal.

Sendo o Brasil um país de dimensões territoriais amplas, com economia caracterizada pela: 1) defesa da propriedade privada[42] e consequentemente dos meios de produção, que explora a força do trabalho humano em troca de salário; 2) sistema de mercado privado, fundamentado na obtenção de lucros, sem necessariamente priorizar o recurso humano empregado; 3) valorização explicita do capital com a finalidade de obtenção de maior lucratividade.

Diante das configurações assumidas pelo estado capitalista, em especial na fase final do século XX, é visível a figura do Estado moderno como responsável pelo planejamento e execução das políticas públicas, as quais, segundo Queiros, "resultam das disputas e contradições entre as classes e frações de classe no seio da sociedade".

É nessa concepção, que Cruz *apud* Queiros, afirma que as políticas sociais são uma alternativa estatal para o enfrentamento das contradições decorrentes da exploração capitalista.

Para responder às crescentes demandas sociais, o Estado capitalista, até por uma questão de sobrevivência, tornou-se interventor. Passou não só a regular com maior vigor a economia e a sociedade, mas também a empreender ações sociais, a prover benefícios e serviços, a exercer atividades empresariais. Desse modo, desde o final do século XIX, o Estado tornou-se parte interessada nos conflitos entre capital e trabalho, assumindo um forte papel regulador, dando origem ao rótulo *welfare state*,[43] assumindo as noções de Estado de Bem-estar, Estado Previdência, Estado Social e, passando pelo regime social-democrata do tipo escandinavo, transformando os direitos civis em direitos sociais, reduzindo as desigualdades pela aplicação do imposto progressivo e pelas políticas sociais de redistribuição.

No Século XIX, com a o surgimento da miséria extrema, consequência da Revolução Industrial e as consequentes reivindicações, o

---

42   BRASIL, 2016, artigo 5ª
43   *welfare state* equivale a Estado assistencial

Estado capitalista assume funções modernas tanto na organização política quanto na social, que acabam distanciando-o do liberalismo clássico – no qual o livre mercado imperava. Nessa forma de organização, o Estado adotou padrões de regulação da economia e das relações sociais, assumindo responsabilidades no tocante ao bem-estar social. O Estado de Bem-estar social europeu ou *welfare state*, como é mais divulgado, surge do processo de ampliação da democracia, incorporando, além dos direitos políticos e civis, os chamados direitos sociais, consolidados no Pós-Segunda Guerra.[44]

Sping-Andersen[45] explica que o estado de bem estar social assume três formas distintas de políticas sociais nos mais diversos países:

a) o social democrata, presente nos países escandinavos, onde o mercado unilateralmente minimizou seu papel na esfera do bem-estar social, que visa a melhorar a autonomia individual; [46]
b) o conservador-corporativo, da Itália e pela Alemanha, caracterizada pela transferência de renda, cujos benefícios previdenciários são generosos, fundamenta-se nos direitos sociais, supervalorização do trabalho, mas que prevalece uma diferenciação social relevante e que envolve efeitos redistributivos mínimos;
c) o liberal, presente na Inglaterra, EUA e Canadá, predomina a lógica do mercado, caracterizado pelo estímulo, propiciado pelo Estado para que o mercado subsidie o bem estar privado assegurando a proteção social mínima, planos de seguridade social acanhados; [47]

Em síntese, no Brasil, por volta de 1930, as situações que envolviam as questões sociais naquele período, eram consideradas como episódios que exigiam ações precisas do Estado e consequentemente das instituições filantrópicas. Com destaque para a decadência da cultura do café e a aceleração do processo de urbanização, responsáveis por profundas mudanças na sociedade e na econômica do país. Por isso, o período foi intensamente marcado pela atuação dos operários com intensos movimentos de reivindicação dos direitos sociais básicos.

Na mesma época, o Estado brasileiro, enquanto representante do poder público, compreendeu o âmbito de sua responsabilidade como garantidor do

---

44 QUEIROZ, op. cit., 2010.
45 Esping-Andersen, G. As Três economias Políticas do Estado do Bem-Estar. Lua Nova, n. 24, p. 85-116, set. 1991.
46 KERSTENETZKY, Celia Lessa. Políticas sociais sob a perspectiva do Estado do Bem-Estar Social: desafios e oportunidades para o "catching up" social brasileiro. Niterói, RJ, Universidade Federal Fluminense, 2010.
47 KERSTENETZKY, op. cit., 2010.

padrão mínimo de bem estar social aos indivíduos. No entanto, o Brasil é um Estado protecionista[48] e desenvolvimentista, enquanto outros, em especial da Europa vigora o *welfare state*.

Na concepção de Laurell[49], no Brasil, a legislação reconhece o conceito de direitos sociais na própria Constituição Federal[50] de outubro de 1988, que entre os seus elementos de políticas sociais pode-se citar a seguridade social. O que para a autora, é apenas um elemento de bem estar social que apresenta limitações na sua prática, bem como uma série de restrições, pois controla a redistribuição dos lucros. Assim, concede alguns serviços à população ao mesmo tempo em que paralelamente exerce a reprodução capitalista.

A esse respeito Bruno[51] explica que:

> [...] Foi o período áureo do chamado sistema fordista de acumulação, que no plano político expressava-se no *Welfare State* e no reformismo social democrata. Às empresas coube garantir o aumento permanente da produtividade; ao Estado coube drenar parte dos rendimentos das camadas de alta renda para as populações de renda inferior, através de impostos e da dívida pública, tendo em vista sustentar as várias formas de subsídios e pensões, assim como os serviços públicos gratuitos. Estas medidas se constituíam em formas indiretas de aumentar o poder de compra dos assalariados, garantindo a expansão do mercado. Outra forma de aumentar o poder de compra foi a extensão do crédito ao consumidor. [52]

Em que pese o modelo de acumulação, representado pelos proprietários dos meios de produção, este supostamente "atende às reivindicações da classe subalterna com concessões e reformas, foi responsável por mais de dez anos de relativa paz social nos países em que este regime de acumulação vigorou".[53] No entanto, nos países cuja a modernização aconteceu tardiamente ou seja recentemente, como Argentina, Brasil (Fernando Collor de Melo 1990-1992 e Fernando Henrique Cardoso 1995-2003) e Chile (Eduardo Frei 1994-2000,

---

48 "teoria que prega um conjunto de medidas a serem tomadas no sentido de favorecer as atividades econômicas internas, reduzindo e dificultando ao máximo a importação de produtos e a concorrência estrangeira. Tal teoria é utilizada por praticamente todos os países, em maior ou menor grau". (DANTAS, Tiago Protecionismo. Disponível em: http://brasilescola.uol.com.br/economia/protecionismo.htm. Acesso em: 15 jul. 2016).
49 LAURELL, Asa Cristina (org.). **Estado e políticas sociais no neoliberalismo**. 3. ed. São Paulo: Cortez, 2002. p. 159-160
50 BRASIL. Constituição (1988). Constituição da República Federativa do Brasil. Brasília, DF: Senado Federal: Centro Gráfico, 1988. p. 292.
51 BRUNO, Lúcia. Reestruturação capitalista e Estado nacional. *In*: OLIVEIRA, Dalila Andrade de; DUARTE, Marisa R. T. **Política e trabalho na escola**: administração dos sistemas públicos de Educação Básica. 3. ed. Belo Horizonte: Autêntica, 2003, p. 31.
52 BRUNO, *op. cit.*, 2003, p. 31.
53 QUEIROZ, *op. cit.*, 2010.

Ricardo Lagos 2000-2006 e Michelle Bachelet 2006-2010) "contornos do processo de coordenação e de exercício do poder foram bem diferentes"[54].

Nesses termos, Bruno[55] citado por Queiroz[56] explica que:

> [...] nestas regiões o aparelho estatal clássico agiu decisivamente para o crescimento econômico, por meio da importação de capitais (empréstimos e abertura dos portos ao comércio exterior), contribuindo para acelerar a concentração do capital local. Outro aspecto levantado pela autora é que, nestes países, o capitalismo não conseguiu êxitos quanto à mudança na estrutura de poder instituída, como, por exemplo, sujeitar o Estado Nacional ao sufrágio universal, e, quando isso aconteceu por meio de lutas e pressões, os processos eleitorais, bem como os partidos políticos, não passaram de mera ficção. [57]

Em países como Brasil, Argentina, e Chile alternaram-se os regimes populista e a ditadura. No segundo caso, houve o controle absoluto das funções do Estado pelo exército e na maioria das ocasiões do próprio capitalismo. Enquanto os sindicatos por sua vez, número ainda escasso, onde se faziam presentes eram dominados pela ditadura. Já no populismo, houve a tentativa de fazer aliança entre a burguesia local e o Estado Nacional com o proletariado, tendo como modelo as políticas da classe capitalista e o poder econômico dos países altamente desenvolvidos.

Na concepção de Bruno[58] e de Queiroz[59] a presença do sindicato também foi relevante nos países comunistas, pois defendia uma aliança com a burguesia local com a finalidade de exterminar a influência norte-americana, esperando uma suposta união "daquela ao seu projeto societário e político".

Nessa época, a única conquista do estado de bem estar social foi a promulgação da constituição Federal[60] em 8 de outubro de 1988, com um capítulo específico para regular em normas gerais a seguridade social. Essa conquista gerou duras críticas ao Estado, que passou a ser alvo dos idealizadores de uma nova ordem política, que resultou na restruturação política, econômica e social no mundo dos aparelhos estatais.

Para falar especialmente do Brasil, o país passou por uma crise fiscal, com aumento do índice inflacionário e declínio da economia, tais características

---

54 QUEIROZ, op. cit., 2010.
55 BRUNO, op. cit., 2003.
56 QUEIROZ, op. cit., 2010.
57 BRUNO, op. cit., 2003.
58 BRUNO, op. cit., 2003.
59 QUEIROZ, op. cit., 2010.
60 BRASIL. **Constituição da República Federativa do Brasil**. Brasília, DF: Senado Federal: Centro Gráfico, 1988. p. 292.

marcaram a década de 1980, com os sinais de colapso do modelo desenvolvimentista, fundamentado na troca de importações, adotado desde 1930, quando surgiu a administração contemporânea. Diante desse surgimento tem-se:

> A sociedade urbano-industrial, iniciada nos anos 1930 no Brasil, exigiu um papel central do Estado, bem como a ampliação de suas funções nas áreas econômica e social. Esse momento impulsionou a expansão do aparelho estatal, que cresceu em desenvolvimento social estatal, mas perdeu com o crescimento e a diversificação da burocracia do Estado. Desse modo, a tônica do discurso na década de noventa é a redefinição da área de atuação estatal, com acentuado prejuízo para as políticas sociais. [61]

Esse discurso se baseia na procura de solução para a crise da década de 1970, descrita por intelectuais e políticos, supostamente conservadores, que procuravam a recuperação dos ideais liberais, que se embasavam nas teorias de Friedrich Von Hayek, economista austríaco da década de 1940. Entre essas ideias tem-se que para "[...] o Estado sair da crise, era preciso cortar os benefícios sociais que tanto o oneravam. Seria necessário um "ajuste" da economia, buscando equilibrar receita e despesas estatais" [...]. [62]

Além do exposto, havia também a defesa da não intervenção do Estado no mercado. Sendo esse o realismo do capitalismo, ou seja, uma fase liberal denominada de "neoliberalismo".

A esse respeito Boito Jr.[63] comenta que:

> A ideologia neoliberal foi sistematizada por intelectuais da Europa e Estados Unidos agrupados na Sociedade de Mont Pélérin, durante o período de hegemonia da política econômica keynesiana e do Estado de bem-estar social na Europa do Leste e na União Soviética e do desenvolvimentismo e do populismo na hegemonia dos países latino-americanos. Aqueles intelectuais elaboraram e sua doutrina numa situação de completo isolamento político. Foram mudanças econômicas e políticas ocorridas no capitalismo internacional a partir da segunda metade da década de 1970 que fizeram com que a burguesia dos países centrais e, mais tarde, suas congêneres dos países periféricos, desertassem do keynesianismo, do desenvolvimentismo e da política de bem-estar, e colocassem no centro da cena política e ideológica aquele pequeno grupo de ideólogos neoliberais que, durante décadas, tinha pregado no deserto. [...].[64]

---

61 QUEIROZ, op. cit., 2010, p. 32.
62 QUEIROZ, op. cit., 2010, p. 32.
63 BOITO JR., Armando. **Política neoliberal e sindicalismo no Brasil**. São Paulo: Xamã, 2002, p. 111.
64 BOITO JR. op. cit., 2002, p. 111.

Assim, considerando a opinião Queiroz[65] e Vieira[66], compreende-se que no Brasil, o neoliberalismo foi tardio, se comparado aos outros países dos latinos americanos, iniciando no curto governo Collor de Mello e enraizado no período de oito anos do governo de Fernando Henrique Cardoso, evidenciando um breve caminho das ações do Estado brasileiro no que diz respeito às políticas sociais.[67]

Na opinião de Vieira,[68] citado por Queiroz:[69]

> [...] a redefinição do papel do Estado brasileiro começa a ser desenhada ainda no governo Sarney, no qual a retomada do crescimento do país aparece atrelada à valorização do setor privado e à defesa da descentralização para o nível local de serviços como saúde, educação e habitação popular – municipal.

A autora informa que em 1986, os serviços com educação e saúde não estavam completamente amadurecidos, devido a sua insuficiência. Sendo então introduzido no governo Collor a ideologia de "responsabilidade solidária" aliado ao "Programa Nacional de Alfabetização" e "orientações da Declaração Mundial Sobre Educação". Nesse período, deu-se então início as parcerias do setor privado com a esfera pública, sendo assim, as primeiras políticas sociais que ora vigoram nos padrões atuais.

Segundo Montaño[70] as críticas afirmam em síntese que:

> [...] o projeto político de (contra-) reforma do Estado do governo FHC persegue a desregulação ("flexibilização") da acumulação, abrindo fronteiras, desvalorizando a força de trabalho, cancelando (total ou parcialmente) os direitos trabalhistas e sociais, desonerando o capital e desresponsabilizando-o da "questão social". [71]

Antes de seguir a diante, convém ressaltar que as duras críticas recebidas pelos governos neoliberais Fernando Henrique Cardoso e Fernando Collor, devido as suas políticas de privatização, as quais eram vistas pelos políticos de

---

65 QUEIROZ, *op. cit.*, 2010, p. 32.
66 VIEIRA, Sofia Lerche. **Políticas internacionais e educação– cooperação ou intervenção?** In: DOURADO, Luiz Fernandes; PARO, Vítor Henrique (orgs.). **Políticas Públicas e educação Básica**. São Paulo: Xamã, 2001.
67 MERQUIOR, José Guilherme. **O Liberalismo – Antigo e Moderno**. Rio de Janeiro: Nova Fronteira, 1991. p. 218-219.
68 VIEIRA, *op. cit.*, 2008, p. 59-60.
69 QUEIROZ, *op. cit.*, 2010, p. 32.
70 MONTAÑO, Carlos. **Terceiro Setor e uma questão social:** crítica ao padrão emergente de intervenção. 4. ed. São Paulo: Cortez, 2010, p. 48.
71 MONTAÑO, *op. cit.*, 2010, p. 48.

esquerda como processo de "entreguismo", "das riquezas da nação a potências estrangeiras, enquanto os mais alinhados ao pensamento liberal clássico não viam nessas medidas nada de propriamente liberal, mas apenas uma forma menos ostensiva de controle estatal sobre a economia".[72]

No entanto, as ideias neoliberais e tais políticas foram se enraizando, por intermédio de incansáveis lutas que resultaram nas conquistas do esvaziamento dos conteúdos democráticos – resultando a Constituição Federal de 1988.

Após 1988, há uma tendência de readequação do conteúdo com a finalidade de implementar a lógica neoliberal, que possui um fator

> [...] condicionante das reformas, sobretudo nos países em desenvolvimento, onde tal lógica proliferou devido à vulnerabilidade desses países e, porque não dizer, dependência financeira aos organismos multilaterais (Banco Mundial, Fundo Monetário Internacional, Banco Interamericano de Desenvolvimento, dentre outros). [...] os debates em torno da redefinição do Estado e seu poder de intervenção, dos processos de globalização da economia e reestruturação produtiva, começam já nos anos setenta, quando o discurso autointitulado liberalizante passa a atacar o Estado Nacional com violência. Sob a acusação de ineficiência em suas ações, o Estado sofre limitações claras ao seu padrão de intervenção na economia. [73]

A busca da rentabilidade das instituições privadas se avoluma, na década seguinte, marcando o início da política neoliberal, que defende que "o intervencionismo estatal é antieconômico e antiprodutivo, não só por provocar uma crise fiscal do Estado e uma revolta dos contribuintes, mas, sobretudo, porque desestimula o capital a investir e os trabalhadores a trabalhar".[74]

Diante a tutelada dos interesses particulares e o monopólio econômico estatal, bem como a ineficiência na proteção aos consumidores, a incapacidade no combate à pobreza, agravada pela insuficiência das ações de proteção social que além de poucas eram fundamentadas apenas na comunidade e na família. Tudo isso complicou ainda mais a situação com a imobilização dos "pobres, tornando-os dependentes do paternalismo estatal. Em resumo, é uma violação à liberdade econômica, moral e política, que só o capitalismo liberal pode garantir".[75]

Diante da desmoralização do Estado e da necessidade de seu fortalecimento, os neoliberais, baseavam-se na "ideia de desencadear uma nova etapa

---

72 FERNANDES, Cláudio. Neoliberalismo. **Brasil Escola**. Disponível em: http://brasilescola.uol.com.br/historiag/neoliberalismo.htm. Acesso em: 31 jul. 2016.
73 BRUNO, op. cit., 2003.
74 LAURELL, Asa Cristina (org.). **Estado e políticas sociais no neoliberalismo**. 3. ed. São Paulo: Cortez, 2002, p. 162.
75 QUEIROZ, op. cit., 2010, p. 32.

de expansão capitalista, implicando em um novo ciclo de concentração de capital nas mãos do grande capital internacional."[76]

Faz-se relevante observar que, no Brasil, as políticas sociais, inclusive as que envolvem a educação, assumiram conotação difusa com o processo de privatização, pois a reforma do Estado, redesenhou o novo papel com a transferência de obrigações (atividades não especificas) do Estado para o setor privado ou não estatal, como por exemplo as ONGs, clubes de serviços e associações sem fins lucrativos. Foi assim que instituições de assistência aos carentes, à criança, ao adolescente e ao idoso, ambulatórios, hospitais creches, centros de pesquisas cientificas e tecnológicas e outras instituições de cunho cultural e social passaram a ser administradas por instituições do Terceiro Setor e, portanto, sem fins lucrativos.[77]

Montaño[78] lembra que, inicialmente essa prática se constituía apenas em políticas sociais, pois:

> O projeto neoliberal, que elabora essa nova modalidade de resposta à 'questão social', quer acabar com a condição de direito das políticas sociais e assistenciais, com seu caráter universalista, com igualdade de acesso, com a base de solidariedade e responsabilidade social e diferencial. [...] No seu lugar cria-se uma modalidade polifórmica de respostas às necessidades individuais [...] assim, tais respostas não constituiriam direito, mas uma atividade filantrópica/voluntária ou um serviço comercializável [...][79].

Diante dessa nova lógica, pós-reforma, o financiamento das atividades anteriormente citadas, entre outras, deixou de ser um dever exclusivo do Estado tornando-se um trato das questões sociais. Apesar de serem atividades competitivas, não há motivo para continuar sob o monopólio do Estado.

A esse respeito Cruz[80] comenta que:

> Essas orientações deram origem a um modelo conceitual de reforma do Estado, que distinguia setores caracterizados como de ação estatal, segundo a natureza de suas atividades, associando-os a diferentes formas de propriedades e modelos gerenciais. Verifica-se que grande parte da estratégia da reforma se apoiou em programas de publicização das atividades ligadas ao campo social e científico e a privatização do setor de produção de bens e serviços para o mercado.[81]

---

76 QUEIROZ, *op. cit.*, 2010, p. 32.
77 PEREIRA, Carlos Bresser. A Reforma do Estado nos anos 90: lógica e mecanismos de controle. **Lua Nova, Revista de Cultura Política**, São Paulo, n. 45, p. 66, 1998.
78 MONTAÑO, *op. cit.*, 2010.
79 MONTAÑO, *op. cit.*, 2010, p. 189.
80 CRUZ, José Adelson da. **Organizações não governamentais, reforma do Estado e política no Brasil**: um estudo com base na realidade de Goiás. Campinas, SP: Universidade Estadual de Campinas, 2005.
81 CRUZ, *op. cit.*, 2005, p. 142

Diante destas informações Pereira[82] alega que a reforma do Estado, em especial na área social não provoca

> [...] a privatização direta, mas na publicitação [...] ou seja, transferência de atividades para o setor público não-estatal – foi criado para distinguir este processo de reforma do de privatização. Desse modo, foi constituída uma terceira forma de propriedade, relevante no capitalismo contemporâneo: a pública não-estatal, também denominada por alguns de Terceiro Setor.[83]

Pereira,[84] explica que:

> Todas as vezes, entretanto, que o financiamento de uma determinada atividade depender de doações ou de transferências do Estado, isto significa que é uma atividade pública, que não precisando ser estatal, pode ser pública não-estatal, e assim ser mais controlada pela sociedade que a financia e dirige.[85]

Martins[86] enfatiza que a prática de dirigir atividades públicas evidencia a incapacidade do Estado em enfrentar sozinho a "responsabilidade pelas políticas sociais, cabendo, dessa forma, aos diferentes do organismo da sociedade civil a tarefa de partilhar responsabilidades a partir de uma rede de parcerias". Desse modo, fica evidente o aprofundamento das ideias neoliberais com a incapacidade do Estado em dominar as políticas públicas sociais, as quais deveria realizar sozinho.

Por isso, discutir o papel do Terceiro Setor nas políticas públicas significa reconhecer que este tem cada vez mais assumido as obrigações que são do Estado, frente a seu "esgotamento e ao enorme déficit social do País"[87].

Silva[88] observa que apesar da variedade de nomes apresentados às entidades do Terceiro Setor, estas juridicamente são constituídas sob a forma de fundação ou associação, portanto as denominações como instituto, Movimento, ONG, Confraria e outros, são "nomes fantasias", por não possuir finalidade lucrativa, estando então impossibilitadas de adotarem formas de

---

82 PEREIRA, Carlos Bresser. **A Reforma do Estado nos anos 90**: lógica e mecanismos de controle. Lua Nova, Revista de Cultura Política. n. 45. São Paulo, 1998, p. 142.
83 PEREIRA, *op. cit.*, 1998, p. 69.
84 PEREIRA, *op. cit.*, 1998, p. 69.
85 CRUZ, *op. cit.*, 2005, p. 69.
86 MARTINS, André Silva. Estratégias burguesas de obtenção do consenso nos anos de neoliberalismo da Terceira Via. *In:* NEVES, Lúcia Maria Wanderley (org.). **A nova pedagogia da hegemonia**: estratégias do capital para educar o consenso. São Paulo: Xamã, 2005
87 SILVA, *op. cit.*, 2016.
88 SILVA, *op. cit.*, 2016.

sociedade civil e comercial.[89] Diante dessas informações apresentadas faz-se necessário compreender a origem do Terceiro Setor no âmbito das políticas públicas, em especial as brasileiras, conforme segue:

Análise das OSCIPS e seu papel no terceiro setor

Para analisar as OSCIPs e seu papel no Terceiro Setor se faz necessário preliminarmente apresentar o contexto conceitual e a origem do Terceiro Setor. Considerando que o Terceiro Setor tem sua origem, inicialmente na palavra inglesa, *'Third Sector'* que se tornou conhecida após 1970. No Brasil, assim como nos Estados Unidos, quando se referia a performance de instituições que realizavam atividades voluntárias, de iniciativas de igrejas, universidades, hospitais e demais organizações sociais criadas por particulares.

Diante da semelhança, Dimaggio, Anheier[90] e Salamon, Anheier[91] destacam que em qualquer lugar do mundo, independente das diferenças culturais, o Terceiro Setor está sempre relacionado ao serviço voluntário, filantropia, caridade, setor independente, economia social, a qual se relaciona com similaridade aos setores, em cada país.

Em que pese sua origem nos Estados Unidos, no que se refere ao Brasil os registros mostram que foi no século XVI que o Terceiro Setor passou a ter a estrutura e o perfil atual, marcado principalmente pelas ações assistencialistas dos portugueses no território nacional e a pratica da caridade cristã. O objetivo mantinha como prioridade o assistencialismo à população visando a melhoria da qualidade de vida, por intermédio de ações como orientação de hábitos de higiene, saúde e educação.

A prática da caridade e do amor fraterno pelos católicos era entendida como meio de reduzir os próprios sofrimentos. Assim, diante da necessidade de buscar minimizar o próprio sofrimento, foi inaugurada em 1543, a Santa Casa de Misericórdia de Santos, conhecida como a primeira instituição verdadeiramente filantrópica do Brasil, que visava aliviar a situação de miséria que passava a população.

Consta que só em 1970 as atividades filantrópicas passaram a existir por intermédio das Organizações Não Governamentais – ONGs e diversas outras instituições que surgiram com a finalidade defender os direitos humanos, civis e políticos. Tais ações eram apoiadas pela população, que percebia essas

---

89   SILVA, *op. cit.*, 2016.
90   DIMAGGIO, Paul; ANHEIER, Helmut. A Sociologia das organizações sem fins lucrativos e setores. **Annual Review of Sociology**, v. 16, p. 137-159, 1990. [tradução].
91   SALAMON, Lester; ANHEIER, Helmut. **Em busca do setor sem fins lucrativos I**: a questão da definições. voluntas, v. 3, n. 2, 1992. [tradução].

atividades como meio de estabelecer os direitos e garantias que deveriam ser fornecidos pelo Estado.

A esse respeito, Silva[92] esclarece que o Terceiro Setor, desde a sua origem na Inglaterra, sempre ocupou um espaço não estatal, público, fundamentado no princípio da solidariedade realizado pela sociedade civil que organizou com intuito de atender setores necessitados da sociedade e ignorados pelo Estado.

Apesar das características próprias, o Terceiro Setor, recebeu tal denominação, pois:

> [...] é constituído de entidades de interesse social, de caráter privado, não inseridas na seara das instituições criadas e mantidas pelo Estado denominado Primeiro Setor, não possuindo qualquer conotação lucrativa, ou seja, não inseridas no setor capitalista denominado Segundo Setor.[93]

Tais fundamentos estão expressos no artigo '*The Untapped Potential of the 'Third Sector*', escrito por Amitai Etzioni e publicado em 1972, pela revista *Business and Society Review,* em que defendia a necessidade de privilegiar "a criação e o fomento de organizações privadas sem fins lucrativos que assim o fizessem"[94], sendo que esse texto constituía uma orientação ao governo Nixon. Os Livros como *The Third Sector: keystone of a caring society*[95] (1980), de Waldemar Nielsen, The Endangered Sector[96] (1979); e The Third Sector: new tactics for a responsive society[97], de Theodore Levitt (1973); também incentivavam o Terceiro Setor naquela década.

Nesse contexto, as entidades do Terceiro Setor são: os clubes de serviços, fundações, as associações, organizações não-governamentais, entidades de assistência social, cultura, meio ambiente, saúde, ciência e tecnologia, educação, esporte, as quais executam projetos de interesse social sem objetivo de obtenção de lucro.[98] Conforme se verifica no gráfico 1, em anexo, que evidencia a distribuição das entidades por áreas de atuação.

---

92 SILVA, Arcênio Rodrigues da. A origem do Terceiro Setor no Brasil. *In:* **Âmbito Jurídico**, Rio Grande, XI, n. 53, maio 2008. Disponível em: http://www.ambito-juridico.com.br/site/index.php?n_link=revista_artigos_leitura&artigo_id=2888. Acesso em: jul. 2016.
93 SILVA, *op. cit.*, 2016.
94 ETZIONI, 1972 apud ALVES, Mário Aquino. Terceiro Setor: as origens do conceito. Disponível em: http://www.ufjf.br/virgilio_oliveira/files/2014/10/01-b-Alves-2002.pdf. Acesso em: 16 jul 2016, p. 2.
95 "**The Third Sector: keystone of a caring society**", título do livro publicado em inglês que significa O Terceiro Setor: peça fundamental de uma sociedade solidária.
96 **The Endangered Sector** título do livro publicado em inglês que significa o Setor ameaçado.
97 **The Third Sector:** new tactics for a responsive society título do livro publicado em inglês que significa O Terceiro Setor Terceiro Setor: novas táticas para uma sociedade sensível.
98 ASHOKA; MCKINSEY *et al.* Empreendimentos Sociais Sustentáveis: como elaborar planos de negócio para organizações sociais. São Paulo: Peirópolis, 2001, p. 14-15.

Foi nesse cenário que segundo Ashoka, Mckinsey e Company[99]

> As ONGs surgidas nas décadas de 70 e 80 configuraram um novo modelo de organização e gerenciamento de recursos. Ao contrário dos períodos anteriores, em que as organizações vinculavam-se ao Estado, tanto administrativa, como economicamente, com o surgimento das ONGs o vínculo passa a ser com as agências e instituições financiadoras internacionais.[100]

O Terceiro Setor ganhou maior relevância na década de 1990, com a valorização da área social por intermédio do desenvolvimento de atividades voluntarias pela sociedade civil organizada, tais atividades estavam ligadas ao meio ambiente, saúde, saneamento básico e atividades culturais e sem objetivar lucros.

Diante da relevância das instituições que fazem parte do Terceiro Setor torna-se necessário limitar o estudo apenas às organizações da Sociedade Civil de Interesse Público (OSCIPs), por isso, expõem-se a seguir, aspectos relevantes da Lei 9.790 de 23 de março de 1999.

Aspectos legais das organizações da Sociedade Civil de Interesse Público

As organizações da Sociedade Civil de Interesse Público (OSCIPs) estão disciplinadas na Lei 9.790 de 23 de março de 1999, qualificando a pessoa jurídica sem fins lucrativos, de direito privado, que tenha sido criada há pelo menos três anos, com a condição de que "os respectivos objetivos sociais e normas estatutárias atendam aos requisitos instituídos por esta Lei."[101]

Para tanto, é imprescindível que entre os objetivos sociais esteja presente ao menos um dos seguintes requisitos: promoção e defesa da cultura, assistência social, conservação do patrimônio artístico e histórico, da gratuidade da educação, da saúde; promoção e construção de novos direitos e dos já estabelecidos, bem como acesso gratuito e jurídico de interesse acessório; promoção da cidadania, da ética, dos direitos humanos, da paz, da democracia e demais valores universais; Ascensão da segurança nutricional e alimentar; promoção do desenvolvimento social, econômico e combate à pobreza; incentivo ao trabalho voluntario; Realização de experiências de novos modelos sócio produtivos e de sistemas alternativos como emprego, produção, crédito, comércio; estudos e pesquisas para o desenvolvimento, a implementação e disponibilização e de tecnologias capazes de movimentar

---

99 ASHOKA; MCKINSEY et al. op. cit., 2001, p. 14-15.
100 ASHOKA; MCKINSEY et al. op. cit., 2001, p. 14-15.
101 BRASIL. **Lei 9.790, de 23 de março de 1999**. Brasília, DOU, 1999, caput art. 1º

as pessoas independente do meio; produção de informações e conhecimentos técnicos, científicos e divulgação; e Defesa, preservação e conservação do meio ambiente e promoção do desenvolvimento sustentável.[102]

Em que pese os objetivos estarem expressos na Lei 9.790/1999, há ainda a regulamentação a que eles se configuram por meio da "execução direta de projetos, programas, planos de ações correlatas, por meio da doação de recursos físicos, humanos e financeiros, ou ainda pela prestação de serviços intermediários de apoio a outras organizações sem fins lucrativos e a órgãos do setor público que atuem em áreas afins".[103]

Estando a organização civil qualificada em conformidade com o artigo 3º, da Lei das OSCIPs, é extremamente necessário que seu estatuto seja regido por: Respeito aos princípios da impessoalidade, legalidade, publicidade, moralidade, da eficiência e da economicidade; A execução de práticas administrativas à obtenção de vantagens pessoais para si ou para outrem; Ter órgãos com competência para opinar a respeito dos relatórios contábil financeiro e operações patrimoniais, dando sugestões para a própria entidade e para os organismos superiores; Determinar que em casso de dissolução, ou perda da qualificação, o patrimônio seja doado a outra instituição com mesma qualificação nos termos da instituição extinta; a previsão de salário para os cargos de gestão da entidade respeitando os valores praticados no mercado. O estatuto deve prever ainda observação das normas brasileiras de contabilidade, a publicidade das demonstrações e respectivas certidões positivas e negativas após cada exercício fiscal, previsão de realização de auditoria externa e interna inclusive na aplicação dos recursos dos objetos das parcerias; a prestação de contas deve ser realizada a qualquer pessoa que solicitar em conformidade ao artigo 70 da CF/88.[104]

Cumprido os requisitos anteriormente apresentados a entidade deve requerer ao Ministério da Justiça sua qualificação, apresentando para tanto os seguintes documentos: "estatuto registrado em cartório; ata de eleição de sua atual diretoria; balanço patrimonial e demonstração do resultado do exercício; declaração de isenção do imposto de renda; inscrição no Cadastro Geral de Contribuintes"[105]. O requerimento de qualificação poderá ser deferido ou indeferido, pois pode ocorrer a perda da qualificação já conquistada mediante processo judicial ou administrativo, assegurando o contraditório e a ampla defesa e proibido o anonimato.[106]

---

102 BRASIL, op. cit., 1999, caput art. 3º
103 BRASIL, op. cit., 1999, caput art. 3º parágrafo único.
104 BRASIL, op. cit., 1999, caput art. 4º.
105 BRASIL, op. cit., 1999, caput art. 4º.
106 BRASIL, op. cit., 1999, caput art. 7º e 8º.

Constituída e devidamente regulamenta as OSCIPs, podem firmar com o poder público o termo de parceria, que é o instrumento hábil para constituição de vínculo, determinar direitos e obrigações entre as partes a fim de promover a efetivação de atividades de interesse público, anteriormente já citadas nesse capítulo. [107]

Da mesma forma, a jurisprudência subordina o termo de parceria de acordo com a Lei 9.790/99 e Decreto 3.100/99 conforme segue:

> 1. Termo de parceria é o instrumento para a execução das atividades definidas como de interesse público pelo art. 3º. da Lei 9.790/99, disciplinado pelo Decreto 3.100/99.
> 2. As verbas recebidas pela OSIP estão submetidas as regras da Lei 9.790/99 não impede a destinação de recursos do termo de parceria a remuneração da diretoria da instituição privada (art. 10, § 2º, IV).
> 3. Previsto no estatuto da autora apelada que sua diretoria não recebe remuneração, é de se conhecer a exigibilidade da devolução do valor que foi previsto no termo de parceria para remuneração da diretoria.

Em síntese, os documentos que qualificam as organizações como sendo uma Sociedade Civil de Interesse Público (OSCIPs), vinculam suas ações nos termos de parceria. Ressaltando que não é lícito renumerar a diretoria, se o estatuto dessa instituição determinar a opção pelo voluntariado, portanto, se isso ocorrer, os tribunais entenderão a imprescindibilidade da devolução dos valores. Nesse sentido, antes da assinatura do termo de parceria serão realizadas consultas aos conselhos de políticas públicas, nas mais diversas áreas a fim de identificar irregularidades. Não havendo restrições em sua classificação poderá ser assinado então o termo de parceria.

Em conformidade com parágrafo 2º do artigo 10, da Lei 9.790 de 23 de março de 1999, o termo de parceria deve ser por escrito ter essencialmente o objeto; a definição de resultados e metas almejadas; definir expressamente os procedimentos a ser utilizado de avaliação de desempenho; a de prever despesas e receitas; determinar as obrigações da Sociedade Civil de Interesse Público; em obediência ao princípio da publicidade determinar em qual meio de impressa especializado deverá publicar as condições do termo de parceria.

Em que pesem os requisitos para celebração do termo de parceria serem detalhistas, este não dispensa a fiscalização do processo de execução, que é realizado pelo Poder Público, pelo Conselho de Políticas Públicas do setor relacionado à área de atuação, como envio de relatórios à autoridade competente. Sujeito ainda aos mecanismos de controle social (art. 11). Além disso, a não comunicação de ilegalidade ou irregularidade ao Tribunal de contas, sujeita o responsável pela fiscalização a pena de responsabilidade sociedade (art. 12).

---

107 BRASIL. op. cit., 1999, caput art. 9º e 10º.

Com relação as suas atribuições, o responsável pela fiscalização poderá requer a inclusão de pedidos a investigação, tais como: "o exame e o bloqueio de bens, contas bancárias e aplicações mantidas pelo demandado no País e no exterior, nos termos da lei e dos tratados internacionais" (art. 13, § 2º).

Imprescindível ainda observar que a fiscalização nas OSCIPs é rígida, inclusive o artigo 14, determina a publicação do termo de parceria no prazo máximo de trinta dias a fim de dar publicidade aos procedimentos da contratação, compras, serviços e origem dos recursos, quando provenientes do poder público. Relevante ainda observar que os bens adquiridos pela organização com recursos públicos, necessariamente deverá ser gravo com clausula de inalienabilidade (art. 14).

Em conformidade com o artigo 15 da Lei das OSCISPs, a prestação de contas dos termos de parceria, com recursos públicos necessariamente deve conter:

> [...] relatório anual de execução de atividades, [...]- demonstrativo integral da receita e despesa realizadas na execução; [...]- extrato da execução física e financeira; demonstração de resultados do exercício; [...] balanço patrimonial; [...] demonstração das origens e das aplicações de recursos, das mutações do patrimônio social; [...] notas explicativas das demonstrações contábeis, caso necessário; parecer e relatório de auditoria, se for o caso.

No âmbito das disposições finais e transitórias da Lei 9.790/1999, proíbe a participação em assuntos e atividades eleitorais e campanha de interesse político partidário de qualquer espécie[108]; mediante requerimento o ministério da justiça possibilitará acesso a todas as informações da organização da sociedade civil de interesse Público[109].

As OSCIPS no terceiro setor

Diante da apresentação dos principais aspectos do ordenamento jurídico relacionados às organizações da sociedade civil de interesse público, tem-se uma pesquisa realizada por Roberto Lange Rila[110], na Universidade Federal de Santa Catarina a respeito das *'OSCIPS. E a captação de recursos 2004'*. André Luis Garcia Barreto[111] comenta as 'Organização da Sociedade Civil de

---

108   BRASIL, *op. cit.*, 1999, art. 16.
109   *Idem*, art. 17.
110   RILA, Roberto Lange. **As OSCIPS. E a captação de recursos 2004**. Florianópolis, SC: Universidade Federal de Santa Catarina, 2004.
111   BARRETO, André Luis Garcia. **Organização da Sociedade Civil de Interesse Público (OSCIP)**. Lei nº 9.790, de 23 de março de 1999, Brasilia, DF: Secretário Executivo Instituto Sagre, 2006.

Interesse Público (OSCIP) nos termos da Lei nº 9.790', apresenta os pontos positivos dessas instituições, como sendo a possibilidade de investir seus esforços e recursos financeiros em cultura, educação, meio ambiente, saúde gratuita, emprego e crédito, combate à pobreza, desenvolvimento econômico e social, cidadania, comércio, democracia, direitos humanos, tecnologia ou ciência, sistemas alternativos de produção, pesquisas. [112]

Além de ter a certeza que essas instituições estão obrigadas a fazer a prestação de contas dos gastos realizados com dinheiro público; o contador deverá assinar o balanço patrimonial e responsabiliza-se pela suposta veracidade das informações prestadas; As OSCIPS são instituições com inscrição no Cadastro Nacional de Pessoa Jurídica que realiza a declaração de isento no imposto de renda. [113]

As organizações da Sociedade Civil de interesse público têm mostra vantajosa no que se refere a: isenção Contribuição ao Fundo de Investimento Social (Cofins), Isenção de imposto de renda e da Contribuição sobre o Lucro Líquido; a não proibição de remuneração dos prestadores de serviços e dos seus dirigentes, desde que não haja vedação no estatuto e outros documentos utilizados para conquista da qualificação; essas organizações têm autorização para pactuar termo de parceria com o Estado, cuja contratação de serviços e compras não estão subordinadas a Lei de Licitações. [114]

Relevante ainda o fato das doações recebidas de pessoa jurídica (empresas), pois pode ser reduzido em até 2% do imposto de rende a ser pago; as OSCIPs estão habilitadas para receber doações de produtos apreendidos pela Receita Federal; a União pode fazer doação se houver o reconhecimento de utilidade pública como Unidade Pública Federal. [115]

No caso específico das organizações sem fins lucrativos de assistência social e educação são requisitos a não distribuição de renda e do seu patrimônio, a não renumeração das diretorias(dirigentes), escrituração das despesas e receitas, bem como e a exigibilidade de 20% das receitas oriundas de doação particular, venda e locação de bens, ser aplicados em serviços gratuitos. [116] A essa categoria de OSCIPs o autor atribui as seguintes vantagens: cota patronal do INSS isenta; cota CSLL, Cofins; IR, ITR, IPVA, ITCMD, IPTU, ICMS, ITBI e ISS. [117]

Apesar das inúmeras vantagens apresentadas às organizações sociais de interesses públicos, se comparadas ao Estado. Há sempre os questionamentos

---

112   BARRETO, *op. cit.*, 2006.
113   BARRETO, *op. cit.*, 2006.
114   RILA, *op. cit.*, 2004.
115   BARRETO, *op. cit.*, 2006.
116   BARRETO, *op. cit.*, 2006.
117   RILA, *op. cit.*, 2004.

de que as OSCIPs são exemplos caraterísticos do modelo neoliberal de governo. No entanto o neoliberalismo, visto nas páginas anteriores, é o padrão de transferência de responsabilidades do Estado, para o setor privado, de forma que o estado passa apenas a subsidiar ou regulamentar, bem como participar da fiscalização.

As organizações da Sociedade Civil de Interesse Público atualmente têm sido vistas como uma extensão do estado, devido sua eficiência, credibilidade e celeridade, tem assumido a execução de uma fração das políticas públicas. Em especial, o acompanhamento de pessoal, o monitoramento e a avaliação dos procedimentos em cada uma das suas etapas.

No entanto, faz-se necessário frisar que essas OSCIPs trabalham sob a coordenação permanente do Estado, que realiza os pareceres e as instruções de como deve proceder nos trabalhos. Tais pareceres têm inclusive o poder de invalidar as ações das organizações, se preciso for.

Por conseguinte, as políticas públicas na sua maioria são realizadas pelo próprio Estado. Sendo assim, é fácil concluir que a teoria neoliberalismo possivelmente não seja o termo próprio para definir as OSCIPs, em toda sua trajetória no território brasileiro, pois se surgiu com maior relevância na gestão de Fernando Color de Mello e Fernando Henrique Cardoso, na fase de Luiz Inácio Lula da Silva e Dilma o estado passou a executar grandiosos programas de políticas públicas como o Bolsa família, Vale gás dentre outros. Desse modo, é relevante observar que o Estado continua sendo o maior executor e financiador de projetos coordenados pelas organizações sem fins lucrativos.

Além do mais, as OSCIPs são parceiras do Estado, tanto pela capacidade de obter recursos junto à iniciativa privada, como também em reunir pessoas dentro do governo para dar publicidade às atividades; reunir voluntários para a realização de serviços reduzindo os custos com mão de obra para o Estado e satisfazendo as necessidades da sociedade, sendo assim consideradas, no século XXI, uma ferramenta moderna de articulação e visibilidade para o governo, pois as políticas públicas, em especial aquelas citadas nas garantias constitucionais são prioridades, e por isso também amplamente cobradas.

Em que pesem as vantagens das OSCIPs para o Estado e para a sociedade, é preciso destacar que, estas organizações também apresentam pontos negativos, dentre eles pode-se citar:

- O excesso de burocracia, evidenciado pela enorme quantidade de relatórios solicitados tanto pelo Estado quanto pelo judiciário, devido à distância dos setores e da divisão exacerbada do trabalho, responsável por formalismos excessivos.

- Sentimento de propriedade dos gestores e funcionários com acesso a informações privilegiadas, que se sentem donos do patrimônio público, usufruindo do patrimônio da entidade como se fosse privado. Tais indivíduos são difíceis de serem identificados, pois tem-se ciência das rei, intimidações e demonstrações de poder, como por exemplo:

"- Foi eu que te contratei".

"- Foi eu que te coloquei aqui dentro".

Desse modo, a competição e as informações privilegiadas ajudam na proteção dos cargos e na manutenção do poder, limitando essas organizações, restringindo inovações em matérias de projetos e da melhor aplicabilidade dos recursos.

Em que pesem às desvantagens apresentadas, embora seja em número menor que as vantagens, é relevante retornar as páginas anteriores, amparando-se na pesquisa de Franceli Pedott Dias, Amanda de Lima Silva e Thaís Recoba Campodonico[118] no que se refere à reforma administrativa e acrescentar que esta:

> [...] nada mais foi do que a modificação das práticas e/ou alterações organizacionais, que visou adaptar a Administração Pública a uma determinada concepção de Estado. Há pouco mais de uma década, surgiu no Brasil, dentro do Terceiro Setor, a Lei no 9.637/98 e logo em seguida a Lei no 9.790/99, que possibilitaram uma nova qualificação para as pessoas jurídicas de direito privado sem fins lucrativos, as OS ou OSCIPs. Essas entidades do Terceiro Setor, deram origem a um distinto instrumento jurídico de cooperação entre o Estado e as entidades, assim qualificadas, para o fomento e a realização de projetos em forma de termo de parceria.[119]

As autoras acrescentam ainda que essas organizações devem "atender a coletividade e não a um número restrito de pessoas. Autogovernadas possuindo direção própria e não sendo regidas pelo governo ou pelo mercado".[120]

Apesar de essas organizações serem supostamente geridas por voluntários, pois nasceram da vontade de alguns membros que a constituíram, dificilmente elas continuam sendo gerida por indivíduos sem qualquer interesse pessoal, no mínimo buscam status ou publicidade sob si ou suas pretensões a cargos políticos.

Por fim, é relevante observar que a lei das OSCIPs não se apresentou tão inovadora conforme era esperado, nem atingiu todas as expectativas do Terceiro Setor no âmbito das políticas públicas, pois na prática, sua estrutura funcionava do mesmo modo e com poucas diferenças.

---

118 DIAS, Franceli Pedott; SILVA, Amanda de Lima; CAMPODONICO, Thaís Recoba. **Organizações sociais civis de interesse público no contexto da reforma gerencial brasileira**. III Congresso Consad de Gestão Pública – Painel 18/070 – Organizações sociais e OSCIPs: balanço e perspectivas, 2009.

119 DIAS, *op. cit.*, 2009.

120 DIAS, *op. cit.*, 2009.

No entanto foi relevante o fato da Lei ter oportunizado a:

> [...] qualificação para organizações de áreas diferentes da saúde, assistência social e educação, educação. Porém, deixou dúvidas sobre a transparência da norma e das intenções do legislador ao ignorar o estabelecimento de critérios objetivos para a escolha da OSCIP que realizaria parcerias com o Estado. Assim, diante de duas ou mais OSCIPs interessadas o gestor governamental pode escolher livremente, sem nenhuma fundamentação, com qual delas a parceria será assinada, uma vez que esse termo é um ato discricionário e não vinculado. [121]

Essa possibilidade de o gestor governamental exercer seu poder discricionário ao poder escolher uma, entre duas OSCIPs nas mesmas condições, sem determinação de qualquer critério pela lei, parece uma agressão aos princípios constitucionais da imparcialidade no âmbito administração pública. Ficando evidente que na prática, o legislador foi insuficiente em "garantir a publicidade sobre seus atos e dessas organizações". Como por exemplo, foi constatado por Dias, Silva e Campodonico[122] em sua pesquisa:

> [...] a desatualização dos dados cadastrais das OSCIPs – alguns telefones e endereços registrados no site do ministério da justiça não pertencem às organizações registradas e outros estão desligados o que impede a comunicação com as mesmas e uma pesquisa mais aprofundada sobre seu trabalho, uma vez que são raras as entidades que possuem site institucional. [123]

Fatos como os averiguados na pesquisa citada, tem se mostrado corriqueiros e manchado a imagem das OSCIPs, pois a desatualização de dados, intencional ou não pode facilitar e evitar a fiscalização, tornando estas organizações omissas, favorecendo inclusive, conforme o caso, o desvio de finalidade.

Em que pesem os pontos positivos das OSCIPs em se mostrarem atrativos quando comparados a ineficiência[124] do Estado, cumpre salientar que a legislação impõe normas e regulamenta seu funcionamento, no entanto, pessoas inescrupulosas agem com má-fé, onerando ainda mais o Estado, com intencionalmente ou por incompetência, desviando assim a finalidade a que se propõe.

Como exemplos negativos relacionados às OSCIPs, tem-se o desrespeito aos direitos trabalhistas por parte dessas organizações, que em razão da responsabilidade subsidiária do tomador de serviço, o poder público, costumeiramente tem sido condenado a pagar direitos trabalhistas já inclusos nos termos de parcerias, conforme demonstra a decisão a seguir:

---

121 DIAS, *op. cit.*, 2009.
122 DIAS, *op. cit.*, 2009.
123 DIAS, *op. cit.*, 2009.
124 Imprestabilidade.

ENTE PÚBLICO. CONTRATO DE PARCERIA FIRMADO COM OSCIP – ORGANIZAÇÃO DA SOCIEDADE CIVIL DE INTERESSE PÚBLICO. RESPONSABILIDADE SUBSIDIÁRIA. SÚMULA 331, IV, TST. A Súmula 331, IV, TST, ao estabelecer a responsabilidade subsidiária do tomador de serviços tem o mérito de buscar alternativas para que o ilícito trabalhista não favoreça aquele que foi beneficiário do trabalho perpetrado. Assim, **o tomador de serviços, ainda que ente da Administração Pública, é responsável subsidiário pelos créditos trabalhistas do empregado adquiridos diante do trabalho que para ele é executado em cumprimento de contrato estabelecido com terceiro, sendo-lhe atribuída a culpa *in eligendo e a culpa in vigilando.*** Se o real empregador for inadimplente nas suas obrigações trabalhistas e o tomador de serviços permitiu que o empregado trabalhasse em seu proveito sem receber a justa contraprestação pelo esforço despendido, deve o beneficiário dos serviços prestados responder subsidiariamente quanto a estas obrigações.[125]

O exemplo apresentado não é raro nos tribunais superiores. Nos mesmos termos, a ausência de qualidade nos serviços das OSCIPs também tem sido apresentada constantemente na mídia com graves críticas aos programas de políticas públicas.

Em relação aos pontos fracos ou negativos ocasionados comumente pelas OSCIPs têm-se ainda aqueles apresentados por Eni Carajá Filho, Francisco Batista Júnior e André Luiz de Oliveira no texto '*As "organizações da sociedade civil de interesse público – OSCIPS" como instrumento de gestão pública na área da saúde'*. Como sendo:

- O comprometimento do sistema de referência em relação a conta-referência, já que há comprometimento da hierarquização dos serviços em especial os serviços de saúde, pois "na medida em que cada serviço terceirizado/privatizado tem em si a característica de autonomia em relação à Administração Pública".[126]

- A terceirização dos serviços é vislumbrada com as OSCIP, o que ocasiona em regra "o fim do Concurso Público como forma democrática de acesso aos Cargos Públicos";[127]

- Os termos parceria têm ocasionado a desprofissionalização do processo de trabalho, em algumas áreas como por exemplo a saúde;

- Evidencia a ausência de normas unificadas para o procedimento de compra e serviços em detrimento da Lei 8.666/Lei das Licitações;

---

125 TRT-16 1218201000216007 MA 01218-2010-002-16-00-7, Relator: JAMES MAGNO ARAÚJO FARIAS, Data de Julgamento: 7 fev. 2012, Data de Publicação: 27 fev. 2012.
126 FILHO, Eni Carajá, BATISTA JÚNIOR, Francisco e OLIVEIRA, André Luiz. **As "organizações da sociedade civil de interesse público – OSCIPS" como instrumento de gestão pública na área da saúde**. Brasília, DF: ministério da Saúde, 2004. p. 17.
127 FILHO, *op. cit.*, 2004, p. 17.

- Transferências das poupanças e recursos públicos para o setor privado, o qual apesar de não assumir oficialmente também visa lucro.
- A Gestão do sistema de saúde deixa de ser única e passa a conviver com as consequências da descentralização;
- "Repasse de patrimônio, bens, serviços, servidores e dotação orçamentária públicos a empresas de Direito Privado";[128]
- A flexibilização dos contratos de trabalho e consequentemente o desrespeito ao direito trabalhista;
- "Flexibilização dos contratos de trabalho";[129]
- A perda da qualidade dos serviços em detrimento da intenção das OSCIPs para necessidade de economizar para garantir lucro.
- O trecho a seguir faz parte da denúncia formulada pelo promotor de Justiça Renee do Ó Souza no município de Tangará da Serra:

> Os acusados causaram danos ao erário e violaram princípios da administração pública, porque dispensaram indevidamente licitação para a contratação de pessoa jurídica que prestou serviços públicos que sequer necessitavam de intermediação por terceira pessoa, além de terem realizado, ilegalmente, aditivos contratuais sem justificativa que aumentaram as despesas do contrato sem o consequente aumento do serviço.[130]

As organizações da Sociedade Civil de Interesse Público, apesar de devidamente regulamentadas no ordenamento jurídico brasileiro apresentam pontos positivos e negativos, nas ações relacionadas à política pública realizadas pelo terreiro setor.

Portanto cabe ao chefe do executivo, no uso do seu poder discricionário criar mecanismos de fiscalização e aprimoramento quando da realização de termos de parceria. Pois a fiscalização tem poder de inibir os desmando e atos de má fé, otimizando a aplicação de seus recursos e assegurando a qualidade dos produtos e/ou serviços.

Considerações finais

Os objetivos foram alcançados, pois o papel do Terceiro Setor nas políticas públicas foi analisado nesse artigo, com fundamento nas teorias do sistema econômico do estado capitalista e suas políticas sociais numa dinâmica entre o estado neoliberal e do bem estar. Tais fundamentos perpassam pelas

---

128 FILHO, op. cit., 2004, p. 17.
129 FILHO, op. cit., 2004, p. 17.
130 SOUZA, Renee do Ó. **Valor total do bloqueio pode chegar a R$ 2,2 milhões**. Disponível em: http://www.midiajur.com.br/imprime.php?cid=13947&sid=249. Acesso em: 15 dez 2015.

dimensões territoriais brasileiras, amplamente caracterizadas pela economia capitalista de defesa da propriedade privada, do sistema de mercado privado e da valorização explícita do capital.

Além de desenhar o Estado moderno como único responsável pelo planejamento e execução das políticas públicas, a história evidenciou sua incapacidade relativa, abrindo oportunidades de enraizamento das ideias neoliberais, por intermédio de incansáveis lutas que resultaram nas conquistas do esvaziamento dos conteúdos democráticos – resultado da então Constituição Federal de 1988, e posteriormente oportunizou ao Terceiro Setor, representado pelas organizações civis, a tarefa de partilhar responsabilidades de atividades ligadas à saúde, educação, acolhimento de crianças, adolescentes e idosos entre outras, sozinho ou por intermédio de parcerias público privadas.

Constatou-se que o Terceiro Setor tem sua origem na nos Estados Unidos na década de 1970, que se caracteriza em qualquer lugar do mundo pelo filantrópico, voluntariado, pela atividade de caridade, sendo um setor independente e que favorece a economia social. Tem-se então, como primeiro setor (privado), o segundo setor (estado) e se denomina Terceiro Setor por não objetivar a obtenção de lucros e atuar em atividades típicas do estado, buscando melhor qualidade de vida à população menos favorecida economicamente, em setores como: saúde, saneamento básico, meio ambiente e atividades culturais.

Por fim, compreende-se que o Terceiro Setor existe pela ineficiência do estado para suprir as garantias fundamentais e imprescindíveis para atender as necessidades da população. Surgindo o Terceiro Setor e consequentemente as OSCIPs, as quais na teoria apresentam vantagens relevantes. No entanto, a prática evidencia que fatores relacionados à ausência de caráter dos gestores e ao desvio de finalidade das organizações há a alteração da finalidade das mesmas, como também, a aplicação de recursos, acarretando enormes prejuízos aos cofres públicos e à sociedade em geral devido a ausência de serviços e/ou produtos ou da qualidade dos mesmos.

Nesse diapasão, as OSCIPs podem produzir bons resultados se houver uma fiscalização embasada nos princípios constitucionais da legalidade, eficiência, impessoalidade, moralidade e publicidade. Cuja figura do fiscal é imprescindível para inibir desmandos e atos de corrupção.

Por fim, sugere-se que outros estudos sejam realizados a respeito do tema Organizações da Sociedade Civil de Interesse Público, dando ênfase a atuação dos profissionais das Diretorias e Coordenação em relação aos princípios constitucionais da administração pública.

REFERÊNCIAS

ASHOKA; MCKINSEY *et al*. **Empreendimentos Sociais Sustentáveis**: como elaborar planos de negócio para organizações sociais. São Paulo: Peirópolis, 2001.

BARRETO, André Luis Garcia. **Organização da Sociedade Civil de Interesse Público** (OSCIP). Lei nº 9.790, de 23 de março de 1999, Brasilia, DF: Secretário Executivo Instituto Sagre, 2006.

BOBBIO, Norberto, **Dicionário de política I Norberto Bobbio, Nicola Matteucci e Gianfranco Pasquino**. Tradução: Carmen C. Varriale *et al.* Coordenaço de Tradução: João Ferreira. Revisão Geral: João Ferreira e Luis Guerreiro Pinto Cacais. Brasília: Editora Universidade de Brasília, 1. ed., 1998. p. 141.

BOITO JR., Armando. **Política neoliberal e sindicalismo no Brasil.** São Paulo: Xamã, 2002.

BRASIL. **Lei 9.790, de 23 de março de 1999**. Brasília, DOU, 1999, *caput* art. 1º.

BRUNO, Lúcia. Reestruturação capitalista e Estado nacional. *In:* OLIVEIRA, Dalila Andrade de; DUARTE, Marisa R. T. **Política e trabalho na escola:** administração dos sistemas públicos de Educação Básica. 3. ed. Belo Horizonte: Autêntica, 2003. p. 31.

CRUZ, José Adelson da. **Organizações não governamentais, reforma do Estado e política no Brasil**: um estudo com base na realidade de Goiás. Campinas, Universidade Estadual de Campinas, SP, 2005.

DANTAS, Tiago **Protecionismo**. Disponível em: http://brasilescola.uol.com.br/economia/protecionismo.htm. Acesso em: 15 jul. 2016.

DIAS, Franceli Pedott; SILVA, Amanda de Lima; CAMPODONICO, Thaís Recoba. Organizações sociais civis de interesse público no contexto da reforma gerencial brasileira. *In:* III CONGRESSO CONSAD DE GESTÃO PÚBLICA – Painel 18/070 – Organizações sociais e OSCIPs: balanço e perspectivas, **Anais** [...], 2009.

DIMAGGIO, Paul; ANHEIER, Helmut. A Sociologia das organizações sem fins lucrativos e setores. **Annual Review of Sociology,** v. 16, p. 137-159, 1990. [tradução].

ESPING -ANDERSEN, G. As Três economias Políticas do Estado do Bem-Estar. **Lua Nova**, n. 24, p. 85-116, set. 1991.

ETZIONI, 1972 *In:* ALVES, Mário Aquino. **Terceiro Setor**: as origens do conceito. Disponível em: http://www.ufjf.br/virgilio_oliveira/files/2014/10/01-b-Alves-2002.pdf. Acesso em: 16 jul. 2016.

FERNANDES, Cláudio. **Neoliberalismo**; Brasil Escola. Disponível em: http://brasilescola.uol.com.br/historiag/neoliberalismo.htm. Acesso em: 31 jul. 2016.

FILHO, Eni Carajá; BATISTA JÚNIOR, Francisco; OLIVEIRA, André Luiz. **As organizações da sociedade civil de interesse público – OSCIPS como instrumento de gestão pública na área da saúde**. Brasilia, DF, ministério da Saúde, 2004.

GIL, Antonio Carlos. **Como elaborar projetos de pesquisa**. 4. ed. São Paulo: Atlas, 2008.

KERSTENETZKY, Celia Lessa. **Políticas sociais sob a perspectiva do Estado do Bem-Estar Social**: desafios e oportunidades para o "catching up" social brasileiro. Niterói, RJ, Universidade Federal Fluminense, 2010.

LAURELL, Asa Cristina (org.). **Estado e políticas sociais no neoliberalismo**. 3. ed. São Paulo: Cortez, 2002.

MARTINS, André Silva. Estratégias burguesas de obtenção do consenso nos anos de neoliberalismo da Terceira Via. *In:* NEVES, Lúcia Maria Wanderley. (org.). **A nova pedagogia da hegemonia**: estratégias do capital para educar o consenso. São Paulo: Xamã, 2005.

MERQUIOR, José Guilherme. **O Liberalismo – Antigo e Moderno**. Rio de Janeiro: Nova Fronteira, 1991.

MONTAÑO, Carlos. **Terceiro Setor e questão social**: crítica ao padrão emergente de intervenção. 4. ed. São Paulo: Cortez, 2010.

MORAES, Reginaldo C. Reformas neoliberais e políticas públicas: hegemonia ideológica e redefinição das relações estado-sociedade. **Educ. Soc., Campinas**, v. 23, n. 80, p. 13-24, set. 2002. Disponível em: http://www.cedes.unicamp.br. Acesso em: 4 dez. 2016.

PEREIRA, Carlos Bresser. A Reforma do Estado nos anos 90: lógica e mecanismos de controle. **Lua Nova, Revista de Cultura Política**. São Paulo, n. 45, 1998.

QUEIROZ, Rozilane Soares do Nascimento. **O papel do Terceiro Setor nas políticas públicas a partir dos anos 1990 no Brasil** [manuscrito]: análise da parceria Instituto Ayrton Senna e Seduc-TO na oferta dos programas Se Liga e Acelera Brasil (2004-2009). 2010.

RILA, Roberto Lange. **As OSCIPS. E a captação de recursos 2004**. Florianópolis, SC: Universidade Federal de Santa Catarina, 2004.

SALAMON, Lester; ANHEIER, Helmut. **E**m busca do setor sem fins lucrativos I: a questão das definições. **Voluntas**, v. 3, n. 2, 1992. [tradução].

SILVA, Arcênio Rodrigues da. A origem do Terceiro Setor no Brasil. *In:* **Âmbito Jurídico**, Rio Grande, v. 11, n. 53, maio 2008. Disponível em: http://www.ambito-juridico.com.br/site/index.php?n_link=revista_artigos_leitura&artigo_id=2888. Acesso em: jul. 2016.

SOUTO, Marcos Juruena Vilela. **Desestatização, privatização, consessões e terceirizações.** Rio de Janeiro: Lumen, 2000.

VIEIRA, Sofia Lerche. **Política educacional em tempos de transição**: 1985-1995.2. Brasília: Plano, 2000 / Líber Livro, 2008.

VIEIRA, Sofia Lerche. Políticas internacionais e educação-cooperação ou intervenção? *In:* DOURADO, Luiz Fernandes; PARO, Vítor Henrique (orgs.). **Políticas Públicas e educação Básica**. São Paulo: Xamã, 2001.

APÊNDICE

Distribuição de Entidades por Áreas de Atuação

Área	%
Museus	0,02%
Controle da poluição	0,02%
Associações científicas	0,07%
Aconselhamento vocacional	0,07%
Sanatório	0,09%
Proteção ao consumidor	0,09%
Prevenção do crime	0,09%
Combate à violência	0,09%
Tecnologias alternativas	0,13%
Serviços jurídicos	0,18%
Reabilitação de infratores e...	0,22%
Ambulatório	0,24%
Proteção dos direitos civis	0,27%
Moradia	0,27%
Direitos da mulher	0,38%
Profissionalização	0,40%
Assistência material	0,40%
Produção e comercialização...	0,42%
Assistência a desastres e...	0,42%
Proteção de animais	0,51%
Conservação recursos naturais	0,53%
Tratamento e recuperação...	0,69%
Esporte	0,75%
Assistência a adultos	0,78%
Associações de bairro	0,84%
Assistência a deficientes físicos	0,93%
Educação e pesquisa	1,20%
Saúde preventiva	1,55%
Ambientalismo	1,58%
Cultura	1,82%
Hospital	2,02%
Promoção da cidadania	2,26%
Serviços médicos de reabilitação	2,82%
Desenvolvimento	2,93%
Associações comunitárias	3,06%
Assistência familiar	3,11%
Saúde	3,26%
Direitos humanos e cidadania	3,37%
Assistência a jovens	3,82%
Assistência a idosos e adultos	4,20%
Creches	5,66%
Educação	8,30%
Assistência a deficientes	8,95%
Assistência e serviços sociais	13,74%
Assistência a crianças	17,45%

LEI ROUANET: a banalização da política de incentivo à cultura?

Suelen de Alencar e Silva
Raimundo França
Everton Almeida Barbosa
Regiane Cristina Custódio

Introdução

As discussões sobre a Lei de Incentivo à Cultura no Brasil têm sido rarefeitas, quando esta vem à tona, em geral, são pautadas num debate não esclarecido, isto é, sem a devida ênfase em seu contexto e suas especificações. Desse modo, fica difícil ao grande público a importância de tal Política Pública para fomento das manifestações culturais no Brasil.

Nesse sentido, o trabalho buscou, por meio de uma análise de revisão, demonstrar as nuances da banalização da Lei de Incentivo à Cultura no Brasil por meio do recorte de duas reportagens divulgada em veículos de grande circulação nacional: "Lei Rouanet: prós e contra e a certeza de que precisa mudar" do Jornal e site Zero Hora e "Três polêmicas sobre a Lei Rouanet, alvo de operação da PF" divulgada no site da BBC Brasil.

Como o uso da comunicação, especificamente dessas duas reportagens inserem pontuações que levaram a algumas mudanças posteriores na avaliação e critérios da Lei. Busca ainda o debate para além do senso comum diante da classificação de cultura.

A pesquisa foi feita pelo recorte das palavras-chave: Lei Rouanet, incentivo cultural e políticas públicas direcionou a grande lista de arquivos, mas ao selecionar o filtro de notícias o repertório elenca conteúdos jornalísticos sobre que utilizam os termos. Conforme a listagem a escolha pelas reportagens o critério de conteúdo contido em ambas matérias.

Portanto, cabe a este trabalho, introduzir sobre o entendimento do consumo da arte, a influência da e o papel da comunicação, as especificidades da Lei e do uso da reportagem para abordar o assunto.

Trata-se de uma análise de revisão para discussão e debate sobre a banalização da lei de incentivos culturais no Brasil. A análise parte do recorte de duas reportagens divulgada em veículos de grande circulação nacional: "Lei Rouanet: prós, contra e a certeza de que precisa mudar" do jornal e site Zero Hora e "Três polêmicas sobre a Lei Rouanet, alvo de operação da PF" divulgada no site da BBC Brasil. O trabalho aponta por meio dessas duas reportagens pontuações que levaram a algumas mudanças posteriores na avaliação e critérios da Lei. Busca ainda o debate para além do senso comum diante da classificação de cultura.

Foi utilizado a reportagem publicada no site Zero Hora, na data de 28 de maio de 2016 com o título "Lei Rouanet: prós, contra e a certeza de que precisa mudar" e a matéria "Três polêmicas sobre a Lei Rouanet, alvo de operação da PF" divulgada no site da BBC Brasil, em 28 de junho do mesmo ano. Ambas com a função de mostrar os equívocos em etapas da Lei Federal aplicada no Brasil há 25 anos.

Esse material foi objeto de análise de conteúdo clássica, com base na pesquisa de Martin W Bauer sobre a importância da análise clássica de revisão. No primeiro momento, realizou-se uma "varredura" na internet com as palavras Lei Rouanet, incentivo cultural e políticas públicas culturais. Após o resultado apresentado, foi selecionado o filtro de "Notícias" para delimitar o recorte sobre o tema proposto dentre os resultados apresentados as duas reportagens citadas acima foram definidas com o recorte das palavras-chave sobre o assunto.

A pesquisa pelo recorte das palavras chave: Lei Rouanet, incentivo cultural e políticas públicas culturais direcionou a grande lista de arquivos, mas ao selecionar o filtro de notícias o repertório elenca conteúdos jornalísticos sobre que utilizam os termos. Conforme a listagem a escolha pelas reportagens o critério de conteúdo contido em ambas matérias.

A reportagem "Lei Rouanet: prós, contra e a certeza de que precisa mudar" publicada pelo Zero Hora, na data de 28 de maio de 2016 – embora pertença a um portal de notícias que atenda em específico a região do Rio Grande do Sul e Santa Catariana, o ClicRBS recebe quase 20 milhões de visitas por mês. Portanto o portal pertence aos grupos de sites mais acessados no Brasil.

No conteúdo, o jornalista Fábio Prikladnicki descreve os problemas na captação dos recursos disponíveis no Ministério da Cultura (MinC), assim se deu o requerimento para a abertura da CPI da Lei Rouanet, proposto por Alberto Fraga (DEM-DF) e Sóstenes Cavalcante (DEM-RJ). Além disso, traz para o assunto o posicionamento de especialistas, professores sobre as políticas de financiamento cultural e gráficos da distribuição dos recursos.

Na reportagem, do site da BBC Brasil divulgada em 28 de junho de 2016 titulada "Três polêmicas sobre a Lei Rouanet, alvo de operação da PF" apresenta as informações sobre a "Operação Boca Livre" da Polícia Federal que investigou os desvios de R$ 180 milhões de recursos federais e também as três principais polêmicas envolvendo a lei.

Essa busca na internet foi feita pelo provedor da Google em setembro de 2016, antes de Polícia Federal de São Paulo realizar a segunda fase da Operação Boca Livre.

Além desses conteúdos, foram identificados a divulgação de textos com base em "senso comum" encontradas em colunas opinativas dentro do próprio jornalismo. Isso porque a divulgação e a discussão sobre o assunto passaram a ser política e partidária.

Uma apuração mesmo que superficial revela que os grandes veículos de comunicação, com suas colunas e blog intercalados nas páginas de portais de notícias fazem do uso de avaliadores da cultura como uma espécie de mercado vigente. O que foge não somente da linha de uma editora jornalística como também do complexo de definição de cultura.

A pesquisa por meio das observações de Bauer na definição de análise de conteúdo explica que os preceitos de uma pesquisa não podem ser feitos de apenas um ponto de vista; até mesmo o contexto social do observador interfere em uma análise. Pode-se usar como exemplo a própria estrutura de uma análise de conteúdo. Se no jornalismo também se discutem a imparcialidade, a questão dos sentimentos e opiniões, na pesquisa também existe isso. Bauer (2002, p. 195), referindo-se à pesquisa em Ciências Sociais, menciona como os anseios (subjetivos, a priori) do pesquisador interferem na delimitação de sua pesquisa (aparentemente objetiva).

> A teoria e o problema que carregam em si os preconceitos do pesquisador serão responsáveis pela seleção e categorização dos materiais de texto, tanto implícita, como explicitamente. Ser explícito é uma virtude metódica. Digamos que um pesquisador quer atribuir ou disputar a autoria de um texto. Um pressuposto implícito sugere que a autoria do texto é importante; o pesquisador terá, então, de formular explicitamente uma teoria convincente sobre como a individualidade se manifesta no texto. (BAUER, 2002, p.195).

O estudo aqui desvia do foco de apenas opiniões e banalizações de artistas para se pautar como o trabalho das reportagens, com pontuações claras sobre o tema implicaram em algumas mudanças posteriores propostas na Lei. É importante assinalar que, segundo o autor, a Análise Clássica (AC) trata-se de um método de análise de texto desenvolvido dentro das ciências sociais empíricas. Embora a maior parte das análises clássicas de conteúdo culminem em descrições numéricas de algumas características do corpus do texto, considerável atenção está sendo dada aos "tipos", "quantidades" e "distinções" no texto, antes que qualquer quantificação seja feita. Deste modo, a análise de texto faz uma ponte entre um formalismo estatístico e a análise qualitativa dos materiais (BAUER, 2002, p. 190).

A arte e sua função social

Na história do homem existem inúmeras definições de cultura, destacando-se entre elas a que corresponde ao "conjunto complexo que inclui conhecimentos, crenças, arte, moral, leis, costumes e quaisquer capacidades e hábitos adquiridos pelo homem como membro da sociedade" (HERSKOVETS *apud* VIERTLER, 2003, p. 10).

A arte no mundo desempenhou um papel importante na história, participando de fatos que se dá na percepção do mundo e a própria percepção. Quando a arte surgiu nos primórdios da humanidade, foi o ponto de partida para as primeiras ações, seja pela condição de sobrevivência no qual utilizou a natureza para expressar a comunicação, foi arte que transformou o homem. As pinturas rupestres, caracterizavam essas primeiras formas de arte, o homem da caverna, já naquele tempo, mostra o interesse em se expressar de forma diferente (FISCHER, 1983).

> Hoje, no século XXI, o homem continua a utilizar a arte para revolucionar e envolver com questões econômicas, ambientais e políticas no mundo. O que reforça principalmente o interesse do homem em sociedade criar a arte como uma forma de comunicação com a humanidade. Com isso, o conceito de José Garcia de Azevedo Junior, descreve a "arte é uma experiência humana de conhecimento estético que transmite e expressa ideias e emoções" (AZEVEDO JÚNIOR, 2007, p. 7).

Se antes a arte sempre seguiu como uma necessidade humana, na atualidade, ainda que com a globalização é arte que cita os caminhos do homem moderno. Em sua antiguidade a arte é parte do homem, ela que representa uma forma de trabalho representa parte de suas características. Esse processo de atividades deliberadas serve para adaptar formas naturais as vontades humanas, isso é o que Fischer explica na necessidade que o homem tem da arte, seja pela conexão, hoje no delate banalizado, ou nas chamadas formas sociais cultural (FISCHER, 1983).

É Fischer que também descreve a arte como um trabalho mágico do homem, seja na tentativa de transformação da natureza, dar uma nova forma à sociedade ou de externar uma imaginação do que significa a realidade, capaz de transformar a realidade através da arte (FISCHER, 1983).

Portanto, o homem criador de costumes se torna elemento principal para a cultura. Foi nas grandes navegações o encontro, inevitável, de culturas. Diante desse exemplo, cabe a definição de que a cultura de um lugar passa a ser conhecida de forma global a partir da comunicação, visto que este processo informativo de divulgação consegue expandir e criar ideologias sobre o que vêm a ser as culturas de outro lugar.

Com o tempo à própria definição do termo modifica-se, e é no século XIX que a relação entre comunicação e cultura se torna inseparável. Os estudos sobre essas áreas estão sempre interligados. Afinal, as culturas são diferentes pelas ações únicas que compõem, assim como pelas práticas de cada grupo, podendo partir das condições do habitat, das formas governamentais, das condições econômicas, das investidas da indústria do vestuário, das inúmeras línguas e tantas outras manifestações.

> É pela arte que constrói o "Papel de clarificação das relações sociais, ao papel de iluminação dos homens em sociedades que se tornavam opacas, ao papel de ajudar o homem a reconhecer e transformar a realidade social. Uma sociedade altamente complexificada, com suas relações e contradições sociais multiplicadas, já não pode ser representada à maneira dos mitos" (FISCHER, 1983, p. 1).

Após a compreensão do uso da arte como meio de criar e representar o progresso dos pensamentos do homem, entra em cena a industrialização do meio. O homem agora vive em meio a máquinas, a industrialização vem para modificar o modo de trabalhar e com isso transforma a maneira de como as coisas são pensadas.

A indústria cultural nasce a partir das reflexões da Escola de Frankfurt, por uma perspectiva da cultura como mecanismo mercantil. Uma das formas exemplificada disso se explica em trabalho como "Dialética do Esclarecimento", publicado pela primeira vez em 1944 (ADORNO; HORKHEIMER, 2002), e "Eros e Civilização" (MARCUSE, 1955) que fundamenta a relação das esferas da economia e da cultura.

Essa avalição dos estudos de Adorno demostra a transformação da arte em mercadoria como um processo para legitimar uma "ordem social capitalista". Com esse novo rumo para as formas artísticas, o consumo da arte passa a dar lógica das adequações para que a função social se renda a busca pelo lucro.

As formas artísticas não deixaram de lado a função social da arte, nem mesmo pelo critério e temas envolvidos em política, economia, meio ambiente, mas converteu-se para a busca de lucro no mercado. Definição contestada por Banks quantos ao efeito da indústria cultural. Isso porque a partir da classificação da industrialização da arte, cabe também os estudos sobre dimensão utilitária e dimensão contemplativa.

Alguns estudiosos defendiam que o consumismo era um resultado das vontades, desejos e anseios humanos do dia-a-dia. Uma força que coordena a reprodução sistêmica, interação e a estratificação sociais, além da formação de indivíduos humanos, desempenhando ao mesmo tempo um papel nos processos e auto identificação individual e de grupo, assim como na seleção e execução de políticas de vidas individuais (BAUMAN, 2008, p. 41).

Segundo Bauman (2008) os desejos humanos e que esse sentimento só permanência quando não estava satisfeito. Para ele a sociedade do consumo baseava-se na promessa de satisfação, em uma análise de mercado, quando o cliente não está "plenamente satisfeito", ou seja, enquanto não se acredita que os desejos que motivaram e colocar o envolvimento a busca da satisfação estimularam experimentos consumista as tenham sido verdadeira e totalmente realizados.

É nesse momento que são encorajadas as opções de escolhas, sendo que na verdade o mercado lhe oferece opções limitadas – uma falsa sensação de liberdade de escolha.

> A 'sociedade de consumidores', em outras palavras, representa o tipo de sociedade que promove, encoraja o reforça a escolha de um estilo de vida e uma estratégia existencial consumista e rejeitar todas as opções culturais alternativas. Uma sociedade em que se adapta aos preceitos da cultura de consumo e segui-los estritamente é, para todos os fins e propósito práticos, a única escolha aprovada de maneira incondicional. (BAUMANN, 2008, p. 71).

Dentro da história da valorização da arte, cabe exemplificar o caso das obras de Edouard Manet, dos anos de 1800. Manet (1832-1883), pintor francês, hoje é considerado o percursor da pintura moderna, mas que naquele tempo teve Émile Zola como único crítico que valorizou a sua obra.

A qualidade artística nunca foi vislumbrada, no entanto a maior parte das obras de Manet rejeitadas no século XIX encontram-se em museus importantes espalhados pelo mundo (*cf.* FURIÓ, 2000, p. 31). As obras são as mesmas. O que mudou foi a apreciação da sua qualidade, os juízos de valor dependentes das ideias, interesses e gostos historicamente de uma determinada época.

Então o que se vê é a multiplicidade de interpretações acerca da cultura, o que inclui sentidos opostos também. Entretanto, isso ocorre de forma dialética, na medida em que se percebem vertentes que rogam para si avanços e contornos mais modernos, o que não desconsidera as pesquisas iniciais e percepções conservadoras.

Sobre Lei Rouanet

A Lei Federal de Incentivo à Cultura, de n° 8.313/91, denominada de Lei Rouanet criada em 1991, no governo Collor, é projeto que incentiva produtores e instituições a receberem, seja por pessoas físicas e jurídicas, recursos para financiar eventos culturais. A ideia da Lei é baseada, parte na Lei Sarney, de 1986, que previa a renúncia fiscal por parte das empresas que fizessem investimento na cultura.

Os valores destinados aos projetos são deduzidos integralmente do Imposto de Renda a pagar. A legislação tem o objetivo pluralizar a distribuição dos recursos entre projetos maiores e menores, por meio de uma avalição de edital lançado pelo Ministério da Cultura.

As etapas para a aprovação seriam por meio de documentos e inscrições, no Fundo Nacional de Cultura (FNC), com orçamento para investimento direto do governo; os Fundos de Investimento Cultural e Artístico (Ficart), para a aquisição de cotas em projetos e a obtenção de retorno sobre os lucros; e o mecenato, ou seja, a captação por meio de renúncia fiscal. O FICART nunca foi utilizado, e o FNC sofreu, ao longo do tempo, cortes de verba significativos, o que praticamente o inviabilizou. Em 2000, o Fundo chegou a representar 30,9% dos investimentos pela lei, e o incentivo fiscal, 69,1%. Em 2015, minguou para 2,2%, e o incentivo chegou a 97,8%.

Com a ratificação do Fundo de Promoção Cultural, criado 1986, que passou a denominar-se de Fundo Nacional da Cultura (FNC), o objetivo de destinar recursos para projetos culturais compatíveis também com a finalidades de favorecer projetos que atendam às necessidades da produção cultural e aos interesses da coletividade, aí considerados os níveis qualitativos e quantitativos de atendimentos às demandas culturais existentes, o caráter multiplicador dos projetos através de seus aspectos socioculturais e a priorização de projetos em áreas artísticas e culturais com menos possibilidade de desenvolvimento com recursos próprios.

De acordo, com o site do Ministério da Cultura (1998 – atual) todo projeto cultural, de qualquer artista, produtor e agente cultural brasileiro, pode se beneficiar desta Lei e se candidatar à captação de recursos de renúncia fiscal. Além das pessoas físicas e jurídicas, a proposta para essa lei pode ser feita por pessoas jurídicas públicas da administração indireta (autarquias, fundações culturais etc.) e pessoas jurídicas privadas com ou sem fins lucrativos (empresas, cooperativas, fundações, ONGs, organizações culturais etc.)

Para a apresentação das propostas, o projeto deve seguir alguns trâmites que vai desde a estruturação do projeto cultural, como; apresentação, objetivos e justificativa, bem como orçamento, etapas de execução, cronograma, plano de divulgação e plano de distribuição. É necessário também que o projeto tenha a lista de documentos exigidas no Artigo 11 da Instrução Normativa 01/2013 e por fim, fazer a inscrição.

Como informa a Lei, os critérios de avaliação dos projetos seguem a dispositivos do Artigo 22, que os projetos enquadrados neste mecanismo "não poderão ser objeto de apreciação subjetiva quanto ao seu valor artístico ou cultural". Se um projeto cumpre todas as normas e exigências da Lei, será considerado apto a captar recursos de incentivo fiscal.

Consta na Lei também que análise técnica de admissibilidade da proposta cultural se baseia na conformidade da proposta: se é de fato do campo cultural, se o proponente está qualificado conforme as regras e se o sistema foi devidamente preenchido, entre outras informações e documentos. Nesta fase, o projeto será enquadrado nos artigos 18 ou 26, nos termos da Lei 8.313/91, momento em que será dada publicidade da decisão ao proponente.

Após a análise técnica de admissibilidade, a proposta cultural, se aprovada, torna-se projeto e recebe um número de registro no Programa Nacional de Apoio à Cultura (Pronac) e o proponente recebe a Autorização para Captação de Recursos Incentivados publicada em portaria no Diário Oficial da União (DOU).

Após 10% de captação realizada, o projeto segue para a entidade vinculada correspondente ao segmento cultural do seu produto principal. As entidades vinculadas utilizam-se do banco de peritos do MinC, que são profissionais credenciados por meio de edital público, para emissão de parecer técnico. Tal parecer deve se manifestar quanto à adequação das fases, dos preços e orçamentos do projeto (que podem ter sugestões de ajustes), com recomendação de homologação ou indeferimento devidamente fundamentada.

Após emissão do parecer técnico, o projeto é encaminhado para a Comissão Nacional de Incentivo à Cultura (CNIC), que aprecia os projetos considerando o parecer técnico e subsidia o MinC em sua decisão final quanto à homologação. Isso ocorre em reuniões ordinárias mensais, que possibilitam decisões colegiadas e têm transmissão em tempo real pelo site e redes sociais do ministério. Após a apreciação da CNIC, o projeto cultural segue para decisão final no MinC. (MINISTÉRIO DA CULTURA, 2017).

A mídia e a polêmica

A regra é clara, "Os jornais devem publicar qualquer informação que seja de interesse público", essa frase acompanha todo preceito do jornalismo. Desde a faculdade é algo enraizado, que deve em outro momento um estudo e análise sobre o papel da mídia na atualidade. Neste trabalho vamos pontuar, especificamente, sobre dois conteúdos jornalísticos publicados em sites na internet.

As informações publicadas tanto no site Zero Hora, na data de 28 de maio de 2016 com o título "Lei Rouanet: prós, contra é a certeza de que precisa mudar" ou a reportagem "Três polêmicas sobre a Lei Rouanet, alvo de operação da PF" divulgada no site da BBC Brasil, em 28 de junho do mesmo ano – pretendem mostrar os equívocos em etapas da Lei Federal e não a definição do que é ou não arte.

Se comunicação funciona como forma de troca entre os seres humanos e o jornalismo deve seguir a linha da objetividade e o interesse público, o segundo elemento alimenta uma calorosa discussão sobre a tema. Uma das calorosas discussões sobre o assunto foi a polêmica deum trabalho da cantora Claudia Leite.

Deflagrada em junho de 2016, a "Operação Boca livre" revelou suspeitas de irregularidades em vários projetos que obtiveram o benefício da renúncia fiscal – shows principalmente com artistas famosos custeada com recursos públicos.

A polêmica que envolveu uma das artistas mais populares do Brasil, aconteceu em 2016, quando o Ministério da Cultura destinou a cantora Claudia Leite recursos no valor de até R$ 356 mil para publicar um livro sobre sua carreira. A decisão tomada em janeiro daquele ano, foi publicada em 16 de fevereiro no Diário Oficial da União.

Na publicação, o pedido teria sido da produtora Ciel Empreendimentos Artísticos Ltda em 2014. Para o projeto a empresa pediu R$ 540 mil:2 mil exemplares de um livro com entrevista exclusiva, fotografias, letras e partituras da cantora. O jornal "O Estado de S. Paulo", chegou a publicar que em 2015 a produtora desistiu do livro, mas o pedido continuou na lista do Ministério da Cultura.

Em resposta às críticas, a página do Ministério da Cultura no Facebook publicou uma nota de esclarecimento de que o projeto foi escolhido com base em critérios técnicos e com decisão do parecerista.

> As análises se baseiam em pré-requisitos objetivos, tais como natureza cultural, qualificação do proponente, garantia da democratização do acesso e acessibilidade, entre outras variáveis (MINISTÉRIO DA CULTURA em nota divulgada em 18 fev.).

A lei se tornou, de certa forma, um objeto de "demonização" a artistas como se o incentivo por meio do projeto fosse ruim ou pejorativo. Isso porque o paralelo com os níveis lucrativos das produções que recebem o benefício é apontado e questionado. Na época da Operação Boca Livre, assim que assumiu a Secretaria Nacional de Cultura, o ministro Marcelo Calero disse que o dispositivo não pode ser "satanizado".

O que não pode acontecer é essa satanização de um instrumento que tem se revelado o principal financiador da cultura. Acho que as críticas são bem-vindas, há distorções a serem corrigidas, mas não podemos demonizar a Lei Rouanet, afirmou aos jornalistas na ocasião. (Trecho publicado no site BBC Brasil).

O gestor cultural Henilton Menezes escreveu o livro "A Lei Rouanet muito além dos (f)atos", revelou em uma entrevista, também publicada pelo site Zero Hora, em 28 de novembro de 2016, uma pesquisa extensa na obra sobre o assunto.

Menezes que foi secretário de Fomento e Incentivo à Cultura do Ministério da Cultura, de 2010 a 2013 disse em entrevista ao site Zero hora em matéria publicada, sobre o mercado de financiamento à cultura independente do poder público.

> A Lei Rouanet, por sua abrangência e volume de recursos, é ainda o principal instrumento de financiamento da cultura do país. No entanto, foi a partir da Rouanet que dezenas de leis estaduais e municipais foram implementadas e estão operando, em maior ou menor medida. O fato de

termos apenas um instrumento de financiamento que funcione, em nível federal, não quer dizer que o mercado não amadureceu. Se a lei funcionasse com o modelo que foi concebido, com três mecanismos de financiamentos atuando de forma articulada e complementar (incentivo fiscal, fundo nacional e fundos de investimento), poderíamos ter um instrumento muito mais eficiente" (ENTREVISTA, ZERO HORA. 28 nov. 2016).

Cabe citar também como se dá a distribuição dos recursos da Lei Rouanet. A exemplo vamos utilizar a distribuição de 2015 dividida em reais.

Para matérias de Artes Cênicas, no ano de 2015, foram destinados cerca de 2,87 milhões de incentivos. Para a categoria de Música o valor atingiu 2,47 milhões no país, quanto a projetos para restauração de patrimônio cultural o valor foi de 1,4 milhões. Já em Artes Visuais e Audiovisual os valores investidos chegaram a 1,33 milhões e 1, 1milhões, respectivamente. E, por fim, na categoria de Humanidades, o valor investido foi de 980,00 milhões. (Fonte: ADAPTADO/SALICNET/FOLHA/2016).

Para entender o funcionamento da Lei cabe lembrar que se trará de uma forma de estimular o apoio da iniciativa privada ao setor cultural. O que significa que o governo abre mãos dos impostos (tanto de pessoas físicas quanto de jurídicas), para que os valores dos projetos sejam aplicados como forma de retorno para comunidade.

É por meio do Ministério da Cultura (MinC) e que as propostas passam para ser aprovadas. Posteriormente, os projetos são autorizados a captar recursos junto a pessoas físicas pagadoras de Imposto de Renda (IR), que apresentam declaração completa, ou empresas tributadas com base no lucro real, visando a execução do projeto.

Esses agentes que apoiam os projetos podem reembolsar o valor deduzido do imposto devido (artigo 18), dentro dos percentuais permitidos pela legislação tributária. Empresas, até 4% do imposto devido; Pessoas físicas, até 6% do imposto devido.

Segundo o edital do ministério da Cultura, o incentivo não altera o valor a pagar ou a restituir do seu Imposto de Renda, apenas redireciona parte do imposto para o projeto escolhido, contribuindo para a cultura e promovendo o desenvolvimento do cidadão.

A Lei prevê benefícios em duas vias, para empresas e para pessoas físicas. **Para as empresas existe há pos**sibilidade de agregar valor à marca por meio do apoio a uma iniciativa que valoriza a cultura na cidade, promove o desenvolvimento cultural e gera aproximação com a comunidade (mostrar-se realmente sustentável); ou aproximar o relacionamento com clientes e atrair novos clientes por meio do vínculo da sua marca com projetos de valor e ainda a projeção da marca da empresa nos materiais de divulgação dos projetos.

Quanto a pessoa física gera o protagonismo individual – principalmente – como doador fazendo a diferença na prática, contribuindo para a disseminação da cultura e promovendo o fácil acesso à comunidade. Cabe ainda a vantagens de custo zero, os incentivos 100% dedutíveis do Imposto de Renda, dentro do limite de 6% do imposto devido.

Ao revisar as colocações e critérios da Lei cabe utilizar os estudos em relação a sociedade do consumo, mas em outro viés, não do que apresenta apenas o consumimos e a arte como indústrias, mas sim como uma espécie de usar as políticas públicas para desindustrializar a arte. É aqui que cabe os estudos de Barroso, que defende o cunho social da arte mesmo destro da indústria do consumo.

Segundo Barroso (2004), a arte está inerente às suas circunstâncias de produção e de consumo. É na realidade que o artista se inspira (cores, formas, sons, ideias, movimentos, matérias) e impõe a sua arte. O artista vive num onde mundo social se instruiu com hábitos, usos, costumes, modos de ver e interesses; exercitou as suas aptidões; formou os seus padrões culturais; e apurou os seus sentidos para a experiência estética (BARROSO, 2004, p. 86).

Banks que defende a utilização de economia como forma de expandia a arte, da economia de mercado se tornar também – o mercado para o uso das políticas públicas. Na Conferência das Nações Unidas sobre Comércio e Desenvolvimento – Unctad (2010) foi utilizado o termo economia criativo, sendo estabelecida como um escopo das indústrias criativas, embora haja incongruência quanto à definição dessas indústrias – que são consideradas como sinônimo de indústrias culturais para alguns, e como conceitos substituíveis para outros.

Ao estudar os termos de Potts e Cunningham (2008), quanto a economia criativa entende como uma forma estratégica de desenvolver um impacto positivo das indústrias criativas sobre o crescimento econômico e a inovação tecnológica, em um contexto decorrente da desindustrialização e da crise do fordismo. O que difere ainda das explicações de economia da cultura. (BARROSO, 2004).

A reportagem publicada pelo site Zero Hora, titulada "Lei Rouanet: prós, contra e a certeza de que precisa mudar", na data de 28 de maio de 2016 apresenta uma série pontuações quanto ao processo de avaliação da Lei.

Na linha fina, pequena linha de texto usada sobre ou logo abaixo do título para destacar informações da matéria, aponta o desafio do então Ministro da Cultura, Marcelo Calero para reinventar a Lei – considerada mais polêmica naquele momento.

A foto de capa da matéria é ilustrada pela cantora Claudia Leite, que no ano anterior se envolveu em uma polêmica e recebeu muitas críticas, após o MIC autorizar a captação de R$356 mil para a produção de um livro sobre sua biografia. Posteriormente, a cantora abandonou o projeto.

Fonte: BBC BRASIL, 2015

O conteúdo da reportagem fala ainda sobre a abertura da CPI da Lei Rouanet, com o objetivo de investigar supostas irregularidades.

A proposta de Alberto Fraga (DEM-DF) e Sóstenes Cavalcante (DEM-RJ) obteve mais do que as 171 assinaturas de deputados necessárias e questiona os "critérios utilizados na admissão de projetos". Segundo a reportagem, no processo de CPI solicitado pelos deputados consta que dentro dos projetos aprovado pelo MIC havia "casos estranhos de aprovação de valores astronômicos para projetos pífios ou de repasses que acabam sendo uma forma de bancar patrocínio privado com dinheiro público. Ou de projetos de grande porte que teoricamente não precisariam do auxílio, aprovados pelo ministério".

Diante dessa exposição, a reportagem apresenta a sociedade que inúmeros projetos que "talvez" não precisasse de incentivos financeiros, estaria se aproveitando dos incentivos para lucrar, mais tarde a polícia federal desencadeia uma operação de fraudes na aprovação de projetos.

A discussão da lei é apresentada tanto pelo viés político, já que naquele momento o Brasil passava por uma polarização política, que alguns parlamentares acusavam do MIC ter uma ideologização na qual favorecia os aliados ao PT. O assunto rende tanto, que não poderia ser apenas considerado, discurso acalorado de tribuna.

Quanto a isso, a reportagem aponta que tal questionamento abriu espaço para contrapor o excesso de concentração de recursos em projetos da região Sudeste e o detrimento de ações de relevância cultural de menor apelo comercial. Um trecho da fala do Ministro da Cultura, Marcelo Calero, na ÉPOCA mostra o quanto o assunto causava uma desestabilização no entendimento da Lei: *"O que não pode acontecer é essa satanização de um instrumento que até hoje tem se revelado o principal financiador da cultura. Críticas são bem- -vindas, acho que, sim, há distorções a serem corrigidas, mas não podemos demonizar a Rouanet",* descreve trecho da reportagem."

Então, a reportagem mostra as pontuações e análise de estudiosos da área. A primeira análise é de Fábio de Sá Cesnik, advogado especialista em políticas de financiamento cultural e autor do livro Guia do Incentivo à Cultura (edição Manole). O advogado defendeu a reformulação legislativa (por meio do Procultura) e que as últimas alterações permitiram que a Lei abrangesse grupos que não se encaixavam antes.

Na opinião de Leandro Valiati, professor de Economia e coordenador do Grupo de Trabalho Economia Criativa, Cultura e Desenvolvimento da UFRGS, alguns debates em torno da Lei, principalmente quanto aos artistas que buscam o incentivo é "pobre intelectualmente". Isso porque, na sua visão, "as empresas patrocinadoras são atraídas pelo público e pela exposição publicitária de grandes artistas, elas são beneficiadas pelo sistema de incentivo, seja em um governo de esquerda ou direita. Estes artistas não são financiados por um determinado governo, mas por um sistema que é do Estado brasileiro".

Essa colocação do professor exemplifica que mesmo diante de um governo à direita, o benefício do subsídio da cultura é inerte a política cultural brasileira que parece estar enraizado ao sistema de financiamento

Em contrapartida, a reportagem mostra então a questão de dominação que existe dentro da Lei. A primeira se resume aos problemas atribuídos ao poder de decisão concentrado nas mãos do departamento de marketing de empresas patrocinadoras, privilegiando iniciativas com maior potencial de visibilidade.

Narra a matéria, que Eduardo Saron, diretor do Instituto Itaú Cultural, ao investir R$ 80 milhões em cultura em 2015, dos quais R$ 15 milhões pela Lei Rouanet, é uma interpretação distorcida prevista –inclusive- pelo próprio Sergio Paulo Rouanet, mas reconheceu que quando os incentivos são aprovados de forma desbalanceada, a leitura sobre o papel da lei fica distorcida.

A exemplo, a matéria cita o caso do "Rock in Rio 2011". O caso em questão é quando o Tribunal de Contas da União (TCU), ao analisar uma representação do Ministério Público entendeu que a captação de recursos para "projetos que apresentem forte potencial lucrativo, bem como capacidade de atrair suficientes investimentos privados independentemente dos incentivos fiscais", não deve ser autorizada.

Com esse posicionamento, o tribunal determina ao MIC uma função da qual a pasta queria se esquivar e que requer boas discussões sociológicas, como por exemplo definir ou classificar o que é um projeto de potencial lucrativo e o que é um projeto que necessita de incentivo fiscal.

Isso é o que a reportagem mostra com posicionamento de Adriana Mentz Martins, produtora do Porto Alegre Em Cena, do Festival de Cinema de Gramado e do Natal Luz de Gramado. Ela questiona como seria uma avaliação desse porte, a exemplo como poderão avaliar tudo que envolve o evento? Como viabilizar o projeto sem o aval da Lei Rouanet? E quem bancaria a contrapartida, a democratização do acesso?

Agora, a reportagem entra no tema de distribuição dos incentivos, sendo que a concentração de recursos está nos Estados do Sudeste. A nível informativo, no ano de 2015 79% dos recursos captados com patrocinadores foram para esta região.

Henilton Menezes, que foi o titular da Secretaria de Fomento entre 2010 e 2013, realizou um estudo importante que identificou alguns fatores que ajudam a explicar a concentração de recursos. Um deles é que a Lei Rouanet é baseada na renúncia fiscal do Imposto de Renda, cuja arrecadação está concentrada no Sudeste. Outro ponto é que as empresas tributadas pelo regime de lucro real usualmente são sediadas no Sudeste.

"O disco do Ednardo, um artista cearense, foi mixado e masterizado em Fortaleza, toda a equipe técnica e os músicos eram cearenses, mas o projeto aparece no MinC como se fosse do Rio, porque a empresa que enviou o projeto é do Rio. O sistema contabiliza pelo CNPJ do proponente. Há muitos casos deste tipo", explicou na reportagem.

Diante de todos os pontos apresentados pela reportagem do jornalista Fábio Prikladnicki, os entrevistados, especialistas, estudiosos da área apresentaram um consenso em opinião de que a Lei precisava ser readaptada para as novas exigências do momento atual do país e as novas opções de mercado.

A lei precisa ser pensada com estrutura diferente. O problema não é o instrumento de renúncia fiscal, mas como lançar mão dele junto com outros importantes instrumentos de financiamento da cultura. Acredito, sobretudo, na necessidade de criar um sistema de subsídio. Não precisamos acabar com a Rouanet, mas transformá-la em parte desse sistema maior", avaliou o professor de Economia Leandro Valiati, da UFRGS.

Já para visão política econômica, Henilton Menezes, autor do estudo sobre a Lei Rouanet, apontou que a base de patrocinadores em potencial precisa aumentar, já que nos últimos 10 anos o número é o mesmo. Analisando o histórico de investidores dos últimos 10 anos, percebe-se que o número tem se mantido praticamente o mesmo, em torno de 3 mil empresas. Esse número não tem crescido porque as empresas que trabalham com lucro real e têm volume para investimento já estão no sistema, defendeu Menezes.

Por fim, a reportagem mostra os casos de financiamento polêmicos no Brasil. São eles, A companhia circense "O Cirque du Soleil", com um espetáculo em 2006, financiada com recursos da Rouanet. Só na etapa São Paulo teve aprovada a captação de R$ 9,4 milhões (de R$ 16,6 milhões pedidos).

O projeto "O Mundo Precisa de Poesia", um blog que publicaria diariamente um vídeo com a cantora Maria Bethânia lendo um poema recebeu a autorização para captar até R$ 1,35 milhão pela Lei Rouanet. A cantora desistiu, após as críticas.

A cantora Claudia Leite recebeu autorização para captar R$ 5,8 milhões para fazer 12 shows nas regiões Norte, Nordeste e Centro-Oeste. Após as críticas, a turnê recebeu R$ 1,2 milhão dos R$ 6 milhões iniciais. Outra polêmica foi a autorização para o estilista Pedro Lourenço captar R$ 2,8 milhões e realizar dois desfiles em Paris.

Uma turnê de Luan Santana foi autorizada a captar R$ 4,1 milhões (de uma solicitação inicial de R$ 4,6 milhões).

A reportagem finaliza com uma imagem na qual demonstra a distribuição dos recursos, separados áreas e os principais captadores no ano de 2015 e a divisão desses recursos por região. Veja a imagem na próxima página.

Tabela 1 – Maiores Captadores de Incentivo Cultura da Lei Rouanet em 2015

Captadores de Incentivos	Milhões
Aventura Entretenimento Ltda	R$ 21 milhões. ...
Instituto Tomie Ohtake:	R$ 19 milhões. ...
Museu de arte de São Paulo - MASP	R$ 17 milhões. ...
Instituto Itaú Cultural	R$ 14 milhões.
T4f Entretenimento	R$ 13 milhões. ...
Orquestra Sinfônica Brasileira	R$ 10 milhões
D+3 Produções Artísticas Ltda	R$ 10 milhões
Instituto Cultural Inhotim: r$ 10 milhões	R$ 10 milhões
Orquestra Sinfônica do Estado de São Paulo	R$ 9 milhões
Museu de Arte Moderna de São Paulo (MAM):	R$ 8 milhões
Fundação Roberto Marinho:	R$ 7 milhões
Instituto Odeon:	R$ 7 milhões
Magnetoscópio Produções Ltda	R$ 7 milhões

Fonte: Adaptado: Revista Veja, 2015.

Reportagem BBC

Fonte: BBC BRASIL, 2015.

O material publicado pelo site da BBC Brasil, traz o assunto de forma mais factual com o momento do país. Sob uma abordagem mais informativa e menos discursiva. Divulgada em junho de 2016, a reportagem da jornalista Néli Pereira faz mais uma reafirmação dos pontos polêmicos da Lei.

Intitulada de "Três polêmicas sobre a Lei Rouanet, alvo de operação da PF", o conteúdo inicia com informações da Operação Boca Livre deflagrada em São Paulo naquele mês. Naquele momento a polícia federal cumpriu 14 mandados de prisão temporária e 37 mandados de busca e apreensão em São Paulo, Rio de Janeiro e no Distrito Federal, todos de pessoas suspeitas de envolvimento em irregularidades de projetos que obtiveram o benefício da renúncia fiscal – mas que se tratava de festa privada regrada a shows de artistas famosos – custeada com o dinheiro público.

A BBC também utiliza a falado Ministro da Cultura na época, Marcelo Caleiro e lista os três principais pontos que gera controversas entre os estudiosos, artistas, economistas e classe em geral.

A primeira polêmica é a questão dos critérios usados para aprovar projetos que, em suma, não precisaria de auxílio do governo para serem produzidos. Esse também é o motivo de abertura ao pedido de CPI protocolado na Câmara pelos deputados Alberto Fraga (DEM-DF) e Sóstenes Cavalcante (DEM-RJ).

A reportagem cita o caso de 2006 do *Cirque de Soleil* e, também a biografia cancelada da cantora Claudia Leite e uma série de shows financiados pela pasta.

O segundo critérios faz uma abordagem bem pontual, primeiro a reportagem explica que na internet surgiram fotos de artistas que "supostamente apoiariam a presidente Dilma Rousseff e teriam recebido patrocínio da Lei de Incentivo". Cita o exemplo de Chico Buarque. No entanto, um levantamento feito pela BBC Brasil mostra que o artista não solicitou nenhum incentivo fiscal.

Para pontuar o terceiro ponto polêmicos da Lei, a reportagem buscou informações do Sistema de Apoio às Leis de Incentivo à Cultura(Salic) para fazer um cruzamento dos dados e assim como a reportagem do Zero Hora, constatou que a centralização dos incentivos na região Sudeste do país é facilmente identificada: *"Dos quase R$ 434 milhões dedicados às artes cênicas em 2015, R$ 182 milhões foram direcionados para iniciativas de São Paulo, enquanto o Rio recebeu cerca de R$ 100 milhões".*

Narra a reportagem que em lugares como Paraíba, Rondônia, Amazonas, Maranhão e Alagoas, o número de projetos aprovados não chega a dez. Sendo que no eixo Rio-São Paulo o número ultrapassa facilmente a marca dos 100 somente na área de artes cênicas.

Por fim, a reportagem cita o projeto nº 6.772/2010, chamado de ProCultura, traria um novo modelo de financiamento federal à cultura e mudanças substanciais no mecanismo de incentivo cultural por meio de renúncia fiscal, estabelecendo mecanismos de regionalização dos recursos.

Cabe descrever então que já no ano de 2017, no mês de março o pacote de mudanças, que vão desde a participação coletiva nos processos de fiscalização de projetos culturais até a regionalização de investimentos, novas regras divulgadas pelo Ministério da Cultura alteram a Lei Rouanet (LEI 8.313/91). Além de definir limites de incentivo e prestação de contas em tempo real para empresas, artistas e produtores culturais, as alterações influenciam até o público.

Após denúncias de fraudes, investigadas pela Operação Boca Livre, em outubro de 2016, em projetos aprovados pela Lei Rouanet (LEI 8.313/91), o Ministério anunciou as mudanças na legislação, reunidas em uma nova instrução normativa (1/2017).

Algumas mudanças podem ser vistas na reportagem publicada pela Agência Brasil "Lei Rouanet: de transparência a limites de incentivo; veja o que muda".

Considerações finais

As reflexões trazidas neste artigo são um ponto de partida para uma análise mais de viés sociológico quanto a influência da mídia e da comunicação na abordagem sobre políticas públicas. Partindo dos dois exemplos pode-se entender que a imprensa tem papel primordial, quanto a classificações e o entendimento da lei, principalmente no seu âmbito.

O estudo buscou desviar do foco das opiniões e banalizações de artistas para se pautar como o trabalho das reportagens, com pontuações claras sobre o tema ajudam no aperfeiçoamento da legislação e, consequente, da Política de Incentivo à Cultura no Brasil.

Tanto é que já no ano de 2017, Ministério anunciou as mudanças na legislação, reunidas em uma nova instrução normativa (1/2017). Isso reforça o papel fiscalizador das instituições e, nesse caso, também a importância de a imprensa debater o assunto sem a banalização e o interesse de classificar trabalho de artistas que muitas vezes acabam por ser "satanizado".

Conclui-se que, cabe um trabalho mais aprofundado sobre o tema, para que se possa demonstrar como essas mudanças na Lei afetam os projetos regionais e locais de Políticas Públicas de Financiamentos Culturais, bem como à urgência de um debate mais profundo acerca das Políticas de Estado que tem a Cultura como centralidade no Brasil. Afinal, há que se ponderar que a Cultura em termos operacionais enquanto Política de Governo ou de Estado não podem ser medidas, simplesmente em valores econômicos, dada à sua intangibilidade.

REFERÊNCIAS

AZEVEDO JUNIOR, José Garcia de. **Apostila de Arte – Artes Visuais**. São Luís: Imagética Comunicação e Design, 2007. 59p.

BARROSO, Paulo. **Arte e sociedade**: comunicação como processo. Sociedades Contemporâneas: Reflexividade e Acção. Lisboa, 2004.

BAUER, Martin; GASKELL, George. **Pesquisa qualitativa com texto, imagem e som – um manual prático**. Petrópolis: Vozes, 2002.

BAUMAN, Zygmunt. **A vida para consumo**: a transformação das pessoas em mercadoria. Rio de Janeiro: Jorge Zahar Ed, 2008.

BBB BRASIL. [Reportagem] "**Três polêmicas sobre a Lei Rouanet, alvo de operação da PF**". 2015. [Publicada no site BBC Brasil, 28 jun. 2016].

BBB BRASIL. [Reportagem] "**Lei Rouanet**: prós, contra é a certeza de que precisa mudar". [Publicada no site Zerou Hora, 28 maio 2016].

BRASIL. **Atlas econômico da cultura brasileira**: metodologia I. Organizadores: Leandro Valiati e Ana Letícia do Nascimento Fialho. Porto Alegre: Editora da UFRGS/CEGOV, 2017.

FISCHER, Ernst. **A Necessidade da Arte**. Rio de Janeiro: Zahar, 1983.

FURIÓ, Vicença. **Sociología del Arte**. Madrid: Ediciones Cátedra, 2000.

VIERTLER, Renate. **Ecologia cultural**: Uma antropologia de mudança. São Paulo: Ática, 1988.

AGRICULTURA FAMILIAR:
evolução e desafios no município de Nobres, MT, 2008 a 2018

Ana Cristina Peron Domingues
Paulus Vinicius da Silva
Walmilso Castorino de Campos
Eduardo Luiz Jordão

Introdução

O estudo trata de um tema importante, com visibilidade nacional devido a sua significativa participação na economia brasileira, à agricultura familiar. Com um faturamento anual de US$ 55,2 bilhões e produtora de diversos alimentos que compõe a mesa dos brasileiros, como a mandioca (87%), feijão (70%), carne suína (59%), leite (58%), carne de aves (50%) e milho (46%) e também por ser à base da economia de 90% de pequenos municípios com até 20 mil habitantes, tem se desenvolvido nas últimas décadas a partir dos Programas e políticas governamentais voltadas para o segmento (SECRETARIA ESPECIAL DE AGRICULTURA FAMILIAR E DO DESENVOLVIMENTO AGRARIO, 2018a-2018b; GOVERNO DO BRASIL, 2017).

O termo agricultura familiar que de acordo com o designado em Lei, caracteriza especialmente a pequena propriedade até quatro módulos fiscais e mão de obra familiar (BRASIL, 2006). Sauer (2008) afirma que para contrapor o termo agronegócio, materializado no país na década de 1990 para designar o setor patronal rural, surge na mesma década, a expressão "agricultura familiar" também traduzida do modelo norte-americano. O uso desta expressão tinha por objetivo romper com algumas ideias preestabelecidas e que acompanhavam os termos "pequena produção", ou até mesmo "produção camponesa", pois estas carregavam uma conotação de produção de subsistência, ou ainda de ineficiência e baixa produtividade. Dessa forma o conceito de "agricultura familiar" se consolidou a partir de 1995 no meio do Movimento sindical dos trabalhadores Rurais.

Em todo o campo da América Latina, a agricultura familiar representa mundialmente, segundo a Sociedade Nacional de Agricultura (SNA, 2014), 30% da produção agrícola no Uruguai, 25% no Chile, 20% no Paraguai e 19% na Argentina. No Brasil, esse segmento é responsável por 38% do valor Bruto da Produção (MDA, 2006). Entre os países da América Latina e

Caribe, existem cerca de 15 milhões de estabelecimentos familiares, ocupando aproximadamente 400 milhões de hectares. Esses países marcam as seguintes características para o segmento: as propriedades precisam ser governadas pelos membros das famílias e a maior parte da mão de obra também ser familiar (BERDEGUÉ; FUENTEALBA, 2011).

De acordo com Schneider (2003) no meio acadêmico, a agricultura familiar passou a ser reconhecida especialmente pelas ciências sociais, a qual vem produzindo valiosos conhecimentos na área.

No Brasil, quando se fala em programas e políticas especificas voltadas para a agricultura familiar, como melhores condições de crédito, assistência técnica e a ampliação de mercados, temos, entre outros: o Programa Nacional de Fortalecimento da Agricultura Familiar/PRONAF; Programa Aquisição de Alimentos da Agricultura Familiar/PAA; Política Nacional de Assistência Técnica e Extensão Rural/PNATER; Programa Garantia de Preços para a Agricultura Familiar/PGPAF, dentre outros. Estas políticas vêm colaborando na estruturação crescente do segmento que, na safra 2015/2016 teve um investimento recorde, somente pelo Pronaf, de R$ 28,9 bilhões pelo (GOVERNO DO BRASIL, 2017).

Tais políticas tem o papel de contribuir com o desenvolvimento local, este estruturado conforme os agentes locais. Pontuando as iniciativas inovadoras da coletividade, encadeando as potencialidades locais nas condições dadas pelo contexto. Para que esse processo de desenvolvimento seja duradouro, é preciso elevar as oportunidades sociais e a competitividade da economia local, aumentando a renda (BUARQUE, 1999).

Um exemplo claro de contribuição desse desenvolvimento para a agricultura familiar é o já citado Pronaf, um dos primeiros programas a serem criados pelo Governo Federal, em 1996, para apoiar os agricultores familiares. Segundo Pérsico (2011), a coordenação do Programa é do Ministério do Desenvolvimento Agrário (MDA) e sempre financia projetos individuais ou grupais, que tragam renda aos produtores de pequenas propriedades e assentados da reforma agrária. Possui baixas taxas de juros dos financiamentos rurais, além de garantir menores taxas de inadimplência entre os sistemas de crédito do País.

No desenvolvimento social, também colaboram Programas como, o Programa Nacional de Habitação Rural/PNHR e o Programa Nacional de Acesso ao Ensino Técnico e ao Emprego/PRONATEC.

A partir do exposto, mudanças vêm sendo observadas em relação à agricultura familiar, mas nem sempre foi assim. O agricultor familiar era considerado pequeno produtor e, por ser pequeno, limitado, quando comparado ao grande. Dessa forma, durante muito tempo, o poder público não demonstrou interesse significativo voltado à promoção de políticas engajadas para o desenvolvimento desse segmento da sociedade (CASTELÕES, 2002).

Wanderley (1999) considera que o agricultor familiar, mesmo depois de ter passado por um certo grau de modernização, estar inserido ao mercado, guarda ainda muitos de seus traços camponeses, tanto porque ainda tem que enfrentar alguns velhos problemas, nunca resolvidos, como também, fragilizado, nas condições da modernização brasileira, continua a contar, na maioria dos casos, com suas próprias forças, pois ainda existe uma fragilidade também do poder público em relação a proporcionar o acesso aos programas e políticas direcionadas a esse público.

Verifica-se assim que o desenvolvimento da agricultura familiar acontece conforme o desenvolvimento da sociedade. Para que esse processo de desenvolvimento seja duradouro, é preciso elevar as oportunidades sociais e a competitividade da economia local, aumentando a renda. Acaba se tornando responsabilidade da agricultura familiar, contribuir de forma efetiva na produção de alimentos da população mundial. Observando assim que é necessário fortalecer a atividade.

Desse modo, o estudo foi desenvolvido com os produtores da agricultura familiar do município de Nobres, estado de Mato Grosso. O município foi fundado em 1963 e possui um território de 3.911,850 km². A sede do município localiza-se no extremo sudoeste, ficando a área rural no sentido nordeste, tendo uma população total de 15.338 habitantes. (IBGE, 2018).

Dentre suas atividades econômicas, destaca-se a indústria de cimento e calcário, além da pecuária no sistema de cria, recria, corte e leiteira. Soma-se a estas, uma agricultura variada, com predominância para o cultivo de arroz, milho e lavouras de subsistência, existindo também culturas perenes (NOBRES, 2018).

Por ser a agricultura familiar um dos segmentos capazes de contribuir de forma efetiva na segurança alimentar da população mundial, fortalecer suas atividades é necessário e urgente (FAO, 2009), uma vez que de acordo com a ONU (2012), seremos em 2050, 9 bilhões de pessoas. Dessa forma, torna-se urgente também criar condições para o desenvolvimento da agricultura familiar, no que diz respeito ao acesso à terra, água, mercados, tecnologias e crédito (FAO, 2009). A partir desta prerrogativa, o estudo teve como objetivo central analisar a atividade da agricultura familiar no município de Nobres –MT em seus aspectos econômicos e sociais, no período de 2008 a 2018, para isso, verificar como se deu o processo histórico da atividade de agricultura familiar no município de Nobres, MT; averiguar que fatores mais contribuíram para a evolução da agricultura familiar no município em seus aspectos econômicos e sociais dentro do período analisado, e por fim identificar os principais desafios ainda enfrentados pelos produtores da agricultura familiar no município, para se manterem na atividade.

O estudo demonstra sua relevância, devido a ser no Brasil, a agricultura familiar, um importante segmento para o desenvolvimento do país. São aproximadamente 40 milhões de agricultores familiares, o que representa 84% dos estabelecimentos rurais, responsáveis pela produção de mais de 70% do alimento que vai à mesa do brasileiro, sendo uma garantia da segurança alimentar desse país. (SECRETARIA ESPECIAL DE AGRICULTURA FAMILIAR E DO DESENVOLVIMENTO AGRARIO, 2018b). Assim, pela representatividade do tema agricultura familiar dentro dos estudos científicos, em virtude de sua contribuição com o desenvolvimento local e regional, em seus aspectos econômicos e sociais, tendo uma participação relevante no PIB de muitos municípios brasileiros é que este estudo se atentou a discutir a realidade do município de Nobres, MT, acerca dessa atividade.

Procedimentos metodológicos

a pesquisa apresenta uma abordagem quali-quantitativa, caracteriza-se como descritiva, utilizando-se da pesquisa de campo. A amostra foi constituída por 20 produtores da agricultura familiar que comercializam seus produtos na feira municipal do produtor e pelo secretário municipal de agricultura. Para a coleta dos dados foi aplicado um roteiro de entrevista semiestruturado, contendo perguntas abertas e fechadas a aqueles que atenderam ao critério de aceitação voluntária e disponibilidade para participar da pesquisa após esclarecimento de seus objetivos. A apresentação dos dados se deu por meio de tabelas, gráficos e de forma textual. Sua análise e interpretação seguiu a sequência de: redução dos dados; apresentação; e conclusão/verificação (MILES; HUBERMAN, 1994). Para os dados quantitativos utilizou-se a estatística descritiva.

Resultados e discussão

Contexto da Agricultura Familiar a Partir da Gestão Municipal

Buscou-se por meio da Secretaria Municipal de Agricultura, conhecer a atividade da agricultura familiar do município de Nobres, compreender sua evolução bem como o acompanhamento e apoio do poder público.

De acordo com o secretário de agricultura, nos registros da prefeitura, constam 30 propriedades da agricultura familiar cadastradas no município de Nobres, entre uma distância equivalente a 30 km ao entorno da cidade, sendo estas, as que se têm informações. Todavia, possui uma lista de cadastramentos em andamento para obter dados dos que estão além desse perímetro, no intuito de alcançar cem por cento dos produtores e assim conseguir monitorar, acompanhar e auxiliar com os recursos disponibilizados pelo poder público.

O secretario relatou, ainda, que grande parte dos assentamentos e terras disponíveis foram e são produtos do assentamento federal, por meio do INCRA (Instituto Nacional de Colonização e Reforma Agrária) e que a agricultura familiar foi evoluindo, especialmente nos últimos dez anos, e se organizando por meio de associações, e dessa forma adquirindo benefícios do poder público e ganhando mercado. Existem quatro associações formalizadas, a Cela Dourada, Novo Progresso, Formosinha e Bonanza. O acompanhamento dos produtores e suas comunidades acontecem em visita *in loco* uma vez por semestre.

Cabe ressaltar que as associações são uma forma de oportunidade para aqueles que necessitam de apoio. Configuram-se como uma defesa dos interesses comuns, fortalecendo a atividade econômica e socialmente. Complementa Fagotti (2017) que os "agentes", sendo estes, produtores rurais e Estado, "se caracterizam pela mobilização de processos de comunicação e de cooperação para a construção de possibilidades políticas, sociais, econômicas e simbólicas".

O desenvolvimento socioeconômico teve um avanço notável com a inauguração do sistema de energia elétrica em meados de 2010. Sequencialmente a esse fato, foram surgindo projetos de pavimentação asfáltica entre o período de 2014 a 2016 para favorecer os produtores rurais, proporcionando acessos as comunidades, o que veio a contribuir também com o avanço do turismo regional.

Outro fator importante, que contribuiu para o desenvolvimento da atividade no município, diz respeito à comercialização dos produtos, em que foi cedido um espaço para acontecer a feira municipal do produtor rural da agricultura familiar e em 2017 receberam também as barracas. Atualmente possui um projeto em andamento para a construção de uma feira coberta e climatizada, com o objetivo de atrair mais produtores, aumentar a produção e a renda, e satisfazer o público consumidor.

Ainda para fomentar a atividade, a prefeitura disponibiliza para os assentamentos, por meio das associações, um caminhão de suporte para o transporte das mercadorias, e a parte de maquinários para o auxílio no plantio, além de um profissional da agronomia, fornecendo assistência técnica.

Outro projeto em andamento na Secretaria Municipal de Agricultura, é a distribuição de 50 kits de irrigação para incentivar a produção de outras variedades de produtos hoje não ofertadas à população e que vem de outras regiões do estado e do país. Atualmente a produção está focada nos seguintes alimentos: mandioca, banana, leite, piscicultura e avicultura, sendo que nesta última, as aves são transportadas para o abate em frigoríficos fora do município e a suinocultura que é utilizada apenas para o consumo ou vendas diretas ao consumidor final.

Em relação ao suporte nas áreas de educação e saúde básica, para este público, o secretário informou que eles são ofertados nas comunidades Bom

Jardim e Roda D'água, e que para lá se deslocam as comunidades mais próximas e as demais são atendidas na cidade de Nobres.

Na sequência é apresentado a análise e discussão dos resultados extraídos da pesquisa de campo, realizada em maio de 2019 com os agricultores familiares da cidade de Nobres, MT, relacionando-se os dados observados com o objeto de estudo que direcionam todo o trabalho.

Aspectos Socioeconômicos dos Produtores Rurais e suas Propriedades

Neste item são abordados aspectos socioeconômicos ligados diretamente ao produtor da agricultura familiar, entrevistados, e de suas propriedades. Assim, na Figura 1 procurou-se identificar a idade, gênero e o nível de escolaridade destes.

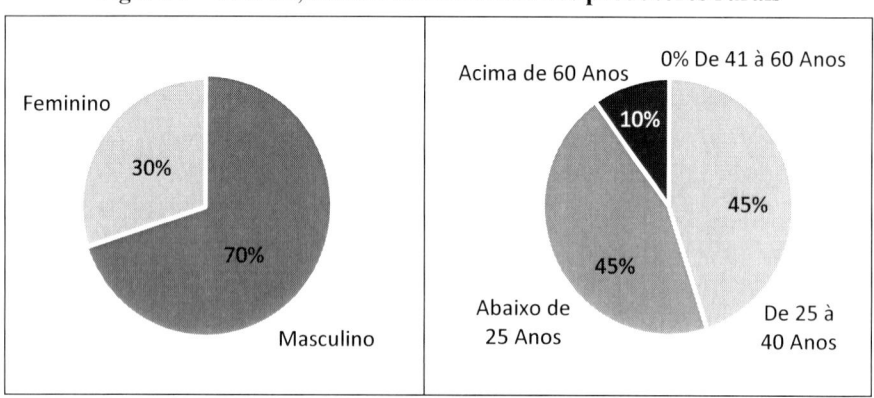

Figura 1 – Gênero, idade e escolaridade dos produtores rurais

Fonte: Dados da pesquisa (2019).

Gráfico 1

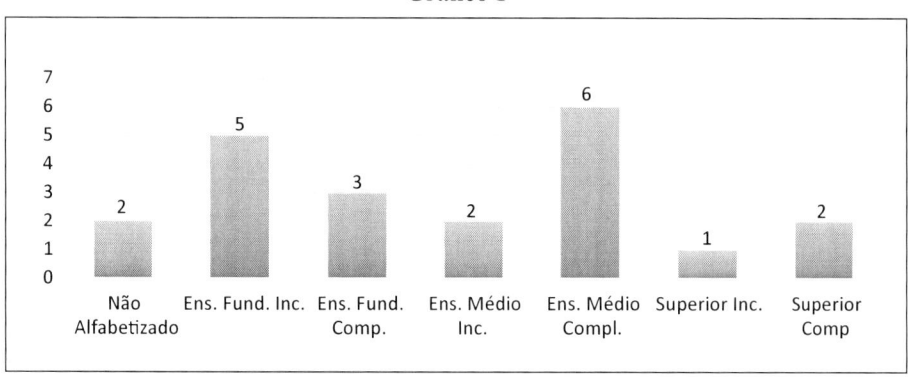

Escolaridade	Quantidade
Não Alfabetizado	2
Ens. Fund. Inc.	5
Ens. Fund. Comp.	3
Ens. Médio Inc.	2
Ens. Médio Compl.	6
Superior Inc.	1
Superior Comp	2

Fonte: Dados da pesquisa (2019).

Os dados indicam que existe uma concentração do sexo masculino, 70%, com uma participação na média de 30% do sexo feminino. Sendo evidenciado e analisado que tanto a mão de obra como o poder de gerência dentro da agricultura familiar são predominantemente masculina. Dados estes muito semelhantes ao encontrado em outras regiões do estado e do país, conforme estudos de Conforti *et al.* (2016) no Espirito Santo em que 69,51% eram homens e 30,49% mulheres, e Sangalli *et al.* (2014) que apurou em seu estudo em Mato Grosso do Sul, um número de 55,1% do sexo masculino e 44,9% do sexo feminino. Isso demonstra que, embora a mulher venha aumentando seu protagonismo nas mais diversas relações sociais, ainda os chefes de família ou responsáveis pelos domicílios, nesse segmento, são em sua maioria homens.

Os dados quanto à idade dos produtores familiares indicam um equilíbrio entre a faixa etária de 25 a 40 anos, totalizando 45 % dos entrevistados e a idade de 41 a 60 anos, também com 45%. Apenas 10 % dos entrevistados tem idade acima de 60 anos. Constata-se a partir dos dados que o grupo de 25 a 40 anos já é a segunda geração e que permanece no campo com as famílias, assumindo a gestão dos estabelecimentos. Todavia, esse dado difere do constatado em outros estudos como de Sangalli *et al.* (2014) em que a faixa etária até 40 anos foi de 25,8% e a maior concentração de produtores apresentou idade maior de 50 anos, 54%. Paulino (2014) apresenta em seus achados, uma média de 54,46 anos entre seus entrevistados. Valores mais próximos do estudo foram encontrados por Conforti *et al.* (2016), sendo a média de idade de seus entrevistados, de 40,40 anos e por Lira *et al.* (2013) em que a idade média encontrada foi de 38 anos para homens e 34 anos para mulheres.

Os dados que se referem à escolaridade, mostram que dos 20 entrevistados, a maioria, sendo 6 (30%), possuem o ensino médio completo e 5 (25%) possuem o ensino fundamental incompleto. Encontrou-se também 2 pessoas, sendo (10%) com ensino superior completo e 1 ainda cursando. Esses dados possuem relação direta com a faixa etária dos pesquisados, uma vez que uma parcela significativa é formada por um público jovem que buscou uma formação mais elevada. Enquanto 2 (10%) que apareceram de não alfabetizados, concentram-se na faixa etária com mais de 60 anos. Dado contraditório foi encontrado em estudo no município vizinho, Diamantino, por Silva *et al.* (2017) em que apresenta que 72% dos produtores familiares possuem ensino fundamental incompleto.

Conclui-se que quanto maior a idade do proprietário, menor é o grau de escolaridade, fato este que pode ser explicado por aspectos culturais, de uma época em que os filhos por terem que trabalhar na lavoura desde muito jovens, para auxiliar os pais a compor a renda familiar, e devido ao difícil acesso ao estudo, acabavam por deixa-lo em segundo plano (BARBIERI, 2011). Assim, o nível de escolaridade mais elevada e com um público mais jovem a frente das unidades, sugere uma habilidade maior para compreender, lidar e aplicar novas tecnologias no campo.

Na Figura 2 é apresentado o número de filhos que cada entrevistado possui.

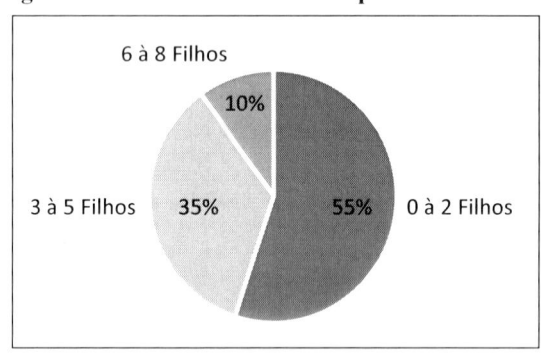

Figura 2 – Número de filhos dos produtores rurais

Fonte: Dados da pesquisa (2019).

Outra pergunta que norteou a pesquisa foi em relação à quantidade de filhos de cada produtor rural, na Figura 2 é possível verificar que 55 % dos produtores possuem de 0 a 2 filhos, 35 % relataram ter de 3 a 5 filhos e 10 % dos produtores de 6 a 8 filhos. Os números demonstram mais uma vez a relação entre a idade e número de filhos, comprovado também nos estudos de Conforti *et al.* (2016) e Lira *et al.* (2013), em que o número de filhos apresentou uma média de 2,34 e 3 filhos por família respectivamente.

Em relação à experiência dos entrevistados enquanto produtores da agricultura familiar, os dados obtidos são apresentados na Tabela 1.

Tabela 1 – Tempo de experiência dos produtores
rurais na atividade da agricultura familiar

Tempo de Experiência	N	%
8 a 15 Anos	6	30 %
20 a 25 Anos	14	70 %
TOTAL	20	100 %

Fonte: Dados da pesquisa (2019).

Em relação ao tempo de experiência, a maioria dos entrevistados 14 (70%) disseram atuar na área entre 20 a 25 anos, e 6 (30%) disseram trabalhar entre 8 a 15 anos, devido a outras atividades que desempenharam como pedreiro, caminhoneiro, auxiliar de pedreiro, servidor público, dentre outros serviços.

Buainain *et al.* (2007) apresentam uma percepção a respeito dessa vivência dos agricultores no meio rural em seu estudo. Para os autores, existem dois grupos distintos entre os agricultores que afirmaram trabalhar em tal atividade durante toda a vida, por exemplo. O primeiro é formado por aqueles que têm longa experiência e tradição na agricultura, vivendo nas propriedades rurais como parceiros ou arrendatários. Já o segundo grupo é composto por agricultores que sofreram o processo de desruralização e retornaram ao campo vivendo como assalariados rurais ou através de políticas de reforma agrária (como assentamentos).

Assim, nesta pesquisa, a concentração em mais de 20 anos de experiência pode indicar, conforme achados do trabalho de Moraes e Lima (2003) que eles têm uma origem muito forte no setor rural, muitas vezes, atuando dentre outros, como empregados de propriedades, ou como lavradores, conhecidos como boias-frias. Já o tempo na atividade, dentro do município de Nobres, encontra-se na Figura 3.

Figura 3 – Tempo de atividade na agricultura familiar no município de Nobres, MT

[Gráfico de pizza: Acima de 20 anos 10%; 10 à 20 Anos 10%; 3 à 10 Anos 80%]

Fonte: Dados da pesquisa (2019).

Conforme o Figura 3, 80% dos produtores atuam na atividade, dentro do município de Nobres, de 3 a 10 anos. 10 % acima de 10 anos, até 20 anos e os outros 10%, acima de 20 anos.

Os dados quanto as condições dos produtores em relação à terra, se proprietários, arrendatários ou assentados, estão expostos na Figura 4.

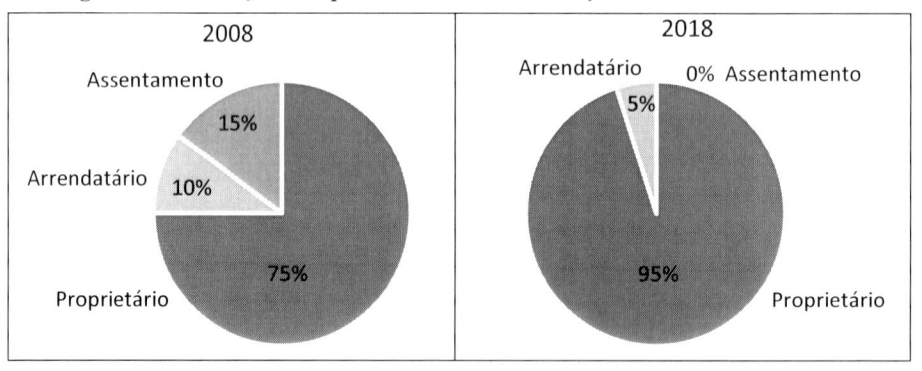

Figura 4 – Condições do produtor rural em relação à terra em 2008/2018

[Gráficos de pizza: 2008 – Assentamento 15%, Arrendatário 10%, Proprietário 75%; 2018 – Arrendatário 5%, Assentamento 0%, Proprietário 95%]

Fonte: Dados da pesquisa (2019).

Conforme mostra a Figura 4, no ano de 2008, 75% dos produtores eram proprietários da terra, enquanto somente 10% estavam na condição de arrendatários e 15% eram assentados. Já no ano de 2018, verifica-se um aumento de 20% daqueles que se disseram proprietários, reduzindo assim, o número de arrendatários e assentados. Os dados sugerem que aqueles que estavam na condição de assentados venderam suas terras ao longo de 10 anos e metade dos arrendatários puderam adquirir a terra própria. Verifica-se esse ponto como positivo e importante para o desenvolvimento da atividade no município, uma vez que proprietários tendem a se comprometer e investir mais, uma vez que as propriedades ficam a curtas distâncias da cidade (Tabela 2), fato que também colabora.

Tabela 2 – Distância entre as propriedades e a cidade de Nobres, MT

Distância em KM	N	%
2 a 10 KM	4	20 %
11 a 20 KM	13	65 %
20 a 30 KM	3	15 %
TOTAL	20	100

Fonte: Dados da pesquisa (2019).

Verifica-se quanto a distância entre a cidade e a propriedade rural de cada agricultor, que 20% das propriedades ficam entre 2 a 10 km de distância, 65% disseram de 11 a 20 km e apenas 3, sendo 15% dos agricultores ficam entre 20 a 30 km de distância do município de Nobres-MT. Essa proximidade com a cidade contribui para que a família estabeleça residência na própria propriedade (Figura 5) e continue a ter acesso facilitado aos serviços como saúde e educação por exemplo.

Figura 5 – Número de pessoas residentes na propriedade rural em 2008/2018

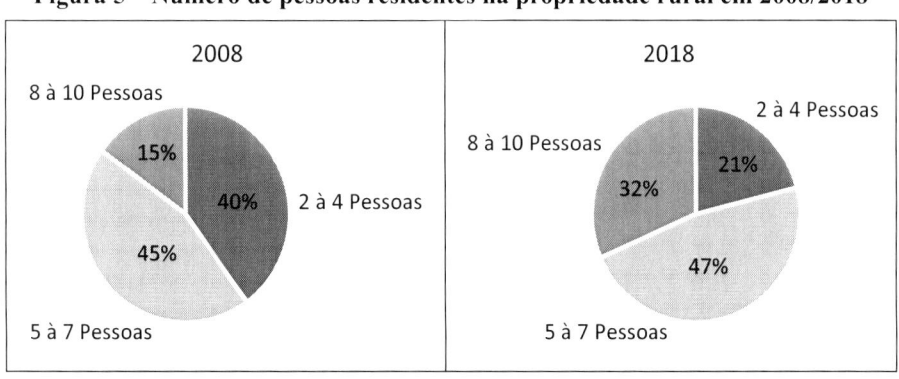

2008: 8 à 10 Pessoas 15%, 2 à 4 Pessoas 40%, 5 à 7 Pessoas 45%

2018: 8 à 10 Pessoas 32%, 2 à 4 Pessoas 21%, 5 à 7 Pessoas 47%

Fonte: Dados da pesquisa (2019).

O aumento percebido em 2018 do número de pessoas que residem nas propriedades rurais remete-se ao fato como já mencionado, tanto da permanência dos jovens junto às famílias, vindo formar assim, suas próprias famílias e dando continuidade na gestão da atividade, quanto pela proximidade da cidade, em que alguns membros da família podem desenvolver outra atividade econômica, o que sugere parte dos dados da Figura 6. Assim, verifica-se que manteve um equilíbrio entre o número de 5 a 10 pessoas e diminuindo em 19% o número entre 2 a 4 pessoas, ao mesmo tempo em que se elevou o número entre 8 a 10 pessoas.

Figura 6 – Número de pessoas residentes e que trabalham na propriedade rural em 2008/2018

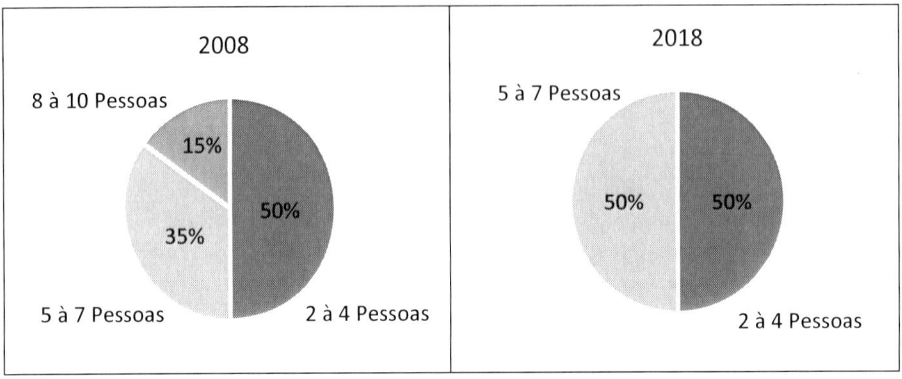

2008	2018
8 à 10 Pessoas: 15% 5 à 7 Pessoas: 35% 2 à 4 Pessoas: 50%	5 à 7 Pessoas: 50% 2 à 4 Pessoas: 50%

Fonte: Dados da pesquisa (2019).

Percebe-se pelo exposto e fazendo uma relação com a Figura 5, que em 2008 praticamente todas as pessoas da residência trabalhavam na própria propriedade, dado que muda um pouco em 2018, e apontam para um número significativo de pessoas que não trabalham somente na propriedade, conforme relatos dos entrevistados, em que alguns dos membros da família, devido à proximidade com a cidade, e a pavimentação das estradas, se deslocam para outras atividades que veem complementar sua renda. Silveira *et al.* (2012), a esse respeito, coloca que essa é uma característica das propriedades que ficam muito próximas da cidade, em que as pessoas buscam uma complementação de renda, para enfrentar as dificuldades impostas pela atividade da agricultura familiar, porém faz um alerta, esse fato, consequentemente diminui o tempo do produtor destinado as unidades de produção, seja por meio do próprio trabalho, seja na busca de aprimoramentos e conhecimentos necessários.

Outra situação exposta por Barth (2016), o fato de especialmente jovens, migrarem para outras atividades na cidade, é a própria característica da atividade rural.

Em relação à qualidade de vida dos produtores ao que se refere a tipo de residência, acesso à água, energia, saúde e educação, os dados são apresentados a seguir.

Tabela 3 – Tipo de construção das residências em 2008/2018

	2008				2018		
Construção	N	%		Construção	N	%
Alvenaria	16	80 %		Alvenaria	18	90 %
Madeira	4	20 %		Madeira	2	10 %
Total	20	100%		Total	20	100%

Fonte: Dados da pesquisa (2019).

A Tabela 3 demonstra que há 10 anos os produtores rurais já residiam em casas de alvenaria, sendo 80% dos entrevistados e 20% em casas de madeira e que em 2018 este número aumentou para mais 10% dessa população morando em casas de alvenaria, fato que traz mais segurança e qualidade de vida, uma vez que implica também diretamente nas condições de saúde. Em relação à água, a Tabela 4 apresenta a forma de acesso dos produtores.

Tabela 4 – Meios de acesso do produtor rural a água dentro da propriedade em 2008/2018

	2008				2018		
Meios de acessos	N	%		Meios de acessos	N	%
Rio	10	50 %		Rio	6	30 %
Água encanada rua	3	15 %		Água encanada rua	6	30 %
Poço artesiano	6	30 %		Poço artesiano	4	20 %
Rio e Poço artesiano	1	5 %		Rio e Poço artesiano	4	20 %
Total	20	100 %		Total	20	100 %

Fonte: Dados da pesquisa (2019).

Observa-se que em 2008, 50% dos produtores utilizavam somente água do rio, número que caiu para 30% em 2018. Os que tinham acesso por meio do sistema de água encanada, ou seja, tratada, eram 15%, vindo este número a dobrar em 2018. Os que possuíam na propriedade poço artesianos totalizavam em 2008, 30%, caindo este número para 20% em 2018 e aqueles que utilizavam tanto água do rio quanto de poço artesiano, aumentou de 5% em 2008 para 20% em 2018. Verifica-se que houve uma evolução significativa em relação à questão da água, ou acesso a água de melhor qualidade para o consumo, todavia ainda existe uma parcela de produtores que possui o acesso à água apenas por meio de rio, fato este que preocupa, uma vez que pode acarretar em inúmeras doenças. Já quando questionados em relação à energia elétrica, todos os respondentes disseram ter acesso a esta desde 2008.

Quanto à educação e saúde básica, relataram que devido às propriedades estarem situadas nas proximidades da cidade, o acesso é facilitado e disponível, e, utilizam como meio de transporte, bicicletas, motos, carros e o ônibus disponibilizado pela prefeitura, fato que já acontecia em 2008. Possuem acesso também a educação superior na região, pois no município vizinho, Diamantino, distante cerca de 40 km, são ofertados cursos de graduação em duas instituições, uma pública e outra privada, além da oferta de cursos a distância. Pode-se inferir que esse conjunto que integra as necessidades básicas, traz mais tranquilidade aos produtores, colaborando com sua permanência no campo e em busca da evolução da atividade, para isso, o acesso à informação (Tabela 5) também é imprescindível.

Tabela 5 – Meios de acesso à informação em 2008/2018

2008			2018		
Meios de acesso	N	%	Meios de acessos	N	%
Televisão	8	40 %	Televisão	13	65 %
Radio	8	40 %	Radio	4	20 %
Jornal e Revistas	0	00%	Jornal e Revistas	0	00%
Por meios de Pessoas	4	20 %	Por meios de Pessoas	3	15 %
Total	20	100 %	Total	20	100%

Fonte: Dados da pesquisa (2019).

Conforme demonstrado nos dados, em 2008 tanto a televisão quanto o rádio eram os meios de obtenção de informação mais utilizados pelos produtores, aparecendo entre os dados com 40% cada, já em 2018 houve um aumento significativo, de 25% na utilização da televisão. Todavia, nenhuma outra fonte de informação nova foi introduzida ou chegou até esses produtores, num período de 10 anos, embora se constate que houve uma evolução em relação à oferta de programas de televisão especializados no meio rural. Os dados encontrados vão de encontro aos argumentos de Vieira *et al* (2015) ao enfatizarem que a necessidade crescente pela informação no segmento agrícola tem impulsionado os produtores a buscarem novos meios de práticas agrícolas, tecnologias inovadoras e políticas públicas. Entretanto tais informações na maioria das vezes não se encontra disponível para o público da agricultura familiar. Nesse sentido, Affonso e Perroni (2016), pontuam a necessidade de se disponibilizar e fazer chegar até os produtores rurais, informações de qualidade. Reforçam ainda a relevância da disponibilização de dados sobre os programas do governo para agricultura familiar, atividade que permite o acompanhamento de políticas públicas e contribui para atender à necessidade informacional desse público; o apoio das TIC para possibilitar a comunicação no meio rural e, o uso de aplicações, como planilhas para aprimorar a gestão das propriedades rurais.

Reconhece-se dessa forma, os meios apresentados e utilizados pelos produtores, todavia se tornam insuficientes para abarcar a oferta de informações e conhecimentos produzidos que precisam chegar até esse público.

A Figura 7 apresenta dados referentes a renda familiar aproximada dos produtores rurais investigados.

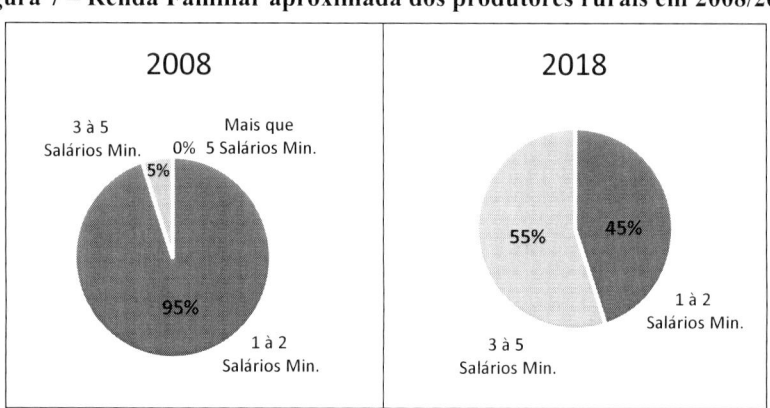

Figura 7 – Renda Familiar aproximada dos produtores rurais em 2008/2018

Fonte: Dados da pesquisa (2019).

Analisando a Figura 7 é possível observar que no ano de 2008 a renda familiar se concentrava entre os valores de 1 a 2 salários mínimos, totalizando 95% da renda dos entrevistados, já com o passar de 10 anos, em 2018, a situação se modifica significativamente e esse número cai para 45%, elevando o valor de renda entre 3 a 5 salários mínimos. Valores acima de 5 salários mínimos não foram relatados por nenhum dos entrevistados. Os valores encontrados neste estudo são maiores que os encontrados em outros trabalhos com esse público. Moraes e Sant'Ana (2015) e Silva *et al.* (2017) apresentaram respectivamente 4% entre 3 a 5 salários mínimos e os restantes 96% abaixo desse valor e 7% entre 3 a 5 salários mínimos, 17% entre 1 a 3 salários mínimos e apenas 1% acima de 5 salários mínimos.

Os produtores foram questionados também acerca da sua produção, atividades econômicas e formas de comercialização, os dados são apresentados na sequência. Na Tabela 6 encontram-se informações relacionadas ao espaço destinado à produção.

Tabela 6 – Quantidade em hectares destinado pelos produtores para produção em 2008/2018

	2008			2018	
Quantidade em hectares	N	%	Quantidade em hectares	N	%
2 a 5	12	60 %	2 a 5	8	40 %
6 a 10	5	25 %	6 a 10	9	45 %
11 a 20	3	15 %	11 a 20	3	15 %
Total	**20**	**100%**	**Total**	**20**	**100 %**

Fonte: Dados da pesquisa (2019).

Observa-se que houve um incremento na área de produção de 20% em 2018, em comparação com 2008, daqueles que destinavam de 6 a 10 hectares, diminuindo assim, respectivamente, em 20% as áreas entre 2 a 5 hectares destinadas a produção. Os valores entre 11 a 20 hectares se mantiveram, com 15%. Um valor que demonstra uma evolução e perspectivas de continuidade na atividade e na manutenção ao atendimento especialmente a oferta de alimentos a nível local.

Figura 8 – Forma de produção utilizada pelo produtor rural em 2008/2018

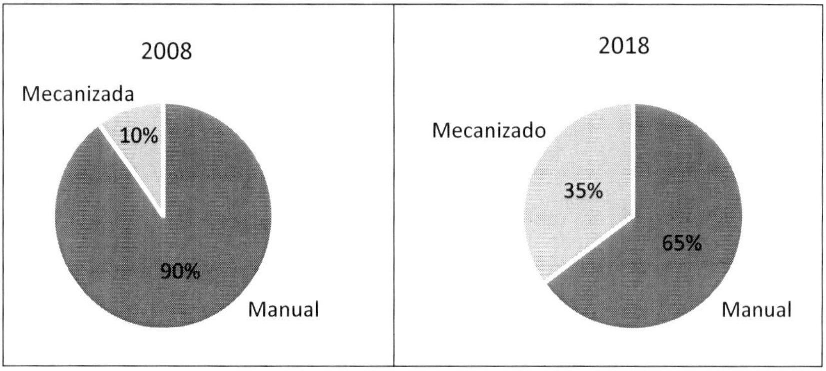

2008
Mecanizada 10%
Manual 90%

2018
Mecanizado 35%
Manual 65%

Fonte: Dados da pesquisa (2019).

Num período de 10 anos houve uma mudança significativa em relação a forma de produção, como observado, em 2008, 90% das atividades produtivas desenvolvidas na propriedade era manual e apenas 10% mecanizada, já em 2018, 35% passou a ser mecanizada, e 65% manual. Embora se constate uma evolução na utilização de equipamentos agropecuários, ainda é bem característico o uso da produção manual pelos agricultores familiares, isso se deve em parte, a dificuldade do acesso ao crédito, e ao contato com novas tecnologias, seja por meio de informações, seja pelo contato presencial, como visita em feiras especializadas.

Outro questionamento feito aos produtores rurais refere-se as atividades econômicas que realizam na propriedade. Estes relataram que desde 2008 estão no segmento dos mesmos produtos, ofertando ao comércio local, mandioca, banana, suinocultura de "pequena venda", avicultura de "pequena venda", compreende-se aqui "pequena venda" aquela destinada apenas diretamente ao consumidor final, além destes, criam gado leiteiro para comercializar o leite *in natura* e processa-lo na forma de queijo, e poucas variedades de hortaliças. A inclusão nesta lista que aparece em 2018 são o milho e a cana de açúcar para a oferta do caldo. A banana e a mandioca são citadas como de primeira e segunda importância respectivamente no estudo de Rambo (2016) realizado em um assentamento também em Mato Grosso, no município de Tangará da Serra, todavia estes ofertam uma variedade maior de produtos, como a batata doce, limão, laranja, melancia e abóbora, salienta-se, porém, que estes produtores estão inclusos no Programa de Aquisição de Alimentos (PAA) do governo federal. Em outro estudo, de Paulino *et al.* (2014) no Alto Jequitinhonha, em Minas Gerais, embora a produção seja destinada quase que na totalidade, ao auto consumo, também apresentam uma variedade maior, sendo: mandioca, feijão, milho, reponho, beterraba, tomate, cenoura, jiló, quiabo, além das hortaliças.

Compreendendo que a produção depende das condições climáticas de cada estado, da disponibilidade de água, acesso as tecnologias apropriadas, entre outras condições, o secretário de agricultura quando questionado sobre o assunto, conforme já exposto, relatou que foi disponibilizado, por meio da associação, um trator e equipamentos para o auxílio da expansão da produção, porém, devido a burocracia para seu acesso, muitos produtores acabam por não fazê-lo, preferindo manter o que já produz. Acrescentou ainda que há um projeto de irrigação em andamento e de um local apropriado para a feira livre que irá contribuir com a realidade instalada e que o objetivo é incluir esses produtores em programas de oferta de alimentos, fato que visará o aumento da renda e ao mesmo tempo da disponibilidade de alimentos de qualidade para as escolas, por exemplo, fortalecendo a atividade no município.

Mikulcak *et al.* (2015) destacam que, diante de um ambiente cada vez mais globalizado, as propriedades rurais são confrontadas com enormes desafios para alcançar o desenvolvimento. E faz-se necessário usar vários mecanismos para a geração de renda, como a diversificação da produção.

A importância do papel da feira como forma de comércio dos produtos é apresentada na Tabela 7.

Tabela 7 – **Formas de comercialização dos produtos da agricultura familiar em 2008/2018**

2008			2018		
Formas de comercialização	N	%	Formas de comercialização	N	%
Somente em Casa	15	75 %	Somente em Casa	0	00%
Em Casa, Mercado	5	25 %	Em Casa, Mercado	0	00%
Em casa, Mercado, Feira.	0	00%	Em casa, Mercado, Feira.	20	100 %
Total	20	100 %		20	100 %

Fonte: Dados da pesquisa (2019).

O estudo constatou que em 2008, 75% dos produtores, faziam suas vendas somente em casa e 25% em casa e nos mercados locais. Já em 2018 os produtores passaram a comercializar não somente em casa, mas todos eles encontram espaço no mercado local e na feira municipal. Pereira *et al.* (2017, p. 67) demonstram em seu estudo inerente a participação dos produtores da agricultura familiar como protagonistas da feira livre, que esta, proporciona "trabalho e renda no campo, dinamiza a economia local, e oferta a soberania e segurança alimentar para a população urbana, além de ser espaço privilegiado de organização e participação social", complementam ainda que, o poder público tem a responsabilidade de criar políticas de fortalecimento desses locais, garantindo o acesso a eles. Sendo assim, reafirmam os autores o propósito de dar visibilidade à feira como importante via de comercialização dos produtos advindos da agricultura familiar.

Ao serem questionados em relação aos desafios ainda enfrentados para conseguirem se manter na atividade, no município, houve um consenso em três pontos específicos: a burocracia do acesso aos equipamentos ofertados pela prefeitura e disponibilizados por meio das associações; oferta limitada da assistência técnica rural e; a dificuldade para produzirem outras variedades de produtos. Fagotti (2017) compreende que as associações devem gerar cooperação, confiança e ajuda mútua, assim, as ações econômicas acontecem por meio da reciprocidade entre os agentes. Tal fato que vem a contribuir com a segunda preocupação e que já se vê uma mobilização do governo municipal ao atendimento de tais necessidades.

Em relação a assistência técnica e extensão rural, Castro (2015), salienta que historicamente esse segmento sempre foi marginalizado no Brasil quanto a esse suporte e afirma que criar, recriar e ofertar tal apoio, justifica-se pela própria relevância da agricultura familiar no contexto econômico e social do país e que é preciso, nas localidades mais longínquas e pequenas, fortalecer as instituições públicas que ofertam esses serviços.

Considerações finais

O estudo permitiu identificar que dentro de um contexto histórico, existe um número de produtores mais jovens que veem assumindo a gerencia das propriedades, ou seja, está havendo um processo de sucessão, e que mesmo aqueles que por um determinado período se ausentaram do campo em busca de outras oportunidades, retornaram por visualizarem perspectivas na atividade de um negócio próprio. Em sua maioria os produtores familiares apresentam uma paridade entre as idades de 25 a 40 anos e 41 a 60 anos, com ensino médio e superior completos, experiência na atividade de 20 a 25 anos e renda familiar até 5 salários mínimos. Residem em casas de alvenaria, com acesso a água, energia, saúde e educação.

Quanto à evolução ocorrida no período de 2008 a 2018, constatou-se que o produtor deixou de ser assentado ou arrendatário para ser proprietário da terra; a criação das associações; pela curta distância até a cidade, a pavimentação asfáltica, acesso à energia, água de melhor qualidade, locomoção até os serviços de saúde e educação, inclusive superior, mais acesso à informação por meio da televisão, fez com que a famílias optassem por permanecer morando nas propriedades; tiveram a oportunidade de aumentar a área de produção e utilizar da forma mecanizada no manejo da terra; além da transformação na forma de comercialização dos produtos por meio da criação da feira do produtor rural e consequentemente o aumento da renda familiar mensal. Observa-se assim, que houve evolução significativa em 10 anos, tanto nos aspectos econômicos como sociais e vê-se a atuação do poder público como importante vetor nesse processo.

Todavia, dois aspectos importantes ainda precisam de maior atenção, sendo o acesso à informação especializada no segmento, possibilitando a escolha e tomada de decisão mais acertada, assim como a articulação dos produtores entorno das políticas públicas e programas governamentais destinados para a área e, por fim, a diversificação de produtos, para que de fato a agricultura familiar cumpra com seu papel primordial de ofertar produtos de qualidade, especialmente para atender a demanda local e a preços acessíveis, no entanto não se esquecendo do fortalecimento da expansão para o atendimento também a outros mercados.

No atendimento a esta última colocação, constatou-se que já há atendimento da secretaria municipal de agricultura ao disponibilizar um caminhão e maquinários para auxiliar os produtores e também encaminhamentos por meio de projetos de irrigação e assistência rural, bem como melhorias na estrutura da feira livre, facilitando ainda mais o acesso para produtor e consumidor. Os resultados apontaram também que essa preocupação da secretaria, está em conhecer e cadastrar todos os produtores do município, para promover a inclusão deles aos benefícios propostos.

Salienta-se que as informações disponibilizadas por meio do estudo trazem visibilidade para a realidade da agricultura familiar no município e poderão contribuir de forma significativa na criação e redirecionamentos de políticas públicas para o setor.

REFERÊNCIAS

AFFONSO, E. P.; PERRONI, V. Tecnologias da informação e comunicação na agricultura aamiliar: um olhar na produção científica de Ricardo César Gonçalves Sant'Ana. **RECoDAF – Revista Eletrônica Competências Digitais para Agricultura Familiar**, Tupã, v. 2, n. 1, p. 20-40, jan./jun. 2016.

BARBIERI, M.; ARAÚJO, J. S.; OLIVEIRA, T. C.; BRITO; ASSIS, L. L. R.; LOPES, F. C.; ÁVILA, M. A. P.; PAES, G. N. **Faixa Etária e Grau de Escolaridade dos Produtores de Café do Município de Muzambinho, MG**. 2011.

BERDEGUÉ, J. A.; FUENTEALBA, R. Latin America: the state of smallholders in agriculture. *In:* **IFAD CONFERENCE ON NEW DIRECTIONS FOR SMALLHOLDER AGRICULTURE**. 2011. Disponível em: https://www.researchgate.net/publication/265194221_Latin_America_The_State_of_Smallholders_in_Agriculture. Acesso em: 19 out. 2018.

BRASIL. **Lei nº 11.326, de 24 de julho de 2006**. Estabelece as diretrizes para a formulação da Política Nacional da Agricultura Familiar e Empreendimentos Familiares Rurais. Disponível em: http://www.planalto.gov.br/ccivil_03/_ato2004-2006/2006/lei/l11326.htm. Acesso em: 11 nov. 2018.

BUAINAIN, A. M. **Agricultura familiar, agroecologia e desenvolvimento sustentável**: questões para debate. Brasília: IICA, 2007.

BUARQUE. S. C. **Metodologia de planejamento do desenvolvimento local e municipal sustentável.** Brasília, DF: IICA, 1999. [Material para orientação técnica e treinamento de multiplicadores e técnicos em planejamento local e municipal].

CASTELÕES, L. Políticas públicas: proteção e emancipação. *In:* **Agricultura familiar predomina no Brasil**. 2002. Disponível em: http://www.comciencia.br. Acesso em: 11 nov. 2018.

CASTRO. C. N. de. **Desafios da agricultura familiar**: o caso da assistência técnica e extensão rural. IPEA, 2015. [Boletim regional, urbano e ambiental]. Disponível em: http://repositorio.ipea.gov.br/bitstream/11058/6492/1/BRU_n12_Desafios.pdf. Acesso em: maio 2019.

CONFORTI, A. M. A. S. *et al.* Perfil socioeconômico de agricultores familiares do município de Muniz Freire, Espírito Santo. **Revista Guará**, v. 1, n. 5, p. 119-128, jun. 2016.

FAGOTTI, L. N. Associativismo e agricultura familiar: reflexões sobre uma associação de produtores rurais no interior paulista. **REDD – Revista Espaço de Diálogo e Desconexão**, Araraquara, v. 9, n. 1, e 2, 2017.

FOOD AND AGRICULTURE ORGANIZATION – FAO. **O aumento populacional e os desafios da segurança alimentar**. 2009. Disponível em: http://www.fao.org.br/apdsa.asp. Acesso em: 17 out. 2018.

GOVERNO DO BRASIL. **Agricultura familiar produz 70% dos alimentos consumidos por brasileiro.** 2017. Disponível em: http://www.brasil.gov.br/economia-e-emprego/2015/07/agricultura-familiar-produz-70-dos-alimentos-consumidos-por-brasileiro. Acesso em: 6 nov. 2018.

INSTITUTO BRASILEIRO DE GEOGRAFIA E ESTATÍSTICA – IBGE. **Cidades**. 2018. Disponível em: https://www.ibge.gov.br/estatisticas-novoportal/por-cidade-estado-estatisticas.html?t=destaques&c=5105903. Acesso em: 25 out. 2018.

LIRA, C. C. *et al.* Perfil socioeconimico de agricultores familiares no município de Barreiros-PE. *In:* XIII JORNADA DE ENSINO, PESQUISA E EXTENSÃO, 2013. **Anais** [...], Recife: JEPEX, 2013.

MINISTÉRIO DO DESENVOLVIMENTO AGRÁRIO – MDA. **Agricultura familiar no Brasil e o censo agropecuário.** 2006. Disponível em: http://sistemas.mda.gov.br/arquivos/2246122356.pdf. Acesso em: 8 nov. 2018.

MILES, M. B.; HUBERMAN, A. M. **Qualitative Data Analysis**. 2. ed. Sage Publications, 1994.

MORAES, R.; LIMA, V. M. do R. **Pesquisa em sala de aula**: tendências para a educação em novos tempos. Porto Alegre: EDIPUCRS, 2003.

MORAES, M. D.; SANT'ANA, A. L. Características socioeconômicas do Assentamento Banco da Terra, Nova Xavantino-MT: uma análise sob a ótica da adoção ou construção de conhecimentos. **RERS**. Piracicaba, SP, v. 53, n. 4, p. 589-606, out./dez. 2015.

NOBRES. Prefeitura Municipal. **Atividades econômicas**. 2018. Disponível em: https://www.nobres.mt.gov.br. Acesso em: 23 out. 2018.

ONU, Organização das Nações Unidas, Rio+20 **Conferencia das Nações Unidas sobre desenvolvimento Sustentável**. 2012. Disponível em: http://www.onu.org.br/rio20/temas-alimentos/. Acesso em: 17 out. 2018.

PAULINO, E. J. *et al.* A agricultura familiar em um município do Alto Jequitinhonha, Minas Gerais. **Revista Desenvolvimento Social**, n. 13, 2014.

PEREIRA, V. G.; BRITO, T. P.; PEREIRA, S. B. A feira livre como importante mercado para a agricultura familiar em Conceição do Mato Dentro (MG). **Revista Ciencias Humanas – Educação e Desenvolvimento Humano**, Taubaté, SP, v, 10, ed. 20, dez. 2017.

PÉRSICO, J. A. **Cartilha de acesso ao PRONAF:** saiba como obter crédito para a agricultura familiar. Brasilia, DF: 2011.

RAMBO, J. R. **Produzir e vender? O caso do Programa de Aquisição de Alimentos de agricultores familiares assentados da reforma agrária de Tangará da Serra-MT**. 2016. 180 f. Tese (Doutorado) – Programa de Pós-Graduação em Agronomia, Faculdade de Engenharia de Ilha Solteira – UNESP, Ilha Solteira, 2016.

SANGALLI, A. R. *et al.* Produção e geração de renda na agricultura familiar: um diagnóstico do assentamento rural Lagoa Grande em Dourados, Mato Grosso do Sul. **Ciência e Natura**, v. 36, n. 2, p. 180-192, 2014.

SAUER, S. **Agricultura familiar versus agronegócio:** a dinâmica sociopolítica do campo brasileiro. Brasília, DF: Embrapa Informações Tecnológicas, 2008.

SCHNEIDER, S. Teoria social, agricultura familiar e pluriatividade. **Revista Brasileira de Ciências Socais**. v. 18, n. 51, p. 99-121. fev, 2003.

SECRETARIA ESPECIAL DE AGRICULTURA FAMILIAR E DO DESENVOLVIMENTO AGRARIO. **Agricultura Familiar na Raiz:** conheça a Sead. 2018a a. Disponível em: http://www.mda.gov.br/sitemda/noticias/agricultura-familiar-na-raiz-conhe%C3%A7a-sead. Acesso em: 30 out. 2018.

SECRETARIA ESPECIAL DE AGRICULTURA FAMILIAR E DO DESENVOLVIMENTO AGRARIO. **Agricultura familiar do Brasil é 8ª maior produtora de alimentos do mundo**. 2018b. Disponível em: http://www.mda.gov.br/sitemda/noticias/agricultura-familiar-do-brasil-%C3%A9-8%-C2%AA-maior-produtora-de-alimentos-do-mundo. Acesso em: 5 nov. 2018.

SILVA, P. V. da; GRZEBIELUCKAS, G.; FRANÇA, R. N. C. de; COSTA, J. S.; SOCOLOSKI, A. Perfil socioeconômico e ambiental dos agricultores familiares participantes do PAA no município de Diamantino–MT. *In:* ENCONTRO INTERNACIONAL SOBRE GESTÃO EMPRESARIAL E MEIO AMBIENTE, 2017. **Anais** [...], São Paulo: ENGEMA, 2017.

SILVEIRA, W. S. *et al.* Política de desenvolvimento da agricultura familiar: estudo sobre o crédito rural no assentamento Banco da Terra, Nova Xavantina/MT. **Extensão Rural**. Santa Maria, v. 19, n. 1, p. 1-26, jan./jun. 2012.

SOCIEDADE NACIONAL DA AGRICULTURA – SNA. **Mundo volta suas atenções para a agricultura familiar**. 2014. Disponível em: http://sna.agr.br/mundo-volta-suas-atenções-para-a-agricultura-familiar/. Acesso em: 13 out. 2018.

WANDERLEY, M. de N. B. Raízes Históricas do Campesinato Brasileiro. *In:* TEDESCO, J. C. (org.). **Agricultura Familiar Realidades e Perspectivas**. 2. ed. Passo Fundo: EDIUPF, 1999.

VIEIRA, S. C.; BERNARDO, C. H. C.; SANT'ANA, R. C. G. A relevância da comunicação rural na difusão de informações para a agricultura familiar: um estudo de caso do "CODAF". **Periódico Eletrônico Fórum Ambiental da Alta Paulista**, v. 11, n. 2, p. 168-183, 2015. Disponível em: http://www.amigosdanatureza.org.br/publicacoes/index.php/forum_ambiental/article/view/1093/0. Acesso em: 21 maio 2019.

FEIRAS LIVRES NO MUNICÍPIO DE DIAMANTINO, MATO GROSSO: perfil e percepção dos feirantes acerca da atividade

Ana Cristina Peron Domingues
Marinalva Pereira dos Santos
Paulus Vinicius da Silva
Amanda Joyce Teixeira

Introdução

As feiras livres segundo Sales *et al.* (2011) são consideradas o método de comércio de produtos agrícolas mais antigo existente no mundo. Para Godoy e Anjos (2007), mesmo as feiras tendo seu espaço de comercialização reduzido com o passar do tempo, pois a modernização propiciou outros meios de comercialização, como os supermercados, por exemplo, as feiras livres ainda assim, continuaram desempenhando papel importante no meio em que estão inseridas, nas aéreas econômicas, sociais e culturais.

Para Neves e Neves (2006) a feira livre é constituída por um espaço privilegiado onde são vivenciados, atualizados elementos que compõem o modo de ser de cada um de seus participantes, sendo assim, a feira proporciona sentidos, interações e informações diversas sobre suas atividades. Almeida (2009) complementa, enfatizando que a soma desses comportamentos, colecionados durante a vida dos feirantes, pode-se chamar de cultural.

Corroborando, Jesus (1991) enfatiza que as feiras livres são muito mais que uma atividade econômica, é como uma reunião periódica de feirantes que expõem em estruturas versáteis suas mercadorias e para isso se utilizam de vias públicas, as feiras são lugares em que acontecem atividades diversas, há movimentação de pessoas, encontros, conversas entre as mesmas, e ainda uma manifestação cultural. A feira livre se torna um modo de sustento para muitas famílias, assim, tem papel fundamental para a economia, e um papel social importantíssimo.

Esses autores concordam que as feiras livres além de atuarem como geradoras de renda, por meio da comercialização dos produtos, ainda funcionam como centros culturais tanto para os feirantes quanto para os clientes. Barbosa (2008) coloca que considera o espaço uma integração de pessoas, culturas, saberes, costumes. E apesar dos avanços da tecnologia da informação e comunicação que facilitam a troca de ideias e os contatos à distância, constata-se, que a convivência pessoal proporcionada pelas feiras traz vantagens inestimáveis, sendo por isso excelente meio para favorecer a comunicação, uma vez que geram condições favoráveis para que se produzam trocas de forma rápida, prática e fácil. As feiras constituem assim uma oportunidade única para um número elevado de intervenientes dialogarem diretamente num período reduzido.

Para os feirantes, advindos da atividade agrícola, segundo Abramovay (2003), é observado que essa atividade garante alimentação e renda para a família, porém, não gera salário e gera pouco lucro. Assim, como a feira é livre nesse espaço, essas pessoas conseguem inserir seus produtos e fazer parte da economia e da cultura das regiões. Para Ribeiro (2003) as atividades desenvolvidas nas feiras, contribuem com a economia local por meio da circulação de dinheiro no comércio, pois os feirantes gastam grande parte do que recebem das suas vendas no comércio do município, durante o ano todo, e adquirem todo tipo de produtos, desde os alimentícios, insumos agrícolas, até móveis e eletrodomésticos. Assim, há benefícios para ambas as partes, para a comunidade que consome os produtos ofertados nas feiras e para o comércio da cidade, que vendem para os feirantes que voltam reabastecidos para a zona rural.

São muitos os benefícios observados, todavia a atividade da feira também retrata alguns problemas específicos desse tipo de comércio, tais como, a falta de higiene dos produtos e dos feirantes com relação ao manuseio; má estruturação das barracas; a comercialização de produtos não permitidos; falta de segurança e a desorganização. Problemas estes que colocam em risco a sobrevivência das feiras, pois se a legislação sanitária for contrariada pode ser comprometida a qualidade dos produtos, além de colocarem em risco a saúde do consumidor (COUTINHO *et al.*, 2008; GERMANO *et al.*, 2001; PINHEIRO; SÁ, 2007). Ainda, segundo os autores faltam infraestrutura e capacitação dos comerciantes quanto às práticas de produção e manipulação dos alimentos.

Somando-se as situações descritas, encontram-se as características de mercado e comércio da época em que vivemos, levantando-se um questionamento sobre o futuro das feiras livres. Pois a atividade passou por uma prolongada transição que tirou-a do centro das atividades comerciais, com o argumento de que com o desenvolvimento das cidades surgiram os mercados, o transporte foi facilitado, e que a atividade comercial superou a agricultura, e assim as feiras primitivas foram perdendo importância para os centros comerciais, que se adaptaram aos hábitos dos consumidores, tecnologias da informação e inovação e comunicação. Estes contextos repercutem na evolução do panorama que caracterizará o futuro das feiras (SANTOS, 2012).

Diante de tal cenário descrito, duas questões nortearam o estudo: como estão estruturadas as feiras livres no município de Diamantino, MT? E como seus participantes/feirantes percebem suas atividades neste local?

A partir do exposto a pesquisa teve como objetivo central analisar as feiras livres do município de Diamantino, MT na percepção dos seus sujeitos participantes, a partir da compreensão do processo histórico da constituição das feiras livres no município; descrição do perfil dos feirantes e da percepção acerca de sua atividade, nas variáveis: condições de trabalho; estrutura e organização; grupo de produtos comercializados; fiscalização e apoio externo; segurança do ambiente de trabalho; situação de higiene e limpeza.

Considerando a importância das feiras livres buscou-se contribuir para a melhoria desse meio de comercialização peculiar no município de Diamantino, buscando aprimorar os saberes sobre o tema em questão, e assim, fazer um levantamento real dessa atividade no município. Pela representação das feiras livres e por esta ter perpassado os tempos, estudos na área são relevantes, uma vez que mostra sua evolução, importância, desafios ainda enfrentados por seus agentes participantes e especialmente o futuro da atividade.

O resultado do estudo trás contribuições também para a sociedade, especialmente a local, uma vez que demonstra a realidade, possibilitando a estas informações, serem transformadas, tanto em oportunidades, quanto em tomada de decisão sobre pontos cruciais ao desenvolvimento da atividade. A visibilidade que a pesquisa mostra sobre as feiras livres possibilitam direcionamentos dos organizadores e do poder público.

Como recorte metodológico, utilizou-se a pesquisa de campo, a parit de estudo descritivo-exploratório, dentro da abordagem quali-quantitavia.

A região escolhida para execução do estudo foi o município de Diamantino, Mato Grosso, localizada na mesorregião norte-matogrossense, tendo como biomas predominantes cerrado e amazônico, conta com uma população de 20.341 habitantes (IBGE, 2010) e território de 8.191, 677 KM².

O universo de pesquisa foi constituído pelos feirantes que participam das feiras livres no município de Diamantino, sendo estes, proprietários de barracas. Não foi possível apurar o número exato de feirantes, pois não se encontrou um cadastro que fornecesse tais dados. Assim, apenas estima-se que haja cerca de 60 feirantes atuando em três localidades da cidade, sendo: Bairro Novo Diamantino, Bairro São Benedito e Bairro Buriti. Todavia, como as feiras realizam-se em dias alternados da semana, muitos atuam em mais de um bairro. Assim, foi possível formar uma amostra constituída por 50 feirantes.

Para levantar os dados dentro de um contexto histórico de constituição das feiras no município, buscou-se pelos sujeitos responsáveis pela implantação e/ou organização delas, aplicando a técnica de amostragem não probabilística *"Snowball"*, partindo do único sujeito conhecido. Essa técnica utiliza cadeias de referência e, se mostra bastante útil para pesquisar grupos quando não se conhece quem é ou sua quantidade (BERNARD, 2005). Constatou-se a partir da sua aplicação, que este sujeito é o único responsável atual pela organização das atividades. Já para se levantar o perfil dos feirantes e sua percepção acerca da atividade, foi realizada uma pesquisa com os proprietários de barracas.

Para a coleta dos dados junto aos 50 feirantes, foi aplicado entrevista por meio de um roteiro semiestruturado, por ser flexível e permitir aprofundar outros elementos que foram surgindo, contendo questões abertas e fechadas.

Para os sujeitos feirantes, o roteiro foi aplicado nos dias e locais onde as feiras acontecem, seguindo-se os seguintes critérios de inclusão: I) Participar das feiras livres no município de Diamantino, MT, sendo proprietário de barraca; II) Estar presente nos dias que foram realizados a coleta dos dados; III) Aceitar voluntariamente e ter disponibilidade para participar da pesquisa após esclarecimento dos seus objetivos.

A entrevista com o único sujeito responsável pela implantação e/ou organização das feiras livres no município, foi agendada em data e horário compatível com sua disponibilidade.

Os dados foram apresentados em forma textual e por meio de tabelas e gráficos. A análise e interpretação dos dados qualitativos seguiram a sequência preconizada por Miles e Huberman (1994) de: redução dos dados; apresentação; e conclusão/verificação. Para os dados quantitativos utilizou-se a estatística descritiva.

Resultado e discussão

Histórico da constituição das feiras livres no município de Diamantino, Mato Grosso

O processo de constituição das feiras, no formato que hoje se encontram, se deu em outubro de 2017 por meio da sugestão de um feirante, que na ocasião, procurou o atual responsável para realizar uma mobilização dos outros feirantes, chamar a população e assim realizar uma feira durante a noite, em algum Bairro da cidade, pois argumentava que a única feira que existia naquele momento funcionava durante o período matutino, e o baixo movimento não estava contentando os colegas. A partir daí, o primeiro bairro escolhido para a realização da feira foi o Bairro Novo Diamantino, o dia escolhido foi às quartas-feiras, com início às 18h00min. Com o sucesso da primeira feira, como relata o responsável, a atividade foi "pegando fama".

Em relação ao processo de expansão para outros bairros, o responsável pelas feiras enfatizou que foi acontecendo de forma natural, a partir da solicitação da própria população, por observarem o desenvolvimento da primeira feira instalada. Dessa forma, em março de 2018 iniciou-se a atividade no Bairro Buriti, com funcionamento as sextas-feiras. Logo em seguida, em julho de 2018 iniciaram-se as atividades no Bairro da Ponte, nas terças-feiras, e por **último**, em agosto do mesmo ano, a feira teve seu início no Bairro São Benedito nas quintas-feiras, todas no período noturno, com início às 18:00h.

Em janeiro de 2019, a feira do Bairro da Ponte teve suas atividades encerradas, o responsável justifica que: "o bairro não abraçou a causa da feira, as pessoas do bairro não iam lá, quem frequentava eram pessoas de outros bairros, a praça era escura e aí não deu certo". Percebe-se pelo exposto que a provável causa da não adesão tenha sido o espaço destinado à atividade, por não ser agradável e seguro para a convivência.

Quanto às questões relacionadas a organização e gestão das atividades da feira livre, o entrevistado relata ser ele o único responsável por organizar tudo o que se refere à feira. Sobre a organização em específico, segundo ele, cada feirante tem um lugar pré-estabelecido e quando há novos entrantes, estes buscam saber com ele, o espaço que podem ocupar. Enfatiza também, que os produtores da agricultura familiar têm prioridades. Pela fala do responsável, a feira torna-se importante meio de fomento para o desenvolvimento e mercado para o produtor familiar (PEREIRA *et al.*, 2017). Peccini *et al.* (2015) destaca ainda que as feiras livres são fundamentais para viabilizar o trabalho nas unidades produtivas de inúmeras famílias da agricultura familiar.

Uma taxa de R$5,00 é cobrada de cada feirante para cada localidade que venha atuar. Taxa esta que é destinada para contratação de terceiros na realização da limpeza e manutenção do local onde a feira ocorre. A taxa ainda é utilizada para contratação do som ambiente que é instalado nos locais; a divulgação nas emissoras de rádio e alguns outros investimentos que pretendem realizar, como aquisição de lixeiras para serem instaladas nas dependências. Outros investimentos realizados são acordados com todos e, estando de acordo, o valor é dividido entre cada um.

Quando questionado sobre a existência de algum tipo de apoio externo a atividade, o responsável afirma que este não existe. Pereira *et al.* (2017) em um estudo realizado em uma feira que está na ativa há mais de 60 anos, constata que mesmo após tanto tempo de existência, ainda há negligência do poder público na criação de políticas de fortalecimento das feiras livres.

Sobre os benefícios proporcionados pelas feiras livres em Diamantino, o respondente pontua a interação social, por ser um local em que as pessoas se encontram; faz o dinheiro circular na cidade; incentiva a fixação do produtor familiar no campo e melhora a qualidade alimentar da população, pela oferta de produtos mais saudáveis, produtos de qualidade e muitos, orgânicos.

Relatos muito semelhantes foram encontrados nos trabalhos de Peccini *et al.* (2015); Pereira *et al.* (2017) e Silveira *et al.* (2017).

Em relação aos principais pontos a serem melhorados na atividade, o respondente coloca ser a divulgação das feiras; proporcionar mais conforto aos clientes; um ambiente coberto; maior espaço; trabalhar com os feirantes a questão da composição dos preços dos produtos, pois há reclamações de que muitos produtos possuem preços elevados, o que pode ser confirmado por meio da fala: "eu cobro muito essa questão com eles, para abaixarem mais, pois as pessoas que vem até a feira procuram preço baixo, você vem ate aqui pra comprar coisas em conta, mais barato que o mercado né?" e segundo ele, os feirantes têm muita dificuldade para compreender essa questão, pois na maioria das vezes preferem retornar para casa com os produtos a vender na feira por um preço mais em conta. Complementa ainda, que é preciso fomentar a participação de mais feirantes oriundos da agricultura familiar, pois relata estar participando feirante da cidade de Campo Verde, distante 308 km de Diamantino, para comercializar no município, e indaga: "eles vendem muito, o restante dos feirantes ficam até bravos comigo, dizendo para eu não deixar eles venderem, porque eles vendem mais que os daqui de Diamantino, mas não tem como, eles andam 300 km e arrumam as coisas tudo bem bacana e chamam a atenção dos clientes". Em relação à questão exposta, percebe-se que os clientes estão cada vez mais exigentes, buscando produtos de qualidade, a bons preços e ofertados dentro também de padrões de qualidade melhor acondicionados e em ambientes limpos.

No que se refere ao futuro da atividade das feiras livres em Diamantino, o responsável é bastante otimista ao afirmar que vê muito sucesso a frente, uma evolução, e justifica pela solicitação da população para levar a feira também a outros bairros, porém, segundo ele, os feirantes se mostram resistentes em relação a abertura de outras unidades, pelo fato de muitos já terem idade avançada. Visualiza também muitas melhorias a serem aplicadas, juntamente com os feirantes e conclui com um questionamento: "Porque se não tiver a feira onde eles vão vender seus produtos?".

A fala do respondente justifica mais uma vez a fundamental importância das feiras livres na vida das pessoas que expõe e comercializam seus produtos por essa via e a necessidade de fomento, especialmente a atividade da agricultura familiar, para que se fortaleça a sucessão familiar e os filhos deem continuidade a atividade dos pais, mantendo-os no campo.

Perfil dos Respondentes

Na Tabela 1 são apresentados o perfil dos respondentes em relação às variáveis, sexo, idade e escolaridade.

Tabela 1 – Sexo, Idade e Escolaridade dos Respondentes – Diamantino, MT

Variável	Frequência	Porcentagem
Sexo		
Masculino	25	50,0
Feminino	25	50,0
Total	**50**	**100,0**
Idade		
18 – 30	3	6,0
31 – 45	14	28,0
46 – 59	22	44,0
Acima de 60	11	22,0
Total	**50**	**100,0**
Escolaridade		
Não Alfabetizado	1	2,0
Ensino Fund. Incompleto	22	44,0
Ensino Fundamental	4	8,0
Ensino Médio Incompleto	6	12,0
Ensino Médio	11	22,0
Ensino Superior Incompleto	1	2,0
Ensino Superior	5	10,0
Total	**50**	**100,00**

Fonte: Dados da Pesquisa, 2019.

Com base nos dados coletados na Feira Livre de Diamantino, pode-se observar na Tabela 1, que existe hoje nas feiras um equilíbrio em relação a variável sexo, pois dos 50 feirantes entrevistados, 25 são mulheres, chegando assim a 50% do total dos entrevistados. Porém, vale aqui ressaltar que na maioria das bancas o serviço é compartilhado entre esposo e esposa e em alguns casos os filhos também colaboram no trabalho. Resultados diferentes são encontrados em outros estudos. Pereira *et al.* (2017) apresentam em estudo realizado em Conceição do Mato Dentro/MG, 73% dos feirantes como sendo do sexo feminino, apontando esse percentual como favorável ao estabelecimento de confiança entre vendedor e consumidor, ou seja, este fato remete ao consumidor serem os alimentos mais seguros e de melhor qualidade. Já Oliveira *et al.* (2014) encontraram em Dourados, MS, 69% participantes do sexo masculino e 31% do sexo feminino, atribuindo tal valor a diferenciação que existe entre as atividades executadas.

Em relação à idade dos feirantes, foi possível constatar que a idade mínima apresentada foi de 19 anos, se enquadrando na faixa etária de jovens/adultos de 18-30 anos, faixa etária essa que representa 6% dos feirantes, ou seja, um número que deixa claro que essa população jovem é minoria na atividade. A maior parte dos feirantes se concentra na faixa etária de 46-59 anos, um total de 44% dos entrevistados, o que sugere que a falta de outra atividade econômica é um fator relevante para esse número apresentado, como será demonstrado na Tabela 3 adiante, pois dentro de um total de 36% que não exercem outra atividade econômica, 72% estão dentro dessa faixa etária, informação confirmada pelos dados do IBGE (2016) que aponta para o crescimento da taxa de desemprego em 46% para profissionais entre 40 e 59 anos. É importante também ressaltar o número de idosos em atividade na feira, resultando num total de 22%, sendo 75 anos a idade máxima encontrada.

Observa-se em relação à escolaridade dos respondentes, que 44%, ou seja, 22 feirantes possuem o ensino fundamental incompleto, dados semelhantes a outros estudos, como o de Coelho *et al.* (2017) realizado em Nova Olímpia, MT, em que a maioria dos entrevistados (64,28%) não concluíram o ensino fundamental. Resultado encontrado também por Vieira (2004) que enfatiza ser a feira um local onde a taxa de pessoas que não possuem o ensino fundamental completo, é alta. Todavia, um número também chama a atenção, são 11 feirantes, 22% que concluíram o ensino médio, resultado muito próximo do encontrado no estudo de Oliveira *et al.* (2014) em Dourados, MS, que apontou uma porcentagem significativa de feirantes com baixo nível de estudo também, todavia 24% possuíam o ensino médio completo.

Por fim, 10% dos entrevistados têm ensino superior completo e 2% estão cursando o ensino superior. Esses níveis maiores de escolaridade, embora possam refletir a falta de oportunidade nas respectivas áreas de formação, permitem aos feirantes uma maior possibilidade de ampliar seus conhecimentos e capacidade de gestão em relação à atividade e a favor da comercialização dos seus produtos (SOUSA FILHO; BONFIM, 2013).

Na Figura 1 são apresentados os endereços domiciliares dos feirantes.

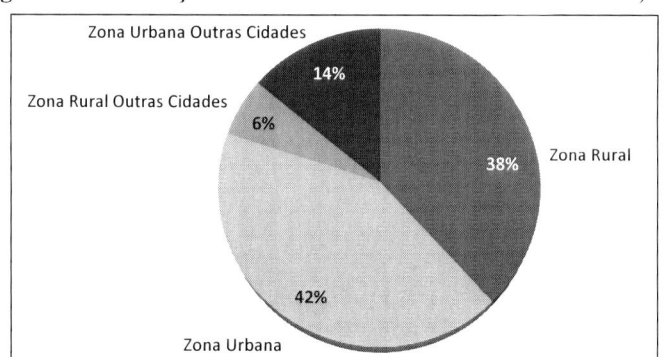

Figura 1 – Endereço Domiciliar dos Feirantes – Diamantino, MT

- Zona Urbana Outras Cidades: 14%
- Zona Rural Outras Cidades: 6%
- Zona Rural: 38%
- Zona Urbana: 42%

Fonte: Dados da Pesquisa, 2019.

No que se refere ao endereço domiciliar, pode-se observar que a maioria se concentra na zona urbana de Diamantino, MT, totalizando 21 feirantes, ou seja, 42% dos respondentes. Logo em seguida os moradores da zona rural, também do município, 19 feirantes, representando 38%. O que chama a atenção é o fato de vir pessoas de cidades vizinhas, tanto da zona rural como da zona urbana, um total de 20% dos entrevistados, de cidades como Alto Paraguai, Nortelândia, Arenápolis e até mesmo cidade mais distante, como por exemplo, uma família que vem da cidade de Campo Verde, a 308 km de distância de Diamantino para comercializar seus produtos em uma das feiras livres, e, está presente toda quarta-feira na cidade com seus produtos.

Na sequência, é apresentado na Figura 2, o tempo que cada respondente exerce a atividade em feiras no município de Diamantino.

Figura 2 – Tempo de Atuação dos Feirantes na Atividade – Diamantino, MT

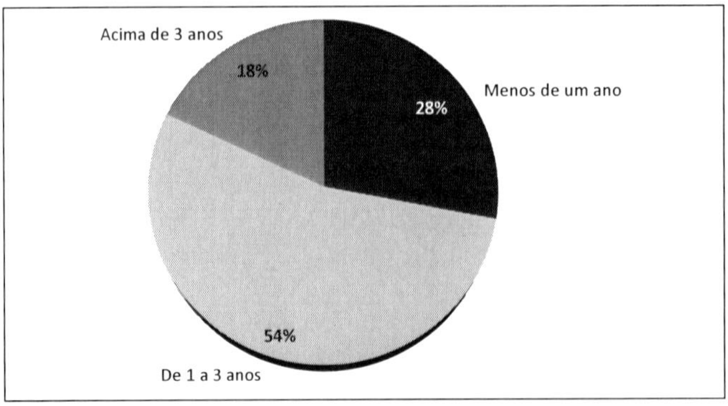

Gráfico de pizza:
- Acima de 3 anos: 18%
- Menos de um ano: 28%
- De 1 a 3 anos: 54%

Fonte: Dados da Pesquisa, 2019.

A Figura 2 demonstra que a grande maioria, 27 respondentes, sendo 54%, exercem a atividade de feirante de 1 a 3 anos. Isso se deve ao fato da própria atividade das feiras livres em Diamantino ser relativamente nova, como já relatado no contexto histórico de sua constituição, pois as feiras passaram por uma reorganização, voltando as ruas há pouco mais de um ano, o que justifica grande parte de seus participantes estarem dentro desse percentual. Já outros 9 feirantes, sendo 18%, estão na atividade há mais de 3 anos, pois já participavam de outros momentos da feira na cidade. Do total, 14 respondentes, representando 28%, relataram que começaram a participar das feiras livres há menos de um ano, demonstrando também que a atividade está em processo de consolidação.

Em seguida, a Tabela 2 demonstra o tipo de feirante e em quantas feiras atua no município.

Tabela 2 – Tipo de Feirante e Quantidade de Feiras em que Atuam – Diamantino, MT

Variável	Sequência	Porcentagem
Tipo de Feirante		
Fixo	18	36,0
Itinerante (mais de uma feira)	32	64,0
Sazonal	0	0
Total	50	100,0

Variável	Sequência	Porcentagem
Quantidade de Feiras em que Atuam os Itinerantes		
Duas feiras	21	66,0
Três feiras	11	34,0
Total	32	100,0

Fonte: Dados da Pesquisa, 2019.

Com relação à participação dos respondentes nas feiras livres de Diamantino, 18 deles, 36%, são feirantes que se dizem fixos e participam de uma única feira do município, e a grande maioria, um total de 32 pessoas, 64%, se dizem itinerante, ou seja, participam de mais de uma feira do município. Os que participam de duas feiras totalizam 21 feirantes, 66%, e os que participam de três feiras, somam 11 feirantes, representando 34%.

A Figura 3 a seguir apresenta dados relacionados aos produtos comercializados, se eles são produzidos pelos próprios feirantes ou se estes assumem papel de "atravessadores" nesse processo, ou ainda se exercem as duas modalidades.

Figura 3 – Tipo de Comércio Realizado pelos Feirantes – Diamantino, MT

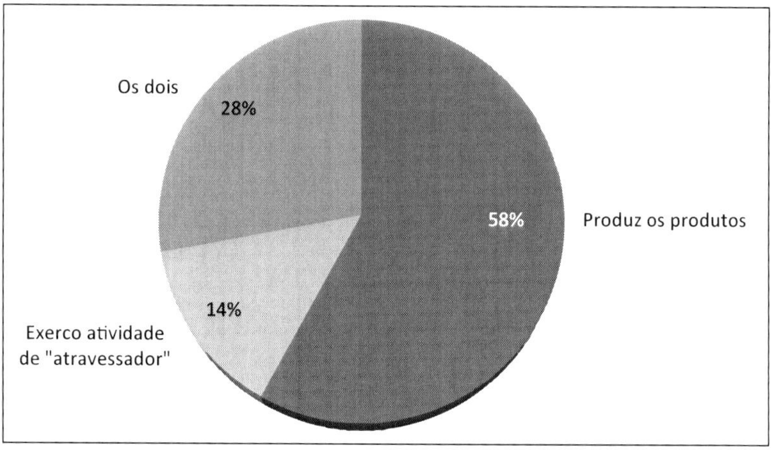

Fonte: Dados da Pesquisa, 2019.

Analisando a figura apresentada é possível notar que 29 (58%) dos respondentes produzem os próprios produtos que comercializam, sendo os produtos oriundos da agricultura familiar, alguns artesanatos e alimentos já prontos para o consumo, preparados na hora ou previamente em casa, como pães, bolos, biscoitos e outros. Resultado este que foi o mesmo encontrado na pesquisa de Ribeiro *et al.* (2005), em que observaram também que a maioria dos feirantes comercializam os produtos vindos do seu próprio trabalho, criando uma interação direta entre o produtor e seus clientes, uma relação que constataram, ser valorizada pelos consumidores.

Em um número menor, sendo 14% dos feirantes, exercem papel de "atravessador", ou seja, compram os produtos e revendem. Nesses casos, encontram-se os vendedores de roupas, brinquedos, artesanatos, alguns artigos eletrônicos e alguns tipos de frutas.

Ainda foi possível encontrar aqueles que se enquadram ao mesmo tempo nas duas categorias, produzem parte do que comercializam e atuam como revendedores. Do total, 14 feirantes, sendo 28%. Estes comercializam remédios e produtos caseiros, bebidas como refrigerantes e cerveja, cosméticos e *tupperware*, dentre outros.

Os dados relacionados a renda familiar dos respondentes, encontra-se na Figura 4 a seguir.

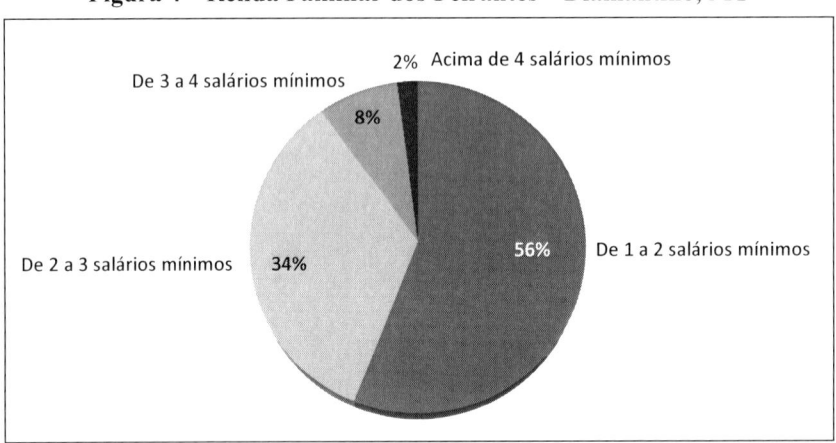

Figura 4 – Renda Familiar dos Feirantes – Diamantino, MT

Fonte: Dados da Pesquisa, 2019.

A Figura 4 demonstra que a grande maioria dos entrevistados, sendo 28 (56%) possui renda familiar de 1 a 2 salários mínimos. De 2 a 3 salários mínimos, também constitui número expressivo, são 17 (34%). Apenas um respondente disse possuir renda familiar acima de 4 salários mínimos.

Ainda em relação à questão econômica dos feirantes, a Tabela 3 apresenta os dados daqueles que exercem outra atividade além da feira.

Tabela 3 – Atividades Econômicas Exercidas pelos Feirantes Além da Feira – Diamantino, MT

Variável	Sequência	Porcentagem
Aposentadoria	9	18,0
Serviços informais	8	16,0
Proprietário Bar/Lanchonete	7	14,0
Entrega de leite para laticínio	4	8,0
Professor	2	4,0
Não exerce outra atividade	18	36,0
Outros	2	4,0
Total	50	100,0

Fonte: Dados da Pesquisa, 2019.

Observa-se nos dados, que um número bem expressivo de respondentes, tem a feira como sua única atividade econômica/fonte de renda, totalizando 18 pessoas (36%). Outras fontes de renda que se destacam, são a aposentadoria, sendo 9 pessoas (18%); os serviços informais, 8 pessoas (16%) e os proprietários de bar/lanchonetes, 7 pessoas (14%).

A partir dos relatos dos feirantes, na sequência, constata-se que mesmo aqueles que são aposentados ou exercem alguma outra atividade econômica, dependem da feira para complementar a renda da família.

> Olha, a gente recebe a aposentadoria, mas ela só da para os remédios, então a gente depende mesmo da feira. (sic)
> Eu faço muitos 'bicos', mas às vezes não tem nenhum serviço pra fazer, sorte que nós vem vender aqui na feira. (sic)
> Eu tenho meu serviço, mas a maior renda mesmo vem da feira, dependo dela. (sic)
> Se parar aqui, para tudo na nossa vida, acaba com nossa renda. (sic)
> A gente planta lá no sitio, se não for a feira nos vai vender onde, né? (sic)
> É um meio de fazer um troco extra, porque ninguém é assalariado. (sic)
> Quando não tem a feira, faz falta. (sic)

Por meio das falas dos participantes do estudo, comprova-se a dependência deles em relação à atividade, o quão esta é significativa no sustento da família. Nesse sentido, a pesquisa de Vieira (2004) no município de Taperoá, PB, corrobora com este mesmo achado, em que o autor destaca a feira como uma relevante fonte de sobrevivência para os comerciantes. Segundo o autor, para muitos, é a única fonte de renda ou importante complementação salarial.

Por outro lado, 4% dos respondentes diz que a atividade da feira é apenas temporária, pois estão comercializando ali por não terem outra opção de fonte de renda no momento, como afirmou um respondente: "só vou ficar até arrumar um serviço fixo, ai eu paro", outro comerciante de frutas relata: "vou vir enquanto tiver produtos pra vender", tornando assim a feira uma atividade temporária para ambos.

Quando questionados sobre as perspectivas de continuidade na atividade de feirante, 94% disseram que pretendem continuar, primeiramente porque dependem da renda gerada pela feira, seja por ser esta a única renda, seja pela complementação dela. O estudo de Vieira (2004) revelou que os motivos da permanência dos entrevistados na atividade de feirante têm relação direta com o fator desemprego.

Há também aqueles que buscam comercializar na feira como forma de divulgação de seus produtos, como relata um feirante artesão: "é um meio de divulgar o trabalho que faço". Outro feirante diz: "estamos aqui e nossa meta é abrir uma lojinha, aí fica bom que o povo já conhece a gente da feira".

Além dos relatos mencionados, há aqueles que buscam a feira para comercialização porque sente prazer de compartilhar desse ambiente, estes somam 31% dos que tem perspectivas de continuidade. A seguir segue os relatos:

> Primeiro porque eu preciso para tudo, dependo da feira e amo a feira. Eu amo vir aqui, sabe, vender minhas coisinhas para os meus clientes, conversar com os outros e aí junta a fome com a vontade de comer, faço porque preciso e gosto. (SIC)

> Gosto muito da feira, dessa interação toda com o pessoal. É gostoso ficar em meio ao público. (SIC)

O fato de se sentir bem no ambiente das feiras, é constatado também no estudo de Ribeiro *et al.* (2005) que investigou a atividade da Feira de Turmalina, no vale do Jequitinhonha, em que relata que além de locais de compra e venda de produtos, as feiras são espaços públicos, onde circulam pessoas e culturas. É um local onde há encontro e socialização, pessoas, trocas de experiências, local de reprodução da identidade e da cultura de um território.

Por fim, 6% dos respondentes disseram não ter perspectiva de continuidade. Para estes, não compensa ir comercializar seus produtos na feira, o que pode ser confirmada na fala de uma senhora moradora da zona rural de Diamantino, que vende produtos *in natura*: "nós não vamos vir mais vender aqui não, às vezes não compensa a gente passa o dia todo arrumando pra vir pra feira, a gente vem de longe, e ai chega aqui, o pessoal só olha, olha, procura o preço com a gente, acha caro e não compra nada". Outros relatam ainda que pretendem continuar somente se o movimento apresentar melhoras.

Percepção dos Feirantes Acerca de sua Atividade

Por meio das 50 entrevistas foi possível analisar sobre a percepção dos feirantes acerca da atividade que exercem, nas variáveis condições de trabalho; estrutura e organização; grupo de produtos comercializados; fiscalização e apoio externo; segurança do ambiente de trabalho; situação de higiene e limpeza.

Primeiramente foram analisadas as questões sobre as condições de trabalho, ou seja, o tipo de mão de obra utilizada nas feiras livres, do total de participantes do estudo, apenas 2 (4%) utilizam de mão de obra contratada, sendo estes contratados de maneira informal, recebendo remuneração diária, pois, conforme pontuam, numa atividade que apresenta baixa lucratividade, fica complicado contratar e manter um funcionário de maneira formal. Assim, 48 dos respondentes (96%) utilizam da mão de obra familiar, fator que pode ser justificado pelo número de respondentes que residem em zona rural, 19 (38%), pois para Silveira *et al.* (2017) na agricultura familiar, as atividades que são desenvolvidas no meio rural utilizam a mão de obra da própria família, como esposa, filhos, cunhados e outros parentes. Neste caso, relatam que se os familiares morarem na mesma casa não recebem remuneração, uma vez que a renda arrecadada na feira é destinada para o sustento da família. Sendo assim, o trabalho é caracterizado pela informalidade. Em outra pesquisa, realizada em Viçosa/MG por Lelis *et al.* (2009), a maioria dos feirantes conta com a mão de obra familiar e, segundo os autores, a dinâmica e organização do trabalho é formada a partir do grupo familiar tanto no momento da venda quanto na fabricação dos produtos. Nesse contexto, a família se coloca como uma instituição social que cria diferentes estratégias, permitindo assim a continuidade do trabalho na feira. Ainda segundo alguns relatos, é possível observar que, a feira é também um local que permite a manutenção dos laços de amizade, familiares e divertimento, lazer, pois nos dias de feiras a família passa mais tempo junto, organizando o que é necessário para a comercialização.

Quando questionados sobre a organização da feira, quem faz e como acontece a gestão da atividade, todos os 50 respondentes disseram ter apenas uma pessoa responsável pelas feiras livres. A pessoa é quem faz a divulgação, por meio de redes sociais e canais de comunicação local, e este está presente em todas as feiras livres que ocorre, orientando os feirantes, o que pode ser confirmado na fala: "ele dá até algumas dicas pra gente", ou seja, um *feedback*, sobre valores dos produtos, modo de organização das barracas, se colocando à disposição dos feirantes quando o solicitam. Também contribui, por exemplo, solicitando a população que guarde garrafas pets e embalagem de ovos que servirão para os feirantes embalarem seus próprios produtos. Sendo ainda essa pessoa o responsável por decidir se haverá ou não as feiras nos dias chuvosos, devido ao local onde a feira é realizada ser aberto. Informaram ainda que é cobrada por esse responsável uma taxa de R$ 5,00 por feirante, taxa essa que é destinada para a limpeza do local e a divulgação da atividade. Com relação à taxa, segundo Coelho *et al.* (2017) em Nova Olímpia, MT os feirantes também utilizam dessa prática, em que se organizaram e constituíram uma associação que recolhe mensalmente uma taxa de R$ 10,00 por banca, para manutenção do espaço.

Os respondentes salientam ainda em relação a organização, que cada um tem seu lugar específico em todas as feiras, e essa é uma regra muito respeitada na atividade.

Na Tabela 4 a seguir, é apresentada a percepção dos respondentes referente ao modo de exposição dos produtos e como avaliam essa questão.

Tabela 4 – Modo de Exposição dos Produtos e Avaliação – Diamantino, MT

Variável	Sequência	Porcentagem
Modo de exposição dos produtos		
Box	0	0,0
Barraca	16	32,0
Bancada	23	46,0
Chão	3	6,0
Carro	8	16,0
Total	50	100,0

Variável	Sequência	Porcentagem
Avaliação do modo de exposição dos produtos na feira		
Excelente	9	18,0
Boa	26	52,0
Regular	14	28,0
Ruim	1	2,0
Total	**50**	**100,0**

Fonte: Dados da Pesquisa, 2019.

Com relação ao modo de exposição dos produtos, foi possível identificar que a maioria, 78%, expõe em barracas ou bancadas, sendo 16 (32%) e 23 (46%) dos feirantes respectivamente. Todavia uma parcela significativa dos feirantes utiliza-se de seus próprios veículos para expor seus produtos, justificando esse fato pela facilidade e agilidade com a organização ao término da feira e pela falta de bancada, pois cada feirante tem que dispor de sua própria estrutura. Outros ainda se utilizam do chão para ofertar seus produtos, como plantas e artesanatos. Ou seja, nas feiras livres de Diamantino não há nenhuma regulamentação, ou norma prevista quanto a esse quesito.

Na Tabela é possível observar também, o ponto de vista dos respondentes sobre as formas de exposição citadas, sendo que a maioria, 52% considera boa a forma de exposição dos produtos da feira, 18% considera excelente, pois segundo alguns relatos, os feirantes utilizam daquilo que está ao seu alcance para vender seus produtos, "é tudo feito com muito carinho, todo mundo aqui dá o melhor pra vender" diz uma feirante, outro relata "cada um capricha como pode". Os que consideram o modo de exposição regular, totalizaram 28% e justificam, como pode ser observado na fala de um deles: "quando se tem um barracão, com box, fica mais organizado". Por fim, para 2% dos entrevistados, a forma de exposição é ruim, pois tudo é feito através de improvisos, tais como carrinhos de mão, caixotes de madeira, mesas de plástico. Esse modo de improvisação também é citado por Almeida (2009) em sua pesquisa, realizada em Montes Claros, MG, em que enfatiza que esse tipo de ação realmente existe nas feiras, que os feirantes que não possuem barracas, utilizam de outros métodos, como os já citados aqui, para expor seus produtos aos clientes.

A seguir é apresentado na Figura 5, os grupos de produtos que são comercializados nas feiras em Diamantino.

Figura 5 – Grupo de Produtos Ofertados nas Feiras – Diamantino, MT

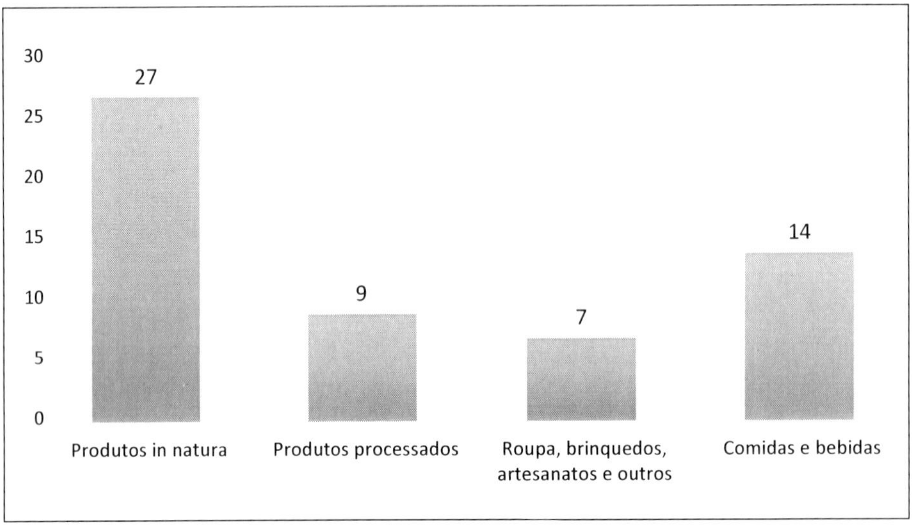

Grupo	Quantidade
Produtos in natura	27
Produtos processados	9
Roupa, brinquedos, artesanatos e outros	7
Comidas e bebidas	14

Fonte: Dados da Pesquisa, 2019.

A Figura 5 mostra que grande parte dos feirantes estão concentrados na comercialização de produtos *in natura*, isso em decorrência de 19 respondentes (38%) serem moradores da zona rural do município de Diamantino. Dentre os produtos ofertados, encontram-se hortaliças, frutas, legumes, ovos, leite, carnes bovinas, suínas e frango. Segundo Cancelier *et al.* (2005), em Chapecó, SC, os agricultores familiares estão encontrando alternativas para se manter no campo, assim, a diversificação da produção é prática comum para a maioria delas, tal como acontece no município de Diamantino, MT. Segundo os mesmos autores, o pequeno agricultor desenvolve diversas atividades em sua propriedade, objetivando manter a família e a propriedade. Estas práticas estão possibilitando que o produtor adquira sua própria renda, através da feira, comercializando seus produtos e acreditando ser possível o desenvolvimento a partir da pequena propriedade, o que demonstra também a importância da feira para seus sujeitos participantes e consumidores. Ribeiro *et al.* (2005), enfatiza que os produtores rurais garantem por meio da feira, a comercialização da produção, e em contrapartida os consumidores ganham porque têm garantia do abastecimento regular de alimentos de qualidade.

Em seguida o setor de comidas e bebidas se destaca, pois sendo a feira um local de encontro, às pessoas tendem a procurar por esses serviços também. Assim, os feirantes dispõem desde um pequeno lanche, até mesmo uma janta completa. Os produtos processados também são bem comercializados nas feiras de Diamantino, tais como, derivados de leite (queijo e manteiga), pães, bolachas, polpas de frutas, caldo de cana, doces, remédios caseiros, sabão caseiro. E são encontrados ainda, embora em menor número, produtos como roupas, brinquedos, artesanatos, eletrônicos, entre outros.

A seguir, na Figura 6 é apresentado como os feirantes de Diamantino avaliam o espaço disponível para a realização de suas atividades.

Figura 6 – Avaliação dos Respondentes Sobre o Espaço Disponível para a Execução das Atividades das Feiras – Diamantino, MT

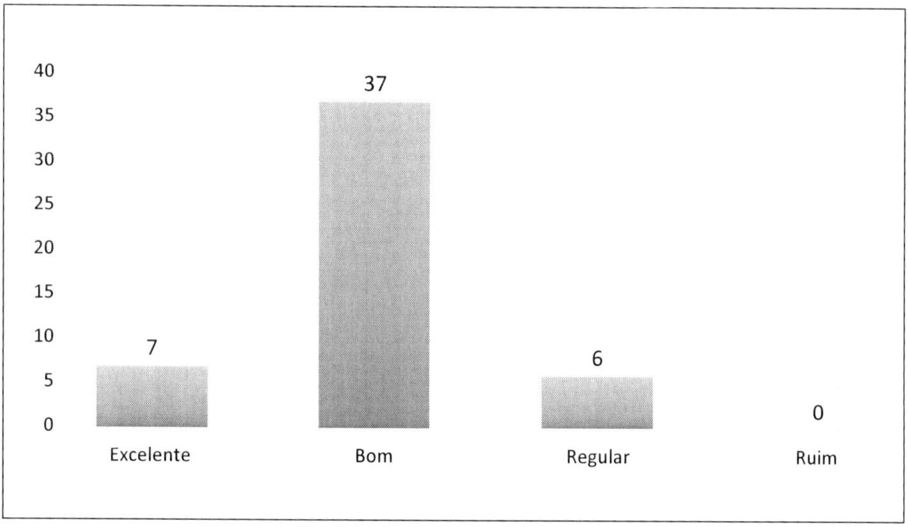

Excelente	Bom	Regular	Ruim
7	37	6	0

Fonte: Dados da Pesquisa, 2019.

Observa-se na Figura 6 que 37 feirantes consideram o espaço disponível para a realização das feiras, bons. De acordo com os relatos deles, as ruas e praças onde as feiram ocorrem dispõem de bastante espaço, "sempre cabe mais um e ainda tem espaço de sobra", relata um deles. Os locais de cada um já são definidos pela organização, e assim, há respeito em relação a isso. Aqueles que classificam o espaço como regular, justificam que se houvesse uma estrutura fixa, própria da feira, seria melhor. Descrevem que há uma estrutura assim no município, mas consideram que está em local impróprio, afastada da população, o que pode ser confirmado nas falas: "a gente ficou escondido lá, escondeu a gente", "aquele barracão é bom, mas foi construído no lugar errado", sendo assim a queixa dos feirantes é que em dias chuvosos, não há possibilidade de haver feira.

Os dados a seguir, apresentados na Figura 7, são referentes à avaliação dos feirantes sobre as condições gerais de higiene e limpeza das feiras.

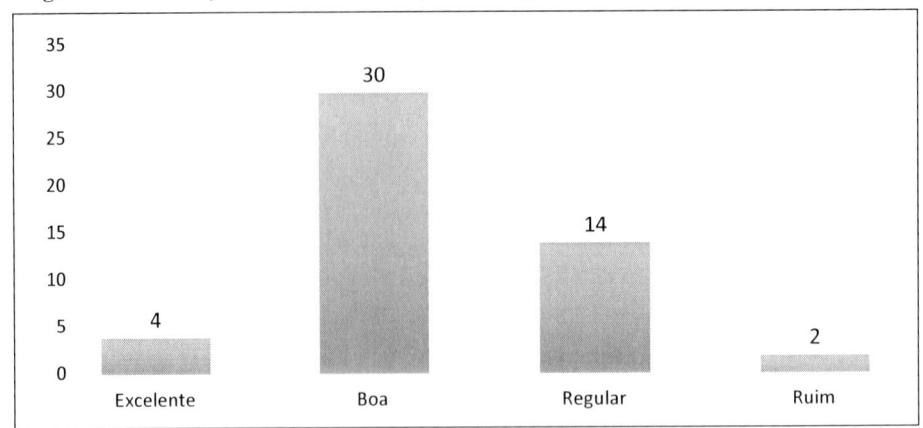

Figura 7 – Condições Gerais de Limpeza e Higiene das Feiras – Diamantino, MT

Excelente	Boa	Regular	Ruim
4	30	14	2

Fonte: Dados da Pesquisa, 2019.

Quanto ao aspecto limpeza e higiene, convém salientar que, no ano de 2018 foram construídos na Feira do Bairro Buriti, dois banheiros, para atender as demandas. Relatou um feirante que foi um importante conquista para a feira, assim 4 feirantes (8%) consideram esse aspecto excelente. A maioria, 60% dos respondentes equivalentes a 30 feirantes considera boa, pois para eles, cada feirante coleta o lixo que produz. Na feira do Bairro Buriti, os feirantes contam com um *container* para descartarem o lixo, já no Bairro São Benedito, segundo relato de alguns respondentes, está se providenciando lixeiras para serem instaladas na praça. Em relação a feira que acontece no Bairro Novo Diamantino, os feirantes relataram que a praça já conta com algumas lixeiras, assim, os clientes e feirantes podem depositar seu lixo. Dessa forma colocam que as ruas e praças ficam todas limpas e organizadas, pois o responsável pelas feiras contrata pessoas para fazer ainda uma limpeza geral ao término de cada dia de atividade. Os feirantes pontuam que é tudo bem cuidado.

Já para outros 14 feirantes (28%) as condições de limpeza e higiene é regular, segundo relatos de um feirante, ele tem todo o cuidado quando comercializa carne, por exemplo, colocando em caixas de isopor e embalada com toda proteção que julga necessário, porém, afirma que há outros feirantes que não realizam esses mesmos cuidados, deixando a carne totalmente exposta, e expressa sua preocupação com a qualidade dos produtos que a feira está ofertando. Sobre esse fato, Correia e Roncado (1997), conforme citado por Coutinho *et al.* (2008) pontuam que a comercialização de alimentos de origem animal em feiras livres, expostos em barracas sem refrigeração, sem proteção, na presença de poeira e insetos pode alterar a qualidade do produto. Alimentos crus, comercializados em feiras livres e mercados públicos podem ser veículos de contaminação de microrganismos causadores de infecção, desta forma, coloca em risco a saúde do consumidor.

Sobre outros produtos alimentares ofertados nas feiras livres, de acordo com Capistrano *et al.* (2004), os mercados e feiras livres ocupam lugares de destaque no setor de alimentação. Sendo assim, é característico destes locais que barracas convivam lado a lado, tais como as encontradas em Diamantino, fazendo com que as condições de higiene e limpeza inadequadas de uma, oferte perigo para as outras, facilitando a ocorrências de surtos alimentares. Deste modo, verifica-se o quão é importante o cuidado com essa questão.

Os 2 entrevistados que colocaram ser a situação de limpeza e higiene ruim, justificam por não haver nas feiras, água encanada e na feira do Bairro Novo Diamantino, que acontece em uma praça, banheiros para serem ofertados aos seus clientes e para uso próprio. Todavia, de acordo com relatos do responsável pela organização, já existe um projeto em andamento para a construção desses banheiros.

Quando questionados se utilizam de outras formas de comercialização dos produtos além da exposição nas feiras, constatou-se que 36 (72%) dos feirantes utilizam de outras formas e citam: a venda em casa, festas, alguns contam com ponto nas ruas, açougue, estabelecimento próprio, entrega em escolas, restaurantes e mercados, porém, segundo relatos, a feira é o local onde conseguem vender por um melhor preço. Outros 14 respondentes (28%), não utilizam de nenhuma outra forma de comercialização, além das feiras livres. Resultado parecido foi encontrado em estudo de Chiarello *et al.* (2008) em Chapecó, SC, em que ele constatou que 86% dos feirantes pesquisados comercializavam em outros locais além das feiras.

Outro questionamento feito foi a respeito da fiscalização das feiras livres. Em relação a isso, nenhum respondente soube informar com certeza se há ou não fiscalização de órgãos públicos, que se existe, eles desconhecem. Diante de tal cenário, as feiras operam sem nenhum tipo de fiscalização, facilitando o descumprimento de legislações pertinentes.

Em relação ao apoio externo para a realização das feiras, 48 (96%) dos respondentes disseram não haver nenhum apoio externo à atividade, que o único apoio existente é o apoio do responsável pelas feiras livres, que até então, não faz parte de nenhum órgão público da cidade, ele é quem organiza todos os procedimentos necessários para a realização das feiras. No entanto, como as feiras livres ocorrem em vias e praças públicas, 4% dos respondentes, que totalizam 2 feirantes consideram essa concessão, apoio da prefeitura. Para Ribeiro *et al.* (2005) embora as feiras sejam importantes para a agricultura familiar, consumidores, para o comércio e a cultura local, raramente essa atividade recebe atenção de programas governamentais. Essa falta de incentivo e omissão do governo municipal impacta diretamente no desenvolvimento das feiras, fato confirmado por Coutinho *et al.* (2006) em que relata que os feirantes ficam impossibilitados de receber capacitações sobre ferramentas de gestão, manipulação de alimentos, normas sanitárias, vivenciando dificuldades no gerenciamento de sua pequena banca. Em contrapartida, vale aqui ressaltar que embora os feirantes não contem com o apoio do governo municipal, observa-se que tem perspectivas em permanecer na atividade, isso se dá também ao fato dos feirantes dependerem da renda oriunda da feira e do seu desenvolvimento no município de Diamantino.

As Figuras a seguir, 8 e 9, apresentam os dados de como é realizada e qual o grau de satisfação com relação à segurança do espaço de trabalho segundo a percepção dos feirantes.

Figura 8 – Formas de Realização da Segurança do Espaço de Trabalho – Diamantino, MT

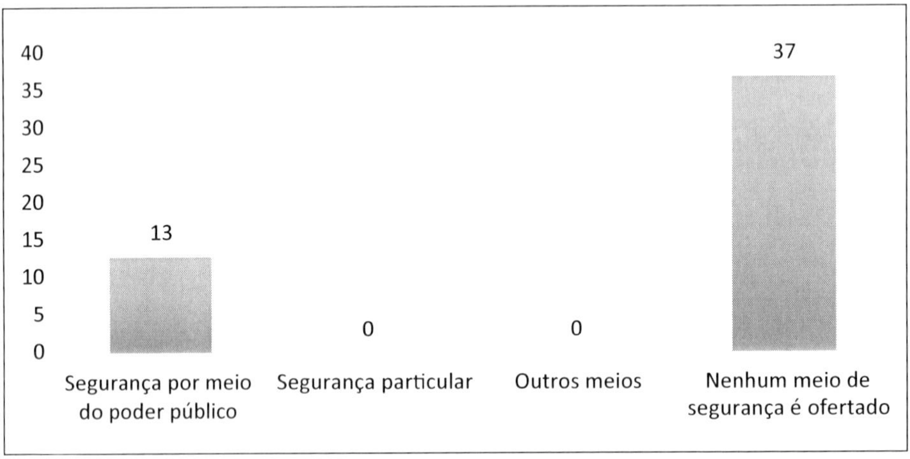

Segurança por meio do poder público	Segurança particular	Outros meios	Nenhum meio de segurança é ofertado
13	0	0	37

Fonte: Dados da Pesquisa, 2019.

Figura 9 – Avaliação em Relação a Segurança do Espaço de Trabalho – Diamantino, MT

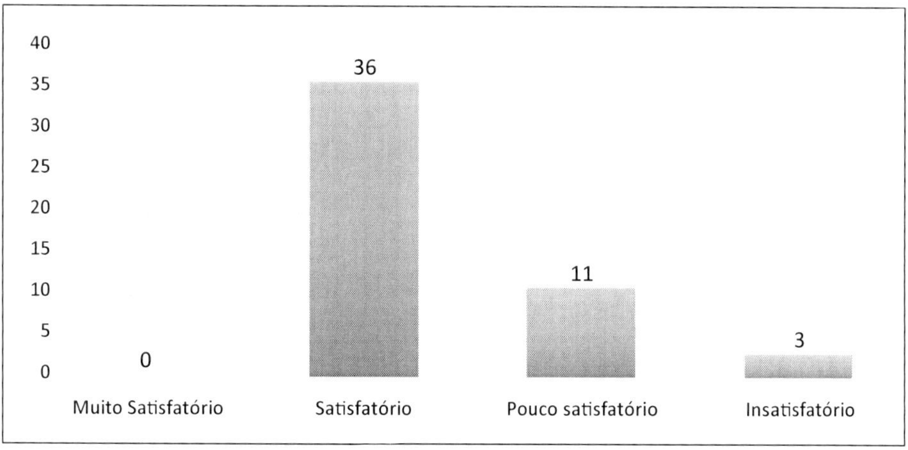

Muito Satisfatório	Satisfatório	Pouco satisfatório	Insatisfatório
0	36	11	3

Fonte: Dados da Pesquisa, 2019.

Como observado na Figura 8, 74%, que representam 37 feirantes, enfatizam que não é ofertado nenhum meio de segurança para o local em que ocorrem as feiras, porém, percebe-se na figura 9, que mesmo fazendo essa afirmação, 36 feirantes (72%) consideram satisfatória a segurança desses locais, pois segundo os mesmos, esses locais são tranquilos, não tendo conhecimento de nenhuma intercorrência nesse sentido.

Em contra partida, na figura 8, observa-se que 13 (26%) dos respondentes colocam que é ofertada segurança por meio das viaturas da Polícia Militar. Segundo eles, muitas vezes a viatura faz uma ronda, ou até mesmo fica um tempo nos locais onde as feiras estão ocorrendo, trazendo mais tranquilidade para eles. Todavia para outros feirantes, essa ronda e parada da polícia poderiam ser intensificadas, e em horários da feira que tem menos movimento de clientes, como no momento final, momento em que se sentem mais expostos, pois ficam só alguns feirantes, e acreditam estarem mais vulneráveis a roubos. Assim, 22% que equivalem a 11 respondentes dizem ser a segurança pouco satisfatória, e conforme alguns relatos, a insegurança na estrada é um fator que incomoda quem mora nas cidades vizinhas, e nas zonas rurais do município de Diamantino. Dessa forma exprimem sua insatisfação também em relação a isso. Esse quesito de segurança do espaço de trabalho merece uma atenção especial, pois os riscos de violência, como roubos, agressões no caminho da feira, acontecem com frequência pelas feiras do Brasil (MATSUO, 2009). Assim, deve-se levar em consideração que uma feira realizada em um local seguro trará ainda mais benefícios, tanto para a sociedade, clientes e para os trabalhadores, sendo a feira um local seguro, cresce a procura por este local.

Considerações finais

As feiras livres existentes hoje no município de Diamantino, MT, formaram-se a partir das inquietações de um feirante, que após o término da feira que acontecia com o incentivo do governo municipal, e não tendo como comercializar seus produtos, ele e seus colegas buscaram a parceria de uma pessoa que hoje está na função de responsável por todas as feiras do município. Esse novo formato da feira, teve início em 2017, no Bairro Novo Diamantino e em pouco tempo se expandiu para outros bairros da cidade, atualmente sendo realizada em três bairros.

Quanto ao perfil, o estudo permitiu identificar que há uma paridade entre homens e mulheres, tendo sua maioria idade entre 46 e 59 anos, ensino fundamental incompleto, moradores da zona rural e com renda familiar até 2 salários mínimos mensais.

Em relação a percepção dos feirantes acerca da sua atividade, os resultados apontaram para uma atividade exercida quase que na totalidade pela mão de obra familiar. A organização e gestão são realizadas por uma pessoa que define o local que cada participante deve ocupar, repassa todas as instruções aos novos entrantes e coleta o valor de R$ 5,00 destinados a limpeza do local, divulgação e outras benfeitorias necessárias e decididas coletivamente, não havendo interferência ou apoio do poder público local. Quanto à exposição dos produtos, eles **são ofertados em maior número em** barracas e bancadas, os demais, em carros e no chão. Na sua maioria, são produtos *in natura*, mas também são comercializadas comidas e bebidas, outros se dividem entre, artesanatos, produtos processados, roupas, brinquedos, eletrônicos, dentre outros.

Na avaliação dos participantes do estudo, questões como a forma de exposição, espaço disponível, segurança do local e higiene e limpeza, são considerados de forma geral, bons ou satisfatórios.

Embora tenham relatado alguns problemas que encontram no dia a dia na atividade de feirantes, a maioria, sendo 94% demonstraram perspectivas em se manterem nela, pois necessitam como única fonte de renda ou para complementá-la e ainda, a feira se torna um local de socialização e criação de vínculos de amizade.

A partir do exposto, constata-se que as feiras livres no município de Diamantino são uma realidade ainda em construção, em busca de consolidação e assim, espera-se com os resultados encontrados, subsidiar a criação e/ou redirecionamentos de políticas municipais que venham atender esse público tão importante e fundamental economicamente e socialmente.

REFERÊNCIAS

ABRAMOVAY, R. Finanças de proximidade e desenvolvimento territorial no semiárido brasileiro. *In:* COSSÍO, M. B. (org.). **Estrutura agrária, mercado de trabalho e pobreza rural no Brasil**. 2003. Disponível em: www.tau.org.ar/html/upload/89f0c2b656ca02ff45ef61a4f2e5bf24/62.pdf. Acesso em: 4 nov. 2018.

ALMEIDA, S. P. N. de C. **Fazendo a feira**: estudo das artes de dizer, nutrir e fazer etnomatemático de feirantes e fregueses da feira livre do Bairro Major Prates em Montes Claros – MG. 2009. Dissertação (Mestrado em Desenvolvimento Social) – Universidade Estadual de Montes Claros – UNIMONTES. Montes Claros, 2009. Disponível em: https://mail-attachment.googleusercontent.com/attachment/u/. Acesso em: 5 nov. 2018.

BARBOSA, C. C. A feira e o turismo: potencialidades e atrativos. **Caminhos de Geografia**, Uberlândia, MG. 2008. Disponível em: http://www.ig.ufu.br/revista/caminhos.html. Acesso em: 10 out. 2018.

BERNARD, H. R. **Research methods in anthropology**: qualitative and quantitative approaches. Lanham, MD: AltaMira Press, 2005.

CANCELIER, Janete Webler; CAMPOS, Nazareno José de; BERTOLLO, Valdecir Luiz. Agricultura familiar: Possibilidades e estratégias reprodução; O caso de Chapecó-SC. *In:* III SIMPÓSIO NACIONAL DE GEOGRAFIA AGRÁRIA – II SIMPÓSIO INTERNACIONAL DE GEOGRAFIA AGRÁRIA JORNADA ARIOVALDO UMBELINO DE OLIVEIRA, 2005. **Anais...** Presidente Prudente, 2005.

CAPISTRANO, D. L.; GERMANO, P. M. L.; GERMANO, M. I. S. Feiras livres do município de São Paulo sob o ponto de vista legislativo e sanitário. **Revista Online Higiene Alimentar.** São Paulo, v. 18, n. 116, p. 37-42, 2004. Disponível em: http://bases.bireme.br/cgi-bin/wxislind.exe/iah/online. Acesso em: 9 out. 2018.

CHIARELLO, M.; ORLOWSKI, R, F.; WACKULICZ, G. J. Feiras Livres: Uma Alternativa de Geração de Renda aos Agricultores Familiares de Chapecó. *In:* II ENCONTRO DE ECONOMIA CATARINENSE, 2008. **Anais...** Chapecó, SC, 2008.

COELHO, J. D. S. *et al.* Controle de custos e receitas: Um estudo com os agricultores familiares feirantes de Nova Olímpia-MT. *In:* XXV CONGRESSO BRASILEIRO DE CUSTOS, 2017. **Anais** [...], Vitória, 2018.

COUTINHO, E. P. *et al.* Condições de higiene das feiras livres dos municípios de Bananeiras, Solânea e Guarabira. *In:* X ENCONTRO DE EXTENSÃO, 2007, Paraíba. **Anais...** Paraíba: UFPB, 2008. Disponível em: www.prac.ufpb.br/anais/xenex_xienid/x_enex. Acesso em: 14 maio 2019.

COUTINHO, E. P. *et al.* Feiras livres do Brejo Paraibano: crise e perspectivas. *In:* XLIV CONGRESSO DA SOBER, 2006. **Anais** [...], Bananeiras, PB: SOBER, 2006. Disponível em: www.sober.org.br/palestra/5/663.pdf. Acesso em: 24 maio 2019.

GERMANO, P. M. L. *et al.* Qualidade dos vegetais. *In:* GERMANO, P. M. L.; GERMANO, M. I. S. **Higiene e vigilância sanitária de alimentos**: qualidade das matérias-primas; doenças transmitidas por alimentos; treinamento de recursos humanos. Rev. e ampl. São Paulo: Varela, 2001.

GODOY, I. W.; ANJOS, F. S. dos. A importância das feiras livres ecológicas: um espaço de trocas e saberes da economia local. **Revista Brasileira de Agroecologia**, v. 2, n. 1, fev. 2007.

IBGE. Instituto Brasileiro de Geografia e Estatística. **Cidades.** 2010. Disponível em: https://cidades.ibge.gov.br/brasil/mt/diamantino/panorama. Acesso em: 4 nov. 2018.

IBGE. Instituto Brasileiro de Geografia e Estatística. **Brasil, Desemprego. 2016.** Disponível em: https://www.ibge.gov.br/busca.html?searchword=desemprego%202016&searchphrase=all. Acesso em: 13 maio 2018.

JESUS, G. M. de. **O lugar da feira livre nas grandes cidades capitalistas**: conflitos, mudanças e persistências. Dissertação (Mestrado) – Instituto de Geociências, Universidade Federal do Rio de Janeiro, Rio de Janeiro, RJ, 1991. Disponível em: http://caph.fflch.usp.br/node/11484. Acesso em: 5 nov. 2018.

LELIS, J. L. *et al.* **Vínculos de Sociabilidade e Relações de Trocas entre Feirantes de Viçosa, MG.** GERAR – Universidade Federal de Viçosa – UFV, 2009, Viçosa, MG. Disponível em: http://www.gerar.ufv.br/publicacoes/VINCULOS%20DE%20SOCIABILIDADE%20E%20RELACOES%20 DE%20TROCAS%20ENTRE%20%20FEIRANTES%20DE%20VICOSA_ MG.pdf. Acesso em: 15 maio 2019.

MATSUO, M. **Trabalho Informal e Desemprego**: Desigualdades sociais. Tese (Doutorado) – Programa de Pós-Graduação em Sociologia. USP – Universidade de São Paulo. São Paulo, SP, 2009. Disponível em: www.teses.usp.br/teses/disponiveis/8/8132/tde-05032010-130328. Acesso em: 25 maio 2019.

MILES, M. B.; HUBERMAN, A. M. **Qualitative Data Analysis**. 2. ed. Sage Publications, 1994.

NEVES, C. E. B.; NEVES, F. M. O que há de complexo no mundo complexo? Niklas Luhmann e a Teoria dos Sistemas Sociais. **Sociologias**. Porto Alegre, ano 8, n. 15, p. 182-207, jan./jun. 2006.

OLIVEIRA, K, V. de.; SANJINEZ-ARGNDONÃ, E. J.; CHUBA, C. A. M. Avaliação do perfil dos feirantes na cidade de Dourados/MS na comercialização de produtos alimentícios. *In:* ENCONTRO DE ENSINO, PESQUISA E EXTENSÃO (ENEPEX) – 8º ENEP UFGD e 5º EPEX UEMS. 2014. **Anais** [...], Dourados: ENEPEX, 2014.

PECCINI, M. D.; HARTMANN, L. C.; CHRISTOFFOLI, P. I. Experiência das feiras livres da agricultura familiar camponesa. *In:* III JORNADA: questões agrárias e desenvolvimento. 2015. **Anais** [...], Curitiba: III Jornada, 2015.

PEREIRA, V. G.; BRITO, T. P.; PEREIRA, S. B. A feira livre como importante mercado para a agricultura familiar em Conceição do Mato Dentro (MG). **Revista Ciências Humanas – Educação e Desenvolvimento Humano**. Taubaté, SP, v. 10, ed. 20, p. 67-78. dez. 2017.

PINHEIRO, R.; SÁ, J. S. **O processo de comercialização dos produtos da agricultura familiar nas feiras livres de São Luís**. 2007. Disponível em: http://www.cnpat.embrapa.br/sbsp/anais/. Acesso em: 10 out. 2018.

RIBEIRO, E. M. *et al.* A feira e o trabalho rural no Alto Jequitinhonha: um estudo de caso em Turmalina, Minas Gerais. **Revista Unimontes Científica**, Montes Claros, v. 5, n. 1, jan./jun. 2003.

RIBEIRO, E. M. *et al.* Programa de apoio às feiras e à agricultura familiar no Jequitinhonha mineiro. **Agriculturas,** v. 2, n. 2, jun. 2005.

SALES, A. P.; REZENDE, L. T.; SETTE, R. de S. Negócio feira livre: um estudo em um município de Minas Gerais. *In:* III ENCONTRO DE GESTÃO DE PESSOAS E RELAÇÕES DE TRABALHO, 2011, João Pessoa. **Anais** [...], João Pessoa, PB: ANPAD, 2011.

SANTOS, M. O. G. dos. **Contributo para o conhecimento do papel das feiras.** 2012. Disponível em: home.uevora.pt/~mosantos/download/Feiras-QuestoesIntrodutorias.pdf. Acesso em: 6 nov. 2018.

SILVEIRA *et al*. Avaliação da importância das feiras livres e a forma de comercialização adotada pelos feirantes na cidade de Nova Andradina-MS. *In:* I ENCONTRO INTERNACIONAL DE GESTÃO, DESENVOLVIMENTO E INOVAÇÃO (EIGEDIN). 2017. **Anais** [...], Naviraí: EIGEDIN, 2017.

SOUSA FILHO, H. M. S.; BONFIM, R. M. Oportunidades e desafios para a inserção de pequenos produtores em mercados modernos. *In:* CENTRO DE GESTÃO E ESTUDOS ESTRATÉGICOS (CGEE). **A pequena produção rural e as tendências do desenvolvimento agrário brasileiro**: ganhar tempo é possível? Brasília: CGEE, 2013, cap. 3, p. 71-100.

VIEIRA, R. **Dinâmicas da feira livre do município de Taperoá**. 2004. Monografia. (Trabalho de conclusão do Curso de Geografia) – Universidade Federal da Paraíba, João Pessoa, 2004. Disponível em: https://cointer-pdvagro.com.br/.../perfil-dos-feirantes-pdf. Acesso em: 9 out. 2018.

ÍNDICE REMISSIVO

A

Acesso 18, 19, 20, 27, 34, 35, 36, 48, 52, 53, 55, 59, 67, 68, 69, 76, 87, 89, 90, 91, 92, 93, 94, 95, 96, 97, 98, 99, 100, 101, 102, 106, 109, 110, 130, 131, 133, 134, 135, 139, 141, 142, 161, 162, 165, 176, 177, 178, 179, 194, 200, 201, 208, 212, 213, 216, 217, 220, 223, 226, 229, 230, 241, 243, 246, 255, 260, 264, 265, 266, 267, 269, 270, 271, 272, 273, 274, 275, 276, 277, 301, 302, 303, 304, 313

Administração 15, 24, 25, 26, 103, 104, 105, 126, 129, 130, 132, 133, 134, 137, 138, 140, 141, 142, 151, 184, 193, 208, 210, 223, 224, 225, 226, 228, 239, 313, 314, 316, 317

Agricultura 15, 16, 111, 175, 253, 254, 255, 256, 257, 259, 261, 262, 265, 267, 270, 271, 272, 273, 274, 275, 276, 277, 279, 281, 282, 284, 288, 291, 298, 301, 303, 304

Agricultura Familiar 15, 16, 175, 253, 254, 255, 256, 257, 259, 261, 262, 265, 267, 270, 271, 272, 273, 274, 275, 276, 277, 281, 282, 284, 288, 291, 298, 301, 303, 304

Atenção Básica 55, 56, 65, 67, 68, 69, 71, 72, 74, 75, 76, 84, 85, 88, 92, 93, 96, 98, 99

Atividade 30, 32, 38, 99, 101, 104, 128, 190, 203, 213, 214, 227, 255, 256, 257, 261, 262, 263, 264, 265, 267, 269, 270, 271, 272, 277, 278, 279, 280, 281, 282, 284, 285, 286, 287, 289, 290, 291, 292, 293, 296, 297, 298, 299, 300

Atuação 15, 23, 24, 25, 27, 28, 29, 33, 34, 37, 48, 50, 56, 57, 59, 63, 66, 103, 125, 126, 132, 138, 162, 175, 184, 192, 194, 197, 198, 200, 203, 204, 208, 210, 217, 220, 228, 233, 272, 286

B

Base 20, 23, 39, 41, 43, 71, 72, 73, 75, 76, 77, 78, 79, 80, 81, 82, 83, 84, 85, 86, 87, 88, 89, 90, 93, 105, 108, 110, 112, 113, 115, 116, 120, 121, 125, 126, 136, 137, 158, 201, 213, 228, 234, 235, 241, 242, 246, 253, 284

Bem Estar 26, 181, 183, 184, 191, 204, 205, 206, 207, 208, 209, 227

Brasil 3, 17, 18, 19, 20, 21, 27, 28, 34, 35, 36, 56, 59, 60, 65, 67, 68, 69, 70,

71, 73, 81, 89, 90, 91, 92, 94, 95, 96, 97, 99, 100, 101, 102, 103, 104, 105, 106, 107, 108, 109, 110, 115, 117, 127, 130, 131, 132, 133, 134, 135, 136, 137, 138, 139, 151, 153, 155, 156, 159, 162, 164, 166, 167, 176, 179, 183, 186, 187, 195, 199, 200, 201, 206, 207, 208, 209, 210, 211, 212, 213, 215, 216, 217, 218, 219, 220, 223, 228, 229, 230, 233, 234, 240, 241, 244, 245, 247, 248, 249, 250, 251, 253, 254, 256, 271, 273, 274, 276, 300, 301, 302

C

Campo 17, 19, 21, 24, 29, 30, 33, 38, 49, 66, 71, 72, 73, 76, 77, 78, 79, 80, 81, 82, 83, 84, 85, 86, 87, 88, 89, 110, 111, 112, 113, 114, 117, 118, 120, 121, 122, 123, 124, 125, 165, 214, 240, 254, 256, 258, 259, 260, 261, 267, 271, 275, 279, 282, 284, 286, 294

Conselho Municipal 57, 58, 59, 60, 63, 65, 135, 136, 137, 141, 142, 143, 144, 145, 146, 147, 148, 149, 150, 151, 152, 156, 165, 166

Conselhos 36, 55, 59, 60, 61, 62, 63, 65, 66, 74, 95, 130, 135, 136, 137, 138, 139, 140, 141, 142, 151, 153, 154, 155, 166, 219

Conselhos Gestores 36, 66, 135, 136, 137, 138, 139, 140, 141, 151, 153, 155

Constituição 18, 19, 20, 24, 25, 26, 27, 28, 30, 31, 32, 34, 35, 38, 39, 42, 45, 49, 52, 55, 67, 96, 103, 105, 106, 107, 109, 130, 131, 132, 135, 137, 139, 141, 151, 161, 162, 163, 166, 176, 181, 183, 184, 186, 187, 188, 189, 197, 199, 200, 204, 208, 209, 212, 219, 227, 279, 280, 286

Constituição Federal 24, 26, 27, 28, 30, 55, 103, 105, 109, 131, 132, 135, 161, 163, 183, 184, 186, 189, 197, 199, 204, 208, 209, 212, 227

Controle Social 15, 44, 55, 56, 57, 58, 60, 61, 62, 63, 64, 65, 66, 69, 129, 130, 131, 135, 136, 137, 138, 139, 151, 153, 155, 166, 179, 220, 317

Cultura 15, 18, 21, 38, 43, 46, 50, 61, 62, 103, 157, 184, 204, 207, 213, 214, 217, 221, 230, 233, 234, 235, 236, 237, 238, 239, 240, 241, 242, 243, 244, 245, 246, 248, 249, 250, 251, 253, 278, 291, 298, 315, 316, 318

D

Dados 4, 23, 71, 72, 73, 75, 76, 77, 78, 79, 80, 81, 82, 83, 84, 85, 86, 87, 88, 89, 90, 92, 93, 99, 102, 110, 126, 136, 137, 144, 147, 148, 149, 150, 155, 156, 157, 164, 165, 167, 168, 169, 170, 173, 174, 175, 180, 205, 224, 249, 256, 257, 258, 259, 260, 261, 262, 263, 264, 265, 266, 267, 268, 269, 270, 279, 280, 284, 285, 286, 287, 288, 289, 293, 294, 295, 296, 299

Desenvolvimento 39, 40, 41, 42, 46, 50, 62, 66, 91, 94, 106, 107, 111, 112, 149, 162, 184, 193, 205, 210, 212, 217, 218, 221, 239, 242, 243, 245, 253, 254, 255, 256, 257, 263, 270, 273, 274, 275, 276, 279, 281, 294, 298, 299, 301, 303, 304, 313

Direito 15, 17, 23, 24, 26, 27, 29, 30, 31, 32, 33, 34, 35, 36, 37, 44, 46, 48, 50, 52, 55, 67, 91, 97, 103, 105, 106, 130, 131, 132, 134, 141, 154, 159, 160, 173, 179, 180, 182, 186, 187, 188, 191, 197, 198, 201, 203, 205, 213, 217, 223, 226, 313, 314, 317

Direitos 4, 18, 19, 23, 24, 25, 26, 27, 28, 29, 30, 31, 32, 33, 34, 35, 36, 50, 57, 58, 103, 106, 131, 156, 159, 160, 161, 162, 163, 164, 165, 166, 167, 175, 177, 178, 181, 182, 184, 185, 186, 187, 188, 189, 191, 192, 194, 197, 198, 199, 200, 203, 207, 208, 212, 216, 217, 219, 221, 225

Direitos Fundamentais 23, 24, 25, 27, 29, 30, 32, 33, 34, 35, 36, 186, 188, 192

E

Economia 17, 32, 111, 184, 206, 207, 208, 210, 212, 215, 227, 229, 237, 243, 245, 246, 253, 254, 255, 271, 274, 278, 302, 313

Educação 15, 18, 20, 30, 31, 35, 62, 95, 96, 103, 104, 106, 107, 108, 109, 110, 111, 112, 113, 114, 115, 117, 119, 124, 125, 126, 127, 128, 129, 131, 133, 135, 148, 155, 160, 161, 162, 163, 165, 174, 175, 194, 198, 204, 208, 211, 213, 215, 217, 221, 224, 227, 228, 233, 258, 264, 265, 266, 272, 275, 303, 314, 315, 316

Egressos 180, 181, 191, 192, 193, 194, 195, 196, 197, 198, 199

Enfrentamento 16, 156, 160, 161, 162, 163, 165, 166, 174, 176, 177, 178, 206

Ensino 30, 106, 107, 108, 114, 115, 143, 171, 172, 255, 260, 271, 274, 283, 284, 285, 300, 303, 314, 315, 316, 317

F

Familiar 15, 16, 40, 42, 43, 91, 106, 156, 158, 160, 163, 166, 167, 173, 174, 175, 253, 254, 255, 256, 257, 259, 260, 261, 262, 265, 267, 268, 270, 271, 272, 273, 274, 275, 276, 277, 281, 282, 284, 288, 289, 291, 298, 300, 301, 303, 304

Federal 20, 24, 26, 27, 28, 30, 32, 35, 36, 55, 69, 70, 86, 97, 99, 101, 103,

105, 107, 108, 109, 110, 128, 130, 131, 132, 135, 137, 140, 141, 143, 161, 163, 164, 167, 173, 183, 184, 186, 189, 193, 197, 198, 199, 200, 201, 202, 203, 204, 207, 208, 209, 212, 220, 221, 227, 229, 230, 234, 235, 238, 240, 242, 245, 248, 249, 254, 257, 270, 303, 313, 314, 315, 316, 317

Feirantes 277, 278, 279, 280, 282, 284, 285, 286, 287, 288, 289, 291, 292, 293, 294, 295, 296, 297, 298, 299, 300, 301, 302, 303, 304, 313

Feiras 269, 277, 278, 279, 280, 281, 282, 283, 284, 286, 287, 291, 292, 293, 294, 295, 296, 297, 298, 299, 300, 301, 302, 303, 304

Feiras Livres 277, 278, 279, 280, 281, 282, 283, 286, 287, 291, 292, 293, 297, 298, 300, 301, 302, 303, 304

Fiscalização 32, 55, 104, 105, 130, 135, 136, 137, 140, 144, 147, 148, 149, 150, 151, 183, 188, 190, 194, 219, 220, 222, 224, 226, 227, 249, 279, 291, 297

Fundo Municipal 135, 136, 137, 140, 143, 147, 148, 149, 150, 151, 152, 153, 166, 177

G

Gestão 15, 19, 24, 55, 56, 57, 58, 63, 65, 66, 68, 69, 92, 93, 94, 95, 96, 97, 103, 104, 106, 107, 108, 109, 110, 128, 130, 131, 135, 136, 138, 139, 141, 142, 143, 144, 145, 147, 149, 150, 151, 152, 153, 165, 204, 218, 222, 223, 225, 226, 229, 256, 259, 264, 267, 276, 281, 285, 292, 298, 300, 304, 313, 314, 317

Governo 4, 15, 19, 20, 26, 29, 37, 47, 48, 52, 56, 58, 62, 67, 71, 86, 104, 105, 109, 129, 135, 136, 139, 141, 142, 143, 144, 145, 146, 152, 161, 162, 164, 175, 181, 184, 185, 187, 192, 203, 204, 205, 211, 216, 222, 223, 238, 239, 242, 245, 249, 251, 253, 254, 267, 270, 271, 274, 298, 300

I

Incentivo 56, 62, 103, 162, 218, 233, 234, 238, 239, 240, 241, 242, 245, 246, 248, 249, 250, 298, 300

Indicadores 69, 71, 72, 76, 81, 88, 89, 90, 91, 93, 95, 96, 106, 110, 111, 114, 115, 116, 117, 118, 119, 120, 121, 124, 126, 127, 128, 129, 132, 164, 175

Informação 32, 60, 69, 72, 75, 76, 90, 92, 93, 96, 98, 99, 110, 130, 167, 168, 169, 170, 171, 172, 173, 174, 175, 201, 202, 240, 267, 272, 273, 278, 279, 284

Investimentos 87, 103, 104, 106, 108, 110, 112, 113, 116, 118, 120, 121, 124, 125, 126, 127, 128, 239, 246, 249, 281

J

Judiciário 23, 24, 25, 26, 27, 28, 29, 31, 32, 33, 34, 35, 36, 174, 186, 187, 196, 198, 223

L

Legislação 26, 58, 112, 127, 136, 137, 138, 139, 141, 142, 148, 156, 159, 162, 183, 186, 187, 188, 191, 199, 201, 205, 208, 224, 239, 242, 250, 278

Lei Rouanet 233, 234, 235, 238, 240, 241, 242, 244, 245, 246, 247, 248, 249, 250, 251

Liberdade 18, 23, 24, 25, 107, 158, 159, 164, 179, 180, 181, 182, 183, 187, 188, 189, 190, 191, 194, 195, 196, 213, 238

M

Mato Grosso 4, 15, 16, 24, 37, 56, 67, 70, 71, 72, 73, 74, 77, 78, 85, 86, 88, 89, 90, 95, 96, 99, 106, 108, 110, 112, 120, 127, 128, 133, 155, 156, 161, 164, 165, 166, 167, 168, 169, 175, 177, 194, 195, 255, 259, 269, 275, 277, 279, 280, 313, 314, 315, 316, 317

Médicos 68, 69, 70, 71, 72, 73, 74, 84, 89, 90, 92, 93, 94, 95, 96, 97, 99, 101, 102

Mulheres 42, 106, 119, 122, 155, 156, 157, 158, 159, 160, 161, 162, 163, 164, 165, 166, 167, 173, 174, 175, 176, 177, 178, 179, 259, 260, 284, 300

Municipal 57, 58, 59, 60, 63, 65, 66, 69, 87, 105, 108, 110, 111, 112, 115, 117, 125, 128, 130, 135, 136, 137, 140, 141, 142, 143, 144, 145, 146, 147, 148, 149, 150, 151, 152, 153, 156, 157, 161, 165, 166, 167, 173, 174, 175, 177, 178, 211, 256, 257, 271, 272, 273, 275, 298, 299, 300, 313, 316

N

Nacional 5, 55, 65, 68, 72, 81, 83, 84, 92, 96, 99, 100, 101, 105, 106, 107, 108, 109, 115, 116, 117, 119, 120, 121, 122, 124, 125, 126, 128, 131, 132, 133, 151, 153, 156, 157, 161, 162, 163, 164, 165, 166, 167, 168, 174, 176, 177, 192, 193, 194, 195, 196, 205, 208, 209, 211, 212, 215, 221, 228, 233, 234, 239, 240, 241, 242, 253, 254, 255, 257, 273, 276, 301, 316

Necessidade 19, 20, 27, 28, 29, 31, 32, 37, 38, 41, 42, 43, 44, 45, 46, 47, 48, 49, 51, 71, 90, 91, 103, 128, 130, 139, 144, 157, 162, 164, 173, 174, 185, 189, 195, 196, 213, 215, 216, 226, 236, 246, 253, 267, 284

O

Organização 26, 38, 40, 41, 44, 46, 47, 48, 50, 51, 60, 68, 69, 88, 96, 104, 105, 107, 109, 111, 131, 160, 181, 183, 186, 207, 217, 218, 220, 221, 225, 228, 271, 275, 279, 280, 281, 291, 292, 293, 295, 297, 300

Organizações 98, 128, 137, 192, 203, 204, 205, 213, 215, 216, 217, 218, 219, 221, 222, 223, 224, 225, 226, 227, 228, 229, 239

Oscips 203, 204, 205, 206, 215, 217, 218, 219, 220, 221, 222, 223, 224, 225, 226, 227, 229, 230

P

Pesquisa 15, 23, 38, 56, 57, 59, 63, 65, 70, 71, 72, 96, 97, 99, 101, 102, 104, 110, 127, 129, 132, 133, 136, 138, 143, 150, 151, 154, 156, 163, 177, 180, 200, 201, 202, 205, 221, 223, 224, 229, 233, 234, 235, 241, 251, 256, 258, 259, 261, 262, 263, 264, 265, 266, 267, 268, 269, 270, 274, 275, 279, 280, 284, 285, 286, 287, 288, 289, 290, 291, 293, 294, 295, 296, 299, 303, 314, 315, 316

Poder Público 30, 31, 32, 33, 35, 37, 57, 67, 135, 136, 141, 157, 166, 191, 192, 196, 198, 203, 208, 219, 220, 225, 242, 255, 256, 257, 271, 272, 279, 282, 300

Políticas 4, 15, 16, 17, 18, 19, 20, 21, 23, 24, 25, 27, 28, 29, 31, 32, 33, 34, 35, 36, 41, 44, 48, 49, 55, 57, 58, 60, 62, 63, 65, 66, 67, 92, 97, 98, 100, 101, 102, 104, 109, 110, 126, 127, 128, 129, 130, 132, 133, 135, 137, 138, 139, 141, 144, 149, 152, 153, 155, 156, 157, 159, 161, 162, 163, 164, 165, 166, 167, 173, 174, 175, 176, 177, 178, 179, 180, 181, 184, 185, 190, 192, 193, 195, 196, 198, 199, 201, 203, 204, 205, 206, 207, 208, 209, 210, 211, 212, 213, 214, 215, 219, 220, 222, 224, 225, 227, 229, 230, 233, 234, 236, 238, 243, 245, 250, 251, 253, 254, 255, 257, 261, 267, 271, 272, 273, 274, 282, 301, 313, 314, 316, 317, 318

Políticas Públicas 4, 15, 16, 17, 18, 19, 20, 21, 23, 24, 25, 27, 28, 29, 31, 32, 33, 34, 35, 36, 55, 57, 58, 62, 63, 65, 66, 67, 97, 98, 100, 101, 102, 104, 110, 126, 128, 130, 132, 133, 135, 137, 138, 139, 144, 149, 152, 153, 155, 156, 157, 161, 162, 163, 164, 165, 166, 167, 173, 174, 175, 176, 177, 178, 179, 180, 181, 184, 185, 190, 192, 196, 198, 199, 201, 203, 204, 205, 206, 211,

214, 215, 219, 220, 222, 224, 225, 227, 230, 233, 234, 243, 250, 251, 267, 272, 273, 274, 313, 314, 316, 317, 318

Políticas Sociais 17, 18, 67, 127, 129, 141, 204, 205, 206, 207, 208, 210, 211, 212, 213, 214, 227, 229

População 20, 55, 58, 60, 62, 63, 64, 69, 70, 71, 72, 73, 74, 75, 76, 90, 97, 98, 104, 106, 111, 114, 119, 122, 130, 136, 137, 138, 141, 142, 143, 147, 148, 149, 151, 180, 183, 184, 188, 195, 197, 198, 199, 204, 208, 215, 216, 227, 255, 257, 266, 271, 279, 280, 281, 282, 284, 292, 296

Produção 35, 50, 67, 69, 71, 83, 86, 92, 93, 94, 95, 97, 98, 159, 206, 208, 214, 218, 221, 239, 243, 244, 253, 254, 255, 256, 257, 265, 268, 269, 270, 272, 273, 275, 278, 294, 295, 313, 314, 316, 317

Produtores 238, 249, 254, 255, 256, 257, 259, 260, 261, 262, 263, 265, 266, 267, 268, 269, 270, 271, 272, 273, 274, 281, 295, 304

Q

Qualidade 55, 60, 63, 68, 69, 71, 81, 90, 91, 92, 93, 99, 103, 104, 106, 107, 108, 109, 121, 126, 128, 132, 133, 134, 143, 164, 182, 184, 215, 225, 226, 227, 238, 265, 266, 267, 270, 272, 278, 282, 284, 295, 297, 302

R

Recursos 15, 19, 20, 29, 30, 32, 33, 48, 55, 58, 67, 68, 71, 93, 103, 104, 105, 106, 107, 108, 109, 111, 112, 114, 121, 124, 126, 127, 129, 130, 136, 137, 139, 140, 141, 143, 144, 147, 148, 149, 150, 151, 152, 153, 155, 199, 205, 217, 218, 219, 220, 221, 222, 223, 226, 227, 230, 234, 235, 238, 239, 240, 241, 242, 245, 246, 247, 248, 249, 257, 302

Renda 106, 109, 111, 161, 168, 169, 172, 173, 175, 184, 207, 208, 219, 221, 237, 239, 242, 243, 246, 254, 255, 257, 260, 264, 268, 270, 271, 272, 275, 278, 288, 289, 290, 291, 294, 299, 300, 301, 302

Responsabilidade 19, 30, 37, 51, 57, 59, 63, 68, 106, 107, 110, 127, 128, 131, 139, 180, 181, 188, 196, 197, 198, 199, 208, 211, 213, 214, 220, 225, 255, 271

S

Segurança 15, 20, 37, 48, 107, 158, 162, 163, 165, 167, 175, 179, 180, 181, 189, 191, 193, 198, 218, 255, 256, 266, 271, 274, 278, 279, 291, 299, 300, 314, 316

Social 15, 18, 19, 21, 24, 25, 27, 28, 29, 32, 36, 37, 38, 41, 42, 43, 44, 45, 46, 47, 48, 49, 50, 51, 55, 56, 57, 58, 60, 61, 62, 63, 64, 65, 66, 68, 69, 91, 98, 104, 106, 108, 109, 126, 129, 130, 131, 135, 136, 137, 138, 139, 148, 151, 153, 155, 158, 159, 163, 165, 166, 173, 175, 176, 179, 180, 181, 182, 183, 184, 185, 186, 187, 189, 190, 191, 192, 193, 194, 195, 196, 199, 200, 202, 203, 204, 205, 206, 207, 208, 209, 210, 211, 212, 213, 214, 215, 216, 217, 218, 220, 221, 224, 227, 229, 230, 235, 236, 237, 243, 254, 271, 275, 276, 278, 282, 292, 301, 315, 317, 318

Sociedade Civil 60, 104, 135, 136, 139, 141, 162, 196, 204, 205, 214, 215, 216, 217, 219, 220, 221, 222, 225, 226, 228, 229

T

Terceiro Setor 15, 104, 203, 204, 205, 206, 211, 213, 214, 215, 216, 217, 221, 223, 224, 227, 229, 230

Trabalho 15, 18, 23, 31, 48, 56, 57, 59, 60, 61, 62, 63, 65, 68, 90, 92, 93, 94, 95, 96, 109, 136, 143, 146, 150, 158, 159, 160, 161, 162, 163, 165, 174, 175, 180, 181, 184, 190, 193, 194, 196, 199, 206, 207, 208, 212, 218, 223, 224, 225, 226, 228, 233, 234, 235, 236, 237, 240, 241, 245, 250, 259, 262, 265, 271, 279, 281, 284, 288, 290, 291, 292, 299, 300, 301, 303, 304, 313, 315, 316

U

Universidade 5, 20, 24, 37, 56, 99, 130, 200, 207, 213, 220, 221, 228, 229, 230, 301, 303, 313, 314, 315, 316, 317

V

Vida 18, 23, 24, 30, 31, 39, 40, 41, 42, 47, 48, 57, 61, 76, 81, 90, 91, 104, 106, 109, 119, 139, 158, 159, 163, 164, 165, 174, 180, 184, 186, 191, 192, 196, 197, 199, 215, 227, 238, 251, 261, 265, 266, 277, 283, 290

Violência 16, 155, 156, 157, 158, 160, 161, 162, 163, 164, 165, 166, 167, 168, 171, 173, 174, 175, 176, 177, 178, 179, 212, 300, 315

SOBRE OS AUTORES

Amanda Joyce Teixeira
Graduada em Administração (Universidade do Estado de Mato Grosso).

Ângela Nascimento
Contadora, especialista em Políticas Públicas, mestranda em Ambiente e Sistemas de Produção e servidora do município de Tangará da Serra, Mato Grosso.

Anderson Gheller Froehlich
Administrador, doutor em Economia e Prof. Adjunto da Universidade do Estado do Mato Grosso (UNEMAT).

Akeisa Dieli Ribeiro Dalla Vechia
Enfermeira, especialista em Políticas Públicas, mestre em Enfermagem e Prof. da Universidade do Estado do Mato Grosso (UNEMAT).

Amanda Joyce Teixeira
Graduada em Administração pela Universidade do Estado de Mato Grosso).

Ana Cristina Peron Domingues
Graduada em Administração, Mestre em Ambiente e Sistemas de Produção Agrícola (UNEMAT) e professora da Universidade do Universidade do Estado de Mato Grosso).

Alexandre Pereira de Andrade
Especialista em Políticas Públicas, Mestre em Direito e Funcionário da Prefeitura Municipal de Tangará da Serra.

Aparecida Maria Vieira
Bacharel em Direito, Advogada, é especialista em Gestão Pública pela Universidade do Estado de Mato Grosso – UNEMAT. Especialista em Políticas Públicas pela UNEMAT. Especialista em Ensino a Distância pela UNEMAT, especialista em Educação das Relações Étnico-raciais no contexto da educação de jovens e adultos pela Universidade Federal de Mato Grosso – UFMT. Advogada atuante na comarca de Tangará da Serra-MT. Professora do ensino superior nas disciplinas de direito empresarial, tributário e LINDB.

Cláudia Farias Pezzini
Psicóloga e Mestre em Ambiente e Sistemas de Produção – UNEMAT. Professora da Faculdade de Educação de Tangará da Serra – FAEST. Psicóloga há mais de 15 anos, professora universitária, com especialização em Gestão de Pessoas, Saúde Pública e Políticas Públicas e Mestrado em Ambientes e Sistema de Produção Agrícola com a pesquisa: Políticas de Saúde Mental para o trabalhador rural. Membro do Grupo de Pesquisa: Constitucionalismos, Democracias e Políticas Públicas e do Observatório Estadual de Políticas Públicas.

Cleci Gzerbieluckas (Organizadora)
Bacharel em Ciências Contábeis pela Universidade do Estado de Mato Grosso -UNEMAT (2006). Mestre em Administração de Empresas pela Universidade do Vale do Itajaí – UNIVALI (2007), Doutora em Engenharia de Produção pela Universidade Federal de Santa Catarina – UFSC (2010). Professora adjunta na Universidade do Estado de Mato Grosso – UNEMAT Campus de Tangará da Serra MT, ministra aulas no Programa de Mestrado em Ambiente e Sistemas de Produção Agrícola – PPGASP e nos cursos de Ciências Contábeis e Administração em Agronegócio. Possui experiência em contabilidade e administração e tem como temas de pesquisas: frutos nativos do cerrado, valoração ambiental, custos ambientais e análise econômica. https://orcid.org/0000-0001-9786-9607.

Danielly Brunelly Santos Casti
Bacharel em Direito, Mestranda em Sociologia e servidora da Secretaria de Estado de Segurança do Mato Grosso.

Eduardo Luiz Jordão
Graduando em Administração (Universidade do Estado de Mato Grosso).

Everton Almeida Barbosa
Possui doutorado em Estudos Literários pela Universidade Federal de Minas Gerais (2014), mestrado em Estudos de Linguagem pela Universidade Federal de Mato Grosso (2006) e graduação em Letras pela Universidade Federal de Mato Grosso (2002). Atualmente é professor adjunto da Universidade do Estado de Mato Grosso, atuando na graduação em Letras e na pós-graduação no Mestrado Profissional PROFLetras. Tem experiência na área de Letras, com ênfase em Literatura, atuando nos seguintes temas: estudo da narrativa, regionalismo e identidade cultural, estudos sobre o narrador na literatura e na oralidade, literatura e relações de poder, ensino de literatura. Na extensão, trabalha com as relações entre música, literatura e ensino.

Francisco Xavier Freire Rodrigues
Professor Efetivo da Universidade Federal de Mato Grosso, Associado II, lotado no Departamento de Sociologia e Ciência Política. Professor Permanente do Programa de Pós-Graduação em Sociologia da UFMT. Professor Permanente do Programa de Pós-Graduação em Estudos de Cultura Contemporânea – ECCO/IL- UFMT. Coordenador da Editora Universitária, da Universidade Federal de Mato Grosso – EdUFMT. Coordenador do Núcleo Interinstitucional de Estudos da Violência e Cidadania NIEVCi/UFMT. Doutor em Sociologia pela Universidade Federal do Rio Grande do Sul (2007), Mestre em Sociologia pela Universidade Federal do Rio Grande do Sul (2003), Bacharel, em Ciências Sociais pela Universidade do Estado do Rio Grande do Norte (2000). Coordenador do GT Sociologia do Esporte da Sociedade Brasileira de Sociologia. Líder do Grupo de Estudos e Pesquisas em Esporte, Cultura e Sociedade (GEPECS) CNPq/UFMT. Tem experiências em atividades de ensino, pesquisa e extensão na área da Sociologia do Esporte, Sociologia da Violência e Sociologia da Educação. Leciona Sociologia Teoria Social Clássica no PPG Sociologia e Sociologia I, Sociologia V, Sociologia da Cultura, Sociologia Urbana no Curso de Ciências Sociais. Tem experiência na área de Teoria Sociológica Clássica e Contemporânea, Sociologia Urbana, Sociologia da Educação, Sociologia do Esporte, Sociologia do Trabalho. Suas Pesquisas abrangem os seguintes temas: ensino de sociologia, formação de professores, cultura brasileira, pensamento social, megaeventos esportivos, etno-desporto indígena, relações de trabalho, modernidade, futebol indígena, trânsito em Cuiabá/MT, futebol brasileiro, civilização, Lei Pelé, mercado de trabalho no futebol e violência.

José Roberto Rambo (Organizador)
Graduado em Agronomia e doutor em Agronomia UNESP, Prof. Adjunto da Universidade do Estado do Mato Grosso – UNEMAT.

Josué Souza Gleriano
Enfermeiro, Professor Assistente da Universidade do Estado de Mato Grosso e Doutorando em Enfermagem -USP.

Marinalva Pereira dos Santos
Graduada em Administração, Mestre em Ciências da Educação e professora da Universidade do Estado do Mato Grosso.

Paulus Vinicius da Silva
Mestre em Ambientes e Sistemas de Produção Agrícola pela Universidade do Estado de Mato Grosso – UNEMAT, Graduado em Administração de

Empresas pela mesma instituição; Especialista em Saúde e Segurança do Trabalho pela UnYLeYa-DF; Técnico em Segurança Trabalho pelo Serviço Nacional de Aprendizagem Industrial (SENAI-MT) e Bombeiro Civil. Atualmente é Professor Auxiliar Substituto contratado da Universidade do Estado de Mato Grosso-UNEMAT campus Diamantino, MT; Professor do Projeto Jovem Aprendiz; Consultor em Saúde e Segurança no Trabalho pela PCK Consultoria.

Raimundo França (Organizador)
Cientista Política e Professor Adjunto da Universidade do Estado do Mato Grosso – UNEMAT Líder do Grupo de Pesquisa Constitucionalismos, Democracias e Políticas Públicas (CONDEPPU) – CNPq/UNEMAT.

Regiane Cristina Custódio
Graduação em História e Mestrado em História pela Universidade Federal de Mato Grosso (2002 e 2005, respectivamente), Doutorado em Educação pela Universidade Federal do Rio Grande do Sul/UFRGS (2014). É professora adjunta da Universidade do Estado de Mato Grosso (UNEMAT). Professora no Curso de Letras e no Programa de Pós-Graduação Mestrado Profissional em Ensino de História – ProfHistória. Membro dos grupos de pesquisa: "Núcleo de Estudos de Educação e Diversidade/NEED/UNEMAT" e "Cultura, Política e Sociedade" / CNPq. Tem experiência na área de História, História da Educação e Educação. Atua principalmente nos seguintes temas: Mato Grosso (segunda metade do século XX); colonização; migrações; metodologia história oral; memórias; narrativas; identidades; educação e diversidade cultural.

Rômulo Cézar Ribeiro da Silva
Possui graduação em Enfermagem pela Universidade de Cuiabá (2010). Atualmente é professor da Universidade de Cuiabá e Chefe de Setor Hospitalar – Enfermagem da Secretaria Municipal de Saúde de Tangará da Serra. Tem experiência na área de Saúde Coletiva, com ênfase em programas estratégicos, atuando principalmente nos seguintes temas: políticas públicas, planejamento, gestão e participação e controle social no SUS. Mestrado profissional em Ensino em Ciências da Saúde.

Rodrigo Henrique Pinheiro
Administrador, Especialista em Políticas Públicas, Mestre Em Ambiente e Sistemas de Produção pela Universidade do Estado do Mato Grosso, Servidor Público do Estado do Mato Grosso.

Sandro Benedito Sguarezi (Organizador)
Graduado em Administração e doutor em Ciências Sociais -PUC/SP e Prof. Adjunto da Universidade do Estado do Mato Grosso – UNEMAT.

Suelen de Alencar e Silva
Bacharel em Comunicação Social com habilitação em Jornalismo da Universidade do Estado do Mato Grosso – UNEMAT e Especialista em Políticas Públicas pela Universidade do Estado do Mato Grosso.

Sonia Aparecida Beato Ximenes de Melo
Doutoranda em Ciências Ambientais, Mestre em Ambiente e Sistemas de Produção, Graduada em Ciências Contábeis e Prof. Assistente da Universidade do Estado do Mato Grosso (UNEMAT).

Sheila Daiane Conti Cunha
Bacharel em Direito, Especialista em Políticas Públicas e Servidora do Tribunal de Justiça do Mato Grosso.

Telmo Dinelli Estevinho (Organizador)
Possui graduação em Ciências Sociais pela Unesp (1994), mestrado em Ciências Sociais (área de concentração Ciência Política) pela PUC-SP (2003) e doutorado em Ciências Sociais (área de concentração Ciência Política) pela PUC-SP (2014), com estágio de doutoramento na University of Califórnia/UCLA, Los Angeles. Atualmente é professor adjunto da Universidade Federal de Mato Grosso. Foi Chefe do Departamento de Sociologia e Ciência Política na UFMT (2007-2009). É pesquisador do Núcleo de Estudos em Arte, Mídia e Política, NEAMP, PUC/SP. Tem experiência na área de Ciência Política, com ênfase em Política e Cultura, Políticas Públicas e Instituições Políticas, atuando nos seguintes temas: Políticas Públicas, Estado e Sociedade, Teoria Política, Política e Cultura. Coordenador do Programa de Pós-graduação em Sociologia da UFMT (2019-2020).

Wanderlúcia Cardoso
Assistente Social, Especialista em Políticas Públicas e Servidora do Ministério Público do Estado de Mato Grosso.

Vagner Nascimento
Enfermeiro, Doutor em Enfermagem e Prof. Adjunto da Universidade do Estado do Mato Grosso (UNEMAT).

Walmilso Castorino de Campo
Graduado em Administração, especialista em Controladoria e Finanças; gestão de pessoa; docência universitária. Gestor em JDREL Sistema de Informação LTDA.

Waleska Malvina Piovan Martinazzo
Bacharel em Direito, Advogada, Mestre em Direito e Prof². Assistente da Universidade do Estado do Mato Grosso – UNEMAT.

SOBRE O LIVRO
Tiragem: 1000
Formato: 16 x 23 cm
Mancha: 12,3 X 19,3 cm
Tipologia: Times New Roman 11,5/12/16/18
Arial 7,5/8/9
Papel: Pólen 80 g (miolo)
Royal Supremo 250 g (capa)